d/899

OTHMAR RUDAN

IM WANDEL UNWANDELBAR

ARCHIV FÜR VATERLÄNDISCHE GESCHICHTE UND TOPOGRAPHIE

Herausgegeben vom Geschichtsverein für Kärnten

Geleitet von Wilhelm Neumann

67. Band

KLAGENFURT 1977

VERLAG DES GESCHICHTSVEREINES FÜR KÄRNTEN

OTHMAR RUDAN

IM WANDEL UNWANDELBAR

Der Kärntner Dichter und Politiker
Adolph Ritter v. Tschabuschnigg
1809—1877

Porträt einer problematischen Persönlichkeit

KLAGENFURT 1977
VERLAG DES GESCHICHTSVEREINES FÜR KÄRNTEN

Alle Rechte bei Geschichtsverein für Kärnten, Klagenfurt
Entwurf des Schutzumschlages: Hubert Leischner, Villach
Gesamtherstellung: Kärntner Druckerei, Klagenfurt

INHALT

Einbegleitung 7

Erster Teil:

Der junge Herr . . . . 9—197

Die stille Bucht 11—37; Die Stadt am Strom 38—89; Ufer der Hoffnungen 90—114; Das Meer 115—136; Mit tausend Masten 137—154; Schwarze Segel 155—172; Zum Hafen 173—197.

Zweiter Teil:

Der Mann und der Staatsmann . . . . 199—345

Die kleine Kajüte 201—214; Heimatgestade 215—229; Sturmflut und Brackwasser 230—255; Neue Ausfahrt 256—267; Auf hoher See 268—287; Nachen des Charon 288—293; Am Steuerrad 294—322; Das Ehrendeck 323—338; Meeresstille 339—345.

Anhang . . . . 349—364

Das dichterische Werk 349—352; Die Quellen 353—354; Die wichtigste eingesehene und benutzte Literatur 355—357; Register der Personennamen 358—364.

Abbildungen

EINBEGLEITUNG

Vor hundert Jahren, am 1. November 1877, starb ein großer Sohn Kärntens, der am 20. Juli 1809 in der Landeshauptstadt Klagenfurt geborene Adolph Ritter von Tschabuschnigg. Er wurde weithin bekannt, ja berühmt als Dichter einer neuen Lyrik, als Meister der Novelle und als sozialkritischer Romancier. Er war ein blendender Jurist, der immer wieder für die Abschaffung der Todesstrafe eintrat und nach dem Revolutionsjahr 1848 als Politiker unermüdlich die konstitutionelle Verfassung in Österreich verfocht. Trotzdem wurde es nach seinem Tode, seltsam rasch, still um ihn, und heute ist er in seiner Heimat fast vergessen. — Warum?

Diese Frage versucht die vorliegende, erstmals umfassend gestaltete Biographie zu beantworten und eine Rehabilitierung für Tschabuschnigg zu geben. Das Buch enthält, geschöpft aus den reichen Quellen des Kärntner Landesarchivs, bisher unveröffentlichte Texte aus Tschabuschniggs Briefen an seine Eltern, an seinen Bruder und an seine Frau Julie, weiters Auszüge aus seinen Tagebüchern und politischen Erinnerungen sowie Proben aus seinem bisher unbekannten frühen Dichterschaffen. Damit sollte, nicht mehr und nicht weniger, wahrheitsgetreu Leben und Werk eines Mannes erschlossen werden, dessen Charakter gewiß auch schwierig und oft widersprüchlich, aber auch im Wandel immer unwandelbar war. Gleichzeitig mußte ebenso der geschichtliche und politische Hintergrund beleuchtet werden, um volles Verständnis für diese seltsame Persönlichkeit zu erwecken.

Tschabuschnigg hat durch sein dichterisches Wort zahlreiche seiner Mitmenschen aufgeschreckt. Er schrieb den ersten Arbeiterroman in Österreich, der in aller Schärfe gegen die Arbeitgeber gerichtet war, und er besiegelte die Anklage auf dem Titelblatt mit seinem vollen adeligen Namen. In seinen weiteren Werken hat er die veralteten feudalen Vorrechte schonungslos angeprangert und viele seiner aristokratischen Standesgenossen der Lächerlichkeit preisgegeben. Als Politiker vor allem, im Kärntner Landtag und im Reichsrat, hat er, seiner Zeit weit vorauseilend, die Schwierigkeiten der Nationalitätenfrage des alten Österreich klar erkannt und als Justizminister eine Entscheidung im föderalistischen Sinne ermöglicht, die sich später auch als richtig erwies. Doch gerade dadurch erfuhr er schwerste Anfeindungen durch die Gesellschaft, die ihm seine eigenwillige Haltung nicht verzeihen konnte, ihn unversöhnlich in menschliche Vereinsamung trieb und zuletzt erbarmungslos in ein Grab der Vergessenheit hinabstieß.

Tschabuschniggs Tod liegt nun hundert Jahre zurück, und dies bietet Anlaß, das Andenken an Kärntens großen Heimatsohn neu zu erwecken. Als ein später Kranz dankbarer Erinnerung sei dieses Buch an dessen letzter Ruhestätte auf dem alten Friedhof zu St. Ruprecht bei Klagenfurt in Ehrfurcht niedergelegt.

Für alle Förderung, die mir zuteil wurde, um das Werk einem guten Ende zuführen zu können, schulde ich vor allem besonderen Dank Herrn Landeshauptmann Leopold Wagner als Kulturreferent des Landes Kärnten und Herrn Vizebürgermeister Heribert Medweschek als Kulturreferent der Landeshauptstadt Klagenfurt für die großzügig gewährten Subventionen, dem Geschichtsverein für Kärnten für die ehrende Aufnahme meiner Arbeit in die Schriftenreihe des Archivs für vaterländische Geschichte und Topographie sowie der Kulturabteilung des Amtes der Kärntner Landesregierung für das mir stets bekundete warme Interesse.

Wertvollste Unterstützung erfuhr ich von Herrn Archivdirektor Hofrat Dr. Wilhelm Neumann durch die jederzeit bereitwillige Eröffnung aller mir notwendigen Quellen und von Frau Dr. Marianne Neumann für die liebenswürdige Korrekturlesung der Druckbogen; seitens des Landesmuseums für Kärnten erwies mir in besonderer Weise der Leiter der Bibliothek, Herr Landesregierungsrat Dr. Josef Höck, größtes Entgegenkommen. Weiters zu danken habe ich Herrn Univ.-Prof. Dr. Gotbert Moro für viele historische Hinweise und die Durchsicht des Manuskriptes, wichtige Informationen erhielt ich außerdem durch die Herren Wirkl. Hofräte Dr. Ralf Unkart (Klagenfurt), Dr. Rudolf Koldschmidt (Wien) und Univ.-Prof. Dr. Heinrich Kunnert (Leoben) sowie durch den Kärntner Literaturhistoriker Herrn Oberstudienrat Dr. Erich Nußbaumer und die Klagenfurter Chronisten Frau Ida Weiß und Herrn Dr. Eduard Skudnigg. Schließlich gebührt mein aufrichtiger Dank Herrn Robert Sirl (München), der mir die Einsichtnahme in seine Forschungen über die Linien der Familie Tschabuschnigg in Kärnten und Bayern freundlich gestattete. Um die formschöne Ausstattung des Buches hat sich die Kärntner Druckerei in Klagenfurt sehr verdient gemacht. Allen, die mir helfend zur Seite standen, bleibe ich zutiefst verbunden.

Klagenfurt, im Frühjahr 1977

OTHMAR RUDAN

ERSTER TEIL

DER JUNGE HERR

DIE STILLE BUCHT

1

18. September 1818:

An der Normalschule in Klagenfurt findet die feierliche Prämienverteilung statt. Im Auditorium der Anstalt empfängt der Direktor Heinrich Satz gemeinsam mit dem Katecheten Johann Hartmayer die Festgäste. Der Saal ist dicht gefüllt — es gilt jene Schüler auszuzeichnen, die vier Tage zuvor die Zeugnisse „mit Vorzug" erhalten haben. Nun folgt hier eine besondere Würdigung für diese junge Elite, die später die Ehre und das Wohl Kärntens zu vertreten haben wird.

Die Versammelten stehen auf: eingetreten ist der Landeshauptmann Christoph Graf Aicholt. Der hagere Mann mit den verschlossenen Zügen zwingt sich zu einem leichteren Schritt und freundlichen Lächeln, dann aber sitzt er müde und in sorgenvollen Gedanken. Seine Verwaltungstätigkeit ist seit Anbeginn von schweren Krisen überschattet, denn nach den Franzosenkriegen, die viel Elend hinterlassen haben, wird der Wiederaufbau des Landes durch Katastrophen aller Art — Überschwemmungen, Hungersnot und Seuchen — immer wieder gehemmt. Für die Zukunft muß deshalb eine neue Generation sorgfältig herangezogen werden, und so wendet er gleich seinem Vater Norbert Sigismund, der als Geheimrat bereits 1780 in der Schulkommission für Kärnten den Vorsitz innehatte, dem Unterrichtswesen seine besondere Förderung zu. Seine heutige Anwesenheit soll die Verbundenheit mit den Schülern, die dann als Männer die Geschicke des Landes leiten werden, in augenfälliger Weise bezeugen.

Zum zweiten Male erheben sich die Festgäste von den Sitzen, sie verneigen sich, und Direktor und Kaplan beugen das Knie. Diese ehrfurchtvolle Verehrung gilt dem siebzigjährigen Kardinal Franz Xaver Altgraf Salm-Reifferscheidt-Krautheim, der bereits zu Lebzeiten eine legendäre Gestalt geworden ist. Der greise Kirchenfürst, zuerst Jugendfreund Kaiser Josephs II. und später entschiedener Gegner des Josephinismus, ist in Klagenfurt und ganz Kärnten die populärste und glänzendste Persönlichkeit. Er residiert im Palais der verstorbenen Erzherzogin Marianne, sein großzügig geführter Hof ist ein Treffpunkt von Gelehrten und Künstlern des Landes, während der französischen Invasion erweist er sich als glühender Patriot, der für die vaterländische Sache größte persönliche Opfer bringt, und berühmt wird er außerdem durch die Erstbesteigung des Großglockners im Jahre 1800. Keine Grenzen kennt seine Hilfsbereitschaft und Wohltätigkeit, die er vor allem der Schuljugend zukommen läßt. Der Mensa für Studenten, „die durch Talent, Fleiß und guten Fortgang versprechen, tüchtige Diener des Staates und der Kirche zu werden", widmet er 14.000 Gulden, zwölf bedürftige Studenten erhalten bei ihm täglich einen Freitisch. Diese Freigebigkeit, unglücklicherweise verknüpft mit wirtschaftlichen Fehlschlägen, führt zuletzt seinen finanziellen Zusammenbruch herbei, aber noch an diesem Festtage beschließt er, in seinem Testament dem Normalschulfonds ein weiteres Legat von hundert Gulden auszusetzen. Gänzlich verarmt, wird er dann bald seinen prunkvollen Sitz verlassen und sich in zwei bescheidene Räume des Priesterhauses zurückziehen müssen.

Inzwischen hat der Schülerchor die Feier eingeleitet und Direktor Satz begrüßt die Ehrengäste. Dann erhalten die Vorzugsschüler, einzeln aufgerufen, eine Buchprämie, „und nun" gibt Katechet Hartmayer, der auch noch zu Wort kommen will, bekannt, „wird der Schüler Adolph Tschabuschnigg, der sich am trefflichsten ausgezeichnet hat, die Festansprache halten."

Während ein zweites Lied angestimmt wird, betritt ein neunjähriger Knabe das Podium. Schmal, fast zierlich steht er da, ein etwas blasses Gesicht mit rötlichblondem Haar, die Augen aber blikken klar und fest. Sie suchen unter den Versammelten die Eltern: die Mutter heiter und gelassen, der Vater wie meist unruhig und leicht verängstigt. Er nickt ihm zu: „Lieber Papa, sei unbesorgt, ich werde dir gewiß keine Schande bereiten. Nein, niemals..." Der Gesang ist nun zu Ende, aber zwei Damen schwätzen noch. Der junge Herr wartet und preßt die Lippen zusammen — man fühlt fast einen Hauch von Hochmut, der in seinem späteren Leben noch oft verletzend von ihm ausgehen wird.

Endlich ist Stille eingetreten, und er beginnt zu sprechen. Eine hohe Knabenstimme ist es, aber schon erstaunlich selbstsicher und überlegen. „Meine Mitschüler!" Der Gruß an die Kameraden klingt kühl und gemessen, von Herzlichkeit ist wenig zu verspüren. Ja, er ist unter ihnen wohl der Erste in der Klasse, doch keineswegs der Beliebteste.

„Unsere gesegnete Ernte", fallen durch den Raum die Worte weiter, „ist vorüber, die gediehenen Früchte sind eingeführt in die Scheunen der Unvergeßlichkeit — die Rastlosen erhielten auch den Lohn ihres vollendeten Tagwerkes, so wie die, die auf dem Bette der Trägheit die kostbare, unwiederbringliche Zeit verschlummerten, im stillen übergangen wurden."

Das ist deutlich genug — ein erster Schuldspruch, dem in der richterlichen Laufbahn des jugendlichen Redners noch viele strenge Urteile nachfolgen werden. Doch mag's damit genügen, und er wendet sich nun den Lehrern zu.

„Hochansehnliche Musen- und Jugendfreunde! Ihr schätzbares Dasein, Ihr lächelndes, Teilnahme sprechendes Auge macht unsere freudevollen Herzen noch schwellender. Viele von Ihnen opferten die angenehme Muße auf, waren Zeuge bei unseren Prüfungen, übersahen unsere Mängel und munternten unseren Geist durch Ihren Beifall auf, wofür wir Ihnen unseren wärmsten Dank zinsen."

Er verneigt sich artig und empfängt für die dargebrachte Reverenz vom Publikum anerkennende Zustimmung. Nun wieder zurück zu den Mitschülern.

„Euch, welche heute mit dem Lorbeer der Ehre gekrönt wurden, wünsche ich von ganzem Herzen Glück, dem ich einen noch heißeren Wunsch anhänge, daß der ausgestreute Same fortkeime und sohin die schönsten Früchte bringe, was aber nur geschehen kann, wenn die kindliche Furcht Gottes und ein sittlicher Lebenswandel eure festesten Grundsätze bleiben werden."

Der alte Kardinal Salm sieht den Knaben ergriffen an. Offenbart sich hier ein Geist, wie er ihn sich immer ersehnte, entwickelt sich ein Talent zu einem großen Diener des Vaterlandes und der Kirche? Ja, sinnt er den Worten des Evangeliums nach, der Same fiel hier wohl nicht auf Fels, sondern auf guten Boden, er wächst und möge hundertfältige Frucht bringen ...

„Ich weiß es", geht indessen die Rede weiter, „daß nützliche Kenntnisse die größten und edelsten Glücksgüter für dieses irdische Leben sind, die der Jüngling erstreben kann. Aber ich weiß auch, daß die Tugend die einzige und getreueste Führerin zu dem Tempel der Wissenschaften ist, dahin viele von uns übertreten werden. Denn der wirkliche Besitz einer einzigen Tugend ist der nackten Kenntnis aller Künste und Wissenschaften vorzuziehen, weil jene im Grunde der Seele liegt — diese aber wie Flittergold in die Luft sich verlieren und keinen Wert, viel weniger ein Andenken zurücklassen, wie jener unsterblich ist."

Lautlose Stille herrscht im Saal — ist dies ein junger Philosoph, der da spricht?

„Stete Ausübung edler Handlungen ist der vorzüglichste Teil aller Wissenschaften. Darum wurde Sokrates von den wahren Kennern für den Weisesten seiner Zeit gehalten, weil seine erworbenen Kenntnisse auf Moralität, auf die Bildung der Jugend und auf die Hoffnung eines besseren Lebens jenseits des Grabes wirkten und er mehr nach Güte als nach Größe strebte.

Es ist also nicht notwendig" — und die Stimme klingt jetzt besonders klar und mit Nachdruck —, „die mannigfaltigen Gefilde menschlicher Kenntnisse ganz zu durchwandern; es ist hinlänglich genug, von ihnen allen einige der schönsten Früchte zu sammeln und einen Vorrat von gesunder Vernunft und echter Tugend aufzulesen. Wem es an gesunder Vernunft und echter Tugend gebricht, dem gereicht das Vielwissen, ja selbst die Gelehrsamkeit zum Nachteil, weil sich seine Schwachheiten und falschen Begriffe auf mehreren Wegen verraten und weil noch so viele Kenntnisse ohne Tugend unserem Leben keine gerade Richtung geben können."

Auch der Landeshauptmann Aicholt ist den Ausführungen mit wachsendem Interesse gefolgt. Er schätzt den Vater, der ein ausgezeichneter Beamter in ständischen Diensten ist, aber sein Sohn wird ihn noch weit überflügeln. Welch erstaunliche Reife spricht doch aus den Worten dieses Knaben, der zu schönsten Hoffnungen berechtigt...

„Das Bestreben nach Wissenschaft schränkte sich bei den Alten einzig auf gewisse Vorschriften ein — was zu tun und was zu lassen sei —, und in dieser Einfachheit waren die Menschen besser. Doch so wie sie an Gelehrsamkeit zunahmen, wurden sie sorgloser, um gut zu sein. Diese klare und jedem offen liegende Tugend ist jetzt eine dunkle, verkommene und so verwickelte Wissenschaft geworden, daß man sich mehr bestrebt, mit glänzenden Strickworten zu spinnen als durch edle Handlungen zu ritzen.

»Ich studiere keine andere Wissenschaft«, sagte der griechische Sittenlehrer Hippokrates, »als die, welche mich zur Kenntnis meiner selbst führt und mich lehrt, wie ich es anzufangen habe, um gut und nützlich für diesseits zu leben und mit Frohsinn für jenseits zu sterben.«

Liebste Mitschüler! Mit diesen Grundsätzen bepanzert dürfen wir es wagen, in das heilige Museum der freien Künste und schönen Wissenschaften überzutreten und die literarische Laufbahn zu beginnen, dahin uns unsere unvergeßlichen Lehrer die Straße angelegt haben. Wir Zöglinge wollen es versuchen, ihnen zum Teil unseren Dank dadurch zu beweisen, wenn sie auf ihrem gelegten Grunde das herrlichste Gebäude werden aufsteigen sehen, welches der Staat als seine Schatzkammer benützen kann."

Vom Landeshauptmann scheint viel Sorge, viel Resignation gewichen. Diese Aussage spricht das entscheidende Wort aus. Eine Schatzkammer des Staates, das ist's, was Wissenschaft und Kunst bedeuten, und es dünkt fast, als trüge dieser junge Tschabuschnigg für Kärnten und Österreich dazu schon jetzt den goldenen Schlüssel heimlich bei sich. Sein Name wird bekannt werden!

Die Festansprache nähert sich dem Ende.

„Laßt mich, liebe Freunde, vor unserem Abschied noch ein paar aufrichtige Worte an euch richten und euch selbe fest ans Herz legen. Vergeßt nicht, euch zu der Hauptprüfung zu rüsten, die der große Weltdirektor heute oder morgen diesem oder jenem von uns bestimmen kann. Bei dieser Hauptprüfung werden wir nicht befragt werden, welche Fortschritte wir in den Wissenschaften gemacht haben und welche Kenntnisse wir in denselben erbracht haben, sondern ob wir unserer Natur gemäß als mit fester Religion, mit Vernunft und sittlichem Gefühle ausgerüstete Menschen gelebt haben. Mit diesem Vorsatze trennen wir uns. Lebet wohl!"

2

Wer ist, woher kommt dieser frühreife Schüler, dessen Eltern nun von den Festgästen umringt und, an der Spitze von Kardinal und Landeshauptmann, zu solch einem Sohne beglückwünscht werden?

Die Familie der Tschabuschnigg stammt aus der „Creuzen", einer abgelegenen Talmulde in Oberkärnten, wo sich vom Gailtal nach Nikelsdorf bei Paternion ein alter Römerweg mit einem romantischen Bachgraben, der zur Drau hinführt, überschneidet. Davon mag sich der Name der Siedlung ableiten. Dort taucht zu Anfang des 17. Jahrhunderts eine Familie Tschabuschnigg auf.

Der junge Festredner und spätere k. k. Hofrat am Obersten Gerichtshof in Wien Adolph Ritter von Tschabuschnigg sucht nach Jahren den Ursprung seines Geschlechtes noch weiter zurück zu erforschen und gelangt bis in das Zeitalter Rudolphs von Habsburg. Allerdings ist dieser angebliche Urahne Milot Zabusch, aus böhmischer Wurzel entsprossen, keineswegs Gefolgsmann des neugewählten deutschen Königs, sondern im Gegenteil Vasall von dessen Widerpart König Ottokar Přemysl, der ihn im Jahre 1270 zum Statthalter zu Steyr ernennt. Im Streit um die königliche Würde befiehlt er ihm, als Drohung gegen den Erzbischof von Salzburg, der sich zur Eidesleistung an Rudolph bereit erklärt, dessen Städte und Märkte in Kärnten zu besetzen. Milot erscheint auch 1275 vor Friesach und nimmt nach Überwindung eines langen ehrenvollen Widerstandes im Namen seines Königs Besitz von der Stadt und der dazugehörigen Umgebung.

Milot Zabusch und seine Nachkommen machen sich dann in Kärnten ansässig und verbreiten sich in verschiedenen Stämmen in der

Steiermark, nach Krain und nach Istrien. Um sich in ihrem neuen Vaterland stärker einzugliedern, fügen sie ihrem Familiennamen die Endsilbe -nig hinzu und nennen sich Tschabuschnigg. Im 13. und 14. Jahrhundert wechselt die Schreibweise in Zabuschnig und Grabuschnig, im Handelsverkehr mit der Republik Venedig wird der Name im 15. und 16. Jahrhundert zwecks leichterer Aussprache für die italienische Zunge in Zabuesnig verändert. Das ist genealogische Spielerei, bei der, deutlich genug, Milota und Zawisch aus Grillparzers „König Ottokar" Pate standen.

Urkundlich nachweisbar wird der Name Tschabuschnigg erstmals 1608 genannt. In diesem Jahre berichtet der Verweser der in der Creuzen befindlichen Berg- und Hammerwerke, die im Besitz des Grafen Hanns Khevenhüller standen, seinem Herrn über die Menge des vom Hackenschmied und Schmelzmeister Andreas Tschabuschnigg gelieferten Eisens. Als zwanzig Jahre später der Khevenhüller seines evangelischen Glaubens wegen das Land verlassen muß, verkauft er seine Herrschaft an den reichen Kaufmann Johann Widmann aus Venedig, dessen Geschlecht aus Villach und Augsburg stammt.

Den Söhnen des Johann Widmann fällt der junge Sohn Paul ihres Schmelzmeisters Tschabuschnigg durch seinen wachen Geist auf. Man läßt ihn an deutschen und italienischen Schulen zum Verwalter von Bergwerken ausbilden und setzt ihn schon 1662 mit 25 Jahren als Verweser der Hammerwerke und Nagelschmieden in der Creuzen und in Fürnitz ein. Mit „Verleih- und Gabebrief" vom 18. Dezember 1667 erhält er vom Sohne seines verstorbenen Gönners, Johann Martin Widmann, Graf von Ortenburg, alle Hammerwerke der Herrschaft Paternion in Pacht, die er nun in eigener Regie führt. Unter seiner Leitung erwachsen die Unternehmen zu einem blühenden, gewinnbringenden Geschäft, das bis nach Venedig reicht.

Seiner „besonderen Verdienste wegen" erhebt ihn am 1. August 1666 Graf Widmann, der durch kaiserliches Patent das Adelsverleihungsrecht innehat, in den Ritterstand mit dem Prädikat „von", das aber nur auf die Person des Paul Tschabuschnigg lautet. Um jedoch die um das Fürstenhaus und Kärnten hochverdiente Familie in ihrer Gesamtheit zu ehren, erneuert am 10. Juli 1715 Erzherzog Karl zu Österreich, der spätere Kaiser Karl VI., den Adelsbrief unter Einbeziehung der sechs Söhne des Ritters Paul von Tschabuschnigg mit namentlicher Nennung: Paul Christoph, Georg Wolfgang, Johann Adam, Franz Johann, Johann Baptist und Sigismund Anton.

Dieser neue Adelsbrief, der jetzt erbliche Wirkung hat, gilt aber nur innerhalb der habsburgischen Hausmacht, jedoch nicht auch in den Reichslanden. Auf Bitte von Sigismund Anton Tschabuschnigg bestätigt am 19. Dezember 1728 Kaiser Karl VI. nunmehr das bisherige Adelsdiplom zugleich als kaiserlichen und Reichsadel in teilweise geänderter heraldischer Form.

Es ist ein aufrecht gestellter, von Schwarz und Gold gevierter Schild. Die schwarzen Felder 1 und 4 zeigen einen aufgerichteten, einwärtsgekehrten, golden gekrönten, goldenen Löwen mit aufgesperrtem Rachen und rückwärts über sich gewundenem Schweif, in den Vorderpranken einen sechsstrahligen goldenen Stern haltend; die goldenen Felder 2 und 3 weisen drei blaue heraldische Lilien auf. Auf dem Schild ruht der Turnierhelm, auf dessen Krone sich ein offener, rechts von Schwarz und Gold, links von Gold und Blau geteilter Flug erhebt, dem wieder der goldene Löwe mit dem Stern eingestellt ist. Die Helmdecken sind rechts schwarz, links blau, beiderseits mit Gold unterlegt.

Nachfolger als „Hammergraf in der Creuzen" wird Paul Tschabuschniggs Sohn Johann Baptist, seine Brüder Paul Christoph und Sigismund Anton führen zunächst angesehene Handelskontore in Venedig und siedeln später, in Abänderung ihres Namen in Zabuesnig, nach Augsburg über. Auch Franz Johann wird Kaufherr in Venedig mit weiten Handelsbeziehungen bis Süditalien, erwirbt später das Gut Kirchbichl bei Wolfsberg und wirkt zuletzt als „Gräflich Lodronischer Hofkastner" in Gmünd, Johann Adam wird Heereslieferant für Munition und Monturen der österreichischen Armee in Italien, und Georg Wolfgang, der Rechtswissenschaft studiert, erhält die gewichtige Stelle eines Bannrichters in Klagenfurt.

In der dritten Generation unter Paul Matthias — der mit Urkunde vom 13. Jänner 1763 durch Burggraf Franz Carl Graf v. Grottenegg als „Landmann und Mitglied des Erzherzogtums Kärnten" in die „Allgemeine Landschaft" aufgenommen wird — beginnen allmählich durch die Konkurrenz der Fabriken die Bergwerke in der Creuzen unwirtschaftlich zu werden. Deshalb verkauft sein gleichnamiger Sohn, der die Baronesse Franziska Herbert heiratet, im Jahre 1791 den gesamten Besitz an den Grafen Johann Widmann um 1500 Gulden. Die Blütezeit der Familie Tschabuschnigg, die nun diese Gegend verläßt, ist damit zu Ende.

Die Linie der Ritter von Tschabuschnigg führt in Kärnten des alten Paul Matthias dritter Sohn Leonhard Edmund fort, der von seinem Vater das Gut Mörtenegg bei Villach erbt und sich als Lebenskünstler der Familie erweist. Während seine Frau, die Gutsbesitzerstochter Elisabeth von Regatschnigg, die Liegenschaft musterhaft verwaltet, kann er selbst als unbesoldeter Kreishauptmannadjunkt in Villach den flotten Herrn spielen. Nach dem frühen Tod der Gattin verkauft er Mörtenegg und führt in Klagenfurt eine „gastfreie Lebensweise". Später, „um seinen Finanzen wieder auf die Beine zu helfen", verbindet er sich als „heimlicher Gesellschafter" mit der Firma Courtois und Litzelhofen in Triest, die mit Eisen, Stahl, Sprit und Terpentin handelt, aber der Compagnon lebt verschwenderisch, hält sich Pferde und Mätressen, so daß für Leonhard wenig abfällt. Zur Tröstung fährt er nach Verona, wo sein Sohn Alois Maximilian als Beamter lebt, läuft dort als schon bejahrter Herr zum Gaudium der Bevölkerung mit einer „Perruque à la Titus" umher und läßt sich schließlich in Wien nieder, wo er aus dem Mietzins seines Hauses in Klagenfurt und einigen kleinen Renten, die er sorgfältig einzutreiben weiß, sich noch bis in sein hohes Alter des Lebens erfreut.

Sein 1780 geborener Sohn Karl Leopold Emanuel hat diese leichte Ader nicht geerbt. Zwar dichtet er, während er von 1798 bis 1802 in Wien Jus studiert, bisweilen verstohlen — „Edle Zecher / Füllt die Becher / Trinkt und scherzet / Küßt und herzet!" — und schwärmt von einem 15jährigen Lottchen und einer süßen Dorinde, aber im Grunde bleibt er zeitlebens ein ernster und schwerblütiger Charakter. Die Vorlesungen auf der Universität aus Naturrecht, Staatsrecht, Allgemeinem und peinlichem Recht, Völkerrecht und deutscher Rechtsgeschichte, aber auch aus elementarer und angewandter Mathematik, Physik und Moralphilosophie besucht er gewissenhaft, und in seinen Prüfungen „hat er so treffliche Beweise gegeben, daß er das Zeugnis der ersten Klasse verdient". Da er ebenso das Handels- und Wechselrecht mit Vorzug absolviert hat, soll er nach dem Wunsche seines Vaters in die fragwürdige Firma Courtois und Litzelhofen in Triest eintreten, aber er verläßt sie bald wieder und bewirbt sich 1803 um eine Beamtenstelle in Kärnten.

Seine Karriere ist anfangs recht bescheiden, er wird zunächst Praktikant bei der k. k. Staatsgüteradministration und 1806 „ständischer Getränke- und Fleischadministrator". Nach dem Tode des ständischen Sekretärs Joseph Freiherrn von Seenuß wird er völlig unerwartet am 15. Juli 1814 beauftragt, „die laufenden Geschäfte unter Beihilfe der Auskultanten Graf v. Grottenegg und Graf v. Thurn zu übernehmen". Die ihm gestellten Aufgaben erfüllt er mit außerordentlichem Fleiß, den man ihm nachrühmt, und unbestechlichem Pflichtbewußtsein und erlangt während seiner langen Berufslaufbahn im Rahmen der Kärntner Landesverwaltung wie der Oberdirektion des Ständischen Theaters, der er ebenfalls angehört, angesehene Stellung und hohe Wertschätzung. Seinem ganzen Wesen nach stellt er in geradezu idealer Weise den klassischen Beamten des Vormärz dar, und es mutet fast symbolhaft an, daß im gleichen Jahre 1848, als das Österreich des greisen Metternich zusammenbricht, auch der alte landständische Sekretär Karl Leopold v. Tschabuschnigg zu Grabe getragen wird.

Am 28. Oktober 1808 hat der noch armselig besoldete „Accisen-Gefälls-Administrator" die Tochter Maria Aloisia Susanna des k. k. innerösterreichischen Appellationsrates Joseph Joachim Hubmerhofer v. Sonnenberg und der Antonia Felizitas Hammerlitz geheiratet und eine bescheidene Wohnung im Hause des bürgerlichen Lebzelters Matthias Kollitsch am Alten Platz Nr. 227 bezogen. Dieses Ehepaar ist es, das nun am Prämienverteilungstag die Gratulationen für den Sohn Adolph Tschabuschnigg entgegennehmen kann.

3

Während der für Kärnten schweren Franzosenzeit des Jahres 1809 kommt das Kind am 20. Juli um 8 Uhr abend im Hause 218 in Klagenfurt — die Eltern sind inzwischen von der Wohnung am Alten Platz umgezogen — zur Welt und wird am folgenden Tage in der Hof- und Domkirche auf Ignaz Adolph getauft. Die Paten sind der Großonkel Franz Xaver von Tschabuschnigg, ein Bruder des lebenslustigen Leonhard Edmund, der in die Gesellschaft Jesu eingetreten ist und nun, nach der Aufhebung des Ordens, als „Exjesuit" ein zurückgezogenes Leben führt, und die Schwester der Mutter, Anna von Sonnenburg, die als Tante Annette ihrem Neffen immer herzlich verbunden bleibt. Der erste Vorname Ignaz, den man vielleicht dem Großonkel zuliebe im Gedenken an den Gründer des Jesuitenordens gewählt hat, wird jedoch nie verwendet und gerät bald in Vergessenheit. Am 12. November 1815 folgt ein zweiter Sohn Franz Karl nach. Zwischen den Brüdern entwickelt sich, bei aller Verschiedenheit der Veranlagung, ein überaus inniges Verhältnis. Die beiden Söhne, der eine lebhaft und genial, der andere sinnend und verträumt, sind die Freude der Eltern. „Mein Adolph", erhofft sich der Vater, „muß Diplomat werden, mein Franz gehört in die stille Richterstube."

Inzwischen ist man in das dem Onkel Exjesuit gehörige geräumigere Haus Nr. 301 in der Brunnengasse — die später den Namen in Schmied-, dann Hofkirchgasse (Nr. 304) wechselt und schließlich Lidmanskygasse (Nr. 25) heißt — übersiedelt. Dazu gehört auch ein Garten mit einem hübschen Pavillon — „Salettl" genannt — mit Obstbäumen, Blumen- und Gemüsebeeten und einem kleinen Schweinestall, der, von der Mutter fachkundig betreut, für den Haushalt Schinken und Würste liefert. In diesem heimeligen Mittelpunkt des Hauswesens findet man auch stärkende Erholung, denn mit der Gesundheit der Familie Tschabuschnigg ist es nicht zum Besten bestellt. In den Briefen wird immer wieder über Krankheiten und neue Leiden geklagt, auch Adolph ist ein schwächliches, anfälliges Kind und muß sich von körperlichen Anforderungen, die anderen Knaben Freude bereiten, fernhalten. Dadurch gerät er in Vereinsamung, er wird von seinen Mitschülern als Sonderling angesehen und distanziert sich deshalb kühl von ihnen. Es genügt ihm, sie geistig zu überflügeln, und er läßt es sie zu ihrem Ingrimm auch fühlen. Nein, Freunde unter ihnen hat er gewiß nicht und will sie auch nicht haben — jetzt nicht und nicht später.

Freilich mit einer Ausnahme, die gegen ihn Verwunderung, Erstaunen, ja selbst Entrüstung auslöst. Denn er, Sproß aus einer landständischen Reichsritterfamilie, schließt sich eng dem Mitschüler Paul Renn an, Sohn eines armseligen Flickschusters aus Tirol, der sich künstlerisch auch mit Steinschleiferei beschäftigt und hiebei vom Kardinal Salm gefördert wird. An Paul findet Adolph eine verwandte Seele und nennt ihn „Mozart", der ebenso ein Außenseiter ist wie er selbst, der eine wegen seiner körperlichen, der andere wegen seiner sozialen Unterlegenheit. Der Vater als Sekretär der Stände mag über diese Freundschaft seines Sohnes wenig erbaut gewesen sein, doch er duldet's, und sie hält bis zum Tode an. In das Familiengrab der Tschabuschnigg auf dem Friedhof zu St. Ruprecht bei Klagenfurt läßt der Freund den Freund zur letzten Ruhe betten.

Was sie gegenseitig so tief verbindet, ist die Liebe zur Poesie. Ihr leuchtendes Sternbild am Dichterhimmel ist Friedrich Schiller, dessen Gedichte auf die beiden Knaben stärkste Wirkung ausüben. Sie deklamieren sie sich vor, wo sie sich am ungestörtesten fühlen, auf dem Dachboden des Flickschusterhäuschens, im Himbeerwäldchen von St. Ruprecht oder zwischen den Gräbern des nahen Kirchhofes selbst, in einer Grotte des Stadtgrabens und an der Sattnitzer „Nagelflüh". Die »Räuber« und den »Fiesko« lesen sie in geteilten Rollen im Welzenegger „Schachterl" im Dickicht der Gebüsche oder auf dem Geäst der Waldbäume, und — alljährlich als Höhepunkt — bringen sie am 1. Mai auf der Goritschitzen unter dem „Elsenbaum" den Göttern und Dichtern, die jenen gleichen, ein Trankopfer dar.

Bei all diesem jugendlichen Überschwang setzt aber Adolph Tschabuschnigg, gemeinsam mit Paul Renn, sein Studium erfolgreich wie bisher fort. Beide beziehen das Gymnasium und anschließend das in seinen zwei Jahrgängen hochschulmäßig geführte Lyzeum, an dem die Benediktinermönche lehren, die Kaiser Franz aus dem berühmten Stift St. Blasien im Schwarzwald nach St. Paul im Lavanttal gerufen hat. Zu den hervorragendsten Vortragenden am Gymnasium gehören die Patres Baptist Manhart, Norbert Heitmann, Ämilian Haug und

Christoph Sepper, am Lyzeum, das unter der Leitung des k. k. Direktors M. v. Rath steht, unterrichten neben dem hochangesehenen Professor Matthias Achazel seine akademischen Kollegen P. Meinrad Amann, P. Xaver Grüninger, P. Gregor Huber und P. Anselm.

Während des Studiums der Poetik und Rhetorik gründet Tschabuschnigg einen dichterisch interessierten Kreis mit dem bezeichnenden Namen „Philadelphia", in dem man sich „in brüderlicher Liebe" zur Poesie bekennt. Hier werden nur streng ausgesuchte Studienfreunde aufgenommen, die als Mitglieder griechische Namen tragen: Agamemnon, Diomecles, Ulysses, Theokrit oder Bion. Tschabuschnigg heißt Democlocos, Renn Phemios, und es mag seltsam erscheinen, daß die beiden ernsten Knaben sich nach zwei Humoristen der hellenistischen Literatur benennen, aber sie werden in Hinblick auf ihre enge Freundschaft meist Pylades und Orest oder David und Jonathan gerufen, und diese Namen bleiben ihnen bis in die späteren Jahre. In diesem literarischen Zirkel werden eigene Gedichte rezitiert, Vorträge gehalten, und die besten Erzeugnisse kommen in eine handgeschriebene belletristische Wochenzeitschrift.

Freilich können die poetischen Versuche dieser jungen Musensöhne keinen besonderen Rang erreichen, und Tschabuschnigg, der den Vorsitz führt, stellt dies in seiner „Zweiten Eingangsrede" auch unmißverständlich fest. Er dankt zwar den Mitgliedern seines kleinen Dichterbundes „innigst für das tätige Streben in der ersten Abteilung dieses Vereines. Was die Früchte dieser Mühe anbelangt, so müssen wir zwar alle selbst gestehen, daß sie noch nicht sehr bedeutend waren, es ist aber auch noch nicht die Zeit der Ernte da. Wird diese kommen", fährt er fort, „so seien Sie versichert" — man fühlt wieder die förmliche Distanzierung, die sich seit der Rede anläßlich der Prämienverleihung vor fünf Jahren mit dem vertrauteren „ihr" weiter verschärft hat —, „daß Ihnen manche Stunde, die wir verbracht haben, einen goldenen Ährenkranz entgegenbringen wird, und hatte dieser Verein auch noch keinen besonderen positiven Nutzen, so kann man ihm den negativen nicht nehmen. Denn wie manche Stunde, die wir im Blütengarten der Dichtkunst verlebten, würden wir im Gewühle des Lebens verloren haben!"

Das sind bei diesem strengen und kompromißlosen Mitschüler wahrhaft nachsichtige und vergebende, aber leider auch vergebliche Worte, denn die Verbindung, aus deren Reihe neben Renn nur der Name Taurer Ritter v. Gallenstein erhalten geblieben ist, löst sich nach dem ersten Aufflammen der Begeisterung doch bald auf, und ihr Präsident Tschabuschnigg ist wieder verlassen. So flüchtet er zu seinen geliebten Dichtern zurück und widmet ihnen zunächst in vier Heften eine „Sammlung verschiedener Gedichte, gesammelt und teils selbst komponiert von Adolph Tschabuschnigg", in die — neben Schiller an erster Stelle — vor allem Matthisson, Hölthy, Bürger, Schwab, Salis-Seewis, A. W. Schlegel, Kotzebue, Johann Peter Hebel und Alois Schreiber sowie, nicht zuletzt, auch Lord Byron aufgenommen werden. Aber abschreiben allein, dies kann seinen hochfliegenden Plänen wohl nicht genügen, und sein Drang zu selbständigem poetischen Schaffen bricht immer stärker durch. Dazu muß er aber allein sein, und so beginnt er, um sich gleichzeitig auch abzuhärten, größere Wanderungen in der Umgebung seiner Heimatstadt zu unternehmen, mit beglücktem Auge und weit geöffnetem Herzen. Begleitet wird er dabei von einem neuen Freund: Immer führt er ein schmales, in schlichte Pappe gebundenes Heftchen bei sich, in das er die leisen dichterischen Einflüsterungen, die ihn auf diesen einsamen Wegen zärtlich umschmeicheln, mit seinen winzigen Schriftzügen einträgt.

4

Die ersten Gedichte tragen die Jahreszahl 1823 — er ist knapp vierzehn geworden — und sind mit „De Tschabuschnigg", aber auch mit „Theo" oder „A. Theophilos" gezeichnet. Man hört aus den Versen den Einfluß seiner Lieblingsdichter, die er in seine kleine „Poetische Sammlung" aufgenommen hat, deutlich nachklingen, ein sentimental-schwärmerischer Zug ist ihnen eigen, und sie entsprechen vollends den tändelnden biedermeierlichen Ergüssen, die in den beliebten „Taschenbüchern" und Almanachen erscheinen und selbst von halbwüchsigen Mädchen gelesen werden können.

Schon die Titel geben dem jugendlich verträumten Empfinden Ausdruck: »Der Morgen«, »Liebes Blümchen«, »Der Spaziergang«, »Einsiedlers Abendläuten«, »An den Abendstern« oder »An den Mond«, aber auch melancholische Reflexionen werden hörbar: »An ein verwelktes Vergißmeinnicht«, »Täuschung«, »Die Sterbende« und »Abschied von der Welt«. Gleichzeitig schreibt er ein längeres episches Gemälde »Phryxus' Tod«, das dem »Goldenen Vlies« nachgestaltet ist und erkennen läßt, welch starke Wirkung Grillparzers Trilogie, die in diesem Jahre im Ständischen Theater erstaufgeführt wurde — als Sohn des auch mit Theaterangelegenheiten befaßten Sekretärs Tschabuschnigg hatte er zum Besuche der Vorstellungen bevorzugte Gelegenheit —, bei ihm hinterlassen hat.

Auch das heimatliche Gefühl strömt in warmen Versen aus und wird besonders vernehmbar in der

Elegie eines Kärntners an sein Vaterland

O Carinthia du! O teure Fluren der Heimat,
Teuer bleibet ihr stets, immer in ewige Zeit —
Mir, dem glücklich bei euch die Stunden der Kindheit
verflossen —,
Mir, den glücklich ihr eingewiegt hattet in Schlaf,
Leite mich hin, Erinnerung du, zum heimischen Lande,
Hin — wenn Eos Pferd' steigen zum Himmel im Ost,
Hin — wenn die Nacht mit dämmerndem Flor die Gefilde
umziehet
Und wenn am Mittag heißer brennet die Sonn', —
Leite mich hin! — zu meines Vaterlands teueren Triften,
Lulle mich ein in Schlaf süßer Erinnerung.
Führe mich hin ins Tal, wo ich das Leben erblickte,
Wo sich in stolzer Pracht Klagenfurts Dom erhebt ...

oder in dem Gedicht

Begeisterung
gewidmet den Manen Theodor Körners am 26. August 1823

Begeisterung, du bist die Schwester hehrer Wahrheit!
Du Hohe, die das Licht geboren und die Klarheit,
Wann strebt wohl mächtiger empor der freie Geist
Als sie, wenn ihr dein Ruf zum Himmel fliegen heißt.
Du rufst, die Leier nimmt er von des Tempels Wänden,
Melodisch tönt das Spiel von den erfahr'nen Händen —
Du rufst, und er ergreift das deutsche Freiheitsschwert,
Wenn Gott und Vaterland und Kaiser es begehrt ...

Dieses halbe Kind noch wendet sich auch mit der Widmung „An junge Künstler" in dem mahnenden Poem

Die Kunst

Regt sich Göttliches in deiner Brust,
O verkenne nicht das leise Regen,
Wandle auf der Kunst geweihten Wegen!
Kunst ist ja Schöpferin der Lust.

„Lust" — seltsames Wort mag es zunächst erscheinen. Aber es ist hier schon ein junger Herr, der heranwächst und Liebe ahnt. Die erste scheue Andeutung zeigt sich in »An ein Mädchen, das den Schleier nahm« und in der Elegie »Auf ein Landmädchen«, doch bald werden die Lieder deutlicher: »Allgegenwart der Liebe«, »Entzücken der Liebe«, »Der Gang zum Liebchen« und »Unaussprechlich« mit den Eingangsversen: *Sieh' mich an, küß' und liebe mich!*

Gleichzeitig erträumt er Liebesgedichte mit Eigennamen als Überschrift, die Töchtern adeliger Familien in Klagenfurt gewidmet sind, vor allem aus dem Hause der Freiherrn v. Herbert und der Ritter v. Moro, darunter dreimal »An Emma«, zweimal »An Emilie«, weiters »An Minna« und »An Else«, heitere und verspielte Verse, aber dann wirkt doch, von solch junger Hand geschrieben, einigermaßen fatal die Huldigung

An ihren Busen

Lilienbusen, wie schön hebst du das seid'ne Tuch
Und das rosige Band, hebst und senkst es dann,
Und die Falten des Schleiers
Schwellen leise und reizend auf.

Einst verschob sich das Band, und durch das seid'ne Tuch,
Das so neidisch dich sonst lauschendem Blick verbirgt,
Späht in lieblicher Fülle
Eine üppige Wölbung her...

Neben diesen naturschwärmenden, vaterländischen, melancholischen und liebessüßen Strophen, die in ihrer Verschiedenheit so ganz das einsame und zwiespältige Wesen des sich noch vortastenden Dichters widerspiegeln, werden auch Balladen und Romanzen, die in stärkeren Akkorden nachklingen, in das Begleitbüchlein eingetragen: »Kaiser Maximilian auf der Martinswand«, »Oskar und Malwine«, »Die Jungfrau vom Wasserfalle«, »William Lovell«, »Das Schwert« und »Emma von Nordschild«.

Im gleichen Jahre 1823 wendet sich Adolph Tschabuschnigg auch seinen ersten Prosaversuchen zu. Am 10. August beginnt er mit einer »Bildergalerie aus dem Leben verschiedener großer Männer, gesammelt aus mehreren Autoren griechischer, lateinischer und deutscher Sprache samt Erklärung als Anwendung zum täglichen Leben« und schreibt dazu als Motto:

„Wie der Keim im Fruchtkorne durch die Sonne entfaltet wird, so werden unsere schlummernden Kräfte durch den Strahlenglanz leuchtender Beispiele erweckt und in Wirksamkeit gesetzt."

In seinem „Vorwort" führt er noch weiter aus:

„Bildergalerie nenne ich dies mein Werkchen mit Recht, weil es keineswegs eine zusammenhängende Biographie ausgezeichneter Männer sein, sondern einzelne Handlungen, hervorleuchtende Taten und geistverratende Reden und Antworten enthalten soll, von denen ich hoffe, daß sie ihren Endzweck nicht verfehlen werden. Ihr Endzweck aber ist folgender: sie sollen den Leser unterhalten, seinen Geist, sein Herz in eine angenehme, den vernünftigen Menschen angemessene Tätigkeit setzen, seine Stunden auf eine Kopf und Herz stärkende Art verkürzen und, wenn er in ähnliche Lagen und Situationen des Lebens kommt, ihm Mut, Kraft, Stärke und Entschlossenheit geben und ihn zur Nachahmung aneifern."

In einem „Postskriptum" fügt er noch bei: „Ich schrieb dies Werkchen nur für die Jugend", in Wahrheit wird aber die Arbeit kaum in Angriff genommen. Als erster und einziger Beitrag erscheint nur ein »Bild« des athenischen Feldherrn Phokion.

Gleichzeitig beabsichtigt er die Abfassung eines „Taschenbuches für das Jahr 1824" mit Gedichten und Betrachtungen zu jedem Tag, das allerdings nur durch zwei Monate, vom 1. Jänner bis zum 29. „Hornung" fortgeführt wird. Wieder setzt er ein Vorwort voraus:

„Ohne besondere Überlegung habe ich diese einzelnen Gedanken hingeschrieben, ohne Ordnung, ohne besonderen Zusammenhang — wie sie in meinem Herzen lagen —, es sind Zypressenzweige und Veilchen, trübe und heitere Gedanken, je nachdem damals, als ich sie niederschrieb, meine Stimmung war. Es mag sich sogar mancher Widerspruch darin finden, der ebenfalls aus dieser Verschiedenheit der Stimmung zu erklären ist. Ich schrieb sie für mich und gute Freunde nieder, um Stoff zu fernerem Nachdenken daraus zu ziehen; ihr einziges, vielleicht gemeinsames Verdienst ist, daß sie vom Herzen kommen, sie wollen also nur zum Herzen sprechen."

Welch frühreife Überlegenheit spricht aus dem Denken dieses vierzehnjährigen Knaben! — und er schließt mit dem

Epilog

Verklungen ist des Sängers Melodie, —
O hätte sie ein fühlend Herz gefunden,
Das ihre stille leise Phantasie
In einer anmutsüßen Stund' empfunden.

Zwei geplante Erzählungen bleiben gleichfalls im Ansatz stecken. Von »Unschuld und Liebe siegt« entsteht nur die Einleitung mit einigen Reflexionen, und auch »Die gerettete Unschuld« kommt über eine kurze Skizzierung nicht hinaus.

Beinahe scheint es, als wolle dieser Schüler der fünften Gymnasialklasse alle Arten von Poetik an sich reißen, um sich an ihnen zu erproben. So wendet er sich gegen Ende dieses so reich angestrebten Jahres 1823 auch der Dramatik zu und vollendet am 20. Juni 1824 das dreiaktige Schauspiel »Guido oder Freundschaft und Liebe«. Das Stück, das im 18. Jahrhundert im Venezianischen spielt, behandelt die gegenseitig geheim gehaltene Liebe der beiden Jugendfreunde Julius Cantone und Guido Quistana zur Tochter Angelica des Handelsherrn Oliviero Visconti, aber in großzügiger Weise tritt Guido nicht nur von seiner Werbung zugunsten des Freundes unerkannt zurück, sondern verwendet sich auch erfolgreich für dessen Glück. Aus Rache eines weiteren abgewiesenen Freiers soll Angelica von zwei Banditen entführt werden — man fühlt sich unwillkürlich an Emilia Galotti erinnert —, aber im entscheidenden Augenblick erscheint auch hier Guido als Angelicas Beschützer, wird jedoch im Kampf um ihre Errettung tödlich verwundet. Es ist ein typisches Jugenddrama, sowohl in der Wahl des Stoffes wie in der Ausführung, aber Tschabuschnigg hält es für ein Meisterwerk, was aus den Versen »An meinen verehrten Freund Welwich« — es ist der Propst von Gmünd und wiederholt Gast im Elternhaus —, den er um ein Urteil bittet, deutlich hervorgeht:

Zu einer neuen Sphäre schweift mein Flug
Aus meines Lebens freundlichwildem Walten;
Und was ich lang in meinem Busen trug,
Es strömt hervor in gaukelnden Gestalten.
Doch als der Griffel in die Saiten schlug,
Da fühlt' ich erst, daß feindliche Gewalten
Den kühnen Aufflug meines Sängers hemmen
Und seinem Schwunge sich entgegenstemmen.

Und mühsam drang ich durch den finst'ren Schleier,
Den dichten Zwang ins unbetret'ne Land,
Und furchtsam tönte die umstimmte Leier,
Den freien Schwung hemmt niegefühltes Band.
Drum daß ich kühner wall' und freier,
Reich Du mir Deine starke, sich're Hand.
Wird die mich durch die fremden Wege leiten,
So werd' ich furchtlos, kühner vorwärts schreiten.

Und klarer, reiner wird mein Seherblick
Und schöner werden meine Saiten klingen,
Ich werde dann des Lebens stilles Glück
In voller'n reineren Akkorden singen,
Mich bis zum Ziel des Hippodromos schwingen.
Die Mühe schreckt den Feigen nur zurück,
Und werd' ich dann die Sternenhöh' erblicken:
So will ich Dir den ersten Lorbeer pflücken.

Welch große Worte und holpernd noch dazu: Seherblick, Sternenhöhe und Lorbeer — der Freund liest das Schauspiel und die Einbegleitung und schreibt nicht im hausüblichen Du-Wort, sondern, wie er selbst betont, „als Rezensent" sehr kühl und schonungslos zurück:

„In diesem Stücke ist der Geist jener Theaterstückchen zu sehen, die wir in unserer Jugend in den unteren zwei Gymnasialklassen von uns gaben. Es sieht seinem Umfange, seinem Inhalt, seinen Personen nach ganz jenen Spektakeln gleich, nur mit dem Unterschiede, daß wir unsere Helden hübsch auf der Erde wandeln ließen, in Ihrem Stücke aber Heroen brüllen und schmettern, die sich eine Ideenwelt, welche uns irdischen Kindern freilich nicht sehr behagen dürfte, voll Rosendüfte und Herzeleid zu ihrem Logis gewählt haben. Wer sie liebt und von den schmachtenden Sprüchen, von der Engelswonne, vom Silberschleier des Morgentaues, von den sich entladenden Tränendrüsen, vom Flöten der Nachtigall (aus a-moll?) nicht wenigstens geschmolzen und eine tropfbare Flüssigkeit wird, der muß eine gute Konstitution haben... Das in Journalen, Kalendern, Taschenbüchern schon so oft abgenützte Liebesgewinsel und die fade Schwärmerei könnte beinahe den heiligen Ulrich anrufen lassen.

Die Hauptfehler: Unwahrscheinlichkeit, leeres Geschwätz, zu langsamer Gang der Handlung, die Entwicklung gleich dem gordischen Knoten und der altväterliche Stoff.

Es kommen zwar auch einige interessante Situationen vor, einige Stellen hauchen Begeisterung aus, obwohl deren wenige sind. Wenn Sie noch einige Versuche im Dramatischen machen, so zweifle ich an dem glücklichen Gelingen gar nicht."

Für den jungen Stückeschreiber, der sich selbst eine so hohe Laudatio gedichtet hat, ist dies ein schwerer Schlag, der noch lange anhält, und er denkt vorläufig nicht daran, den wohlwollenden oder spöttischen Freundesrat zu befolgen, „noch einige Versuche im Dramatischen zu machen". Erst später skizziert er vage ein »Cäsar«-Drama, von dem sich aus dem Personenverzeichnis außer der Titelfigur nur noch die Namen Brutus, Lavinia und Columella erhalten haben. Zwischen Oktober 1829 und April 1830 — während seiner Studentenzeit in Wien — reizt ihn die Dramatisierung des »Eulenspiegel«-Stoffes, er schreibt neben einem Prolog noch fünfzehn flüchtige Szenen, dann bleibt die Arbeit liegen und wird nicht wieder aufgenommen. Fortan schweigt Tschabuschnigg als Dramatiker für immer.

5

Über die harte Sprache des Propstes Dr. Lorenz Welwich tröstet ihn der ausgezeichnete Lernerfolg, mit dem er im September 1824 das Gymnasium mit Vorzug verläßt. Anschließend beginnt er das philosophische Studium an dem als Hohe Schule geführten Lyzeum, dessen zwei Jahrgänge er mit dem lateinisch abgefaßten Zeugnis „cum emerentia" absolviert.

Auch während dieser Zeit — 1825 und 1826 — setzt er seine „Poesien" geradezu in Überfülle fort, und es zeigt sich, daß jene schonungslose Kritik nicht ohne einige Wirkung geblieben ist. Zwar sind die Farben seiner dichterischen Palette noch die gleichen — lichte Freude, dunkle Schwermut und vergoldende Liebe —, aber er trägt sie gewählter, sorgfältiger und feingetönter auf. Neues vertieftes Naturempfinden klingt aus »Frühlingslust« und »Im Frühling«, aus dem »Schwalbenlied«, »An die erste Hyazinthe«, »An einer Quelle«, »Die Abendröte«, »Am Abende« und »Dichterwonnen«, aber stärker als bisher tönt auch melancholische Gedanklichkeit auf: »Wehmut«, »Ideal und Leben«, »Gedanken eines Leuchtturmwächters in der Sturmnacht«, »Lebenszyklus«, »Hafners Abschiedslied«, »Phantasie im Kirchhofe«, »Totenopfer«, »An den Tod« und tiefer Schmerz aus dem Gedenken »An Emmas Grab«.

Aber auch diese Trauer verfliegt wieder, und es folgen neue Mädchennamen, die gefeiert werden: »An Hermine«, »An Selma«, und die »Entschuldigung eines Kurzsichtigen« wendet sich an ein Lottchen. Nach einer »Klage des Unvermählten« spricht wieder Herzensfreude aus dem Anruf »An die ferne Geliebte«, im jubelnden »Beglückt durch dich, beglückt durch mich«, »Glückliche Wahl«, »Liebchens Boten«, »Sympathie«, »Sprache der Liebe« und schließlich

Mädchenbrauch

Du schautest mich so freundlich an
Wenn ich vorüberstrich,
Da war es um mein Herz getan
und, ach! ich liebte dich.

Manch Blümchen gabst du ungeseh'n
Und leis' errötend mir,
Da glaubt' ich deutlich zu versteh'n:
Mein Herz gehört nur dir!

Doch auch nach andern siehst du hin,
Gibst andern Blumen auch,
Nun fühl' ich's wohl mit trübem Sinn:
Es ist nur so dein Brauch!

Ein neuer, leicht ironischer Ton wird hier zum ersten Male hörbar, der später immer stärker aufklingen wird. Fast scheint's, als kenne Tschabuschnigg schon einige Lieder des spöttischen Heinrich Heine, der in den weiteren Jahren seine Dichtung sehr bedeutsam beeinflussen wird. Aber noch bleibt die romantische Note stärker und wird auch in der Reihe der Balladen und Romanzen fortgesetzt: »Ritter Ogluf und die Drudenjungfrau«, »Des Bogenschützen Rache« und »Karl und Elise« nach einer Kärntner Sage.

Einen Fortschritt erreicht er bei seinem Schaffen in Prosa. Am 25. September 1825 beginnt er eine »Erste Sammlung prosaischer Schriften«, die zwar nicht lange fortgesetzt wird, aber bis Juni 1826 doch vier bemerkenswerte Stücke bringt:

Memnons Säule

Nur wenn die Sonne kommt und wenn sie scheidet, klingt Memnons Säule. Während sie ruhig ihre Bahn wandelt, ist sie nur heiß von ihrem Strahle. — Scheint es sich doch fast ebenso mit Freunden zu verhalten: tief in uns fühlen wir zwar den heiligen Zug der Sympathie, wenn wir bei ihnen sind, im wehmütigen Momente des Scheidens aber und dem schönsten des Wiedersehens erwacht dies Gefühl mit aller seiner Macht in uns und in reinen Tränen überströmt es unsere Seele.

Der Phönix

Ruhig und fröhlich senkt sich der alternde Phönix in die Flamme, und aus der heiligen Asche erhebt er sich jugendlich und fliegt stolz und prächtig der Sonne entgegen; so auch der edle Mensch, gelassen sieht er die unbrauchbar gewordene Maschine in die Gruft sinken, und entbunden und ganz rein fliegt seine Seele den großen Flug zur Unendlichkeit.

Das Veilchen

Der Genius des Frühlings, der noch vor Ende des Winters vom Olymp zur Erde niedersteigt, muß sich vor dem rauhen Nordsturm wieder zurückziehen, wobei aus seinem Auge eine Träne zur Erde niederfällt. Helios beschließt, diese Stelle zu heiligen, und läßt dort das erste Veilchen aufsprießen. Als dann der jugendliche Frühling wirklich kommt, sieht ihm das Veilchen schon freundlich entgegen. Er pflückt es, flicht es in seinen Kranz und spricht: „Aus meiner Träne entsprossen, sollst du stets mein Vorbote sein, sollst du die kaum vom Schnee befreiten Fluren schmücken und süße Hoffnungen in die Herzen der Menschen hauchen."

Parabel

Die Fische beklagten sich, daß sie in ihrer kristallenen Tiefe stiefmütterlich behandelt sind und nicht wie die anderen Tiere die Schönheiten der Welt genießen können.

Der „Geist der Erhörung" erfüllt ihre Bitte und gibt ihnen Flügel. Als Libellen erleben sie im Fluge den Zauber der Erde, aber bald auch die Sorgen um die Nahrung und um die Verfolgungen aus der Umwelt. Da sehnen sie sich wieder in ihr ruhiges, gesichertes Gewässer zurück, aber der „Geist der Strafe" ruft ihnen zu: „Sehnsuchtsvoll sollt ihr um die Fluten schwingen, doch niemals in dieselben zurückkehren." So schwingen sich noch immer die Libellen um die Fluten, noch tauchen sie ihre Flügel in die Gewässer, aber ewig bleiben dieselben für sie verschlossen.

Ein warnendes Beispiel für uns! Zufrieden wollen wir sein mit der Stufe, auf die wir gesetzt sind, mit dem Geschicke, das uns beschieden ward, und ohne Murren uns unterwerfen dem Ratschlusse Gottes, der über uns waltet in Freuden und Leiden und uns zu unserem Ziele führen wird. Amen.

Diese beiden Jahre sind für den jungen Tschabuschnigg von besonderer Bedeutung. 1825 erscheinen in dem der „Klagenfurter Zeitung" angeschlossenen Wochenbeiblatt „Carinthia" erstmals vier seiner Gedichte in Druck, neben »Der Mittag« und »Der einsame Waldsee« besonders charakteristisch »Die Tränen des Lebens« mit den schwermütig einleitenden Versen:

Was ist das Leben? Ein banger Traum,
Ein ewiges Hoffen und Sehnen;
Wir haben die Laufbahn betreten kaum:
Schon tauen vom Auge uns Tränen.
Die Freude, wohl ist sie ein flüchtiger Wahn
Und täuschend schwebt uns die Hoffnung voran.

Dieselbe ernste Gedanklichkeit spricht aus den beiden Endstrophen des Gedichtes

Am Ende des Jahres

Schon im Flügelkleide eilt der Knabe
Immer näher seinem Ziel: dem Grabe,
Bis dem Tod er in die Arme sinkt; —
Schnell ist unser'm Blick die Zeit entrücket,
Doch die Tat, mit der der Mensch sie schmücket,
Stehet fest im Buch der Ewigkeit.

Mag denn immerhin der Strom entgleiten
Mit des Lebens höchsten Seligkeiten,
Mag sich abwärts senken uns're Bahn:
Ruhig steht der Mann im wilden Sturme,
An des Selbstbewußtseins festem Turme
Bricht sich seines Lebens dunkle Flut.

1826 erscheinen in der „Carinthia" weitere Gedichte — der junge Mann wird bekannt. Freilich fühlt man, daß sein erlauchtes Idealbild immer Schiller bleibt, dem er bis in die Themenwahl nachzueifern sich bemüht. Nach dessen »Würde der Frauen« dichtet er »Frauenwürde« mit der Eingangsstrophe, die sich am Ende wiederholt:

Männer mögen im Kampfe hienieden
Ringend bezwingen das eh'rne Geschick,
Schön'res ward aber den Frauen beschieden:
Liebend zu gründen der Kämpfenden Glück;
Stille und friedlich im engeren Gleise
Mögen sie wandeln in seliger Ruh,
Und in dem häuslich beglückenden Kreise
Weh'n sie Erquickung den Müderen zu.

Ein ferner Schatten des »Ritter Toggenburg« schwebt auch über der Romanze

Der treue Trovadore

Vor der Liebsten kleinem Fenster
Saß der treue Trovadore,
Saß im Früh- und Abend-Strahle
Mit der Laute vor dem Tore.

Sah hinauf mit süßem Beben,
Bis zu Tränen sanft und milde,
Schaute stets mit bangem Sehnen
Nach der Liebsten holdem Bilde.

Und die Blumen an dem Fenster
Schienen tröstend ihm zu blühen,
Aus den Sternen dort am Himmel
Ihm der Liebe Gruß zu glühen.

Strahlten dann im goldnen Lichte
Der Geliebten Fensterspiegel,
Da ergriff's ihn tief und tiefer,
Hob ihn auf der Sehnsucht Flügel.

Und er strich dann durch die Saiten,
Sang ein Lied in leisen Tönen,
Ihr des Frühlings süße Freuden
Mit den Klängen zu verschönen.

Und erst in der Dämm'rung Schweigen
Zog er heim zum Abendtaue,
Lachte weinend zu den Sternen,
Grüßte sehnsuchtsvoll in's Blaue.

Einst im stillen Liebesgrame
Brach sein Herz, das treu geschlagen,
Das bis zu dem letzten Wallen
Schweigend seinen Schmerz getragen.

Doch — ist auch sein Herz gebrochen,
Seine Liebe lebt noch immer,
Selbst im tiefen, kühlen Hause
Löscht die heil'ge Flamme nimmer.

*Und im Früh- und Abend-Strahle
Kommt der treue Trovadore,
Sitzt mit seiner goldnen Laute
Vor dem Fenster still am Tore.*

*Neigt sie sich in leiser Ahnung
Dann zum Abendtal hernieder,
Strahlt der mildverklärte Himmel
Ihr im blauen Auge wieder.*

*Dann, — wie fernes Geisterwispeln
Strömt es von den Saiten wieder,
Und in leisen Tönen singt er
Ihr so leise, bange Lieder.*

*Aber mit dem letzten Klange
Seufzt es sehnend durch die Lüfte,
Und sein Bild ist dann entschwunden
In die matten Abenddüfte.*

Die „tausendmal willkomm'ne Sonne" erinnert ihn an eine ferne schöne Zeit in glücklicher und enttäuschter Rückschau:

An einem hellen Wintertage

*Ich und mein Liebchen saßen dort
Im Hagerosenzelt,
Vergaßen an dem trauten Ort
So gern die ganze Welt.*

*Und leise flüsterte und still
Die Quelle nebenhin
Und lauschte gern auf unser Spiel
Und unser'n frohen Sinn.*

*So selig flog der Lenz vorbei,
Schnell, wie ein Tag entflieht, —
Und ach! der arge böse Mai
Nahm auch mein Liebchen mit.*

Da sitz ich einsam nun und trüb'
Und denke still zurück,
An alles, was ich hatte lieb,
An mein entschwunden Glück.

Drum grüß' ich in der Einsamkeit
Dich Sonne tausendmal!
An eine ferne schöne Zeit
Erinnert mich dein Strahl!

Dann verfällt er wieder in Melancholie und meidet heiteres Beisammensein:

In einer Gesellschaft

Wohl taug' ich nicht in eure frohe Mitte
Und lebe gerne so nach meiner Weise
Im Stübchen, wo schon manche Lust mir blühte,
In meiner Fluren tiefverschwieg'nem Kreise,
Das laute Jubeln ist nicht meine Sitte
Und bin ich froh, dann bin ich still und leise.
D'rum, liebe Leute! laßt mich immer gehen,
Ich kann euch nicht, und ihr mich nicht verstehen.

Was hälf' es euch, blieb ich in eurer Runde,
Die Lustigen — die habt ihr ja nur gerne,
Liebt ja die Frohen nur in froher Stunde,
Die sich erfreu'n am süßen Lebenskerne;
Blieb ich auch hier und spräche mit dem Munde,
Mein Herz und mein Gedanke blieb' doch ferne,
Und säß' ich mitten auch im Kreise drinnen,
So dächt' ich leise sinnend doch von hinnen.

Auch außerhalb Kärntens erscheinen Gedichte des Siebzehnjährigen im „Illyrischen Blatt zum Nutzen und Vergnügen" in Laibach und in der Zeitschrift „Der Aufmerksame" in Graz. Schon der Knabe weiß den Wert der Publizität wohl zu schätzen.

Im gleichen Jahre vollendet er auch zwei Erzählungen, »Die Braut aus dem 18. Jahrhundert« mit leicht humoristischem Einschlag und, im Gegensatz dazu, die tragisch umflorte »Totenbraut«. Auf diesem Gebiete eröffnet Tschabuschnigg erstmals seine eigentliche dichterische Begabung, die ihn bald zum Rang eines anerkannten Novellisten und Romanciers emporführen wird.

6

Das Jahr 1826 bringt auch Gedichte, die ein Scheiden von Klagenfurt ankündigen: »Abschiedslied«, »Des Sohnes Abschied aus dem Vaterhause« und in der „Carinthia" vom 5. August:

An die Heimatberge

Lebt wohl, ihr Berge — still und groß,
Verklärt im Abendschein',
Schwer reißt von euch das Herz sich los,
Doch ach! es muß wohl sein.

Oft stand ich dort auf eurer Höh'
Im goldnen Abendstrahl'
Und sah hinab mit stillem Weh'
In's hirtlich stille Tal.

Und sah hinab, und sah hinan
Und wollte fast vergeh'n,
Mich greift's so wunderbarlich an,
Der Abend war so schön.

Da dacht' ich an gar ferne Zeit,
An meiner Kindheit Glück,
Und schwamm in stiller Seligkeit
Den Strom der Zeit zurück.

Und wo ich hinsah, sah ich, ach!
Die liebe Heimat hier,
Und jeder Felsen, jeder Bach
Sprach gar so traut zu mir!

Doch schau' ich fürder einmal hin
Zum hellen Abendstern,
So bringt ihr mir nicht mehr Gewinn,
Da bin ich euch schon fern.

*Drum steh' ich so bezaubert da
In stiller Seligkeit,
Seh' euch zum letztenmale ja,
Und morgen bin ich weit.*

*Lebt wohl, ihr Berge, schütz' euch Gott,
Nehmt diesen letzten Gruß!
Möcht' glühend, wie das Abendrot,
Euch geben einen Kuß!*

Nun hat er das Lyzeum verlassen und bereitet sich vor, wie der Großvater und der Vater, in Wien mit dem Studium der Rechtswissenschaften zu beginnen. Für die Familie Tschabuschnigg ist dies ein nicht geringes finanzielles Problem, denn trotz der angesehenen Stellung eines landständischen Sekretärs ist das Einkommen von 1000 Gulden jährlich recht bescheiden. Aber in Wien lebt der jüngere Bruder des Vaters, der Onkel Franz Xaver, und es fügt sich glücklich, daß dieser einen Sohn Heinrich hat, der zwar, wie sich später erfreulicherweise herausstellen wird, ein sehr gefälliger, artiger und folgsamer Junge, aber auch ein besonders schlechter Schüler ist. Da sein Vater mit ihm nicht fertig wird, kommt es zu einer für beide Teile günstigen Vereinbarung: Heinrichs weitere Erziehung übernimmt Karl Leopold Tschabuschnigg, der bei seinem Sohne so ausgezeichnete Erfolge erzielt hat, während Adolph in der Familie des Onkels Xaver, wie man ihn abgekürzt nennt, Aufnahme findet.

Am 21. September bricht er mit zwei Freunden, dem Jusstudenten Scherautz aus Klagenfurt und dem Medizinstudenten Gogola aus Laibach, nach Wien auf. Als Reiseproviant erhält er von der Mutter einen „Reinling" mit, die Mitreisenden in der Postchaise bieten ihm „Zebebenbrot", „Kerschwasser" und Schokolade an. Während der Fahrt spielt man lebhaft Tarock, wobei zwar eine Fensterscheibe in Brüche geht, was aber die gute Laune weiter nicht stört. Auch der Kutscher lacht dazu, „er ist ein braver Kerl, der sehr gut fährt".

Die erste Station erfolgt zu Mittag in Friesach, es werden Burg und Brunnen besichtigt, aber das Städtchen „ist ein Mistort", wobei Adolph Ritter von Tschabuschnigg allerdings noch nicht weiß, daß hier vor 600 Jahren der etwas sagenhafte Urahn Milot Zabusch residierte. Nach der Übernachtung in Neumarkt fährt man über Judenburg und Knittelfeld, worüber genaue Briefe an die Eltern berichten, weiter nach Leoben — „bei weitem der bisher beste, ja elegante Ort, der an Laibach erinnert" —, aber während der Nacht in Mürzzuschlag überkommt ihn das erste Heimweh:

Wohl hegt auch die Fremde manch edlen Mann,
Doch Vater und Mutter sind's nimmer!
Da hebt sich kein Busen, da ist kein Freund,
Der treu mit ihm lächelt, der treu mit ihm weint.

Dann setzt sich Adolf auf den Kutschbock, um den Cousin Heinrich nicht zu übersehen, der gleichzeitig von Wien abgefahren ist, um sein mattes Studium in Klagenfurt zu verbessern, und er trifft und begrüßt ihn bei Krieglach. Am nächsten Morgen geht er mit den übrigen Reisegefährten zu Fuß über den ganzen Semmering, es bläst zwar ein „furchtbarer Wind", aber dafür gibt es auch einen „vorzüglichen Ausblick mit einem wahrhaft österreichischen Himmel, tiefblau!" In Wiener Neustadt findet er noch Gelegenheit, im Theater eine Aufführung von Wilhelm Friedrich Zieglers Schauspiel »Die Mohrin« anzusehen, die weitere Fahrt auf Wien zu ist „voll seltsamer und banger Gefühle". Die letzte Strecke geht er wieder zu Fuß und sieht bei der „Spinnerin am Kreuz" die majestätische Kaiserstadt vor sich liegen. Vor diesem Wahrzeichen der Bannmeile sitzt verträumt ein junger Mann und spielt Gitarre — ein echt biedermeierliches Bild. Adolph tritt hinzu und erkennt den in sich versunkenen Vetter Gustav, der hier auf ihn wartet, um ihn in das neue Quartier zu führen.

Es ist der 25. September 1826 mittag. Der angehende Jurist wirft die trüben Gedanken, die ihn noch kurz zuvor gequält haben, entschlossen von sich. Wohlan: nun gilt es, im Anblick, im Glanz dieser herrlichen verlockenden Stadt sich ein neues Leben zu erobern!

DIE STADT AM STROM

1

Die Wohnung des k. k. Registraturdirektionsadjunkten bei der Obersten Justizstelle Franz Xaver Ritter von Tschabuschnigg liegt an der Wiener Landstraße, Gärtnerstraße 7. Sie ist ziemlich geräumig, denn die Familie umfaßt neben dem Onkel Xaver noch die Tante Henriette, eine geborene Freiin v. Kranz, ihre Kinder Gustav, Ludovica — Louise gerufen — und Heinrich, der nun in Klagenfurt weilt und durch Adolph ersetzt wird, und vor allem ist auch der Großvater Leonhard Edmund da, derselbe, der vor Jahren in Verona mit der Titusperücke herumspaziert und auch noch jetzt mit seinen 82 Jahren, obwohl er etwas schlecht sieht und hört, überaus heiter und lebensfroh ist. Er ist es, der sich des Enkels besonders annimmt, ihm die Stadt zeigt und ihn bei den Professoren Egger und Kerschbaumer, deren Vorlesungen er zuerst hören wird, vorstellt.

Dafür bedankt sich Adolph am Abend mit einem Schachspielchen, das der alte Herr liebt, und lebt sich in die Familie, die ihn sehr herzlich aufnimmt, rasch ein. Zwar leidet der Onkel an Rheumatismus und „schleppt, wo er geht und steht, um sich vor Luftzug zu schützen, ständig einen Paravent mit sich herum", auch Tante Henriette fühlt sich, obwohl ihr Vater der berühmte Leibarzt der Kaiserin ist, bei jeder Gelegenheit krank, und die Cousine Louise hat „tödliche Ohnmachten", aber das ist Adolph schon von daheim gewöhnt und schließt sich selbst mit „Hals-, Gaumen- und Brustschmerzen" an. Er und Gustav, der ein ausgezeichneter Musiker ist und „alle Arten von Geige und Klavier spielt", teilen das Zimmer und verstehen einander zunächst gut.

„Dein Adolph", schreibt der Onkel begeistert nach Klagenfurt, „ist ein herrlicher junger Mann, Du glücklicher Vater! Mein Haus wird wieder Freude und Heiterkeit füllen, was ich schon lange entbehren mußte... Wir leben so zusammen, als wäre er schon immer in meiner Familie gewesen, es tut mir nur weh, daß ich so armselig leben muß und ihm so gar keine Erheiterung verschaffen kann. Er fügt sich indessen ganz in mein Hauswesen ein, ist, außer den Kollegien, fast immer zu Hause und ohne allen weiteren Umgang. Louise und Gustav lieben ihn brüderlich."

Seine Lebensweise verläuft recht einförmig. Bereits vor 6 Uhr steht er auf, lernt zwei Stunden, von 8 bis 10 Uhr ist er „in Collegio" und macht dann Besuche, um in weiteren Kreisen bekannt zu werden, oder sucht zwecks Zeitungslektüre ein Kaffeehaus auf — ein Billardspiel kommt leider zu teuer. Um 1 Uhr ist Mittagstisch beim Onkel: „Gegessen wird wie bei uns zuhause, etwas schlechter und weniger, liebste Mama, aber die Magd, eine vierzigjährige Ungarin, ist ein braves Weibsbild." Nach dem Kaffee um 4 Uhr nachmittags wieder eine Stunde auf der Universität, dann neue Visiten „zur Eroberung der Stadt", um 9 Uhr abends ist Nachtmahl, und gegen Mitternacht — selten früher — wird schlafen gegangen. An den Sonntagen werden Quartette gespielt oder kleine Komödien in Kostüm mit Dekorationen und Orchesterbegleitung aufgeführt. Die Mitwirkenden sind Juristen und Mediziner, und auch Tschabuschnigg gehört zu ihnen. Die Studenten sind „solide Leute", doch er hat mit ihnen „keinen Extra-Umgang". Außer mit Scherautz, der täglich im Hause des Onkels vorspricht und „sich sehr zu seinem Vorteil — bescheiden und honett — geändert hat", kommt er mit keinem Klagenfurter zusammen, auch Paul Renn ist er nicht begegnet, obzwar er in Wien lebt und Physik studiert. „Ich sehe wohl einige Kollegen, aber ich habe tüchtigere und auch noblere Leute erwartet und hatte einen höheren Begriff von ihnen, aber sie sind so beschaffen, daß ich keineswegs eine untergeordnete Stelle unter ihnen spielen darf."

Man könnte fürchten, er würde ein kleiner Snob, aber er hat ununterbrochen nur den Weg nach oben im Auge. Zwar war die Hoffnung bei der „Spinnerin am Kreuz", Wien rasch für sich einzunehmen, leicht ausgesprochen, aber entscheidende Erfolge kosten nicht nur im Kriege, sondern auch in der guten Gesellschaft viel Geld. Darüber verfügt aber Adolph bedauerlicherweise nicht. Der Vater überweist das Wohn- und Kostgeld an den Onkel, der weitere Zuschuß — außer selbstgemachten Würsten und Jungfernbraten aus dem elterlichen Schweinestalle, „die allen prächtig schmecken" und wozu er noch ein Maß Ruster à drei Gulden spendiert, — ist gering. Darauf kommt es aber an. Denn elegantes Auftreten — und das liebt er in hohem Maße — kann man sich in sehr bescheidener Garderobe nicht leisten. Er ist — und weiß es genau — ein armes Herrchen aus der Provinz, das allzuleicht belächelt werden kann — doch alles andere, nur nicht dies!

Was er sich trotzdem gelegentlich gönnt, ist ein Besuch von Oper und Schauspiel. „Ich sah", schreibt er den Eltern, „im Kärntnertor-Theater den »Don Juan« und hatte einen überwältigenden Eindruck. Dessen ungeachtet könnte ich aber auch noch das Klagenfurter Theater mit ansehen, so schlecht ist es doch nicht." Er sitzt auf dem letzten Platz im fünften Stock, „aber unter sehr honetten Leuten", und zahlt zwanzig Kreuzer, „was aber niemand zu wissen braucht". Die Klagenfurter mögen ruhig glauben, er habe in einer Loge gethront ... Im Burgtheater bewundert er den berühmten Heinrich Anschütz in der „ausgezeichnet gespielten" Titelrolle des »König Lear«, doch „es ergriff mich nicht so sehr, während andere ohnmächtig wurden. Der Grund, warum es seinen Eindruck bei mir verfehlte, mag in der niedrigen Gemütlichkeit und dem zu starken und grellen Farbenauftrag im Stücke gelegen sein."

Sonst muß er aber sehr sparen, denn „alles reißt sehr ins Geld. Ich mußte schon verflucht viel ausgeben auf einen Hut à la Walter Scott, auf Pomade, Haarbürste, Haarschneiden, Handschuhe, Tee, Zucker, Bücher und Lichtmaschine, ebenso muß der Schneider an die Reihe kommen. Auch Stiefelputzer habe ich noch keinen."

Eine modische Kleidung kann er sich also — außer einen mitgebrachten blauen Frack, Mantel und Carbonari-Hut — zu seinem Leidwesen nicht leisten, aber er hat dafür Geist und setzt mit liebenswürdigem Geplauder seine Besuche bei Freunden und Bekannten der Eltern fort, die ihn zu Tisch einladen. Ein besonders „nobles und elegantes Haus" führen Onkel und Tante Strohlendorf mit Kutscher, Stubenmädchen, Köchin und Jäger — „alle aus Böhmen" — sowie einer sehr schönen Equipage, „deren Schimmel heikel wie Wiegenkinder sind."

In diesem Hause lernt er auch einen Herrn Karl Johann Braun Ritter von Braunthal kennen, der angeblich der Verlobte der Tochter Cilly ist, „obwohl er den Ehestand haßt". Er stammt aus ärmlichen Verhältnissen, war zunächst Erzieher bei Graf Schaffgotsch in Warmbrunn, später Archivar des Fürsten Colloredo in Oposchno und wird zuletzt Bibliothekar der Wiener Polizeihofstelle. „Bei bester Moralität", schreibt Tschabuschnigg dem Vater, „hat er liberale Grundsätze, ist ein äußerst gebildeter Mann mit genialer Weltansicht, der zugleich das Talent besitzt, sich sehr gediegen auszudrücken. Was er spricht, könnte man gleich drucken lassen. Ich konversiere häufig mit ihm, er ist sehr für mich eingenommen. Dieser Umgang ist für mich in jeder Beziehung belehrend und nützlich, sowohl in Bezug auf Kunst und Wissenschaft, als auch, da er die schwere Schule des Unglücks durchgegangen." Braunthal hat eben zwei Gedichtbände herausgebracht und weiters zwei Dramen an Goethe, dem er in Marienbad begegnet ist, gesendet, der ihm dafür neben einem schmeichelhaften Schreiben auch seine Gedenkmünze widmet. In Gesellschaften liest er Gedichte von Tschabuschnigg vor und verbreitet dadurch seinen Namen. Da er nach Berlin übersiedeln will, erhofft sich Tschabuschnigg durch ihn auch eine ständige Verbindung mit Norddeutschland. Für Johann Schickh, den Herausgeber der „Wiener Zeitschrift für Kunst, Literatur, Theater und Mode", bei dem Tschabuschnigg um Aufnahme seiner „Poesien" nachsucht, ist Braunthal „äußerlich ein ziemlich gedrechselter Herr, aber innerlich ein Saumagen in Folio", ein Urteil, dem er später zustimmen muß. Doch augenblicklich benötigt er ihn.

Bald darauf tritt eine wirkliche Persönlichkeit in Tschabuschniggs Leben ein — es ist der kunstsinnige Benediktinermönch Michael Enk von der Burg, der als Gymnasialprofessor bereits für Eligius Reichsfreiherr von Münch-Bellinghausen, als Dramatiker unter dem Namen Friedrich Halm berühmt, der literarische Mentor war und nun auch Tschabuschniggs dichterisches Talent fördert und befruchtet. Der junge Studiosus bewundert den um zwanzig Jahre älteren Gelehrten als einen „Mann von außerordentlicher Verstandesschärfe und sicherem ästhetischen Geschmack", dessen Werk »Melpomene oder Über das tragische Interesse« größte Beachtung gefunden hat. Unter Beziehung auf dessen großes philosophisches Lehrgedicht »Die Blumen«, das schon 1822 herauskam, widmet ihm Tschabuschnigg als Dank für das väterliche Wohlwollen 1827 das Gedicht

Die Blumenausstellung

Still lausch' ich da im tausendfält'gen Blühen,
Wo Duft und Schmelz so lieblich sich vereinen,
Wo Blumen, die im Platastrome glühen,
In Feuertracht durch Heimatblüten scheinen.
Ein Schillern ist's, ein Duften, Leuchten, Sprühen
Der Flurenpracht das Schönste aus den Hainen,
Und hundert steh'n wie ich und schau'n beflissen
Und möchten gern die schönste Blume wissen.

O mögt ihr immer steh'n und schau'n und wählen!
Den holden Streit — ich hab' ihn längst entschieden.
Der Brust Geheimnis mag ich nicht erzählen,
Drum laßt mit eitlen Fragen mich in Frieden.
Ich mag nicht Farben messen, Blätter zählen
Und wählte doch die Lieblichste hienieden,
Weg von den Blumen, allen den gemeinen,
Stiehlt sich mein Blick gar leise zu der E i n e n.

Zu der „Einen": dies ist die erste heimliche Anspielung auf seine große Liebe in Wien ...

Aber dazu hat er noch nicht viel Zeit, denn er muß sich noch weiter bekanntmachen. Kontakte suchen und Beziehungen anknüpfen nach allen Seiten erscheint ihm ein Haupterfordernis für sein schriftstellerisches Fortkommen. Er spricht beim berühmten Freiherrn Joseph v. Hormayr, dem Leiter des großen „Archivs für Geographie, Historie, Staats- und Kriegskunst" vor, der ihn „charmant" empfängt und eine Ballade „freundlich" entgegennimmt, er stellt sich verschiedenen Herausgebern der beliebten „Taschenbücher" und Almanache vor — neben Schickh vor allem bei Dr. Karl Hock („Der Jugendfreund"), Joseph v. Portenschlag-Ledermayr („Der Sammler"), A. R. Mausberger („Winterlektüre") und Theodor Hell, unter welchem Namen sich der alte Hofrat Winkler mit seiner „Penelope" verbirgt, wichtig ist ihm weiters Adolph Bäuerle, dessen „Allgemeine Theaterzeitung" sich besonderer Beliebtheit erfreut, und er vergißt, in kluger Vorschau auf spätere Publikationen, auch nicht die beiden Wiener Verlagsbuchhandlungen Haas und Pfautsch.

Weitere „Aufwartungen" persönlicher Art macht er schon in den ersten Tagen bei den Familien Hofrat Pitreich, Baron Inhofen, Baronin Kutschera, Herrn v. Bayer und Major Achbauer, der ebenfalls ein glanzvolles Haus führt und sich Equipage und Reitpferde hält. Er wird zu einer seiner vielbegehrten Abendunterhaltungen eingeladen und lernt hier das gesellschaftliche Leben des Wiener Vormärz kennen. „Der Empfang fängt um 6 Uhr abends an und endet bis gegen 11 Uhr, alles funkelt kostbar, und bis zu den Leuchtern und Lichtscheren ist alles aus Silber. Aufgewartet wird dagegen nichts anderes als höchstens Gugelhupf, Kälbernes, Schinken, Zunge und Wein. Zwischendurch wird ein wenig getanzt, dann sich zu Spieltischen gesetzt und samt den Frauenzimmern hasardiert. Zu meinem Vergnügen finde ich, daß ich gesellschaftliche Bildung und Unbefangenheit mehr besitze als ich geglaubt. Ich gehe zuerst ein wenig auf Ton und Manieren der anderen ein, gebe ihnen recht und übertreffe sie dann." Diese Taktik wird sich in seinem späteren Leben noch oft bewähren.

Natürlich ist nach solchen Eindrücken „die Klagenfurter Noblesse dem Anzuge nach mit Wiens Grazien nicht zu vergleichen — welch ein Geschmack, welch eine Wahl! Gesichter kenne ich aber noch immer in Klagenfurt hübschere als hier!"

Mit wachen Augen sieht er weiterhin aufmerksam um sich, wenn er abends auf dem Wasserglacis promeniert. „Religiöse und militärische Umzüge ausgenommen", stellt er bald fest, „spielt sich das öffentliche Leben in Wien nur für die unteren Schichten auf Märkten und Plätzen ab. Das Forum der Intelligenz bleiben Salon und Kaffeehaus."

„Ein Junggeselle", führt er aus, „zieht die verpflichtungslose Atmosphäre des Kaffeehauses der strengeren eines geschlossenen Gesellschaftskreises vor. Kaffeehäuser gibt es genug in Wien, so eng die

Stadt auch sein mag." Das renommierteste ist das Neuersche in der Spiegelgasse, berühmt als das „Silberne Kaffeehaus", weil hier „die Getränke in silbernen Trinkgeräten dargereicht und die Kleider und Hüte an silbernen Haken aufgehängt werden". Neben literarischen Plaudereien wird Billard und Schach gespielt. „Ein Dichter kann hier sicher sein, zwanglos Freunde zu finden. Hier wird der Wert jedes Talentes bestimmt, der Druck manches poetischen Produktes vermittelt oder vereitelt." Tschabuschnigg wird dort von Braunthal eingeführt und sieht zum ersten Male Franz Grillparzer, der ab und zu das Lokal besucht und meist wortlos abseits sitzt — nach vielen Jahren werden sie im Herrenhaus gemeinsam gegen das Konkordat stimmen —, er trifft den unter dem Namen Anastasius Grün dichtenden Anton Alexander Graf v. Auersperg, der bald sein literarischer Konkurrent und später sein erbitterter Gegner im Reichsrat wird, er unterhält sich mit dem feinsinnigen Ludwig August Frankl, in dessen „Sonntagsblättern" er von 1848 an zahlreiche politische Artikel veröffentlicht, und unter den übrigen Gästen begegnet er außerdem Nikolaus Lenau, Ignaz Franz Castelli, Eduard v. Bauernfeld, Alexander Baumann, Christian Wilhelm Huber, Friedrich Halm, Johann Paul Kaltenbäck, Friedrich Witthauer, Heinrich Levitschnigg, Hermann Meynert, Otto Prechtler, Ferdinand Raimund, Johann Nep. Vogl, Johann Gabriel Seidl und dem blutjungen Constantin Wurzbach, der sein erster Biograph werden wird.

2

Am 9. November 1826 schreibt sich Tschabuschnigg an der Universität auf Jus ein und hört sehr regelmäßig die Vorlesungen aus Privatrecht, Staatsrecht, Kriminalrecht und Statistik bei den Professoren Kerschbaumer, Hofer, Springer, Lichtenstern, Canaval und Radda. Der schwierigste ist der eitle Egger, „ein Pedant, der auf Protektion verpicht ist", auf seinen Regierungsrat-Titel höchsten Wert legt, und unwissende Hörer, die ihn nur mit Professor anreden, haben es dann bei den Prüfungen bitter zu fühlen. Adolph, vom Großvater beim Gefürchteten bereits eingeführt — sein Sohn ist Ratsprotokollist in Klagenfurt — spricht deshalb wiederholt bei ihm vor, um ihm die Regierungsrat-Reverenz zu erweisen und wird dafür mit Dank zum Essen gebeten, wobei er feststellt, daß er „im übrigen ein wirklich guter Mann ist, wenn man nur seine Grillen kennt und ihn zu behandeln weiß". Am 4. Dezember bewirbt er sich bei ihm um ein Stipendium von 300 Gulden, doch Egger meint, daß „die Äpfel noch hoch hängen". Bereits am 19. Dezember legt er vor ihm die Prüfung aus Privatrecht „mit gutem Erfolge" ab. Da Egger sich bei seinen Vorlesungen nicht immer an die Lehrbücher hält, sondern andere juristische Ansichten vertritt, verwertet sie Tschabuschnigg, der alles genau mitschreibt, bei der Prüfung, was Egger dem Onkel Xaver gegenüber zum Lobe bewegt: „No, Ihr Vetterl war ja recht brav!"

Die Abwesenheit des Sohnes trägt der Vater sehr schwer. Am 3. November 1826 bittet ihn deshalb Adolph in einem Briefe, „jede Anwandlung von Trübsinn und Besorglichkeit zu beseitigen suchen. Schwermut ist ein Geist und Mark verzehrendes Übel, das zu nichts führt. Der Vater muß wie der Großvater werden, der immer wohlauf und lustig ist."

Um so schlimmer ist's dann, daß er auf zwei ausführliche Briefe des Vaters nichts von sich hören läßt. Mit schwersten Vorwürfen wird am 6. Dezember eine Antwort gefordert: „Es sind nur oberflächliche Notizen, die bisher von Dir kamen. Was machst Du den ganzen Tag? Stehst Du beizeiten auf? Wie viele Stunden verwendest Du für das Studium? Was machst Du in den übrigen?" Das sind scharfe Worte, die aber aus ängstlicher Vaterliebe kommen, denn wohlmeinende Ratschläge folgen nach:

„Sei in der Wahl der Freundschaften vorsichtig, wirf Dich nicht weg! Überlaufe nicht fremde Menschen und nimm Dir keine Freiheiten heraus. Sei nicht vorlaut, es würde nichts als Feinde machen. Erzähle nicht, was im eigenen Hause vorgeht, und behalte bei Dir, was Du anderswo hörst. Wenn Dir auch was Unangenehmes widerfährt, so schweige lieber. Aufträge, die Du von Vorgesetzten erhältst, auch wenn sie nur in der Form eines Wunsches abgefaßt, sind bedächtig zu lesen und kein Wörtchen zu übersehen, damit Du Dich genau und buchstäblich danach benehmen kannst, sonst wirst Du vielen Unannehmlichkeiten und Verantwortlichkeiten ausgesetzt." Das sind goldene Lebensweisheiten, die selbst Shakespeares Polonius seinem Sohn Laertes nicht besser hätte mitgeben können. Und er schließt, damit sich in Zukunft derartiges nicht wiederholen möge, sehr deutlich:

„Briefe muß man jederzeit vollkommen und punkteweise beantworten, umsomehr an solche Personen, die gewiß nicht umsonst schreiben."

Adolph, der soeben auch mit dem Studium der englischen, französischen und italienischen Sprache begonnen hat, ist über den väterlichen Zornausbruch zerknirscht. Er entschuldigt sich, daß er nicht ausführlicher schreiben kann, da er durch den Universitätsbesuch und Einladungen zu sehr in Anspruch genommen ist — daß es in Wien auch hübsche Mädchen gibt, verschweigt er lieber. Wegen der Vorhalte haben ihm auch die Würste, die ihm die Mutter geschickt hat, nicht geschmeckt. „Die Lebensfreude ist mir auf lange Zeit verbittert, ich möchte mit dem Kopf in die Wand rennen. Ich bin kein liederlicher Bursche."

Nun schweigt der Vater seinerseits, und am 19. Dezember schreibt Adolph noch einmal bittend: „Man hat in einem Hause manche Fatalitäten, aber Harmonie und Nachgiebigkeit befreien uns von manchem."

Die Weihnachtstage verbringt er in Wien, zum ersten Male fern dem Elternhaus.

3

Für das neue Jahr kauft er sich ein schmales Heftchen, und nachdem der Silvesterabend bei Onkel Xaver mit Theaterspiel, Deklamation und Tanz vorüber ist, beginnt er mit seiner fast unleserlich kleinen Schrift ein Tagebuch.

„31. Dezember 1826: In der Scheidestunde.

Die Uhr schlägt, es ist Mitternacht. Das Jahr ist vorüber, — ich mag nicht zurücksehen, mich schaudert's, ekler Schwindel faßt mich an, wenn ich zurückdenke an die öden Labyrinthe, die ich durchwandelte, und doch! es war mein letztes Jugendjahr. Nun bin ich herausgerissen aus dem Kreise, den Eltern und Bruder um mich schlossen, herausgerissen aus dem Kreise, wo ich mich auf jeden stützen konnte, ich bin meinem Willen, meiner Einsicht überlassen, muß für mich denken, für mich handeln — bin Mann. Von dir, altes Jahr, scheide ich aber ohne Groll."

Dies sind seltsame Worte, seltsam für den Eintritt in ein neues Jahr, seltsam für den Beginn eines Tagebuches. Vielleicht ist es nur die Verlassenheit eines jungen Mannes in der Silvesternacht, die daraus spricht, und die Sehnsucht nach dem Elternhaus... Doch am 3. Jänner 1827 schreibt er geradezu verzweifelt weiter:

„Dumpf und öde war mein Kopf in diesen ersten Tagen des neuen Jahres. O Gott, bin ich nicht mehr dein Kind, wie ich es war in den Tagen der ersten Jugend, ist dies Herz nicht mehr das fromme, unschuldige Herz, wie du es erschaffen, ist diese Seele nicht mehr die reine gute Seele, die sie war, ehe sie dieses Körperkleid anzog? Allmächtiger, ich habe gesündigt am Allerheiligsten im Himmel und auf der Erde. Ich habe gezweifelt, gegrübelt — und der Glaube floh;

ich habe geliebt und genossen — und die Liebe floh; ich habe gefrevelt — und meine Hoffnung ist dahin. Nur ein schwacher Funke des Himmelslichts glimmt noch in der Asche meines Herzens; fache sie an — oder ich verzweifle. Doch dies sind nur glatte, abgeschliffene Worte, nichts weiter. Vater, ich kann nicht mehr beten, — o schicke mir ein Unglück, aber beten lehr' mich! Ohne Gebet kann der Mensch nicht glücklich sein, an ein höheres Wesen muß er die höchsten Güter seines Lebens heften: seinen Glauben, seine Hoffnung, seine Liebe, — oder sie geh'n ihm aus wie die öllose Lampe, sie gehen ihm aus, wie sie mir ausgegangen."

Was hat sich in diesen drei Monaten seines Wiener Aufenthaltes nun ereignet, um so zu schreiben? Ist er, Nestroy vorweggenommen, ein Zerrissener geworden, sucht er Probleme in sich und um sich, an denen er dann irre wird? Solche Anwandlungen werden noch oft über ihn kommen, in das Tagebuch eingetragen werden und erstaunlich rasch wieder vergehen. Denn schon fünf Tage später, am 8. Jänner 1827, setzt er durchaus frohgemut fort:

„In Wirbel und Maskengewühl hab' die erste Carnevalsnacht vertaumelt und sitze nun ziemlich freieren heiteren Sinnes an meinem Studiertische und denke an die mannigfachen Balleindrücke. Die Redoute war weit unter meiner Erwartung; ich glaubte glänzendgeputzte sinnliche Masken und brillantenfunkelnde Damen zu treffen, wie es sich für Österreichs Residenzstadt wohl schickte, — und fand einfache Masken und ordinäre Anzüge. Gegen drei verließ ich mit Scherautz den Ball."

Er ist schwer zu befriedigen, denn als er wenig später, ebenfalls mit Freund Scherautz, dank von Freibilletten des Barons Treville an einer Redoute in den Burgballsälen teilnimmt, stellt er wohl glänzende Beleuchtung und brillante Musik fest: „Getanzt wurde aber kein Schritt und ich dachte mir die Eleganz der Damen und der Masken viel größer."

Im übrigen ist er nun in der Lage, seine Kleidung zu vervollständigen, er läßt sich um einen Betrag von 15 Gulden einen blauen Frack, eine schwarze Samtweste und ein weißes Piquet-Gilet anfertigen. So kann er sich in der Gesellschaft leichter und freier bewegen, und in dieser neuen Garderobe besucht er am 11. Februar 1827 einen Ball bei der Familie Bayer, wo er sich besonders gut unterhält. „Er war zwar nicht ganz nach den Wiener Eleganzregeln", kritisiert er wieder, „aber desto vergnügter an Unterhaltung. Beginn 6 Uhr abends, Ende $^1\!/_2$ 6 Uhr früh. Zuerst gab es Polichinelle-Spiele der Kinder, weiters Taschenspieler-Stücke, Liedereinlagen, darunter der »Aschenmann« von Ferdinand Raimund, und jüdische Anekdoten. Für Speisen und Getränke war reichhaltig und kostspielig gesorgt, was bei gewöhnlichen Tanzunterhaltungen in Wien sonst nicht geschieht."

Auch bei Onkel Strohlendorf finden Bälle statt, „es tanzten bis zu acht Paaren Walzer, Kotillon, Galopp und Ecossaise. Um 7 Uhr wird Kaffee gereicht, um 10 Uhr Aufgeschnittenes, Kapaun, Torten und Krapfen."

So ist der erste Fasching in Wien recht fröhlich verlaufen, er hat, wie er den Eltern am 31. März schreibt, „ziemlich viel getanzt, was mir gut anschlug, und alle gebräuchlichen Tänze habe ich ganz ziemlich gelernt". Er hat auch neue Bekanntschaften geschlossen, aber einige davon sind „recht bäuerliche Pamschabel".

Trotzdem überkommen ihn bisweilen wieder selbstquälerische Gedanken, wenn er an seine Mädchen in Klagenfurt zurückdenkt. Am 16. Jänner 1827, mitten zwischen den Bällen, vertraut er dem Tagebuch an:

„Marie!? — o du gefallsüchtiges Wesen, du kannst mich nimmer anziehen. Ich bin garnicht in dich verliebt, — seltsam, nie hätt' ich es gedacht! Bin ich vielleicht gar nie verliebt gewesen? Nannys Bild" — der er bei der Familie Herbert so oft begegnet ist — „lebt zwar noch in meinem Inneren, aber ob ich sie geliebt habe, wer weiß es? Es ist Liebe wie Leben ein Rätsel; wer verliebt gewesen und es aufgehört hat zu sein, weiß, wie der, den das Fieber verlassen, nichts mehr von seinen Phantasien. O wär' ich verliebt, verliebt wie ich es sein könnte mit der Fülle meines Herzens! — da wäre mein Leben nimmer öde und rosenlos."

4

In Wahrheit ist er sehr wohl wieder verliebt, und mit diesen Zeilen will er sich nur von alten Erinnerungen loslösen. Denn schon etwa sechs Wochen nach seiner Ankunft in Wien — „am 11. oder 15. November 1826", wie er in seinem Tagebuch am 31. Mai 1828 nachträglich vermerkt — hat er ein junges Mädchen K. kennengelernt, von dem er aber erst vom 18. April 1828 an näher zu sprechen beginnt und bekennt, „daß K. seit jenem Tage auf mein inneres eigentliches Leben größten Einfluß hat." Später lüftet er die geheimnisvolle Chiffre mit ‚Kathi', aber den vollen Namen setzt er erst bei seiner Abreise von Wien am 15. August 1830 in seine Aufzeichnungen ein: Katharina Wolf, geboren am 28. September 1809.

„Sie ist ein schönes Mädchen von 18 Jahren", beschreibt er sie, „mit lichtbraunem Haar, großen herrlichen Augen, wunderschönen feinen Lippen und einem lieben Oval, ihr Wuchs läßt nichts zu wünschen übrig, ihre Statur ist mittelmäßig. Ihre Sprache könnte man fehlerhaft nennen, wenn nicht eben diese Eigenschaft unendlich liebenswürdig wäre. Die Anmut in ihren Wendungen, die Leichtigkeit in ihrem ganzen Wesen muß einnehmen. Dieser äußeren Erscheinung entspricht auch ganz ihr Gemüt, sie lacht gerne und herzig, und selten wird man sie auch nur ein wenig trübe finden — sie ist das herzlichste Blut. Ihr Geist ist hell — mir erscheint ihre Freigeisterei in manchem Betracht etwas oberflächlich, überhaupt ist tiefes Studium nicht ihre Sache; wie sie sich mit ihrem Frohmut über manches hinaussetzt, so macht sie es auch hier, und was ihr glücklicher Verstand nicht erfaßt, ist ihr verloren.

Sie spricht ein artiges Deutsch und Französisch, weibliche Fertigkeiten besitzt sie in nicht unbedeutendem Grade, Klavier ist ihr nicht ganz fremd. Sie ist ein Mädchen, das nicht gleich beleidigt wird, aber auch niemanden beleidigt, hat einen sehr feinen Takt in ihrem Umgange und überhaupt viel Mutterwitz. Ihre Freude am Leben hat etwas Rührendes für mich, und verdient die schöne Gotteswelt nicht, daß man sie recht herzlich lieb habe, besonders wenn unser Bewußtsein rein ist? Dieser frohe unbefangene Lebensmut und die heitere gesellige Lust in ihrem Wesen verleiht eine Haltung und Beweglichkeit, die so viele für Koketterie halten. Ich aber finde ihr Benehmen auch in dieser Hinsicht reizend, überhaupt halte ich eine gewisse feine Koketterie — ich verstehe darunter das wohlwollende Bemühen, allen zu gefallen — nur für eine Tugend. So habe ich wegen dieser Bekanntschaft Wien herzlich lieb gewonnen."

Diese erste Begegnung mit Kathi, über die sich der junge Student so begeistert ausspricht, liegt nun schon über ein Jahr zurück. Im Fasching haben sie einige kleine Bälle besucht — „sie ist eine treffliche Tänzerin" —, und so könnte es wohl ein Leben wie im Paradiese sein. Aber jedes Paradies hat seine eigene Schlange, und Adolph Tschabuschnigg trägt sie in seiner Brust und nährt sie mit aller Liebe. Denn wenn er einmal Freude gewonnen hat, sucht er geradezu mit Inbrunst selbstmörderisch nach einer Gelegenheit, um sich wieder unzufrieden und glücklos zu fühlen.

Während dieser Zeit ist aber Wien für ihn kein „Capua der Geister" geworden, das ihn nach Grillparzers berühmtem Wort betörend eingefangen hat und festhält, sein Auge verschärft sich im Gegenteil kritisch im Anblick der kaiserlichen Kanzleistuben, der politischen und literarischen Salons, in den Kaffeehäusern und auf den Gesellschaftspromenaden am Glacis, und er sieht verwirrende Werte und Gegenwerte, die ihn bestürzen und unsicher machen.

So verändert der Aufenthalt in der Kaiserstadt sehr bald sein ganzes Wesen auf seltsame Weise und ruft eine Wandlung hervor, die mit seinem bisherigen Fühlen und Denken in vollkommenem Widerspruch steht. Die Neigung zu schwermütiger Versunkenheit schwindet, er entfernt sich von seiner elegischen Stimmung und fängt an, die Dinge nicht mehr durch den verklärenden Schimmer einer alles versöhnenden Schwärmerei zu sehen.

Die Fülle neuer Eindrücke, die ihn überfällt und die er noch nicht zu ordnen und zu klären vermag, sucht er durch eine skeptische Zersetzung zu bewältigen. Er fühlt sich gedrängt, die Kehrseite jeder Medaille zu betrachten, und so weicht das frühere unbewußt träumerische Aufnehmen der Dinge einer bewußt kritischen Prüfung, die ihm jeden reinen Genuß raubt. Ein Geist der Verneinung ist über ihn gekommen, nagende Zweifel über alles, was er erschaut und erlebt, trüben seinen Sinn. Die Lyrik seiner Dichtung wird nun von verletzender Ironie angekränkelt, das Bedürfnis einer analytischen Auseinandersetzung vertieft sich immer mehr und weitet sich zuletzt bis zur Menschenverachtung aus.

Diese zwiespältige Verstrickung, in die er geraten ist, empfindet er am schwersten selbst, er sieht sich einem physischen und psychischen Kräfteverhältnis gegenübergestellt und ist bedrückt von einem schmerzlichen Dualismus, dessen er nicht mehr Herr wird. Er sucht einen Ausgleich zwischen Gott und der Welt, zwischen Sinnenglück und Seelenfrieden, doch in seiner Unentschlossenheit kann er sich nicht zu einem klaren Ja oder Nein entscheiden. Diese Widersprüchlichkeit in sich selbst zerstört auch in seinem ferneren Leben manche Freundschaft und bereitet ihm oft quälende Pein, auch wenn er in seinem »Ritterspruch« mit dem Schlußvers „Über nichts eine Reue" es abstreitet.

Grüblerisch trägt er in diesen Tagen in sein Erinnerungsbuch ein:

„Junge Leute in einem gewissen Alter und von gewissen ausgezeichneten Geistesanlagen fühlen sich am meisten unzufrieden. Ich glaube, der Grund ist sehr einfach: sie haben inneres Leben und bilden sich in diesem eine Ansicht der Außenwelt nach ihrem ästhetischen Geschmacke. Sie treten nun in die wirkliche Welt, sie sehen ihre Erwartungen getäuscht, fühlen, daß sie, um dieser nahestehen zu können, sich nach derselben richten müssen. Da tritt nun ihre Eitelkeit ins Spiel, die Rolle, die ihnen ihr Geist in ihrer Welt angewiesen hat, vertauschen sie ungern mit der, die ihnen das Leben in seiner Welt zuweist, sie werden mit einem Wort ungern Alltagsmenschen. Dadurch entsteht ein Schwanken in ihnen, ein widriger Zwiespalt ihrer Natur, bis endlich der Notwendigkeit ordnende Hand sie von ihrem idealen Fluge in das Geleise des Lebens führt und in die enge Regel des Lebens zwingt."

Solche Klagen wiederholen sich immer häufiger, und „mit den Jahren sinkt die stolze hochfliegende Fahne unserer Hoffnungen", schreibt er dem Bruder Franz, aber er tröstet sich wieder: „Die weite offene Welt ist es doch wert, daß wir in sie hinaustreten mit warmem offenen Herzen. Es ist doch so viel des Schönen, des Guten draußen, wenn wir nur teilnehmend, nur unbefangen sind. Die Welt stellt aber auch viele Forderungen an uns. Der Kern in uns bleibt ihr verborgen, sie will äußerlich angenehm von uns angesprochen werden. Darum gewöhne Dir ein unbefangenes entgegenkommendes Benehmen an, — das ist's, was man vor Menschen produzieren kann. Das Höchste in uns, unser tiefstes Denken und Fühlen bleibt unbemerkt, ungeschätzt: es muß bloß zu eigenem Bewußtsein da sein."

Aber gerade diese dem Bruder angepriesene Unbefangenheit, dieses Entgegenkommen der Welt gegenüber ist es, was ihm fehlt und ihn immer wieder schwankend und zweifelnd werden läßt.

5

Daneben vergeht der Alltag im Hause des Onkels in gewohnter Weise. Adolph hat aber inzwischen schärfere Eindrücke gewonnen, über die er am 30. März 1827 den Eltern berichtet: „Es herrscht ein gewisser Unordnungszug, Onkel, der immer die Schlafhaube aufhat, steht unter dem Pantoffel, bringt täglich fast alle Wirtschaftssachen nach Hause, gibt der Tante den größten Teil des Monatsgeldes, hat keinen Kreuzer in der Tasche und ist deshalb bei den geringsten außerordentlichen Ausgaben in größten Verlegenheiten. Die Tante gibt sich mit dem Hause wenig ab, will aber überall alles wissen. Die gesamte Familie ist krank wegen zu großer Heiklichkeiten, nur der Großpapa ist gesund und heiter, außer wenn der Tabak ausgeht, lebt still im Hause und macht gar keine Fatalitäten."

Abends, nach den Kollegien, läßt er sich öfters Bier und Butter holen, liest und arbeitet und spielt dann Schach. Seine Visiten hat er zum großen Teile eingeschränkt und ist viel zu Hause. „Ich meide alle Häuser, wo ich in keiner Weise Vorteil ziehe, weder am Nützlichen noch Angenehmen, und wo ich durch Fernbleiben auch nicht beleidige. Ich wünschte nur in den kommenden Jahren in Häuser vom hohen Adel und bei hohen Beamten eingeführt zu werden, was ich auch nicht so schwer finde."

Doch immer wieder überfällt ihn Melancholie, und der Vater bemüht sich in seinem Briefe vom 28. Mai 1827, ihm Aufmunterung zu geben:

„Suche Dich aufzuheitern, verscheuche alle widrigen Eindrücke sorgfältig, gewöhne Dir etwas Leichtsinn an, nehme nicht alles von der schwärzesten Seite. Jungen Leuten steht viel zu ertragen bevor, man muß sich nicht gleich bei jedem Anlasse niederdrücken lassen, sondern sich nur mehr dagegen waffnen, um sich sein Leben nicht selbst und oft mutwillig zu vergällen. Sei daher fröhlich, lebe Deinem Berufe, erfülle Deine Pflichten als Sohn, als Bruder, als Mensch und als Staatsbürger." Und als Mahnung und zugleich als Selbstanklage schließt er mit den Worten: „Hüte Dich nur mir nachzuahmen, auf den oft kleine Ereignisse langwierige und schädliche Eindrücke machen, die ich ungeachtet des tätigsten Willens und der Überzeugung ihrer Nachteile nur in langer Zeit zu verscheuchen vermag."

Um dem Sohn weiterhin Halt zu geben, schreibt er ihm über den günstigen Eindruck, den er auf Landeshauptmann Graf Goëss anläßlich eines Aufenthaltes in Wien gemacht hat:

„Er war voll Lobes über Dein Benehmen und Deine Gefälligkeit gegen ihn. Du seiest sehr nett gekleidet, sagte er, und besonders gefiel es ihm, daß er weder in Deinem Anzuge noch in Deinem Betragen das Affektierte und Fade bemerkte, was ihm an den jungen Leuten in Wien mißfiel."

Beim Worte Kleidung zuckt Adolph zusammen — es wird Frühling und er benötigt dringend eine neue Sommergarderobe, um den guten Eindruck beizubehalten. Bekümmert meldet er, daß die alten Anzüge immer wieder ausgebessert werden müssen, „beginnend vom Verlängern der Beinkleider, dem Ausflicken des Futters und dem Annähen der Knöpfe. Eine Neuanfertigung würde fast wohlfeiler kommen."

Aber die Mutter ist im März so schwer erkrankt, daß Arzt und Priester gerufen werden müssen, und die daraus entstandenen Kosten sind so groß, daß der Vater keine weiteren Zuschüsse zu geben vermag. „Wie die Mutter sagt", schreibt er dem Sohne, „scheint der Segen aus dem Hause gewichen zu sein, seit Du weg bist."

Doch zum Glück ist das erbetene Stipendium von 300 Gulden nun bewilligt worden, und der Vater stimmt zu, daß er sich aus diesem Betrage einen mit Seide gefütterten Sommeranzug sowie einen schwarzen Frack anschaffe, „nur solle es nicht zu auffallend sein — *medium tenere beati!*"

Dem Leichenbegängnis Beethovens am 29. März 1827, das im Rahmen einer geradezu fürstlichen Trauerfeier in Szene geht, wohnt er bei, „es waren wohl 20.000 Menschen anwesend, aber", wie er kühl bemerkt, „nichts besonderes zu sehen. Im Währingerfriedhofe hielt ihm Anschütz die Grabrede, die ich aber nicht hörte."

Er steht inmitten der Studien zu den Prüfungen, die freie Zeit verwendet er — „denn Wien kenne ich schon sehr gut" — für Ausflüge in die Umgebung. Nußdorf gefällt ihm nicht besonders, wohl dagegen Dornbach, der Lichtensteinsche Park — „er ist der schönste der Art, was man hier sehen kann, ist geschmackvoll einfach, natürliche Kunst oder künstliche Natur" — und Laxenburg.

Da Bekannte und befreundete Familien Wien verlassen, um aufs Land zu ziehen, bedeutet dies für Tschabuschnigg eine selbstquälerische Vereinsamung. „So lebe ich", schreibt er nach Hause, „beinahe mit mir allein. Bücher — denn Bücher sind am Ende die treuesten Freunde, besonders der Einsamen — erfüllen meine Zeit. Nach jeder Täuschung kann man zu ihnen zurückkehren und sie bleiben einem ewig lieb und ewig dieselben. Gute Vorsätze in Hinsicht mancher Gegenstände, — die ich mir eigen machen will, — hab' ich die Fülle, leider steht mein Wankelmut zum Teil im Wege... Ich besuche ziemlich oft Promenaden und Gärten, um mich zu zerstreuen" — wobei zu hoffen ist, daß er dabei von Kathi begleitet wird —, „aber es will nicht recht angehen. So ist der leidige Mensch, einmal sehnt er sich mit aller Kraft auf irgendeine Lebenshöhe, ist er droben, so verflacht sie sich wieder vor Höherem. Diese Probe und manche Enttäuschung hat mich Menschen und Umgebung kennen gelernt, meine Denkungsweise und psychische Natur aber ziemlich umgestaltet."

Die Prüfungen aus Privat-, Staats- und Staatenrecht sowie aus Kriminalrecht und aus Statistik stehen im August bevor, und Tschabuschnigg bereitet sich sorgfältig darauf vor. „Ich weiß", eröffnet er sich am 15. Mai 1827 dem Vater, „daß Selbständigkeit unser bürgerliches Ziel ist und daß man es nur durch unermüdliche Tätigkeit auf dem erwählten Wege erreichen kann. Man fordert heutzutage viel von den Studierenden, mehr als je, und man muß ein raffinierter, allseitig gebildeter Kopf sein und sich befleißigen, wenn man nicht unter der Flut der Strebenden unbemerkt bleiben will."

Über Rat des Landeshauptmannes Graf Platz lernt er besonders emsig Italienisch. „Denn daß mein Lebensweg mich nach Italien, ins Küstenland führen wird, bin ich beinahe überzeugt. Dort sind im Kriminalrecht wirklich viele Stellen zu haben, nur dort kommt man noch zu Tage fort. Ich bin mit dem Geschäftsgange »*in criminali*« durch das Prozesse-Lesen sehr beschäftigt und auch im Kanzleiwesen nicht mehr gänzlicher Ignorant. Ich werde meinem Fortkommen sicherlich nicht im Wege stehen." Der Vater hört es mit Genugtuung, denn diese Worte decken sich vollauf mit seinen eigenen Ansichten.

Die Prüfungen finden am 9., 16. und 25. August statt. Das Examen bei Regierungsrat Egger macht er „recht brillant", doch hinsichtlich der übrigen Ergebnisse ist er den Professoren gegenüber im allgemeinen kritisch eingestellt. „Nur die Söhne des hohen Adels", vermerkt er, „schneiden gut ab." Aus Statistik wird er vom griesgrämigen Dr. Springer peinlich befragt, der als sehr streng gilt: „Er ist der dümmste Professor, den ich je gesehen, und trägt so still vor, daß ich in der dritten Reihe vieles nicht höre, dafür klassifiziert er nach jeder Frage." Aber „*quo serius, eo dulcius!*" Denn er hat zwei Monate ununterbrochen studiert, und „es wird mir recht wohl tun, wieder freien Atem schöpfen zu können." Er freut sich, wie er der Mutter schreibt, auf das Wiedersehen in Klagenfurt, „obwohl ich in Wien recht gerne bin."

So ist das erste Studienjahr zufriedenstellend verlaufen, mit einer einzigen Ausnahme freilich: mit seinen „Poesien" ist er kaum weitergekommen. „Dazu habe ich", berichtet er dem Vater, „nur sehr wenig Gelegenheit gehabt, die Zeit in Wien verrinnt schneller als in Klagenfurt", was auch verständlich ist, da er Kathi kennengelernt hat. Doch plant er für das nächste Heft der „Erheiterungsabende" eine kleine Sammlung seiner Gedichte und hofft, in dem Almanach „Winterlektüre" zwei Erzählungen — „gegen ansehnliches Honorar", auf das er schon jetzt wie später hohen Wert legt — unterzubringen. An Schickh übersendet er gleichfalls mehrere Gedichte, der ihm baldigste Veröffentlichung und Freiexemplare zusichert. „Was aber dieses ‚baldigst' heißt, weiß ich schon von anderen Redaktionen", läßt er seinen Groll nach Hause aus. „Freund Braunthal hat recht, dies ist ein so ausgeschändetes Lumpenpack, wie es kein zweites gibt."

Am 17. August, kurz vor der Rückkehr nach Klagenfurt, gesteht er dem Vater unumwunden ein, daß sein dichterisches Schaffen nur wenig Erfolg hatte. Er hat wohl geschrieben und eingesendet, „aber die meisten der hiesigen Herren sind eitle Staubmacher und Schächer, die mit ihren Blättern nur Maklerhandwerk treiben. Unter den soliden ist noch Schickh, obwohl er ‚*mente imbecillus*' ist. Daß ich in seiner Zeitschrift nicht erschien, ist daran schuld, daß er Vorrat auf Jahre hinaus hat. Aber ich bin mit meinen zwanzig bis dreißig Stükken unter den zunächst zu druckenden." Durch ihn macht er auch die Bekanntschaft mit dem literarisch gewandten Wiener landständischen Sekretär Ignaz Franz Castelli, der ebenfalls ein Taschenbuch herausgibt, „ein recht lieber Mensch", mit dem er im Jahre 1828 in Verbindung zu treten hofft. 1830 denkt er eine Sammlung seiner Gedichte selbst herausgeben zu können, „wenn ich in einigem Grade in der Öffentlichkeit bekannt sein werde".

Bis dahin hat es aber noch Zeit, und er muß dankbar sein, wenn die heimatliche „Carinthia" fünf seiner Poesien herausgebracht hat: »Todesopfer«, »Harfners letztes Lied«, »Die Abendröte«, »Am Berge« und

Am letzten Heimathügel

*Halt an, halt an, mein Wanderstab,
Muß nochmals seh'n zurück,
Gönn' mir noch einen Blick hinab,
Noch einen Scheideblick!*

*Laß saugen mich zum letztenmal
Die liebe Heimatluft,
Mich seh'n zum letztenmal in's Tal
Voll stillem Abendduft!*

*Hoch über'm lichten Turmesknauf
Steht schon der Abendstern,
Die Vesperglocke schallt heraus,
Säng' mich in Ruhe gern.*

*Wie's zu mir rauscht, wie's zu mir weht —
So laut und doch so still!
Kein and'rer wohl als ich versteht,
Was es mir sagen will.*

*Ein Wand'rer zieht den Weg heran,
Lenkt talwärts seinen Schritt,
Weil', weil', du lieber Wandersmann,
Nimm' meine Grüße mit!*

*Gib jedem, den du unten siehst,
Treuschüttelnd deine Hand,
„Es grüßt euch" — sag' „der ferne ist
Und euch gar wohl bekannt".*

*Mußt auch zu meinem Liebchen geh'n
Und sagen, was ich sprach,
Daß du am Hügel mich geseh'n,
Als ich dies Blümchen brach.*

*Dort, wo ein goldnes Wölkchen schwebt —
Weit hinter'm Waldesgrün,
Das ist das Hüttchen, wo sie lebt, —
Da, Wand'rer, mußt du hin!*

*Nun zieh' hinab und richt' es aus
Und Gott belohn' es dir.
Und komm' ich in dein Vaterhaus,
Grüß' ich dein Lieb' dafür.*

*Leb' wohl, mein Tal! — nun Wanderstab,
Nun fort auf gutes Glück!
Seh' nimmer in das Tal hinab,
Das war — mein letzter Blick!*

Die bisherigen Gedichte unterzeichnete er mit A. v. T., was der Vater bemängelt. „Ich rate Dir, den Namen allzeit ganz auszuschreiben, weil solches an manchem Orte seinerzeit von guter Wirkung sein kann." Aber als vorsichtiger Beamter, wie er ist, fügt er gleichzeitig bei: „Nur hüte Dich sorgfältig in Deinen Ideen und Ausdrücken, sonst könnte Dir die eine oder andere Poesie noch Nachteil bringen." Auf den väterlichen Rat hin unterzeichnet er fortan nicht nur mit Adolph v. Tschabuschnigg, sondern setzt bisweilen noch den wohlklingenden „Ritter von" hinzu.

Unter der Hand entstehen nebenbei, etwas flüchtig hingeworfen, drei kleine Erzählungen, »Die Heimkehr«, »Die Bergsonne« und »Rosensehnsucht«, die er aber nirgends unterbringen kann. Und nur für die Schreibtischlade zu schreiben ist wenig tröstlich — er muß also neue Bindungen suchen und neue Wege beschreiten.

6

Nachdem sich Tschabuschnigg seine Examen „vom Halse abgehudelt" hat, wie er es hinterher etwas geringschätzig bezeichnet, reist er trotz Kathi ohne Aufschub heim. Die Fahrt geht durch die Steiermark — „ich bin ein großer Freund dieses Landes" — nach Graz, das er zum ersten Male sieht. Er steigt bei seinem früheren Mitschüler Frankowitz vom Lyzeum in Klagenfurt, wo sie „zwei selige Jahre" verbrachten, ab, findet aber nach zehnmonatiger Trennung den Kameraden mit dem brüderlichen Namen „Flamingo" sehr zu seinen Ungunsten verändert. „Das Edle in ihm erstarb und fortwährend geht's abwärts; er war mir einmal sehr lieb und wert, nun erfaßt mich ein Ekel, wenn ich ihn sehe, — nicht daß ich ihn hasse, obwohl ich fast Ursache dazu hätte. Aber die Erinnerung sichert ihm meine Teilnahme. Flamingo und Nanny! Es war doch einmal Jugend in meinem Leben." Er ist achtzehn Jahre alt!

Mit Frankowitz setzt er die Reise nach Klagenfurt fort, aber er ist enttäuscht. „Ich hatte mir so schön das Wiedersehen mit der Heimat ausgemalt, aber erstaunlich gelassen betrat ich mein liebes Kärnten wieder." Auf der Straße von Hohenmauthen nach Unterdrauburg erinnert er sich an eine frühere beglückende Fahrt auf dieser Strecke: „Eine liebe Zeit! — da ich von Emilie manche Küsse bekam. Auch ein teures Bild im Erinnerungsbuche meines Lebens!"

In Klagenfurt, das er „mit stumpfem Herzen" betritt, wird er von den Eltern mit überströmender Herzlichkeit empfangen. „Wie vieles", schreibt er in sein Tagebuch, „hat sich geändert, mit welch entzückender Ahnung schaute ich damals nach Wien, wie nach dem Eldorado all' meiner Hoffnungen, — wie unbefriedigt kehrte ich jetzt wieder! Vater, Mutter und mein weicher Bruder weinten, aber mein Auge blieb trocken. Da sah ich erst den höchsten Ausdruck zärtlicher Elternliebe. Wie mich meine gute Mutter nicht sattsehen konnte, welche Teilnahme alles, was ich aus dem Koffer packte, erregte! Ich hatte einige kleine Geschenke mitgebracht, die herzlich, wie sie gegeben, auch aufgenommen wurden."

Bis Ende Oktober 1827 bleibt er in Klagenfurt, er durchstreift die Stadt, „aber vieles, was meinem Andenken teuer war, ist anders geworden". Er betrachtet die Menschen: die Mädchen findet er „höchst fad", die jungen Männer „voll Dünkel und sehr langweilig". Malwine, die er angedichtet hat, sieht er als Frau — „segne sie Gott! — sie ist ein liebes gutes Geschöpf, aber wohl zu ängstlich, fast bigott." Es ist nicht zum ersten Mal, daß er dieses Wort mitleidig ausspricht — er hat es schon beim Freund Gogola angewendet —, die religiösen Empfindungen der Kindheit beginnen zu verblassen. Aber auch Nanny, die er seinerzeit gemeinsam mit Flamingo angehimmelt hat, „hat keinen Zauber mehr für mich, ich fand ein hübsches Lärvchen an ihr, weiter nicht viel. Sie ist mir ganz gleichgültig, ich liebte sie wohl auch nie, sondern nur das Bild meiner Phantasie" — aber dann schließt er doch dankbar einschränkend: „übrigens ist sie lieb und gut".

Aber nicht nur die Heimatstadt Klagenfurt, auch der junge Herr, der ihr entstammt und zu ihr zurückgekehrt, hat sich geändert, und nicht nur zu seinem Vorteil: er ist hochmütig geworden, meidet die alten Freunde, deren er ohnehin nur wenige hatte, und läßt sie die Überlegenheit eines Weltbürgers aus Wien fühlen. Deshalb verbringt er die Zeit fast nur im Familienkreise, er führt die kränkelnde Mutter spazieren, spielt bisweilen im Casino Billard oder sitzt beim Klavier. Die Theateraufführung der Jugend, die ihn im „blauen Zimmer" des Hauses überrascht, nimmt er nachsichtig lächelnd entgegen. Er liest nicht sehr viel, schreibt auch nur wenig Gedichte, hingegen „wie in einer Art Wahnsinn fast ohne auszusetzen" drei Novellen. Auch Besuche macht er selten, was ihm ebenfalls keine weiteren Sympathien einbringt.

Darüber verstreicht allzu rasch die Zeit im Elternhaus. „Am Abschiedsabend weinte ich kindlich, und Tränen sind meine Sache sonst nie. Lange noch wachten wir, die Eltern und ich, ich legte mich zu ihnen in die zusammengerückten Betten, wo ich als Kind so manches Jahr gelegen, mit verschlungenen Händen entschliefen wir erst nach lange."

Am nächsten Tage, einem frischen Novembermorgen, fährt er mit der Landkutsche wieder nach Wien zurück.

7

Mit einem Gefühl der Gleichgültigkeit kehrt er in die alten Wiener Verhältnisse zurück, von den Verwandten wieder freundlich aufgenommen. Aber in zunehmendem Maße gefällt es ihm im Hause nicht mehr recht, „es hat sich ein fremder Geist eingeschlichen, der mir Mißbehagen macht." Ebenso verschlechtert sich die Zimmergemeinschaft mit dem Vetter Gustav, der sich zu allem Überfluß „durch so ein Luder" eine Geschlechtskrankheit zugezogen hat. Während Vater Tschabuschnigg in Wien es gelassen hinnimmt, regt sich Vater Tschabuschnigg in Klagenfurt umsomehr auf und überschüttet den Sohn mit Warnungen und Mahnungen.

Von den Landsleuten, die in Wien studieren, zieht er sich bis auf Scherautz ganz zurück. Dieser ist „ein recht guter, gehaltvoller, obwohl prosaischer Mensch, den ich durch das ganze Leben zum Freunde zu erhalten glaube, — wir sind auf unsere gegenseitigen Schwächen so gewöhnt, daß wir sie leicht ertragen." Aber alle anderen „sind äußerst rohe, mißwollende Leute oder leerköpfig. Ich kenne viele, aber ich bin keiner von jenen, die sich schnell anschließen, und mein Äußeres mag auch nicht dazu einladen. Man hält mich für stolz und eitel. Es ist das Studentenleben nicht meine Sache."

Herzlich bleibt nur das Verhältnis zu den Eltern und dem Bruder. „Jeder Brief von Euch ist mir ein liebes Wiegenlied, das jedes widrige Fühlen in Ruhe singt." Für die Mutter kauft er Kleiderstoffe, Schuhe und Hüte, Ridiküle, Pomaden und sonstige Toilettartikel und trifft die Auswahl so gut, daß er beim Vater volles Lob findet. Er möge auch für sich, „aber bescheiden", Kleider aussuchen, was gleichzeitig Gelegenheit für weitere Ratschläge gibt:

„Ich vertraue ganz auf Dich, da ich mich bei Deinem Hiersein überzeugt habe, daß Du kein Freund von lächerlichem allzu Neuen bist, das man auch in Wien in soliden Gesellschaften nicht gar zu gerne hat. Bleibe, wie Du bist, suche das wenige Mangelnde noch zu ergänzen, suche Dein Wissen an den Mann zu bringen, doch ohne Prahlerei mit Bescheidenheit, profitiere von der Gelegenheit, die sich jedem jungen Menschen in Wien aufdringt, nur alles und viel zu lernen... Verscheuche den Trübsinn, er schwächt Körper und Seele, aber auch verliebt darfst Du nicht werden, denn dann ist ein junger Mensch wirklich zu bedauern, — er wird stuff und fühllos für alles Große und Schöne, lebt bloß seiner Idee und tritt oft sein Glück mit Füßen... Von der Schulmesse und Predigt bleibe ja nicht weg, — es gibt gewiß geheime Aufseher, und das Ausbleiben, oder wohl gar ein unordentliches oder irreligiöses Betragen könnte von den unangenehmsten Folgen sein. Überhaupt — ein ordentlicher Mensch erfüllt alle höheren Befehle pünktlich und genau!"

Über Weihnachten bleibt er in Wien und beginnt zu reiten, „weil es ihm wohltut". Der Vater ist wegen der Kosten und des Verlustes an Studienzeit nicht sehr begeistert, läßt es aber hingehen. Allerdings gewinnt er auch Gefallen an den Spieltischen, was der Vater streng rügt und deshalb auf einem Beiblatt zu seinem Brief frägt: „Was, mit wem, wie hoch, um welche Zeit ist es?" Antwort: „Whist, Tarock, Piquet, Préférence, ab und zu auch Billard. Dies dient aber nur dem Vergnügen und zur geistigen Übung, bisweilen um wenige Kreuzer — der bisherige Verlust sind ein paar Zwanziger." Der Vater nimmt auch dies zur Kenntnis und schickt als Zeichen der Verzeihung ein Kistchen mit zwei Kapaunen, einem Schinken und sechzehn Bratwürsten.

Während des Faschings 1828 besucht er wieder verschiedene Hausbälle, darunter beim Appellationsrat Sauer, der sein Professor ist, und vor allem bei der Landrätin Gruner, an dem auch die Gräfin Kolowrat teilnimmt. Der Galaabend dauert von 6 Uhr abend bis 8 Uhr morgen, da früher kein Fiaker zu erreichen ist. Es tanzen zwanzig Paare, serviert wird ein „elegantes" Souper, die Damen führen die neuesten Toiletten vor — goldeingewirkte Kleider mit Girlanden aus Silber. Aufsehen erregt der ungeheure Kopfputz mit scharlachrotem und weißem Organtin oder Marabufedern, dazu Ohrringe aus Mondstein und eigene Ballbeutel aus zwei Teilen in verschiedener Farbe —, und die Herren tragen den modernen Chapeau-bas und Handschuhe „à la Giraffe". Auch bei Onkel Strohlendorf, dessen Familie immer „um nichts einen Wind macht", wird er eingeladen und dort verführt, Zigarren zu rauchen und schwarzen Kaffee zu trinken, was vom Vater wieder getadelt wird, „da es für seine schwache Brust schlecht ist".

Für die Faschingszeit mietet er sich um sechs Gulden monatlich ein Klavier, komponiert Lieder, Walzer und Galoppe und übt sich im Singen. Diesmal ist der Vater einverstanden, denn „dadurch macht man sich beliebt und angenehm".

Trotz dieser reichlichen Vergnügungen setzt er seine Studien gewissenhaft fort. Vor allem das römische Recht, in das er sich bis spät in die Nacht, ja selbst im Bett vertieft, erregt seine Bewunderung über den kunstvoll aufgebauten Zusammenhang der ungeheuren Materie. Dagegen findet er das germanische Recht „fad", und auch mit dem Kirchenrecht hat er keine Freude, aber die Examen absolviert er mit „Eminenz", dieselbe Auszeichnung erlangt er auch in einer sehr rigorosen Prüfung aus Pfandrecht, Konkursrecht und Eherecht sowie aus dem ungarischen Recht und dem Gerichtsverfahren. So bringt auch das Universitätsjahr 1828 einen vollen Erfolg.

Zwischendurch besucht er Theater und Konzerte. In der Burg sieht er als Premieren »Hans Sachs« von Johann Ludwig Deinhardstein und Franz Grillparzers »Ein treuer Diener seines Herrn«. „Der Erfolg dieses Schauspiels", urteilt er im Tagebuch, „war nicht der glänzendste. Die Sprache ist wohl kräftig und gediegen, doch scheinen die Charaktere nicht richtig angelegt, zu wenig motiviert und etwas inkonsequent durchgeführt zu sein." Im Kärntnertor-Theater hört er Gioacchino Rossinis »Der Barbier von Sevilla« und sieht einen Ballettabend an: „Er hieß nicht zu viel, bis auf die herrliche Schlußdekoration, wo ätherische Amoretten in einem prächtigen Blaufeuer — ohne allen Geruch — zogen." Im Theater in der Leopoldstadt macht auf ihn Ferdinand Raimunds »Der Alpenkönig und der Menschenfeind«, der bereits über dreißig Male zur Aufführung gelangte, einen starken Eindruck: „recht schön, Musik, Ausstattung und Sprache sehr gut"; dagegen wird Adolph Bäuerles »Die Giraffe in Wien« erbärmlich ausgepfiffen, und auch Raimund kann die Vorstellung nicht retten.

Im Theater auf der Wieden wird als Neuheit »Belisar« von Eduard v. Schenk mit dem berühmten deutschen Schauspieler Ferdinand Eßlaer als Gast in der Titelrolle aufgeführt, doch zieht Tschabuschnigg Heinrich Anschütz ihm vor und fügt bei:

„Überhaupt lieb' ich die großen Trauerspiele nicht, — die hohe Kraft, die den Helden auszeichnen muß, wenn nicht das Ganze matt sein soll, ist nichts, was man im Leben findet. Wenn auch die Resultate, die *Facta*, in der Weltgeschichte dastehen, ihre Motive waren meist klein und zweideutige. Zudem scheint mir jede zu hohe männliche Kraft eine Schwäche zu sein, eine Ausgeburt, die sich dick frißt auf Kosten anderer Kräfte. Ich lobe mir das Stille, Menschliche und liebe daher die Novelle mehr als das Drama. Nicht den Helden will ich sehen, der es nicht ist, wenigstens nicht nach seinen Triebfedern, sondern den Menschen, wie er ist mit seinen Schwächen und Vollkommenheiten, — den Fettaugen über der sauren Fleischbrühe, — mit all seiner Lust und seinem Weh, mit seinem inneren Tatzirkel und seinen weiteren Himmelsträumen."

An Konzerten zieht ihn vor allem die Strauß-Kapelle bei den „Drei Tauben" und im Salon „Zur Kettenbrücke" an, aber das große Ereignis des Jahres ist das sensationelle Auftreten des Geigenvirtuosen Niccolò Paganini im Redoutensaal. Jeder Abend ist ausverkauft und bringt eine Einnahme von 9000 Gulden, wovon 6000 Gulden dem Künstler zufließen. Auch Tschabuschnigg beschließt hinzugehen, „da es als eine Barbarei gilt, ihn noch nicht gehört zu haben, trotzdem es sehr kostspielig ist, — nicht nur wegen des eigenen Genusses, als auch um darüber und die Lobhudelei der Welt urteilen zu können. Viele Leute sagen, es wäre der süßeste Tod, sich während seines Spieles eine Kugel in den Kopf zu schießen. Alles in Wien heißt jetzt ›à la Paganini‹."

Der Vater stimmt bei all' seiner Sparsamkeit dieser Absicht zu: „Ich finde es ganz in Ordnung, da Du musikalisch bist und sich eine solche Gelegenheit, dieses Weltwunder zu hören, nicht so leicht wieder ereignen dürfte. Man muß doch davon zu sprechen und die so überspannten Urteile zu würdigen wissen."

Am 5. Mai 1828 besucht er das Konzert. „Wien erschöpft sich in Enthusiasmus über sein Spiel, aber seine Kunst übersteigt wirklich jede Erwartung. Sein Auftreten ist gespenstig, wirr und wild sieht er aus seinen dunklen Locken hervor. Der Ton seiner Geige ist klagend, wie Äolsharfe, sein Scherzando ein gräßliches Hohngelächter über das eitle Treiben der Welt. In seinen Variationen über einen Hexentanz klang es wie ein Hunde- und Katzengeheul. Der Eindruck, den Paganini auf mich gemacht, ist wirklich etwas Unerhörtes ohne Parallele." Aber ganz insgeheim frägt er sich doch, wem man mehr Beifall zollen sollte, ihm „oder Straußen mit seinen herrlichen Walzern".

In diesem glücklich anhebenden Jahr 1828 beginnt auch die dichterische Ader des jungen Tschabuschnigg wieder stärker zu schlagen. Vor allem die „Carinthia" bringt neue Gedichte, darunter »Das Hochgericht« nach einer böhmischen Sage, »Erinnerung an Fellinger« als Ehrung für den verstorbenen Dichter und »Das Mädchen mit den Kränzen«, weiters »Der Gamsjäger«, »Die Braut«, »Beim Leichenzuge eines Kriegers«, und aus einem Zyklus von elf Gedichten unter dem Titel »Anklänge aus der Heimat« wirken besonders stimmungsvoll:

60

Die Friedenshöhe

*Lärmend ist's unten im Tal und alles
  in wilder Bewegung,
Aber nur Odem der Ruh' weht hier
  die Linden entlang,
Schweigend umwandelt mich manch Pärchen
  in Träumen der Liebe,
Und in leisem Geschwätz lagern zwei Freunde
  am Bach, —
Ja!, zu feierlich wohl ist das Plätzchen
  für lärmende Freude,
Stilles Entzücken nur flüchtet
  den Hügel heran.*

Der Friedhof

*Stille! da ruh'n sie so sanft in Gottes
  heiliger Grüne,
Leiser töne dein Lied, Harfe! und störe
  sie nicht!
Leise, wie Abendwind durch die wilden
  Blumen der Hügel
Bringe des Sängers Gruß heimlich den
  Lieben hinab!*

Die Weinlaube

*Sinnend saßen wir da, die Weinblüt'
  duftete lieblich
Über uns hoch und voll wallte der
  einsame Mond,
Hoffend flüsterten wir von der Zukunft
  herrlichen Tagen,
Sieh'! da barg sich der Mond hinter der
  Wolke von Tau.*

Der Schacht

Unten waren wir tief, weit über uns
Leben und Leuchten,
Nur durch die Öffnung des Gangs dämmerte
fernher der Tag;
Freund! da dacht' ich's so warm, ist das Leben
nicht Irrgeh'n im Schachte,
Ferne nur flimmert's wie Licht, dämmert
von drüben der Tag!

Daneben erscheint in der von Schickh herausgegebenen „Wiener Zeitschrift", sehr günstig aufgenommen, das Huldigungsgedicht »Des Kaisers Bild« anläßlich des 60. Geburtstages Franz I. sowie, anklingend an das Empfinden der Zeit, »Der Nachtwandler« und »Die Schildwache«, die durch ihren dramatischen Ausdruck später zu einem der beliebtesten Rezitationsstücke im gesamtdeutschen Sprachraum von Hamburg bis nach Siebenbürgen wird. Die „Wiener Modezeitung" bringt die Ballade »König Erin« und »Säufers Grabschrift«, weitere Gedichte nimmt Hofrat Winkler in die „Abendzeitung", Seidl in seinen Almanach und Castelli in das Taschenbuch „Huldigung der Frauen" auf. Durch den stets hilfsbereiten Schickh findet er auch Verbindungen mit Graz für den „Sammler" sowie mit Dresden und Berlin.

In den Anfängen seines dichterischen Schaffens findet man, wie überall in deutschen Landen, auch bei ihm starke Anklänge an Heinrich Heine, dessen spöttische Verse so leicht geschrieben scheinen und so unendlich schwer nachzuahmen sind, aber Tschabuschnigg überwindet allmählich dieses Vorbild und erreicht schließlich den Ausdruck eines eigenen individuellen Charakters. Die Lieder der ersten Jahre, bis zum Abschluß seiner Studentenzeit in Wien und auch darüber hinaus, zeigen ein Spiegelbild seiner inneren Zustände, Gefühle und Erfahrungen. Sie sind Aussagen tiefer Empfindungen und stürmischer Leidenschaften, die neben seinen Tagebüchern und dem Briefwechsel mit Vater, Mutter und Bruder weiterhin sein schwankendes, zwiespältiges Wesen deutlich offenbaren. Gleichzeitig treten, zur Darstellung des Schönen, in steigendem Maße auch noch gewonnene Lebensansicht und philosophische Betrachtung hinzu. Im Geiste seiner Gedichte, die sich immer mehr durch glänzende Form, gewählte Sprache und die Einkleidung eines einzelnen Gedankens hervorheben, reift der Lyriker Tschabuschnigg zu seiner Vollendung. „Ergebung", bekennt er selbst, „ist der Grundton, eine Ergebung, die aber der

Welt stolz entgegentritt und sich nur vor Gott und der Ewigkeit demütig in den Staub beugt." Daran knüpft sich ritterliche Gesinnung, Ernst und geschärfte innere Schau, die sich freilich an manchen Stellen auch einer bitteren Ironie hinwendet und zuweilen bis zur Verhöhnung des Weltgeschehens steigert.

Das Urteil der Kritik spricht sich dahin aus, „daß Tschabuschnigg nicht durch Glanz der Darstellung besticht, — er ist vielmehr sehr einfach und geht dabei so weit, daß er in manchen Gedichten an die Prosa streift. Wenn die Gedichte das Spiegelbild eines Erlebnisses sind, so sieht man ihnen bisweilen den Zwang der Mache an, der Dichter steht noch nicht auf überwundenem Standpunkte, die Schlacken der Leidenschaft brechen durch das Gold der reinen Empfindung, und das sind wohl die schwächsten seiner poetischen Erzeugnisse. Hat er aber den ersten Sturm der Leidenschaft überwunden und sich zur Entsagung erhoben, dann gelingen ihm die besten Lieder, deren äußere Ruhe die Macht des Gefühls desto lebendiger hervortreten läßt."

Auch die epische Dichtung setzt Tschabuschnigg verstärkt fort. Es entstehen die kleinen Novellen »Die Amatigeige«, »Der Sankt Katharinen-Schacht« und »Die Sühnung«, die „Carinthia" bringt »Das Brautkleid«, das Taschenbuch „Penelope" den reizvollen »Tag in der Weinlese«, und im Taschenbuch „Aurora" findet Aufnahme die Rahmenerzählung »Erste Liebe«, die er vom 12. bis 15. Juni 1828 in einem Zuge niederschreibt.

Dieses poetische Schaffen, das ihn wieder so seltsam neu ergriffen hat, kommt freilich aus besonderer tieferer Quelle. Denn 1828 ist das Jahr seiner großen Liebe zu Kathi.

8

Um das anmutige Mädchen hat sich ein kleiner Kreis aus zwanzig lebensfrohen jungen Leuten gebildet, dem auch Tschabuschnigg angehört. „In ihm habe ich herzlichvergnügte Stunden verlebt und lasse seinethalben manche glänzende Gesellschaft fahren." In geschlossenem Zirkel tanzt man gemeinsam im Fasching und geht im Frühling in den Prater, „Kathi immer an meiner Seite". Aus dieser heiteren Stimmung heraus entsteht der

Trinkspruch

Frei den Busen jedem Triebe,
Nicht gefragt, wohin er führt,
Heilig ist ja jede Liebe,
Edel alles, was uns rührt!

Nur das Herze nie bezwingen,
Wie es will, so laßt es geh'n,
Alles ihm zum Opfer bringen
Und als Bettler jubelnd steh'n!

Wer am tollsten fühlt von allen,
Lebe nun am ersten hoch,
Tun und Denken möge fallen,
Nur das Herz empfinde noch!

Kathi liest die Verse beglückt und dichtet „Im Hornung 1828" zurück:

Klar und heiter, wie des Himmels Bläue,
Jene Zeit, die Du auf Erden weilst,
Dir mit leichtem Schritte nie entfleuche!
Und wenn Du nach langen Jahren,
Müde zu der dunklen Pforte eilst,
Denk' der Freundin dann, der wahren,
Die getreulich Dir zur Seite stand, —
Zieh' sie liebend mit zum Sternenland!

Tschabuschnigg könnte sich also über die Maßen glücklich fühlen, doch nein — er beginnt wieder zu grübeln. „Wie ich und Kathi zueinander stehen, weiß ich eigentlich selbst nicht recht, — wäre ich in der Lage, würde ich ohne Bedenken ihr mein Lebensglück anvertrauen. Aber ich bin zu ehrlich, um in meiner Lage einem Mädchen von Liebe vorzureden oder überhaupt mich in Erklärungen einzulassen. Ich genieße, ohne an die Zukunft zu denken, ihre liebe Gegenwart."

Er tanzt mit ihr auf einem Ball bei der Landrätin Gruner — „bei Lichterbeleuchtung und ein wenig echauffiert nimmt sich Kathi vorzüglich schön aus" — und der Handschuh, den sie dort getragen, liegt fortan an seinem Herzen. Tags darauf besucht er ihretwegen den Salon „Zur Kettenbrücke", tanzt zwar nur wenig mit ihr, „aber den Walzer werde ich nie vergessen: ich besitze sie nun!" trägt er am Abend des 18. April 1828 in das Tagebuch ein.

Noch bei keinem Examen hat er weniger Lust zu studieren, „ihr liebes Bild umschwebt mich immer. Fast alle Nächte werden aufgeopfert, bei Tage geht's gar nicht. Wenn ich auf die Universität gehe, suche ich an ihrem Fenster, wie ein gutes Omen, ihr liebes Köpfchen, und sitze dann gerne im langweiligen Saale und träume von ihr."

Sie liest seine Gedichte „nicht ungerne", und er beendet die »Knospensammlungen«, „die ich zunächst für sie schrieb, was ich in einem Gedichte zu Ende ausspreche. Sie sind nur für einen kleinen Kreis bestimmt und die Auswahl deshalb nicht so streng."

An einem Abend trifft er bei Kathi einen hübschen jungen Menschen namens Gustav Schwarz, den sie seit frühester Kindheit kennt. Sofort flammt Eifersucht in ihm auf. „Dieses Gefühl steckt tief in meiner Brust, mein Charakter ist melancholisch, mir ist's so dumpf im Herzen", und er schreibt die Verse:

Scheidewort

Einen Trunk, gereicht in Liebe,
Einen Druck der Hand noch warm:
Wollust süß verworr'ner Triebe,
Zukunft trostlos-öd' und arm —

Welke Blumen schön'rer Tage,
Knospen, die doch nimmer blüh'n,
Um den Becher, auf der Waage
Schwebt ein Leben, — und ist hin!

Eine bange Schicksalstunde,
Tausend Tränen und ein Blick, —
Letzter Kuß vom lieben Munde,
Letzte Liebe — letztes Glück!

Ein seltsamer Gedanke steigt gleichzeitig heimlich in ihm auf. Er erhält Briefe vom Freund „Mozart"-Renn, der „einen hellen freien Verstand und ein tiefes Gemüt voll glühender Gefühle hat, — er wäre wohl der rechte Mann für Kathi! Es wäre ein seliges Leben, zwei so liebe Wesen vereint und um mich zu sehen." Ein Zusammensein zu dritt — das ist's, was ihm verführerisch vorschwebt.

Er fühlt jedoch, daß „sie mich liebt und ich liebe sie aus vollem Herzen. Was ich einmal für Nanny empfunden, war ein poetischer Traum, diesmal ist's Wahrheit und Wirklichkeit." Er schläft unruhig und träumt von Kathi, aber auch von Nanny.

Auch die Grafen Nimpf besuchen Kathi, und Tschabuschnigg sieht böse drein. Aber den beiden jungen Herren ist in seiner Gegenwart ebenfalls nicht wohl, „und bald gingen sie, wie sie gekommen". Auch fast alle anderen Bekannten bleiben bei Kathi nach und nach aus. „Ich habe so was Kalthöfliches, das diese Vögel glücklich verscheucht."

„Durch sie", sinnt er, „habe ich so lieb das gute traute Wien, ich fühle mich so wohl, so heimisch schon in der freundlichen Umgebung. Ob's mir auch so ergehen wird wie meinem Vater, auch er hatte sich in meinen Jahren hier so glücklich gefühlt, auch er verließ es mit dem festen Entschlusse, es ja bald wieder zu sehen, und doch hat er die alten Erinnerungsstätten seiner Jugend nimmer betreten."

Trotz des glücklichen Beisammenseins mit Kathi quält er sich immer häufiger mit selbstkritischen Betrachtungen und Melancholien ab:

„Der Mensch beklagt sich immer über Schicksal und wieder Schicksal, und weiß Gott! — er ist es selbst, der sich eine Freude nach der anderen bricht. Unter diese Menschen gehöre ich ganz vorzüglich..." Mit unbestechlichem Blick durchschaut er seinen zerrissenen Charakter und spricht sein Urteil selbst über sich aus.

Seine Gedanken umdüstern sich immer mehr. „Noch vor einigen Jahren fürchtete ich mich in meiner Brustkrankheit vor dem Sterben, nun aber bin ich mit dem Gedanken an Tod und die Vorangegangenen so vertraut, daß es mich beruhigt, daran zu denken. Oft in dunkler Mitternacht, wenn ich erwache, lege ich mich gerade mit gefalteten Händen auf den Rücken und denke an die Zeit, wo ich einmal daliegen werde stumm und kalt auf der Bahre, oder ich strecke die Hand aus freundlich im finsteren Zimmer wie zum Handschlag und denke gerührt an die Toten."

Wenig später setzt er fort:

„Ich lebe absichtlich nun ganz und gar in meiner Liebe, denn ich glaube immer und zwar bei meiner Reizbarkeit in Hals und Brust nicht grundlos, daß ich vielleicht bald sterbe. Der Mai des Lebens soll nicht genußlos sein, vielleicht folgt kein Junius mehr darauf. Zärtlich machte mir Kathi neuerlich Vorwürfe über meine Gleichgültigkeit gegen das Sterben, bei Gelegenheit, als ich ein wenig in die Hitze getrunken."

Vollends eine Nervenkrise ruft fast gleichzeitig bei ihm der Freitod einer hohen Persönlichkeit der Wiener Gesellschaft hervor:

„Selbstmord, glatte kalte Schlange, die so schmeichelnd in den warmen Busen schleicht, — Gott bewahre mich alle meine Tage vor dir. Aber es gibt Stunden, wo einen der Gedanke an Selbstmord überkommt. In meiner Brust regt sich oft, wenn ich daran denke, eine ahnende Warnungsstimme."

Doch gelingt es Kathi, diese bedenklich aufflackernden Irrlichter wieder zu verlöschen, im Mai unternimmt er mit ihr Ausflüge nach Schönbrunn, Mauer, Hitzing, St. Veit, Lainz und Penzing und fühlt „das süße Geheimnis der Liebe", aber erneut mit Einschränkungen:

„Ich liebe sie und sie liebt mich, aber die verklärte Freudigkeit, das stürmische Entzücken der Liebe habe ich doch noch nicht so recht verkostet. Wehmut und Sehnsucht sind die Elemente der meinen."

Am 20. Mai, mitten im Wonnemonat, muß er dem Tagebuch anvertrauen:

„Der Himmel meiner Liebe hängt voll trüber Wolken, es ist meine Schuld. Mein Herz neigt sich sehr zur Eifersucht, wo sich Kathi ein Mann nur nähert, steigt's mir schon im Herzen." Ein Baron Wolzer unterhält sich länger mit ihr, Tschabuschnigg ist schon in übler Stimmung gekommen, wird immer finsterer „und zuletzt unartig". Er geht früher als gewöhnlich fort, und zum ersten Male sagt Kathi nicht: „Kommen Sie recht bald wieder!" In seiner Verzweiflung liest er Goethes »Wahlverwandtschaften«, und „mein Fortepiano seufzt unter meinem Darüberstürmen". Er kann sich nicht fassen: „Ich habe nicht Rast und Ruhe, das schöne Verhältnis muß wieder hergestellt werden", und er schreibt das Gedicht

Ein Blick

Ein Blick war's, der den Lenz gebracht,
Und wieder war's ein Blick,
Der mich so arm wie vor gemacht,
Geraubt mein kurzes Glück.

Es war ein Blick, so mild und hell, —
O, nie vergeß' ich ihn!
Und alle Knospen mußten schnell
In Maienpracht erblüh'n!

Ein Blick war's, — gar zu fremd und kalt, —
Ein Reif im warmen Mai,
Da starben alle Blumen bald,
Der Lenztraum war vorbei.

Ein Blick nur war's! und um mein Glück
War's allzumal getan;
Ihr glaubt es nicht, wie so ein Blick
Ein Herz zerreißen kann!

Als er sie wieder besucht, findet er, „daß das Gefühlvolle aus meinem Betragen weggeblieben war und das Alltägliche unserer Unterhaltung wehte mich gar eisig an". Aber Kathi ist ein kluges Kind: „Sie schaute mich so seelenvoll mit ihren großen leuchtenden Augen an und alles war vergessen." Er läßt sie seine Gedichte, die er allerdings etwas unvorsichtig auswählt, lesen, und sie gefallen ihr. Ein leichter Vorwurf in ihrem Lob trifft nur das Gedicht „Widmung an Sie", das unglücklicherweise aus alter Zeit an Nanny gerichtet war.

Als Versöhnungspartie fährt er mit Kathi und anderer Begleitung nach Grinzing, zum Cobenzl und ins Krapfenwäldchen. „Kathi ist wunderschön, in weißem Kleid mit Strohhut und grünem Schleier", aber Pedant, der er leider schon ist, „war das einzige dunkle Maschchen rückwärts am Kleide mir im Wege." Um ihn wieder heiterer zu stimmen, pflückt sie ihm Wiesenblumen.

Nach solch schönem Zwischenspiel ist für Tschabuschnigg wieder die Zeit gekommen, um über sich Gerichtstag zu halten:

„Es gibt Leute, die ihren Lebenskreis bedächtig zirkeln um einen verständigen Mittelpunkt; es sind zwar kalte, aber häufig zufriedene glückliche Leute. Wieder gibt es welche, die wie Kometen nach den Gesetzen ihres stürmischen Herzens, ihrer glühenden Empfindung ordnungslos und doch geregelt ihre Bahn beschreiben, dies sind die glücklichen Gefühlsmenschen. Und noch gibt es eine Gattung, — Zwitter. Sie liegen zwischen diesen beiden, Amphibien im Gefühle und im Verstande vegetierend. Das sind die Elendsten, — zu verständig und ängstlich, um dem begeisterten Gefühle zu folgen, zu sentimental für den Werkeltag sind sie nirgends heimisch, sind sie überall nur halb. Von innen heraus verderben diese Unglücklichen, Unzufriedenheit, Schwanken und Mißmut sind die Resultate dieser Doppelgängerei, das Ende — Selbstmord, Wahnsinn. Ich gehöre zu diesen Unglücklichen." So bricht er über sich selbst den Stab.

Am 11. Juli 1828 nimmt Tschabuschnigg mit dem alten Freundeszirkel um Kathi nochmals und zum letzten Male an einem Landausflug nach Dornbach teil. Bei der Rückfahrt wird die Gesellschaft von Blitz und Donner überrascht, so daß man anhalten muß, aber nach dem Gewitter um zehn Uhr ist wieder Sternenhimmel. Er sitzt neben Kathi, die Seitenladen des Wagens werden wegen des frischen Luftzuges geschlossen, beide sind im Finstern eng aneinander geschmiegt. Das erste Mal küßt er nicht im Scherz, sondern aus tiefstem Empfinden. „Ich preßte ihr meine Lippen an Wange und Hals. Sie erwiderte glühend den Kuß, und doch — seltsam! — durchfuhr mich im gleichen Augenblick der Gedanke, ich küßte einen Totenkopf mit kalten Lippen."

Es überkommt ihn ein Schauder, aber schon am nächsten Tage trägt er mit erstaunlicher Gelassenheit ein:

„Sie lebt einen Frühling voll Nachtigallen. D e r Frühling blüht für mich."

Dieses Jahr innerer Unruhen verführt ihn auch zu unüberlegten Ausgaben. Anfang Mai hat er über 180 Gulden Schulden, die er mit viel Mühe bis auf 120 Gulden abzahlen kann. „Wer einmal hineinkommt", bekennt er, „befreit sich nur sehr schwer." Dem Vater verschweigt er es vorläufig noch, aber er muß Uhr und Ring versetzen, da er ganz ohne Geld dasteht. So ist es kein Wunder, daß seine Stimmung immer wankelmütiger und gereizter wird.

Anfang August 1828 erfährt sein Verhältnis zu Kathi mancherlei Veränderung. „Sie trägt ihre Liebe zu mir nun offen und macht für mich kein Geheimnis daraus. Aber eben diese Gedanken in die Zukunft machen mich kälter und stumpf, — sie ist so alt wie ich! Vor ein paar Tagen war ich völlig gleichgültig, nun aber fühle ich wieder linde Wärme." Vor der Abreise nach Klagenfurt erhält er von ihr ein Löckchen mit der Bitte, ihr von daheim zu schreiben. „Ich, als Mann von Ehre, der in die Zukunft denkt, mußte nun zurückhalten und vermied, mit ihr allein zu sein, doch gab ich ihr das Gedicht

Einmal noch

Laß noch einmal alle Lust und Freude
Still vorbei an meinem Herzen geh'n,
Laß noch einmal, eh' ich von dir scheide,
Mich in meinen ganzen Himmel seh'n!

Preß' noch einmal die entfloß'nen Stunden
Wuchernd all' in einem Augenblick,
Einmal noch, bevor es ganz entschwunden,
Zeige mir mein ganzes Glück!

Einmal noch das Lächeln voller Wonne,
Gottes schönsten Lohn für seine Welt,
Das in gleicher Klarheit auf die Sonne
Und in stilles Blütendunkel fällt.

Einmal noch den Blick bis tief zu Herzen,
Sehnsuchtsvoll, in Tränen mild verklärt,
Der mir selbst der Trennung Schmerzen
Still in Wonneschauer kehrt.

Einen Kuß noch für das lange Scheiden,
Mit dem Kuß dein ganzes Herz,
Als Erinn'rung an vergang'ne Freuden
Stärk' er mich in meinem Schmerz!

Einmal noch dein ganzes Bild, — o säume!
Und geblendet mög' der Blick vergeh'n,
Daß ich dann von dir nur träume
Immer bis zum Wiederseh'n!

9

Am 10. September 1828 fährt er nach Hause. Die Eltern erwarten ihn schon in St. Veit mit einer Lohnchaise.

In Klagenfurt lebt er sich rasch wieder ein. „Die Mädchen gefallen mir, ich habe billigere Ansichten von ihnen, als ich vor kurzem in Wien gehegt. Emilie hat ein liebenswürdiges Benehmen, Nanny ist hübsch, aber alte Reminiszenzen verleiden mir ihren Umgang. Kathi ist eine liebe Erinnerung für mich, aber der Spiritus ist dahin. Eines weiß ich nun: ich habe nie geliebt, liebe nicht und werde nie lieben, — so, wie ich mir die Liebe gegen ein Mädchen gedacht. Ich gehöre mit meinen Ansichten über irdisches Glück zu denen, die diese Welt für die beste Sonnenwelt halten, — und doch regt sich Psyche in mir so sehnsuchtsvoll, so klagend, und ringt — ach! nach drüben."

Mit solch trüben Gedanken trifft er am 10. November 1828 wieder in Wien ein. Das leidvolle Erlöschen einer Jugendliebe nähert sich.

„Mit Katharina" — nicht mehr Kathi! — „ist's aus, die Leute hetzten mich so lange, bis ich abließ. Es hätte sonst wohl ein noch übleres Ende genommen. Das arme Mädchen dauert mich, denn sie liebt mich. Um mich von ihr fortzureißen, mußt' ich wehe tun mit schwerem Herzen. Keine fremde Liebe tötete das Gefühl für sie in meinem Busen; es starb langsam, die Raison gab ihm den letzten Gnadenstoß."

Im dichterischen Ausdruck findet er freilich andere Worte für die arme Kathi:

An +

Leise kam es wie so Vieles,
Unter Scherz und unter Lust
Stand ich an dem Rand' des Zieles,
Des Erringens unbewußt.

*Und des Glückes schöne Spende
Nannt' ich froh und dankend mein,
Drückte selig dir die Hände,
Und mein ganzes Herz war dein.*

*Wie gekommen, so vergangen,
Ferne seh' ich wieder dich,
Freude glüht auf deinen Wangen,
Aber — ach! kein Strahl für mich.*

*Und das Herz will trüb sich regen,
Alte Wünsche werden wach, —
Sieh', da zieht auf fernen Wegen
Jedes stumm dem Schicksal' nach.*

Die Wahrheit sieht leider anders aus. Kathi besucht ihn — welch schwerer Gang für das junge Mädchen — und fragt, ob er bald wieder komme. „Mein Betragen war artig, aber jede Annäherung zurückschreckend. Als Mann von Ehre kann ich ein Verhältnis nicht fortsetzen, das kein gutes Ende nehmen kann. Das ist hier der Fall. Denn einer Hochzeit zwischen uns steht die weite Aussicht bis zu dieser, die Wandelbarkeit menschlicher Gefühle, unser gleiches Alter und ihre Adellosigkeit entgegen, nebst manchem noch zu erwägenden Grunde."

Dies alles müßte der Kavalier schon früher gewußt haben, und deshalb folgen die Selbstvorwürfe nach:

„O ich wandelbarer Mensch! Ich schwanke zwischen Liebe und Haß, es treibt mich mit unendlicher alter Gewalt oft zu ihr und stößt mich ab im nächsten Augenblicke. Meinem Zeitvertreib opfere ich das Glück eines Menschen. Eines ist's, vor dem ich mich hüten muß, — es ist meine Unentschlossenheit, sonst werde ich darüber ein Hagestolz. Wenn ich ein Mädchen liebe, warum vergesse ich nicht alles darüber? Wenn ich es für nötig erachte abzubrechen, warum schwank' ich noch?"

Immer fühlt er sich noch zu Kathi hingezogen:

Sehnsucht

*Ich bin nicht mehr ich, bin zerrissen, geteilt,
Und wandle unstät dahin;
Der Stelle, wo müde mein Fuß verweilt,
Entschwingt sich in Sehnsucht mein Sinn.*

*Es wandern die Blumen um Berg und Tal
In des Frühlings holdem Geleit',
Die Schwalben zieh'n mit des Sommers Strahl,
Die Störche um Herbstes Zeit.*

*So flog mein Herz, seitdem du fern,
Aus des Busens stillem Gemach',
Und folgt dir als ein wandernder Stern
Über Berge und Täler nach.*

*Und sieh'st du den Stern nicht, der, wo du bist,
Sich wendet nach dir nur hin?
Der bleiche, einsame Stern — er ist
Mein sehnsüchtig treuer Sinn.*

Verfolgt von diesem quälenden Schuldbewußtsein flüchtet er in seine Studien und schreibt dem Vater:

„Ich setze mir vor, im juridisch-politischen Fache einmal etwas Vorzügliches zu leisten. Dem Triebe meiner Natur gemäß suche ich meinen Geist fortwährend zu schärfen und auszubilden."

Ende 1828 beginnt er mit dem Studium des Bürgerlichen Gesetzbuches, das 1811 in neuem liberalen Geiste kodifiziert wurde, er läßt keine Kollegiumstunde aus und schreibt in der dritten Bank die Vorlesungen des eitlen und intriganten Professors Winiwarter unermüdlich mit. Es folgen Fideikommißrecht, Handels- und Wechselrecht sowie Lehensrecht nach, und alle Prüfungen schließt er mit Auszeichnung ab. Zwischendurch verfaßt er juristische Aufsätze aus diesen Materien, die er den Professoren vorlegt, um sich ihnen zu empfehlen. Auch die Studien aus der englischen, französischen, spanischen und italienischen Sprache werden fortgesetzt und ebenfalls erfolgreich beendet.

Das zweite Schutzdach, unter das er sich flüchtet und Erlösung zu finden hofft, ist sein dichterisches Schaffen. In erhöhtem Maße fühlt er sich zur Novelle hingezogen, in der er sich einem neuen eigenen Stil nähert. Die Komposition wird geschlossener und abgerundeter, die Handlung steigert sich wirkungsvoll, und der in gehobener Prosa gehaltene Dialog spricht sich mit lebendigem Atem aus.

„Poetisch ist mir jene Novelle", urteilt Tschabuschnigg selbst zu dieser Kunstform, in der er später Meisterschaft erlangen wird, „der eine tiefe Grundidee, eine erhabene Lebens- oder Weltanschauung zugrunde liegt. Poesie, die wie die Religion die Beziehung des Endlichen auf das Unendliche ist, reduziert alles Faktische — Tatsachen, Gefühle und dergleichen — auf seinen Grundgedanken, eine Weltansicht, sie ist die Religion der Schönheit, ja ein Teil der Religion selbst. Wenn nun aber das Faktum höchstens interessant ist ohne irgend einen höheren Anklang, so arbeitet sich der Dichter — und ich — gewaltig ab ohne den notwendigen Aufschwung."

Für Seidls „Almanach" schreibt er »Die beiden Hagestolzen«, für die „Abendzeitung" das »Bruderherz«, weiters »Liebe im Monde«, »Des Herzens Sünde«, »Der Bücherwurm«, »Aus den Papieren eines Irrenarztes«, »Die letzte Gräfin Salamanca« und vor allem für Schickh »Die Christnacht« mit den für seinen schwankenden Wandel besonders charakteristischen Versen:

Dunkle Zukunft, — Lebenslauf!
Finster liegt das Schicksal d'rauf —
Stille! weck' es keiner auf!

Hast das Schicksal keck gefragt
Und es hat dir weisgesagt:
Nun ertragen, nicht geklagt!

Warst im Hader mit der Zeit,
War dir bald zu eng, zu weit, —
Sie gehorchte dir im Streit.

Triebst sie fort in Saus und Braus, —
Ei, dein bißchen Zeit ist aus!

Die Kritik bemängelt zwar an den Novellen, daß sie „eine gewisse Anempfundenheit" an H. Clauren, E. Th. A. Hoffmann und die Dichter des Jungen Deutschland erkennen lassen, „aber, wenn auch im Banne der literarischen Konvention und des Publikumsgeschmackes jener Zeit stehend, doch unleugbare Vorzüge durch ein großes Erzählertalent, Originalität der Erfindung und Frische des Ausdrucks offenbaren."

Mit einem schrillen Mißton geht das so glücklich begonnene Jahr 1828 zu Ende:

„7. Dezember. Es ist aus zwischen uns, — abgetan! Einmal fragte mich Kathi noch, warum mein Betragen so geändert sei. Ich antwortete kalt ausweichend. Aber oft überschleicht mich der Gedanke, ob ich sie nicht einem Hirngespinst aufgeopfert, der fixen Idee, daß ich als Mann von Ehre so handeln müsse."

Das Reuegefühl geht auch in das neue Jahr über. „Das Verhältnis zu Kathi beengt meine Brust — so oft ich daran denke, ist's mir, als ob ich eine böse, böse Tat begangen. So viel ist gewiß, ich habe ein Mädchen um ihre erste Liebe betrogen."

Während des Faschings versucht er sich durch Vergnügungen zu betäuben. Mit den Grafen Platz, Egger und Herberstein sowie den Freiherren Sterneck und Aichelburg besucht er ein Dutzend von Unterhaltungen und Bällen, er selbst bereitet den Punsch zu, aber zwischendurch ist er „in kritischer Laune und voll Spleen." Dabei geht er regelmäßig alle drei bis vier Abende zu Kathi, „ihre Nähe zog mich doch immer mehr in mein altes Geleise, doch ich tat keinen Schritt, sie keinen ... Mir war nun einmal zu Mute, als sollte ich hingehen zu ihr und sie um Vergessen zu bitten für so viele Wehetaten, die ich ihr zugefügt, und ihr die Hand zu bieten zur Verlobung, aber — mein böser Dämon hält mich zurück."

„Mein Dämon" — das ist's! Zum ersten Male ist hier dieses berühmte Wort gefallen, das in Tschabuschniggs weiterem Leben noch oft zu einer bedeutsamen Aussage werden wird. Im jungen Mann ist bereits der Aufruhr des Widerspruchs erwacht, die Verneinung des Geistes, die Zersetzung der Gefühle und der Zwiespalt des Herzens, und Jahre später spricht er es im gedankentiefen autobiographischen Gedicht »An meinen Dämon« als Bekenntnis offen aus.

Bei einer Alpenwanderung, als er seinen Begleitern voraneilt, zeigt sich ihm das, was Goethe das Dämonische im Inneren des Menschen genannt hat, wie ein Brockengespenst in den Wolken:

... Nicht nur Helden auf des Lebens Höh'n,
Die das Gespann der Weltgeschichte lenken:
Ein jeder Mensch hat seinen eig'nen Dämon,
Und wenn für ihn die Schicksalsstunde schlägt,
Erscheint er im Bereich des engen Lebens,
Gespenstig, wie dem Brutus bei Philippi.

Als erster ersteigt Tschabuschnigg die Höhe, und hier wird ihm „Ahnung zunächst und bald Gewißheit":

Da plötzlich schwoll's vor mir im Nebel auf,
Zum Kern schien sich's zu ballen, Form zu haschen,
Und wie Hohnlachen klang's: das war mein Dämon,
Nicht wußt' ich's damals; doch es war mein Dämon!

Während dieser böse Geist ihn zweifeln läßt, „ob ich mich binden soll im zwanzigsten Jahr für mein ganzes Leben", überkommt ihn im Fasching, da Kathi ohne ihn Bälle besucht, wieder Eifersucht. Er schreibt ihr, und sie bittet ihn um eine Erklärung. Er setzt ihr „wahr und offen das gegenseitige Verhältnis und das Ungewisse, Gewagte der Zukunft für sie auseinander". Sie verlangt neuerlich eine klare und endliche Entscheidung. Seitdem schweigt er.

Er zieht sich in sein Dichten zurück, und sein Name wird in immer breiteren Kreisen bekannt. Die verschiedenen Taschenbücher und Almanache bringen von ihm zahlreiche weitere Gedichte, die starken Anklang finden, besonders in der „Carinthia" die reizvolle

Laterna magica

Ich sitz' gar oft im Dunkel da,
Rings ist es still im Haus,
Da kommt Laterna magica
Zum Zeitvertreib heraus.

Gar große Mühe macht es nicht,
Bald hab ich sie zur Hand,
Die Phantasie, die ist das Licht,
Das Herz, das ist die Wand.

Und liebe Bilder hab' ich viel
Im Busen aufbewahrt,
Die ziehen alle leis' und still
Vorbei nach ihrer Art.

Manch' Blumenstück aus holdem Mai
Schwebt freundlich an der Wand,
Gestalten ziehen still vorbei,
Gar lieb und wohlbekannt.

Und reih'n sich freundlich rund um mich
Und seh'n mich grüßend an,
Manch' Bild, das lange schon verblich,
Schwebt wieder frisch heran.

Möcht' sinken dann in süßer Lust
In liebe Arme still —
Da fährt's mir eiskalt durch die Brust:
'S ist nur ein Schattenspiel!

Im ersten Halbjahr 1829 hat Tschabuschnigg wieder „unvorsichtig disponiert" und ist in eine neue finanzielle Zwangslage geraten, weshalb er für die Heimreise den Vater „mit stürmischem Drängen" um Geld bitten muß. Ende Juli verläßt er Wien, „sozusagen am Hund wegen Schulden", aber zum Glück erhält er von Schickh für sechs Gedichte das erste Honorar von 10 Gulden 30 Kreuzer.

In Klagenfurt fühlt er sich wohl, aber an die Donau zurückgekehrt, „habe ich keinen vergnügten Augenblick mehr. Gegen Katharina bin ich kälter als je."

Um so merkwürdiger mutet es an, daß er von September bis November 1829 in das Tagebuch »Gedichte von Kathrin« einschreibt. Sie stammen nicht von dem einst geliebten Mädchen, sondern von Tschabuschnigg selbst, die er Kathi in den Mund legt als Ausdruck der Gefühle, die sie wohl für ihn empfunden haben mag. Der Anklang an den West-östlichen Divan und an Suleika ist unverkennbar.

Gott sieht lächelnd zu mir nieder,
Wenn mein Mund auf deinem brennt,
Und bejahend winkt er wieder,
Wenn die Lippen sich getrennt;
Doch ich laß nicht lange winken,
Gleich erfüll' ich sein Gebot, —
Selig, an die Brust dir sinken,
Heißt mich selbst der liebe Gott.

Und so ist es nun sein Wille,
Daß ich lebe nur für dich,
Den ich auch so treu erfülle
Als noch keinen Wunsch für mich.

Ich war schon im Himmel,
Ihr Lieben, und wißt,
Im Himmel, da hat mich
Ein Engel geküßt.
Ich habe dem Himmel
Den Engel entzogen
Und bin dann mit ihm auch
Zur Erde geflogen.

Wenn im wirbelnden Gewirre
Alles sich des Tanzes freut,
Sitz' ich stille jetzt und irre
Trunken in vergangner Zeit;
Fühl' mich glücklicher denn alle,
Himmelwonne glüht in mir,
Denn des Glückes vollste Schale
Reicht sich mir im Traum von dir.

Eitler Wahn! der mich umstrickte,
Mich an Dauer glauben hieß,
Mich in Wonneträume wiegte
Und im Himmel schwelgen ließ.
Langsam, langsam will ich nippen
An den gifterfüllten Rand,
Freundlich lächelnd mit den Lippen
Küssen — kalt des Todes Hand.

Laß mich immer nur dich lieben,
Und in dir die ganze Welt,
Schöner sehen, frommer üben,
Was als gut sich vor mir stellt.
Laß mich immer bei dir finden
Meinen Himmel, meine Lust,
Daß stets besser ich mög' sinken,
Reiner stets dir an die Brust,
Daß geläutert zum Entfliegen,
Wenn die letzte Stunde schlägt,
In das lange ewige Lieben
Dich mein Kuß hinüberträgt.

Der eitle Fant, der sich in diesen Versen der Liebe der armen verlassenen Kathi rühmt, stellt trotz aller inneren Zerrissenheit, die ihn im Jahre 1829 aufgewühlt hat, rückblickend mit erstaunlicher Selbstzufriedenheit fest:

„Meine Weltansicht rundet sich immer mehr und konsolidiert sich. Mein Geist erhielt einen ordnenden Scharfsinn, einen Überblick der Einheit... Meine Sittlichkeit ist nicht die der unwissenden Unschuld, sondern auf Erfahrung basierender Grundsätze."

Zum Abschluß seiner Studien belegt er auf der Universität politische Wissenschaft, Polizeirecht und Gewerbekunde sowie Ökonomie, Gerichtsordnung und Propädeutik. Am 23. März 1830 meldet er dem Vater: „Gestern bin ich mit meinem Studio ganz fertig geworden und sehe nun meinen letzten Examen entgegen." Er legt sie zusammen mit den Freunden Scherautz und Sterneck ab, die letzten Tage zuvor hat er sich zwar „unpäßlich und nervös" gefühlt, aber die Prüfung unter dem ihm besonders gewogenen Appellationsrat Professor Rath war „letztlich mehr eine scherzhafte Unterhaltung" — offensichtlich ist der junge Ritter inzwischen in die bei Prüfungen bevorzugte Klasse von Söhnen des hohen Adels aufgerückt, was er vor drei Jahren so streng gerügt hat.

Zum Geburtstag des Kaisers wünscht Landeshauptmann Graf Platz von Tschabuschnigg wieder einen Prolog, wozu er aber, in seinen Studien gestört, wenig Lust verspürt. Er überlegt Entwürfe und verwirft sie wieder, lieber wäre ihm die Abfassung eines Gelegenheitsstückes, doch kann er aus Zeitmangel noch weniger daran denken.

Der Prolog, den er schließlich dem Landeshauptmann übersendet, hat die Form eines Zwiegespräches zwischen der Ewigkeit, dargestellt von der naiven Liebhaberin Madame Schiansky, und dem 19. Jahrhundert, verkörpert durch die jugendliche Heldin Madame Rosenschön. „Er hat doch", bemerkt er, „wenigstens eine Grundidee und ist nicht nur pure faible Lobhudelei." Doch gerade deshalb findet er in Klagenfurt nicht vollen Beifall. Tschabuschnigg ist verärgert. „Sollte man mit Gewalt nichts anderes als kahles Lob haben wollen, so kann ich auch dies fabrizieren, — aber das ist doch ganz erbärmlich. Auf den Geburtstag spielt der Prolog allerdings nicht unmittelbar an, aber die gefeierte Person wird am Ende besonders hervorgehoben: »Für Franz und Österreich«. Die Verehrung für den Kaiser soll, über die Wünsche zum Geburtstag, auch über das Jahrhundert hinausgehen. Aber Graf Platz scheint den Prolog nicht zu Ende gelesen zu haben."

Er ist aber zu Abänderungen und Kürzungen bereit, und so wird der Prolog neu gefaßt, „ohne aber die Grundidee zugrunde zu richten".

Die „Carinthia" bringt ihn jedoch im unveränderten Original und veröffentlicht neben mehreren anderen Poesien Tschabuschniggs zwei Gedichte, die für ihn besonders charakteristisch sind:

Meine Tränen

Seh' oft manch einen leiden
Und schau ganz kalt ihn an,
Wenn alles weint beim Scheiden,
Bleib' ich ein trockner Mann.

Weint einer vor Entzücken
Auch neben mir einmal,
So dringt aus meinen Blicken
Kein nasser Freudenstrahl.

D'rum meinen sie, ich tauge,
Für Schmerz nicht, nicht für Spaß,
Weil keiner noch mein Auge
Gesehen feucht und naß.

'S ist auch gut! — nimmer schmerzen
Kann mich das schnelle Wort,
Lieb' sie ja doch von Herzen,
Erfahren's einst wohl dort,

Wenn and're, weinend, lange
Den Schmerz gelindert schon,
Da preßt's mich noch so lange,
Da schleich' ich still davon.

Doch an der ersten Stelle,
Wo ich allein dann bin,
Da rennt die Tränenquelle
In tausend Perlen hin.

'S ist seltsam, kann nicht weinen
Vor Leuten — wie zur Schau,
Die Träne — will mir scheinen —
Sei gar ein keuscher Tau.

D'rum laßt mir meine Weise! —
Bei jeder Lust und Pein,
Da schleich' ich seitwärts leise
Und weine still — und wein'.

Mein Maler

Ich hab' einen Maler, der malt mir
Mit redlichem Bemüh'n,
Ich mag nicht das grelle Flimmern,
Das freche Farbenglüh'n.

Die flammende Sonne brennt mir
Die müden Augen aus,
Zwei rote, schwappelnde Wangen
Sind für mich ein wahrer Graus.

Mein Maler malt die Landschaft
In mildem matten Glanz,
Auch Blumenstücke, nur blendet
Keine Farbe im dunklen Kranz ...

Und was das Schönste, er malt mir
Meine Träume mitten hinein,
Webende stille Gestalten,
Einen wankenden Elfenreih'n.

Mein Lieb' ist unter ihnen,
Gar schmerzlich lächelnd und blaß,
Die Wange wie Sterngeflimmer,
Das Aug' vom Taue naß.

Wenn schon der Abend verglühte
In Wolken und Wiesenplan,
Kommt heimlich mein Maler gezogen
Den dunklen Hügel heran.

Da schau' ich auf seine Bilder
Im stillen träumenden Licht,
Und nebenbei oft dem Maler
In's liebe blasse Gesicht.

Einige seiner Gedichte vertont der Kapellmeister am k. k. Kärntnertor-Theater Franz Bacher, der Linzer Musikkritiker Karl Kunst, der nach Schuberts Tode als der „erste Kompositeur" gilt, und der mit Beethoven eng verbundene Georg Micheuz aus Laibach. Neue Verbindungen knüpft er mit München an. Das Taschenbuch „Flora" veröffentlicht die Novelle »Der Hochzeitstag« und Lyrik, für das „Odeon für christliche Kunst" schreibt er einen Artikel »Leben und Kunst«, wobei er den Unterschied zwischen Antike und Modernität behandelt. „Es ist das Resultat meiner Lebenserfahrungen und Reflexionen, stellenweise sehr bitter und wird für unsere Zensur gemildert werden müssen." Ein zweiter Beitrag über »Humanität« für dieselbe Zeitschrift „berührt alle Fächer menschlichen Wissens und soll Einheit lehren für Denken und Wollen des Menschen als wahre Lebensphilosophie".

Der Fasching hat Tschabuschnigg wieder viel gekostet, „so daß ich mit dem Geld noch im Rückstand bin", und „in der Garderobe gab es eine große Kur", worüber er nach Klagenfurt berichtet: „Drei Paar Stiefel mußten gedoppelt und ein schwarzer Frack gewendet werden, neu angeschafft wurden ein Paar graue Stiefel, ein Paar Überschuhe, eine Nankinghose, eine weiße Piquetweste und ein feiner weißer Hut, weiters Spazierstock, Hemdknöpfe, Handschuhe, Halskrausen und ein Lorgnon für das rechte Auge, da es kurzsichtig ist."

Mit Recht wirft ihm der darüber erzürnte Vater „einen unglücklichen Hang zur Großmacherei, für unnotwendige und überflüssige Ausgaben für Kleidung" vor. „Ich sehe mich also genötigt, Dir nochmals dringend einzuschärfen, Dich nie in Auslagen einzulassen, die Deine Kräfte übersteigen, — sie führen in Elend und Schande... Suche mit dem Deinigen auszukommen, mache aus Deinen beschränkten Umständen kein Geheimnis. Offenheit, ohne Dich herabzuwerfen, fördert Dein Fortkommen. In diesem Anbetracht ist es unerklärlich, daß du Deine so oft gepriesene Weltansicht nicht besser befolgst." Er schickt ihm schließlich durch Baron Longo einige „Doppelfuchser", — „meine beinahe letzten, und ich hoffe, daß Du Dich künftig klüger benehmen wirst".

Aber der Vater hat noch weitere Gründe zur Unzufriedenheit. „Ich erfahre, daß Dir ein Bekannter begegnet ist und Dich gar nicht gekannt haben will, unschlüssig, ob er Dich nicht zum Tierreich zählen soll, nämlich zum Bocksgeschlecht, indem Du nicht nur einen miserablen Schnurrbart, sondern auch einen Knebelbart trägst. Das sind Harlekinaden, die wohl einem Stallburschen, aber nicht einem gebildeten Mann ziemen, der eben in die Welt treten soll. Sie beweisen auch, daß Du keine honetten Gesellschaften, wenigstens keine solchen besuchst, die in der Folge Dein Glück machen könnten. Auch in dieser Hinsicht ist Deine erworbene Weltweisheit zu bedauern und wird Dir nicht weiterhelfen. Ein zufälliges Zusammentreffen in solchem Aufzuge mit wichtigen Personen kann für Dein ganzes Leben schädlich sein."

Der exzentrische Jüngling schreibt zurück, daß er sich schon vorher den Bart hat abnehmen lassen, und setzt fort:

„Die ‚Freunde' haben damit ihre Fadheit bewiesen. Kein vernünftiger vorurteilsfreier Mensch und" — wie er ein wenig ironisierend beifügt — „Sie, lieber Vater, am wenigsten kann sich über einen Bart, zumal über einen so unauffallenden, wie der meine war, aufhalten. Bildung und Bart hängen so wenig zusammen als Zenit und Nadir, und um unter's Tierreich zu gehören, gibt es viele besser qualifizierende Eigenschaften, die sehr vielen Bartlosen nicht im mindesten fehlen. Dies alles schreibe ich" — und hier wird er etwas schärfer — „in der festen Überzeugung, daß Ihr Tadel bloß daraus erstand, weil Sie die Meinung der Welt im Auge hatten und nicht aus eigener Ansicht."

Was aber der Vater nicht weiß, ist, daß sich in diesem Frühjahr 1830 des Sohnes ganzes Wesen vollkommen — und nicht zu dessen Vorteil — verändert hat.

Er ist ein anderer Mensch geworden.

11

Ende April 1830 gesteht der 21jährige Adolph Ritter von Tschabuschnigg in seinem Tagebuch:

„In diesem Frühjahr fühle ich eine eigene sinnliche Grausamkeit, ich könnte wüten in Wollust. Edel fühle ich dabei wenig für Kathi. In den Ostertagen, als sie krank zu Bett lag, reizte ich meine Sinne an ihrem entblößten Busen, — ich werde es nicht mehr tun."

Um Befriedigung zu finden, wirft er sich mit gleichgearteten Kameraden, die er bisher streng gemieden hat, einem ungezügelten Leben hin, als wollte er, bevor er in das kleinbürgerliche Klagenfurt zurückkehrt, noch die sumpfigen Niederungen der Großstadt kennenlernen.

Querüber von seinem Zimmer wohnt ein Mädchen, und wenn es am Fenster steht und sich herausbeugt, bewundert er „das reizende rote Haar und den blütenbleichen Arm". Er hält sie für die Unschuld selbst, in Wahrheit ist sie eine Hübscherin von 21 Jahren namens Lori, in deren Netze der liebeshungrige Adolph fällt. Am 12. Mai vertraut er mit entwaffnender Offenheit dem Tagebuch an, „daß gestern im Repertoire meines Lebens *La pucellage perdue* — Die verlorene Jungfräulichkeit« uraufgeführt wurde. Das Entree kostete einen Gulden. Freund Schönwetter war der erste *amoroso*, ich der zweite, — aber das Vergnügen war sehr gering."

Er fühlt sich — wie so viele junge Männer vor und nach ihm — als eine Art Gott Mahadöh, der die verlorene Bajadere mit feurigen Armen an sich ziehen und erlösen will. „Mich rührt", schreibt er nieder, „ein Freudenmädchen wie diese. Fast könnt' ich weinen, wenn ich sie mir wieder vorstelle, wie sie so geduldig und verschämt das ärmliche Fähnchen sinken ließ und endlich ein elendes Ringelchen mit zwei Katzensteinen und ihr Ohrgehänge, zwei bläulichte Glaskugeln, mir noch aus dem Bette heraus zum Weglegen reichte, — ihren ganzen Schmuck. Ach, und auch der Schmuck der Jugend wird ihr bald verwelken... Könnt' ich dich doch zurückführen, du armes, armes Mädchen, in dein unschuldiges Kindergärtchen und alle schwarzen Flecken tilgen aus deinem Leben."

Aber er ist wieder zerrissen, denn gleichzeitig — fast um sich vor sich selbst zu rechtfertigen — muß er an Kathi denken: „Bei dem allen liebe ich sie nun mehr als seit langem, sie ist ein reines sittlichschönes Mädchen."

Nichtdestoweniger feiert er bald wieder eine „Orgie" mit Lori, die er jetzt schwärmerisch abwechselnd Lenore oder Laura nennt. Tags darauf ist er wieder „sehr poetisch" und besingt sie bereits unter dem Titel

An Laura

Keine Freude mehr, Laura! ausgetreten
Deine Sterne, verweht die Blumen, trostlos
Deine Zukunft, nur jähe Blitze leuchten, —
Weil du gesündigt.

Keine Liebe in deinem ganzen Leben,
Nie ein Säugling am Busen dir, kein Mensch, der
Je dich herzlich umfängt, der eine stille
Träne dir trocknet.

Ach, und noch glüht dein Mai, die Wange leuchtet,
Sehnsucht flammt dir im Blick, die Schwestern zischen,
Statt des liebenden Himmels sinkt die Erde
Kalt in den Arm dir!

Sehr feiner Dank des Knaben für genossenen Trank spricht aus diesen Versen wohl nicht, außerdem kann er die Liebesabenteuer auch nicht für sich behalten und muß sie beichten — und dies ausgerechnet der armen Kathi. „Sie weinte viele Tränen um mich."

Eine zweite galante Affäre folgt unmittelbar nach. Die beiden Lebeherrchen, verstärkt durch den Freund Jurin, lernen eine Dame Minna kennen, sie fahren mit ihr im Fiaker nach Dornbach, „wir mußten tüchtig zahlen und brachten es kaum zu einem Kusse. Die weiße üppige Blondine, sehr lebhaft und interessant, versprach uns am nächsten Tage in ihre Wohnung einzuladen" — sie läßt sich aber nicht mehr blicken.

Dieses wüste Leben führen die Gesellen Jurin, Schönwetter und Tschabuschnigg fort. Am Wasserglacis retten sie zwei „Flaneure" aus den Klauen zweier eifersüchtiger Dämchen. „Eine von ihnen, die sich Eva nannte, ward auf der Bastei um 10 Uhr abends für uns zum Paradiese. Sie gewährte mir allerdings beinahe keinen Genuß." Kurz darauf sprechen die Freunde die zweite Hübsche mit Namen Karoline in der Singerstraße an. „Sie bekam neun Whistmarken" vermeldet das Tagebuch lakonisch.

So ist es gut, daß seine Studienzeit in Wien zu Ende geht. Er fühlt sich mit sich selbst unzufrieden: „Die letzten Wochen waren die unangenehmsten, die ich hier erlebt habe", ist böse über sich, „daß ich selbstsüchtig auf im Grunde nicht notwendige Zwecke des Vaters schwer erworbenes Geld ausgebe" und gesteht nochmals, „daß ich sehr dem Mißmut unterworfen und nicht sehr mit praktischer Menschenliebe begabt bin".

Auf die Heimreise freut er sich schon. „Bis auf einige Rückhalte", schreibt er dem Vater am 15. Mai 1830, „verlasse ich Wien gerne. Es wird sogar gut sein, nach einer lebhaften Lebensmahlzeit eine stille Verdauungsstunde zu genießen. Ich habe so manche Erfahrungen gemacht und muß sie nun erst zu Lebensessenz destillieren. Meine Weltansicht ist zwar erst hier fest geworden, aber ziemlich traurig und streng. Manche bittere Pille, manches Weh muß sich in mir zur Perle verknöchern, manchen Schmutz, den die bewegte Flut aufwühlte, muß die Stille ausspülen."

Der Vater fragt ihn, ob seine Zufriedenheit mit der „Auswanderung aus Wien" auf „geheime Ursachen" zurückzuführen sind, und erhält zur Atwort:

„Erstlich sind die Ergebnisse, die mich treffen, nicht so sehr Erdenstürme, sondern innere Revolutionen im Fühlen und Denken. Diese wirken allerdings auf mein psychisches Wohl- und Übelbefinden, aber äußern sich nie in meinem Handeln, — in diesem ist noch immer eine dualistische Ansicht das Gesetz der Klugheit.

Zweitens ändern selbst Ergebnisse der Außenwelt mehr mein Interesse als meine äußere Erscheinung. Sogenannte Tölpelstreiche und Unüberlegtheiten sind mir die fremdesten, meine Handlungsweise nach außen ist abgemessen und kalt. Ich unterliege durchaus keiner Leidenschaft, sündige gewiß nie außer mit Vorsatz. Ich bin ein Diener zweier Herren, lebe zwei Zwecken: den ewigen und denen des Staubes. Was ich im Schmierrocke der Erde treibe, geht mich weniger an, wenn ich als Ganymed den Göttern diene. Wie dies einerseits nie in einer der beiden Welten untergehen läßt, ist es andererseits die Quelle meines Unmuts. Doch kann ich meine Ansicht nicht aufgeben, weil ich sie für die wahrste halte.

Was ich bedauere ist nur, daß sich der große warme Strahlenfokus, den ich in diesen vier Jahren des kräftigsten raschesten Lebens um mich erlebt habe, in eine zu kalte Helle zertrennt hat. Dadurch bin ich zusehr Reflexionsmensch geworden."

Noch ein weiterer Grund macht ihm den Wegzug von Wien leichter, denn „es ist so," spricht er sich in einem Brief vom 28. Mai 1830 dem Vater gegenüber offen aus, „daß ich kaum länger in Onkels Haus bleiben könnte, noch möchte. Ich habe darüber bisher kein Wort fallen lassen, aber mehreres gedacht. Ich möchte nämlich nicht mehr in diesem verfallenen Jerusalem sein, ohne Gott und Götter, und bald auch ohne Speise und Trank. Letzteres ist aber nicht das Ärgste, aber wenn ich einen Hausvater sehe, in dem jeder Funke, der ihn vom lieben oder besser unlieben Vieh distinguiert, verloschen, der kein heiliges Gesetz in sich trägt, keinen Verstandgrundsatz, ja keine Ordnungs- und Klugheitsregel, auf dem nichts mehr ist als Erde und zwar die unedelste, — so muß ich gestehen, faßt mich ein vermaledeiter Ekel an, und mit dem Onkel ist's so, die ewige Welt ging längst in Trümmer in ihm, in Gottes oder des Teufels Namen! Aber die unedle Art" — er treibt sich mit Dienstmädchen herum —, „wie er in dieser Staubwelt wühlt, kriecht und nistet, ist erbärmlich. Wir stehen auf gutem Fuße, hatten nie Verdruß, aber er ist mir, ohne daß er eben was gewaltig Schlechtes tut, ekelhaft. Er soll zehnmal Schlechteres tun, aber die Art und Weise, wie er sein bißchen Sünde ableitet, ist die grenzenloseste Gemeinheit. Nicht die Materie seines Handelns tadle ich, aber die Form. Auch das übrige Hauspersonale fällt wie welkes Laub immer mehr von mir, nur mein diplomatisches Benehmen leitete mich durch die Klippen und Untiefen, und die nächsten Jahre werden noch die letzten Bande dieses morschen Familienhauses lösen."

Am 4. August schreibt er dem Vater, den er um Geld für die Heimreise bittet, daß er bereit ist, „Wien zu jeder Stunde zu verlassen", doch dann überlegt er sich's wieder und möchte noch einige Tage länger bleiben, „um Beziehungen anzuknüpfen". Doch diesmal erfolgt eine schroffe Absage. „Dazu hättest Du wohl schon längst Gelegenheit gehabt", lautet die Antwort, und er wird aufgefordert, sofort nach Hause zu kommen. „Ich habe schon alle Quellen eröffnet und alles reicht nicht hin... Das Meiste wird nun von Deinem eigenen Benehmen und Deiner Klugheit abhängen. Ein Zimmer im Hause wird für Dich vorbereitet."

Er nimmt's zur Kenntnis und wiederholt: „Außer dem angenehmen Lebenston verlasse ich hier wenige Menschen schmerzlich." Trotz der Kürze der Zeit, die ihm verbleibt, gelingt es ihm noch, neue Bekanntschaften mit mehreren jungen Männern zu schließen, „den ausgezeichnetsten in dieser Stadt, die sich in alle Provinzen zerstreuen" und mit denen er zeitweise Korrespondenzen verabredet. „Sie werden einmal in allen Fächern eine bedeutende Rolle spielen."

Dann rechnet er gewissenhaft die Kosten zusammen, die diese vier Studienjahre — außer Essen, Quartier, Licht und Beheizung, die vom Vater direkt dem Onkel Xaver bezahlt wurden — erfordert haben: 1827: 892 Gulden, 1828: 806 Gulden, 1829: 636 Gulden, 1830: 1042 Gulden. Den Gesamtbetrag unterstreicht er: 3376 Gulden.

Als Tag der Abreise vereinbart er mit dem jungen Baron Sterneck den 15. August 1830.

Vorher gilt es aber noch, Kathi ein letztes Lebewohl zu sagen — es ist ein Gedicht und ein Brief, und beide klingen seltsam kühl aus:

Vergiß

Vergiß! das ist mein letztes Wort im Scheiden,
Reich' lächelnd mir die Hand hin — und vergiß!
Vergiß das Weh' und deine kleinen Freuden,
Vergiß den Flitterkranz, weil er zerriß!

Vergiß! d i e s e i n e Wort kann ich dir geben,
Für's Dasein weih' ich mit d e m Wort dich ein; —
Vergessen heißt die eine Hälfte Leben,
Die and're, die heißt fröhlich sein.

Vergiß die Maiflur, wo wir uns gefunden,
Den Kuß, der uns're Herzen einst vermählt;
So lang er glüht, so lang sind wir gebunden,
D i e Hand ist mein, die noch die meine hält.

Vergiß, daß du gejubelt und geweinet,
Fang' neu zu jubeln und zu weinen an,
Vergiß die Stunde, die uns einst vereinet,
Vergiß dich selbst und mich — und was verrann!

Wie, Tränen?! weg damit von frischen Wangen,
Raub an dem Leben ist Erinn'rungsschmerz, —
Sieh' mich noch einmal an, — bin ich gegangen,
Wirf dich vergessend an ein and'res Herz!

Den großen Abschiedsbrief, den er ihr am 13. August 1830 schreibt, hat er auch in sein Tagebuch eingetragen:

„Durchglüht von Ihren Küssen und lebenswarm schreib' ich Ihnen diese Zeilen, die letzten in Wien. Freude und Leid zieh'n durch meine Seele, Weinen und Lachen. Ehe der zweite Abend dämmert, sah ich Sie vielleicht zum letzten Male. Wie Sie auch derselbe Gedanke ergreifen mag, glauben Sie mir, mich erfaßt er nicht minder. Nebst meinen Eltern sind Sie mir das liebste Wesen, nie war mir, nie wird mir ein Mädchen so wert sein. So lange ich auch den Gedanken des Scheidens schon getragen in meinem Innern, in wie hundert Stunden ich seinen Schmerz aufgelöst, jetzt, eben jetzt kann ich ihn kaum ertragen. Mein heiligster Segen weiht Sie zum Leben ein.

Was Sie von mir hören mögen oder je denken, was immer ich schreiben möge oder Sie in meinen Briefen zu finden glauben: an dieses Blatt halten Sie sich, es ist das letzte Vermächtnis Ihres scheidenden Freundes.

Ungewiß ist die irdische Zukunftsveränderlichkeit wie unser Wolkenhimmel, darüber aber steht der blaue und die ewige Welt. Wenden Sie zu ihr die Blicke, liebe Freundin! Was auch hier unten unser Schicksal sein möge und wie unsere Wege sich verschlingen mögen, lebendige Überzeugung des großen Weltlebens, Vertrauen auf sich und mich leite und erhebe Sie. Von diesem Standpunkt aus wird so mancher Schmerz zur notwendigen Lebensbedingung, verliert das Dasein nie seinen Gehalt. Ob uns das Schicksal je aneinander legen wird, ich weiß es nicht; aber eines können wir tun, die Möglichkeit erhalten und befördern ...

Wenn einmal ein Mann kömmt, der achtbar ist und Ihnen ein annehmbares Los bietet, so heiraten Sie ihn ohne Bedenken. Nicht Neigung allein heiligt einen Bund, auch vernünftiger Genuß und die Liebe für ein drittes Wesen, an dem beide Teil haben. Unser Verhältnis wird dadurch nicht verrucht, und ich würde in Ihnen noch immer den guten Menschen lieben. Haben Sie je einen Zweifel, so fragen Sie mich."

Der Brief schließt mit dem Satze: „Und hiemit meinen Segen", aber er steht leider nicht an dieser Stelle. Bisher klingt aus den Abschiedsworten noch eine herzliche und glückliche Erinnerung durch, aber Tschabuschnigg versteht es auch hier in seiner Art vortrefflich, diesen schönen Eindruck wieder restlos zu zerstören. Es ist ein überheblicher und hochmütiger Ton, den er nun anschlägt und das junge Mädchen verletzen muß:

„Immer mögen Sie an Ihrer Bildung arbeiten, das nützt Ihnen für jeden Fall und bringt uns näher. Sprachen und Kenntnisse aus Naturlehre, Erdbeschreibung und Geschichte sind Ihnen notwendig. Dabei vermeiden Sie in Ton, Redensarten und Manieren alles, was ich unedel nennen würde. Das Fehlerhafte stößt mich unbezwinglich zurück. Gegen Leute gewöhnen Sie sich ein selbständiges, mehr rückhaltiges Benehmen an, unser Verhältnis lassen Sie unberührt. Vergnügungen mögen Sie mitmachen, die anständig sind und nicht den Charakter des Gemeinen in sich tragen. Eifersüchtig werde ich nie sein, aber jeder Schritt, den Sie vom Menschenziele zurückmachen, ist nimmer von mir. In ihren Briefen aber seien Sie wahr, — nur wenn es Ihnen von Herzen kommt, schreiben Sie mir, unbekümmert um den Inhalt. Ängstlichkeit wird erbärmlich, die äußere Form sei fehlerfrei." Und wenn jetzt Kathi den Brief zu Ende liest, wie der Geliebte ihr zuletzt salbungsvoll den Segen gibt, füllen sich ihre Augen mit Tränen.

Doch sie faßt sich wieder, und am gleichen 13. August 1830 übersendet sie ihm das

Widmungsblatt

Wenn mein Aug' Dich nimmer sieht,
Ist's mein Geist, der zu Dir flieht,
Und im Üben Deines Wollen
Soll die Zeit mir froh entrollen.

Doch versprich mir nie zu rauben
Meines Lebens leuchtend Glauben,
Daß ich lieb Dir bin geblieben:
Ein froh Erinnern, — Dir mein Lieben!

Es sind unbeholfene, aber rührend innerliche Verse, und man fühlt aus ihnen heraus den wehmütig versöhnlichen Klang aus dem Herzen eines jungen Mädchens, das um sein Glück gebracht wurde. Auch der ungetreue Ritter muß es so empfunden haben, denn nochmals greift er zur Feder und sendet an Kathi die

Erwiderung eines Gedenkblattes

Wohl denk' ich noch nach manchen, manchen Jahren
Wenn längst der Lenz mit seinen Blumen schwand,
Noch an die Zeit, wo wir so glücklich waren,
Noch in das schöne heit're Jugendland.
Treu werd' ich stets dein liebes Bild bewahren,
Wo ich dich einst in holder Anmut fand,
Durch's weite Leben wird es mich begleiten,
Ein Rosentraum aus fernen, schönen Zeiten.

Ernst über's Leben zieht der Lauf der Stunden,
Bald steht uns all' das Liebe, Alte weit,
Die gold'ne Jugend ist im Sturm' entschwunden,
Streng ist das Leben und die Welt im Streit'; —
Da halt' dich stets, wie ich dich einst gefunden,
Das Weib noch zier' der Jungfrau Lieblichkeit!
Und siegend mög' der schöne Glaube stehen:
Noch ist sie so, wie ich sie einst gesehen!

Am 18. August 1830 trifft er in Klagenfurt ein, wo er sich augenblicks in die vierzehnjährige Baronesse Minna Herbert verliebt. Er trifft sie in der Theaterloge und bringt ihr zwei verzuckerte Früchte, was das frühreife Mädchen beglückt allen Freundinnen weitererzählt. Aber auch der heimgekehrte junge Herr ist ‚enflammiert': „Nun ist arm Kathi unter Lava, so durchaus kein Gefühl regt sich für sie mehr in mir. Aber ich ahne, das Schicksal wird Revanche spielen ..."

Ja, das wird es.

UFER DER HOFFNUNGEN

1

Nun ist er wieder daheim, ein absolvierter Akademiker mit ausgezeichneten Prüfungen aus den juridischen und politischen Wissenschaften, doch ohne Stellung und Einkommen, der von den Eltern weiterhin abhängig ist — ein Nichts! Er bewohnt ein ebenerdiges Zimmer, immer noch im Hause Schmiedgasse Nr. 301 „nächst der Jesuitenkirche". Der Raum ist liebevoll eingerichtet mit Schreibpult, Bett und einem kleinen koketten Toilettentisch, auf dem ein Perlmutterscherchen, ein goldenes Messer und ein „Trügerl" mit Muschel- und Schneckenverzierungen aufgelegt sind: eine richtige biedermeierliche Stube. Er sieht hinaus in den Garten und könnte die heitere Stille genießen, doch er denkt sorgenvoll an die Zukunft, wie er nun sein Leben gestalten soll.

Der Traum des Vaters, ihn als Diplomat zu sehen, läßt sich aus finanziellen Gründen nicht verwirklichen. Dazu wären weitere Studien in der ebenso verführerischen wie kostspieligen Kaiserstadt notwendig, und da nun auch der Bruder Franz die Universität besuchen soll, kann ein Wiener Aufenthalt für beide Söhne nicht in Frage kommen. Eine Stellung im landständischen Dienst lehnt er ab, da er die bescheidene Existenz seines Vaters zur Genüge kennt. So entscheidet er sich für den Richterstand, der in Österreich besonderes Ansehen genießt.

Schon im Herbst 1830 tritt er die vorgeschriebene einjährige Praxis beim Stadt- und Landrecht in Klagenfurt an, um später zu einer Auskultantenstelle bei deutsch- und italienischsprechenden Behörden zugelassen zu werden. Er beendet sie pünktlich am 15. Oktober 1831 aus dem Zivil- und Kriminalrecht mit Auszeichnung und wird am 21. Dezember 1831 vom Appellationsgericht, ebenfalls *cum eminentia*, zur Ausübung des Richteramtes für fähig erklärt. Fünf Tage später bereits bewirbt er sich unter Hinweis auf seine italienischen Sprachkenntnisse um eine der zwei ausgeschriebenen Auskultantenstellen in Görz, die mit einer Besoldung, dem heißbegehrten „Adjutum", verbunden sind, wird jedoch abgewiesen. So ist nun schon ein Jahr verstrichen, daß er den Eltern zur Last fällt.

Das ist schlimm, denn er hat Vergnügungen im großen Wien reichlich gekostet und er beabsichtigt keineswegs, in diesem kleinen Landstädtchen darauf zu verzichten und sich nun in sein Gartenstübchen zurückzuziehen. Aber auch die Gesellschaft von Klagenfurt will nicht, daß sich der weltmännisch aus der Residenz zurückgekehrte junge Ritter von den Salons fernhält und sich kasteit. Man wirbt geradezu um ihn, er wird allseits eingeladen, denn eine erfolgreiche Karriere ist ihm gewiß, und dies erweckt in Adelshäusern, wo viele Töchter anmutig heranreifen, begreifliches Interesse. Er tritt mit Eleganz auf, weiß klug und heiter zu plaudern, unterhält die Damen und Herren, alt und jung, mit seinen Gedichten und Kompositionen, tanzt vorzüglich und hat Witz, der freilich oft auch verletzend sein kann. Denn hinter der glänzenden Fassade seiner äußeren Erscheinung zuckt hintergründig seine andere Natur immer stärker hervor: in kleineren Zirkeln kann er ironisch, spöttisch, selbst zynisch und frivol werden, seine religiösen Anschauungen sind recht frei geworden, und ohne ersichtlichen Grund wendet er sich bisweilen von guten Bekannten plötzlich ablehnend, ja hochmütig ab, was Verwunderung und auch ihm gegenüber beleidigte Abkehr hervorruft. Dies ist der ganze zwiespältige Tschabuschnigg, dessen Wesen sich mehr und mehr einem Hang der Verneinung zuneigt und zu einer Selbstzersetzung hinführt.

Der Vater merkt's, er warnt vor den Folgen, und der Sohn versucht auch, seine überkritische Neigung zurückzudrängen. So erhält er sich weiterhin die Rolle als liebenswürdiger Favorit der Gesellschaft.

Eine besondere Anziehung übt auf ihn bald das Haus des k. k. Kämmerers Joseph David Ritter von Heufler zu Rasen und Perdonegg, Vizepräsident des Appellationsgerichtes in Klagenfurt, Tiroler Landstand und königlich bayrischer Appellationsrat, aus. Aus dessen Ehe mit Maria Josepha Freiin von Lichtenthurn von und zu Achenrain stammen sieben Kinder, die Söhne Ludwig und Edmund, die anmutige Kavalkade der fünf Töchter Marie, Toni, Nanette, Resi und Julie, und außerdem gehört zum Kreise noch der Stiefbruder Karl von der verstorbenen ersten Gattin des alten Herrn. Die Familie ist streng religiös, die Kinder werden auf diesem Gebiete zu vollem Gehorsam den Eltern gegenüber erzogen, und ein Abbate geht im Hause aufmerksam mit scharfem Blicke ein und aus.

Die zwanzigjährige Julie ist es, die ihn schon beim ersten Besuch am 4. Dezember 1830 bezaubert. „In meinem Herzen", schreibt er ins Tagebuch, „ist wie ein Märzen, lau, schwellend, sehnend. Zwar ist ihr Profil fast unschön, aber das Auge wunderbar, und der weiche, weiche Mund!"

Später beschreibt er, durchaus ungeschminkt, ihr Porträt näher:

„Julie von Heufler, geboren am 24. Mai 1810, ist mittlerer Statur, der Wuchs ist nicht ausnehmend schön, aber anziehend, ihr Haar ist rötlichbraun — meine Lieblingsfarbe. Obwohl sie rückwärts herüber vom Ohr betrachtet, wenn man der karikierenden Phantasie freien Lauf ließe, fast einem Delphin ähnelt, so hat ihr Gesicht doch betörenden Reiz für mich, — stundenlang könnte ich es ohne lange Weile anstarren, die großen braunen Augen brennen mir ins Herz und der weiche Mund ist holdgefärbt, wie ein Rosenwölkchen, dazu kommt noch ein makelloser, lebensfrischer und doch nicht stark gefärbter Teint."

Übrigens ist er nicht der einzige, der in eine Heufler-Tochter verliebt ist. Mit ihm ist es der junge Baron Karl Eduard von Neugebauer, der sich für die Prüfung auf die Kriminalpraxis vorbereitet, „sehr nobel gewohnt ist" und im Hause Tschabuschnigg Quartier genommen hat. Er schwärmt für Marie Heufler, die älteste der Schwestern, die schöner und auch klüger ist als die schüchterne Julie.

Der Fasching 1831 ist von Unterhaltungen und Vergnügungen voll ausgefüllt. Adolph nimmt an allen teil, und in seiner Tanzkarte vom 10. Jänner sind die besten Namen junger adeliger Mädchen eingetragen:

1. Walzer: Marie Heufler
2. Walzer: Julie Heufler
5. Walzer: Notburg Lodron
7. Walzer: Maria Platz
1. Kotillon: Pauline Moro
2. Kotillon: Malwine Herbert
3. Kotillon: Minna Herbert

Im weiteren Verlauf des Karnevals gibt Landeshauptmann Graf Platz einen *Bal paré,* auf dem sich „nach dem allgemeinen Urteil" Adolph Tschabuschnigg als „Barbier von Sevilla" in Darstellung und Gesang „blendend" ausnimmt, es folgen eine *Grande Assemblée* bei Anton Ritter v. Moro, ein maskierter Ball bei Albin Frh. v. Herbert sowie Gesellschaftsabende bei Joseph Baron Daublewsky-Sterneck und mehreren Räten des Appellationsgerichtshofes, eine Eisredoute in Loretto mit „Punschade" unter freiem Himmel, der Höhepunkt für Adolph ist aber der Hausball bei Heuflers, deren Haus er immer häufiger besucht.

„Ich liebe Julie", schreibt er am 14. April 1831 in sein Büchlein weiter, „sehe sie fast täglich, spaziere mit der Familie und lebe so in den Tag hinein. Mein Vorsatz, kein Verhältnis mehr anzuknüpfen, ist hiemit gescheitert. Zwar habe ich mich Julie gegenüber nie erklärt und habe es auch noch nicht einmal zu einem Händedruck kommen lassen. Sie hat auch viel von dem, was ich Raison nenne. Ganz Klagenfurt zieht mich schon mit ihr auf." Und gleich fügt er wieder ein zwiespältiges Wort bei: „Aber Minna Herbert steht doch auch in meinem Herzen, das hemmt unser Verhältnis." Im übrigen hat er auch einen Briefwechsel mit Kathi Wolf in Wien wieder aufgenommen.

Der Vater sieht's nicht gerne und schreibt dem Bruder Franz, der nun in Wien studiert: „Ich wünschte nur, daß Adolphs Gesellschaftssucht in dem kleinen Klagenfurt nicht Verdrießlichkeiten verursache und daß er nicht deswegen von seinesgleichen beneidet, von Höheren oder Niedrigeren aber scheel angesehen werde. Adolph bringt die erste Hälfte seiner Abende immer in Gesellschaft zu und geht dann spät schlafen. Er soll sich nun ausrasten, er hat schon wieder schlecht ausgesehen und zu hüsteln angefangen."

Vor allem ist es aber der alte strenge Herr v. Heufler, der diese sich anbahnende Romanze zwischen den jungen Leuten mit steigendem Mißfallen verfolgt und die Stirne runzelt, daß seine Tochter ins Stadtgespräch gerät. Er erkundigt sich näher über den eleganten Auskultantenanwärter — er hat auch seine Beziehungen zu Wien —, und da erfährt man mancherlei Unerfreuliches. Zudem stellt auch der Abbate, der ins Haus kommt, fest, daß dieser häufige Gast „keine Religion hat", weshalb ihn Julie selbst darüber befragt. „Mit bestem Gewissen konnte ich diese Frage zu ihrer Zufriedenheit beantworten." Er hält sich an die Gretchen-Szene im »Faust«, von dem Julie allerdings keine Ahnung hat.

Die Zerrissenheit zwischen Julie und Minna, die ein recht artiges Schlänglein zu sein scheint, zieht zehn Wochen „verwirrend und zerspaltend" durch sein Herz. „Ich war eine Zeit ferner, unsicherer und zweideutiger gegen Julie, — aber in dieser Periode muß auch in ihr eine Veränderung vorgegangen sein." Er beschließt deshalb, was auch daraus entstünde, sich für sie zu erklären und seine Neigung gegen sie „ohne erbärmliche Rücksicht und Vorausberechnung" auszusprechen. „Ich trat, beruhigt über diesen Beschluß, offen mit dem wärmsten Gefühle ihr näher — aber ich war ihr völlig fremd geworden, kein hingebender Zug mehr, kein unberechnetes Unverhülltsein wie früher, sondern matte Freundschaft, die erbärmlichste Ware, die man von Frauenzimmern einhandeln kann. Eine überstandene Liebe! Wie ich kombiniere, hat ihre Schwester Marie das Ganze veranlaßt."

Diese Marie, Anführerin der schwesterlichen Schar, ist ein „überaus scharfblickendes Frauenzimmer", wie Adolph es sehr bald erkennt, „sie ist im Vergleich zu Julie viel freier und spekulativer, sie sah einerseits meine Halbheit, andererseits, selbst wenn ich wie Roland verliebt wäre, manche andere Umstände und redete ihr die junge Liebe aus dem Herzen". Er spricht wiederholt noch mit ihr —

„sie hat recht gangbare Lebensansichten über Heiraten und Liebe, und ich ereiferte mich dabei als ihr Widerpart unbändig gegen Geldheiraten, wenn dieses Verhältnis zur Sprache kam" — obwohl er im Herzen durchaus ihrer Ansicht ist. Und gerade diese Schwester Marie ist es, die ihm nach vielen Jahren den gemeinsamen Lebensweg mit Julie ebnen wird.

In der Verzweiflung, in der er sich nun befindet, liest er „wohl nicht zum hundertsten, doch zu wiederholten Malen den »Werther«, da ich etwas krankhaft bin, und wahrscheinlich wegen der letzten Ereignisse ergriff er mich diesmal mehr als je. Ich glaubte, Windlichterschein breche durch mein Fenster und sie trügen Werther vorbei."

Sein Dämon kommt voll wilder Sinnlichkeit wieder über ihn. „Küssen möcht' ich sie wütend, zerküssen die weichen Lippen, daß sie wund wären, — o könnte ich nur Sehnsucht nach mir aus ihrem Auge lesen, ich wollte dann gerne mit der meinen verdorren wie ein Fisch im Glühsande."

Am 31. Juli 1831 schreibt er auf das letzte Blatt des Tagebuches, das er in Wien in der Silvesternacht 1826 begonnen hat, die letzten resignierenden Zeilen:

„Ich war noch nie so bewegt, so unwohl in mir, als diesmal: die Zeit wird den Knoten lösen. Mit Julie ist der Roman zu Ende."

Das „Tagebuch" in der bisherigen Form wird nicht fortgesetzt. Seine Erinnerungen nimmt er erst am 2. April 1832 wieder auf in einem „Buch des Erlebten".

2

In dieser Zwischenzeit zieht er sich in sein Gartenzimmer zurück, in dessen Stille ihn zurückblickend die politischen und kriegerischen Wirren aufwühlend bewegen. Denn nach der französischen Julirevolution von 1830 ist als Auswirkung der Funke auf das Pulverfaß Polen übergesprungen, wo ein blutiger Aufstand gegen die verhaßte russische Oberherrschaft losbricht. Diese heroischen Freiheitsbestrebungen üben auf Tschabuschnigg eine faszinierende Wirkung aus, er bewundert mit brennender Anteilnahme die Tapferkeit dieses leidgeprüften Volkes, das nach erstaunlichen Anfangssiegen schließlich der Übermacht erliegt, und er beschließt — „ich fühle mich dem gleichen Schicksal verwandt" —, in der Erzählung »Das Haus der Grafen Owinski« dem Heldentum der Polen ein dichterisches Denkmal zu setzen. In lebendiger Anschaulichkeit entwirft er ein dramatisches

Fresko über die Ereignisse der Jahre 1830 und 1831 im Rahmen einer Warschauer Adelsfamilie, deren Mitglieder in charakteristischen Profilen hervortreten: der patriarchalische Altgraf Owinski, dessen Bruder, der kampfbeseelte Domherr Stephan, die Söhne Kasimir, Hieronymus und der siebzehnjährige Kadett Magnus sowie die Tochter Fidelie auf der einen Seite, auf der anderen der russische Großfürst Konstantin, sein Kammerherr Kiewanow und dessen Sohn Alexis, der sich zur schönen Fidelie Owinski hingezogen fühlt — eine zärtliche Idylle zwischen verfeindeten Häusern, die ebenso tragisch endet wie bei den berühmten Liebenden von Verona. In der Gestalt des deutschen Studenten Berthold Waise, der sich freiwillig zum Freiheitskampf meldet, läßt sich unschwer ein Selbstporträt des Dichters erkennen.

Der Vater mahnt wegen des politischen Inhalts zur Vorsicht, und da eine Genehmigung der Zensur zur Drucklegung in Österreich aussichtslos ist, erscheint das Buch 1832 in Leipzig bei der Hindrichsschen Buchhandlung, wobei Tschabuschnigg, um als aristokratischer Autor allen Unannehmlichkeiten auszuweichen, als Pseudonym den Namen A. V. T. Süd wählt. Trotz gelegentlicher Kraßheiten — die Handlung führt schließlich, mit Ausnahme des greisen Schloßkastellans, zum Tode aller in das grausame Geschehen verstrickten Personen — ist der kleine Roman ein geglückter dichterischer Wurf, der auch historischen Wert besitzt und Tschabuschnigg in seinem erzählerischen Schaffen eine Stufe weiter emporhebt.

Am 10. März 1832 erhält Adolph endlich eine Auskultantenstelle in Klagenfurt, jedoch ohne Besoldung, und ist niedergeschlagen, weil der Vater nicht in der Lage ist, ihm außer Wohnung und Kost „auch nur einen Kreuzer zu geben". Seine Bitte, ihm aus dem gemeinsamen Hauseigentum einen Betrag von 200 Gulden vorzuschießen, schlägt der Vater aus guten Gründen ebenfalls ab. In dieser trüben Stimmung schreibt er dem Bruder in Wien: „Du erinnerst mich an die Jahre meines Frohsinns, — wo sind sie? Düstere Wolken umhüllen mich, — düster, ja verzweifelt ist die Gegenwart, so daß ich, ganz zu Boden gedrückt, es nicht mehr wage aufzublicken und nur mehr ein halb erträgliches Leben erwarte." In einem Rückblick urteilt er über sich selbst bitter: „Mein erstes Jahr in Wien war ein *jeu perdu* und dazu ein törichtes ohne innere und äußere Genüsse. Ich hatte keine Anleitung, tat manches Törichte und war meiner eigenen Überzeugung nicht völlig getreu."

Gleichzeitig ermuntert er aber Franz: „Amüsiere Dich, treibe Dich in der Welt herum, aber verwickle Dich nicht, — um eine Mesalliance zu verhindern, könnte ich einen eigenhändig kastrieren." Vor dem Billardspiel warnt er ihn, „da es Geld kostet und eine außergesellschaftliche Unterhaltung ist". Obgleich er sich in verzweifelter finanzieller Notlage befindet, bittet er doch den Bruder, in Wien für ihn zu kaufen: „Krawatten, graue Schuhe, seidene Socken, den feinsten und modernsten Hut, eine Zylinderuhr schönsten Stils mit oder ohne goldene Kette, repetierend oder nicht repetierend" und frägt ihn, „ob man noch goldene Hemdknöpfe mit echten Steinen trägt?"

Der Vater mahnt Franz mit kritischen Worten über Adolph: „Verfalle nicht in die Großtuerei Deines Bruders! Meide alle Spielgesellschaften, mache nicht schlüpfrige Bekanntschaften mit Frauenzimmern oder Männern, wie es in den letzten Jahren Adolph getan und dabei nichts Gutes gelernt. Er hat manche nicht vorteilhafte Leute kultiviert, daher das Leichtsinnige in seiner Lebensweise." Und weiterhin auf die Tätigkeit des Sohnes in Klagenfurt hinweisend: „Was hat Adolph von seiner ganzen Schreiberei, von seinen tausend und tausend artigen Versen und Novellen? Keinen Bissen Brot! Dagegen wird er seine Vernachlässigung der Sprachen bald bitter fühlen ... Bekanntschaften bringen Geisteszersplitterung, wenn sie nicht darauf angelegt sind, den Lebenszweck zu fördern. Und Unterhaltungen führen zu Liebeleien, und diese oft zu Schande und Spott."

Die vom Vater übertrieben zitierten „tausend und tausend" Verse sind Sorge und Ärger zugleich, aber tatsächlich hat Adolph Tschabuschnigg nach seiner Rückkehr 1830 drei Hefte in Großformat angelegt, in die er, geradezu überfließend, neue Gedichte einträgt. Sie erscheinen — wobei es Tschabuschnigg weniger um ein Honorar, sondern um ein weiteres Bekanntwerden seines Namens geht — in der „Wiener Zeitschrift", in der „Abendzeitung", im „Jagdalmanach", in der „Kärntner Zeitschrift" und vor allem in der „Carinthia" und klingen teilweise immer noch an Heine an. Manches bleibt freilich zu seinem Kummer ungedruckt:

Auf dem See

Es zieht der Kahn, und die Wellen nach,
Der Abend leuchtet vor mir,
Im Herzen wird wieder die Sehnsucht wach,
Es ist mir, als sollt' ich zu ihr.

O selige Fahrt! In's Abendglüh'n
Das Auge verloren, in Sehnsucht die Brust,
Den Traum im Herzen, zu ihr zu zieh'n, —
Und so fort und fort — unbewußt!

Von der Nachbarin

Meine Nachbarin ist ein Engel,
Das allerköstlichste Weib,
Sie hat, so wahr ich gescheit bin,
Auf Erden den süßesten Leib.

Es wohnten ein Doktor, ein Schneider
Im Zimmer hier, drauf noch ein Paar,
Sie starrten nur immer hinüber
Und jeder ward drüber ein Narr.

Da mach' ich es klüger, damit ich
Nicht starr aus dem Fenster hier,
Verhäng' ich es fest und sitze
Den ganzen Tag — drüben vor ihr.

Vor einer Leiche

Da liegt sie lang ausgestrecket
In Blumen und Kerzenschein,
Es drängt sich große Gesellschaft
Zur Türe aus und ein.

Seltsam, so lang sie noch lebte,
Kam keine Seele zu ihr,
Saß manchen langen Abend
Vor dumpfer Kerze hier.

Auch zwei Liebende

Zwei bleiche Gesichter schauen
Durch Gitterfenster heraus,
Ein weiter Hof liegt dazwischen,
Man nennt's nur das Narrenhaus.

Der Büttel, sieht er sie lehnen,
Der schilt sie und schlägt sie gar;
Wenn gescheite Leute lieben,
Warum soll's nicht auch ein Narr?

*Zwei Jahre vergeh'n, der Chapeau ließ
Kein Kompliment noch ab,
Er starrt auf den Lilienarm nur,
Gepreßt um den Eisenstab.*

*Und was der Vogt nicht verstattet,
Der Tod, der ließ es zu;
Er legt sie fest aneinander
Im kühlen Brautbett zur Ruh.*

Doch nicht nur diese schwärmerisch-sentimentalen Verse, sondern mehr noch die klar erkennbaren Widmungen an Julie müssen in der Schreibtischlade verkümmern:

An J + + +

*Manch eine Blume bietet uns das Leben,
Ihr holdes Dasein wird dem Herzen teuer,
Doch schnell vergeht des kurzen Lenzes Feier,
Wie sie verbluten, müssen sie entschweben.*

*Nur eine Blume werd' ich nimmer geben,
Vor dir, du Rose! hängt sie mir mit treuer
Andacht in meines Herzens tiefste Schleier,
Will ich dich leis' der kalten Zeit entheben.*

*Da blühe fort in ewig gleichem Wetter,
Vor Frost und Sturm wird Liebe dich bewahren,
Entfalte still den Kelch der hundert Blätter,
Ein treues Herz gilt mehr als eitle Scharen,
Und wenn schon längst verblüht ist jede Blume,
Prangst du noch ewig jung im Heiligtume.*

Seinen Auskultanteneid legt Tschabuschnigg vor dem Appellationsrat Scherautz, dem Vater seines Wiener Studienkollegen, am 24. März 1832 ab und setzt seine ganze Hoffnung auf die Wahl des ständischen Bauzahlmeisters Joseph v. Litzelhoffen zum Verordneten, der ihm sehr gewogen ist und die Bewilligung eines „Adjutums" erreichen könnte, doch diese Erwartung erfüllt sich nicht.

Kurz zuvor ist Goethe gestorben, und die Welt hält den Atem an. Anders Tschabuschnigg: „Sosehr ich den großen Toten liebe, so ergriff mich dies Ereignis nicht schmerzlich, — es kam mir vor, wie der Abend eines schönen Tages."

Nichtsdestoweniger wendet er sich aber bald wieder trostheischend an den Olympier. „Ich bin in gewisser Hinsicht wie Goethes Tasso, die geringste mißgünstige Äußerung kann mich bis zum Wahnsinn ängstlich und unsicher machen." Vergleich und Anruf treffen zu.

3

Wenn er am 2. April 1832 mit dem neuen „Buch des Erlebten" beginnt, so gilt schon die ersten Eintragung der geliebten Julie. Der mit ihr vermeintlich beendete Roman hat inzwischen doch eine Fortsetzung erfahren, und er fühlt sich glücklich, wenn das Mädchen beim Spiele „die Fußsohle auf meinen Fuß hält, — es bildet einen geheimen Rapport, ein süßes Einverständnis... Es gibt viele schönere Gesichter, aber nur auf das ihre könnte ich stundenlang, tagelang schauen. Ihre Augen sind für mich ein Himmel, in den ich versinke, ihr Mund die reinste süßeste Stelle auf der Welt."

Dies bleibt aber nicht unbemerkt, es kommt wieder zu Spannungen, und in Heuflers Hause macht sich eine immer größere Verstimmung über seine allzu häufigen Besuche bemerkbar. Marie und Julie, die sich Neugebauer und Tschabuschnigg verbunden fühlen, „folgen zwar ihrem Herzen, doch wirkt sich die Mißbilligung der Eltern auf sie als streng religiöse Mädchen überaus schmerzlich und niederdrückend aus". Der Vater spricht mit ihnen kaum noch ein Wort und verlangt ganz entschieden, daß beide Verhältnisse abgebrochen werden müssen. „Der Papa erklärt" — so Marie —, „er liebe die Denkart und die Liebeleien der jungen Herren in seinem Hause durchaus nicht, einem Manne unter 1000 Gulden Revenuen gebe er überhaupt keine seiner Töchter, und im nächsten Winter werde er für sie keine Soireen veranstalten." Auf diesen Zornesausbruch hin ist Adolph überzeugt, „daß mich eine schwere Krankheit überkommen wird. Wenn ich Julie nicht mehr zu sehen bekäme und stürbe, wollte ich sie um eine Locke bitten lassen und einen Ring zum Andenken ihr geben."

Doch erholt er sich bald, und nach acht Tagen geht er wieder zu Heuflers „in den übelsten Erwartungen". Zum Glück findet er aber die Mädchen allein zu Hause — die Eltern sind zu Besuch auf Schloß Krastowitz — und hört, daß sich inzwischen „alles geändert" habe. Die entschlossene Marie hatte den Mut, mit dem Vater offen zu sprechen, und ihm erklärt, „daß die Schwestern nie von ihrer Liebe ablassen würden, da sie alle gute Gesinnungen hätten und die Sache deshalb nicht aussichtslos sein dürfe". Das Resultat war, „daß es dem Papa recht war, wenn er sich auf uns verlassen könne und daß wir vier Jahre und auch länger warten sollen. Tschabuschnigg sei ihm übrigens lieb und er solle doch ins Haus kommen".

Die gemeinsamen Spaziergänge werden wieder aufgenommen, am 19. April 1832 geht er mit den Heuflers auf den Kreuzberg. Dort sieht er Julie lange beten, still mit bewegtem Munde — „eine mir verhaßte Methode" —, und stellt fest, daß seine Ansichten zu verschieden sind, um in ihrer Art andächtig sein zu können. Ihre Anschauungen von der Welt, „vorzüglich die auf die Moral bezughabenden", hofft er mit einigen Büchern zu erweitern und zu berichtigen. »Werthers Leiden« soll das erste sein. Aber gleichzeitig fühlt er, daß er kaum in diese Familie gehört.

Das getrübte Verhältnis hält weiter an. Er trifft Julie mit den Eltern auf der Zigguln, sie hat verweinte Augen und erzählt beim Herabgehen, ihren Eltern sei gesagt worden, „ich sei Naturalist und Atheist, ebenso ist mein dreijähriges Verhältnis in Wien bekannt geworden". Die Eltern beschwören sie, die Freundschaft mit ihm abzubrechen, und sie ist selbst der Meinung, es wäre unter diesen Umständen für beide Teile besser, sich zurückzuziehen. Er versucht, sie zu beruhigen, „was mir zum Teile gelang, doch möge sie einzig ihr Glück berücksichtigen und das meine nicht in Betracht ziehen". Beim Abschied hören sie zwei Harfenistinnen singen: „Der Kranz ist gebunden, geflochten der Korb."

Am gleichen Abend geht er nochmals an ihrem Fenster vorbei. „Ich glaube, sie gewahrte mich und zog den Kopf zurück. Nichtsein wäre doch das Beste", und er dichtet das

Schattenbild

*Auf dem Vorhang' dort am Fenster,
Schwankt ein Schatten hin und her,
Heimlich schleich' ich, wie Gespenster,
Wüsten Kopfs, das Herze schwer.*

*Ach, der Schatten, der dort zittert,
Gilt mir mehr als Sonnenschein, —
All mein Dasein ist zersplittert,
Seit das Urbild nicht mehr mein!*

Am nächsten Sonntag sieht er sie in der Kirche heftig weinen. „Neue Stürme, sie wollten mich heute zum Abend laden, doch der

Vater ließ es nicht zu und sprach sich wieder heftig gegen meine Liebeleien aus." Er hat einen neuen Widersacher in der Familie, den Stiefbruder Karl, mit dem er sich nicht versteht.

Wieder folgen einige „sehr böse Tage", er ist zu den meisten Arbeiten unfähig und versinkt in „betäubendes Sinnen, — oft dröhnte ein dumpfer Schuß durch meine trüben Gedanken und es war mir, als hätte ich eine Pistole vor dem Kopfe abgedrückt oder sollte es doch". Aber er erholt sich wieder rasch, denn „in Heuflers Haus ist Windstille, man ist sehr inkonsequent, — mein Lebensmut ist zurückgekehrt".

Im Juli fährt Julie über den Sommer nach dem heimatlichen Eppan in Tirol. Die Spröde versagt ihm den erbetenen Abschiedskuß. Zu Pferde begleitet er sie dennoch bis nach Krumpendorf.

Ende November kehrt die Familie wieder zurück. In der Zwischenzeit empfindet er „das Bedrückende des Verhältnisses, jede Kränkung doppelt in der Entfernung. Ich fühle mich immer nur verletzt. Vielleicht ist schon alles zerbrochen. Auf das Wiedersehen freue ich mich nicht herzlich."

Dazu hat er auch keinen Grund. Denn schon am 22. November, zum Beginn der Gesellschaftsabende, stellt er verbittert fest, daß man „bisher die Zartheit hatte, wenn Heuflers mich nicht einladen wollten, auch sonst keine jungen Leute zu sich zu bitten, — jetzt werde nur ich es nicht mehr". Aber auch Julie hält sich von diesen Familienveranstaltungen fern, sie liest in ihrem Zimmer allein und weint... „Ich werde dies ihren Eltern nie vergessen."

Nach dieses Jahres schmerzlichem Abschluß steht der Beginn von 1833 im Zeichen einiger Freude und stellt für Tschabuschnigg einen Markstein in seinem dichterischen Schaffen dar. Es erscheint seine erste Lyriksammlung in Druck, zwar noch nicht als Publikation auf dem österreichischen Büchermarkt, sondern wieder in Deutschland, diesmal bei der Arnoldschen Buchhandlung in Dresden, aber unter seinem vollen Namen. Es ist ein liebenswürdiges Büchlein von 179 Seiten mit 91 Gedichten, das neben solchen, die bereits in verschiedenen Taschenbüchern und Almanachen erschienen sind, auch neue Poesien bringt.

In der „Carinthia" ist Paul Renn sein erster Kritiker, der „dem Verfasser, durch seine Beiträge in den meisten in- und ausländischen Zeitschriften als lyrischer Dichter längst vorteilhaft bekannt", freilich zu viel freundschaftlichen Weihrauch opfert. „Während man sonst", führt er aus, „auf diesem Gebiete wohl manches schöne Talent, manche gelungene Leistung findet, so fehlt doch die schöpferische Kraft und der poetische Gedanke, der das Versstück zu einem Kunstwerk erhebt, das für alle Zeiten bleibt. Und dies ist's, was Tschabuschniggs Gedichte verdientermaßen über die alltäglichen Leistungen in diesem Fache stellt und ihnen Wert für die Dauer gibt. Seine Poesie entwickelt sich ebenso schön als originell aus der Tiefe einer reichen Gefühlswelt, ... und wenn er, ergriffen vom Unmute des Lebens, zerfallen mit der Welt und mit Wundheit im Herzen, sich bisweilen in Gedichten etwas herbe oder scheinbar frivol ausspricht, so ist dies nicht zu tadeln, denn es ist ein wahrer, natürlicher und motivierter Schmerz, den man von jener objektlosen Empfindelei unterscheiden muß, der den Schwächling in Mondscheinnächten zu kläglichen Elegien bewegt und das wahre Gefühl anwidert. Eine ebenso anziehende wie seltsame Schönheit seiner Gedichte ist die psychologische Bedeutung, die man in ihnen findet. Der Verfasser hat das menschliche Herz in allen seinen Vibrationen studiert und durchschaut, seine Schwächen mit milder Ironie dargestellt und sich hiebei auch selbst mit einer gewissen Contemplation anatomisch zergliedert."

Einzelne Einwendungen werden nur am Rande vorsichtig gestreift: „Man findet eine Überfülle von Gedanken, in deren Andrange man den Grund mancher genialen Fahrlässigkeit suchen muß, wodurch der Dichter oft nicht zur glücklichsten Wahl und gehaltenen Darstellung derselben verführt wird." Was die äußere Form der Gedichte anlangt, findet Renn „die Sprache schön und edel, doch hie und da etwas gezwungen und hart, die Bilder aber meist neu und zu einem Ganzen zusammenfließend."

Wenn er aber überschwenglich behauptet, daß „Tschabuschniggs Poesie keiner Schule und keinem Systeme angehörig ist", so ist dies allzu unvorsichtig ausgesprochen, weil es zu berechtigtem Gegenurteil herausfordert. Der schlimmste Kritiker ist der seinerzeitige Freund Braun Ritter von Braunthal — derselbe, den der biedere Redakteur Schickh schon vor Jahren als einen „Saumagen in Folio" bezeichnet hat —, von dem ein bösartiges Pamphlet über Tschabuschniggs Gedichtband erscheint, aber auch die übrige Wiener Kritik zeigt sich zurückhaltend. Man findet die Gedichte „etwas zu wehmütig-schmerzensreich, ein wenig zu matt, mild, bleich und weich", anerkennt aber immerhin, „daß es dem Dichter an der sanften Wärme Höltys nicht fehlt". Sie hat mit diesem Urteil nicht ganz unrecht, denn wenn der dichtende Auskultant in Klagenfurt eigene Erlebnisse in Versen besingt, wird er tatsächlich schwach und flach. So bleibt zunächst der erhoffte große Beifall aus, Tschabuschnigg klagt vergrämt, „die Gedichte hätten es besser verdient", und die weitaus günstigere Rezension, die den fast gleichzeitig erschienenen »Blättern der Liebe« von Anastasius Grün zuteil wird, drückt ihn besonders nieder.

Und doch — trotz aller kritischen Einwendungen, die vorgebracht werden mögen: das abschließende Gedicht der kleinen Sammlung, das alle übrigen in seiner Aussage weit überwiegt, läßt bezwingend aufhorchen. Es ist weder wehmütig noch weich oder matt, sondern im Gegenteil: voll entschlossener Kraft und stolzem Selbstbewußtsein, und diese autobiographischen Verse stellen den ganzen Tschabuschnigg in allen seinen Charakterzügen überzeugend dar. Es ist der für sein späteres Leben berühmt gewordene »Spruch«, in der zweiten Ausgabe der Gedichte noch treffender überschriftet als

Ritterspruch

Glaube auf Gott,
Hoffnung in Not,
Eine Dame im Herzen,
Trotzigen Mut in Schmerzen,
Heiße Hand den Freunden,
Kaltes Schwert den Feinden, —
Über alles die Treue,
Über Nichts eine Reue!

Schmerzlich empfindet er es, daß drei eingesendete neue Novellen in der „Wiener Zeitschrift" nicht aufgenommen werden, dafür erhält er aber vom Redakteur Dr. L. F. Hock des Wiener Almanachs „Der Jugendfreund" eine Einladung zur Mitarbeit. Tschabuschnigg hat vor einiger Zeit diesem väterlichen Mentor andeutungsweise von seiner Zuneigung zu Julie geschrieben, was beim Adressaten anscheinend Verwunderung auslöst. „Ihre Ansichten", antwortet er, „müssen sich viel geändert haben, wenn Sie lieben, wahrhaft lieben und zudem sogar ein religiöses Mädchen lieben können..." Man erinnert sich also noch an seine einstigen Wiener Herzensaffären. In dieser Zeitschrift soll, „für die Jugend bestimmt, vor allem Humor herrschen, alles Gemeine und Alltägliche muß zertrümmert werden, damit die Ideenwelt desto mehr Raum gewinne, und eine strenge Sittlichkeit das Fundament bilden, denn nur dadurch kann das Wahre erkannt und festgehalten werden." Und Hock schließt feinpointiert mit einschränkender Höflichkeit: „So eröffnet sich auch Ihnen, der Sie zwar nicht dasselbe verteidigen wie ich, aber gewiß dasselbe bekämpfen und verachten, ein reiches Feld der Tätigkeit." Da gute finanzielle Bedingungen vorliegen, überhört Tschabuschnigg die sanften Spitzen, unterdrückt hochmütige Anwandlungen und nimmt, obwohl ihm die Zielsetzung der neuen Publikation nicht viel bedeuten kann, das Angebot an.

Im Hause der Familie Heufler fühlt Tschabuschnigg immer stärker schwere Schatten über sich fallen. Er widmet Julie ein Exemplar seines Lyrikbändchens und bittet sie, die Gedichte, die ihr gefielen, mit Bleistift anzuzeichnen — sie tut's aber nicht, und er ist nicht zu Unrecht schwer gekränkt. Trotzdem bleiben „ihre Augen ein Meer, in das ich versinke... Ich möchte eine Wallfahrt machen und ein wächsernes Herz schenken." Wenn er sie in der Kirche trifft, sieht sie ihn nicht an — „sie hat ein Fastengelübde abgelegt". Auch Karl Neugebauers Verhältnis mit Marie hat sich unter Tränen auflösen müssen — „aber mich, edle Damen und Herren, sollt ihr mit Feuer und Schwert nicht vertreiben". In glühendem Zorn schreibt er:

An die Mißgünstigen

Immerzu! werft kalte Blicke,
Bläht in sprödem Stolz den Mund,
Eure Mißgunst, frech im Glücke,
Geb' der Miene Anstand kund.

Doch mich rührt's nicht, und ich wandle
Ohne Scheu an euch vorbei,
Was ich denke, will und handle,
Wie ich fühle, das bleibt frei.

Mich erschreckt die kalte Stirn' nicht,
Noch die Rede, frostig spröd,
Lächle nur, — und wein' und zürn' nicht,
Bleib' im Hassen fremd und blöd'.

Wandelnd als geschmückte Leichen
Wanken gleißend wir herum,
Jeder trägt des Todes Zeichen
An der Stirne, ernst und stumm.

Sprecht nur zu! ich hör' das Eine:
„Geh' mit meiner Leiche einst!"
Ja! ich komm', und du auf meine,
Wo du Manches dann beweinst.

*Sprich, was soll die stolze Lippe,
Arme Dirne! frech und kalt?
Heimlich nickt schon das Gerippe
Unter reizendster Gestalt.*

*Laß den Anstand fein und zierlich,
Witz, womit den Groll du nährst,
Toller Junge, wie possierlich,
Wenn du schon vermodert wär'st.*

*Und auch ihr noch, Greis und Greisin!
Die das Grab schon offen seh'n,
Die vielleicht schon, schmilzt dies Eis hin,
Vor des Richters Throne steh'n —*

*Lerntet ihr nicht milder dulden,
Gärt auch euer Zorn geschwind?
Herr, vergib uns uns're Schulden,
Wie auch wir versöhnlich sind!*

*Lieg ich einst lang ausgestrecket,
Seid ihr dann auch noch so hart?
Doch kein freundlich Wort erwecket,
Den sie einmal aufgebahrt.*

4

Um sich zu betäuben, stürzt er sich in einen wahren Wirbel von Vergnügungen. „Adolph", schreibt der Vater an Franz nach Wien, „hat den Fasching ziemlich stürmisch zugebracht und hüstelt immer mehr, zumal er die Manie hat, schon im Februar in seinem Sommerröckchen spazieren zu gehen." Unerwartet schränkt dann Tschabuschnigg, geradezu schlagartig, seinen gesellschaftlichen Verkehr — von gelegentlichen Besuchen bei den Familien Moro und Herbert abgesehen — vollkommen ein. „So lebe ich in freiwilliger Verbannung" schreibt er in sein Buch und wünscht, daß er bald sterben möge: „Mein Lebensknoten wäre dann gelöst und Julie frei."

In diesen einsamen Stunden liest er viel. Er nimmt die »Odyssee« wieder vor und bedauert, „daß ihm das griechische Original wegen Unkenntnis der Sprache verschlossen ist". Er vergleicht Homers Dichtung „wie den frühen einfachen Frühling, keine zierlichen Blumenwände, sondern eine weite kräftige Gegend, — große stille Blumen, Heidekraut und Wildnis". Dagegen erscheint ihm Chateaubriands vielgerühmter Roman »Les Natechez« als ein „elend nacheiferndes Epos wie ein als Soldat gekleideter Pudel". Alessandro Manzonis »Die Verlobten« bewertet er bewundernd als „höchst gediegen und trefflich", nur „die moralisierenden Stellen wirken anwidernd" — was bei seinen recht locker gewordenen Lebensanschauungen durchaus verständlich ist.

In dieser Vereinsamung bedeutet es für ihn einen befreienden Atemzug, daß ihm amtliche Gelegenheit geboten wird, zeitweilig die ihm „mißgünstige" Stadt zu verlassen und neue innere Kraft zu gewinnen. Er wird zum Schätzmeister bestellt und führt in dieser Eigenschaft finanzielle Erhebungen auf verschiedenen adeligen Landsitzen in Kärnten durch. Als erste Aufgabe bereitet er die Versteigerung des Besitzes Ehrenhausen vor, er überprüft die Liegenschaften Pfannhof und Frauenstein, und lange Zeit hält er sich auf den Fideikommißgütern der Grafen Christalnigg in Meiselberg, Eberstein, Waisenberg und Kappel auf. Die dabei erhoffte Verbesserung seines kargen Taschengeldes bleibt allerdings aus, denn „die Diäten sind so klein, daß ich für Essen und Logis nur geldliche Einbußen erleide".

Diese ruhigen Aufenthalte auf dem Lande, die sich in den nächsten Jahren wiederholen, bringen auch neue Frucht in seinem dichterischen Schaffen. Es entsteht eine ganze Reihe von Erzählungen und Novellen: in Meiselberg »Das Forsthaus«, auf Schloß Mageregg »Der Unbekannte« mit der heiteren Handlung im reichsstädtischen Fröschlingen in Bayern, weiters die Novellen »Das Familiengeschenk der Grafen von Juray«, »Kapitän Vitry«, »Graf Florestan«, »Der 6. Akt« und »Treue bis zum Tode«, die Vater-und-Sohn-Studie »Die Kunst des Vergessens«, das ländliche Gemälde »Die Linde der Liebe«, die Sage »Die Schenkin im Wienerwalde« und aus einem Wanderbuche »Ein dunkles Blatt«.

Das Jahr 1834 beginnt mit einer seltsamen Verpflichtung: „Kein Tropfen Champagner mehr über meine Lippen bis zu meinem Hochzeitstag!" Er hält das Verhältnis mit Julie für beendet, aber zu seiner Überraschung suchen nun ihre Eltern eine Annäherung. Doch jetzt ist er es, der sich zurückzieht. „Ich mache keine Gegenschritte, — auf dem Platze, bis zu dem sie mich zurückgetrieben, müssen sie mich aufsuchen und mir selbst meine alte Stellung zurückgeben. Ihr Verfahren war zu schändlich, zu entwürdigend. Ich fliehe jede Begegnung mit Julie, — ich gebe sie wie eine Verstorbene auf und bin ruhig." Verse in Heine-Manier werden wieder laut:

Schmuck für sie

Sie geben dir Süßes zu essen
Und Kleider zierlich und fein,
Nur mich sollst du vergessen,
Ihr Kind ganz wieder sein.

Was sucht ihr in Stoffen und Bändern
Für die stille Blasse zu Haus,
Ich wähl' euch aus den Gewändern
Für sie das rechte aus.

Von dem weißen Flor' laßt mich messen,
Schlingt den blassen Kranz ihr ins Haar:
Dann wird sie mich ganz vergessen,
Nur legt sie zugleich auf die Bahr'.

Der Riß vertieft sich weiter. „Julie muß aufhören mich zu lieben" schreibt er sich den Groll vom Herzen. Trotzdem ist er verzweifelt, daß sie ihn bei den letzten drei Kotillons nie gewählt hat, und wenn er versucht, sie sonntags in der Kirche zu sehen — ohne allerdings einen Gegenblick zu erhalten —, so legen ihm dies ihre Eltern besonders zur Last. Die Brücke ist endgültig abgebrochen: „Menschliche Torheit und Eigensinn alter Leute!"

Wenige Tage nach dieser Eintragung greift das Schicksal entscheidend ein. Am 25. Juni 1834 wird Herr von Heufler vom Schlage gerührt, eine Lungenentzündung tritt hinzu, und die beiden Klagenfurter Ärzte Dr. Hussa und Dr. Gräflung gemeinsam mit Dr. Buzzi aus St. Veit kämpfen um sein Leben. „Sein Herz und seine Pulse fliegen", meldet das Tagebuch. Das Ereignis „greift ihn heftig an", und er prüft sich: „Könnte ich seinen Tod wünschen, wenn dies die einzige Bedingung zur Wiedervereinigung mit Julie wäre?" Er weist diese Anwandlung fast erschrocken von sich und fürchtet, „er könnte durch die Gemütsbewegungen, die er veranlaßte, diesen Anfall verursacht haben".

Am 27. Juni ist Heufler tot. In der Nacht geht Tschabuschnigg am Hause vorbei und sieht das graue Haupt hoch gebahrt unter Lichtern liegen. „Schlafe sanft! Du warst mir nie hold, hast mich falsch, leidenschaftlich und ungünstig beurteilt." Er steht ruhig vor der Leiche. „Wohl, ich komme zu deinem Begräbnis, — wir sind quitt!"

Als Auskultant wird er zur Abhandlung des Nachlasses bestimmt. Er zögert zunächst nicht ohne Grund, den Auftrag anzunehmen, da es als „ein unzarter Akt" aufgefaßt werden könnte. Doch wieder, wie von einem Dämon getrieben, betritt er das Haus, in dem er zu Lebzeiten des Toten unwillkommen war — „vielleicht ergibt sich eine Gelegenheit, um die Fäden wieder anzuknüpfen". Er übernimmt die „Sperre", Julie sieht er nicht, aber die Familie findet es „schändlich, daß jener, dem der Verewigte am meisten abgeneigt war, nun in seinen Papieren wühlen, das letzte Geschäft mit dem Entschlafenen abmachen solle". Tschabuschnigg blickt steinern: „Man hält den Haß gegen mich für ein ferneres Vermächtnis des Toten."

Ende Juli wollen die Heuflers Klagenfurt verlassen. Als Adolph zufällig Julie begegnet, wird sie halb ohnmächig — sie sprechen kein Wort. „So schieden wir, wie man Särge auseinander trägt." Durch die Tante Anette empfängt er noch ein letztes Wort von ihr — „er möge in den Armen einer anderen glücklich werden". Am letzten Sonntag sieht er Julie bei einem Kirchgange noch einmal — „bleich, mit schwarzen Floren, wie eine Vision". Am 28. Juli fahren sie ab. Zum Abschied widmet er ihr das

Sonett an sie

Im Witwenschleier sah ich jüngst dich gehen,
Bevor noch meine Liebe dich errungen,
Um's Antlitz war ein schwarzer Flor geschlungen,
Und Trauerbänder mußten düster wehen.

Die Jugend war verblüht nicht, doch verstehen
Konnt' ich den Gram, der frostig eingedrungen,
Es lebte all' dein Reiz noch, nur bezwungen,
Geknickt und kraftlos warst du anzusehen.

Und war's denn Traum nur, wie du mir erschienen,
Wie ich, ein Toter, nachsah ohne Klagen?
Und haben sie mein Bild dir nicht erschlagen,

Mich nicht gemordet frech vor deinen Sinnen!
O, wenn's nicht kommt, wornach so lang wir streben,
Wir zwei sind rein, sie mögen Antwort geben!

Verstört sieht er auf 1834 zurück. Zu allen seelischen Erregungen kommt noch hinzu, daß ihm auch mehrere seiner Gedichte und Erzählungen zurückgesendet werden, was er als „beleidigend und kleinlich feindselig" empfindet. „Man könnte zu Mord und Hochverrat geneigt werden", empört er sich gegen die Zensur und beschließt,

„wenigstens die Gegenwart zu genießen. Darum weg mit Juliens Locke von meinem Herzen, — sie beängstigt mich." In tiefer Resignation beschließt er das Jahr:

„Was ich einst wünschte und hoffte, ist für mich dahin: Liebesglück, ämtliche Auszeichnung und literarische Würdigung. Ich werde dereinst ein hagestolzer Aktenmann und zugleich ein leidlicher Scriptor um die Mittelmäßigkeit sein. Julie ist mir beinahe gewiß verloren..."

Beinahe? — eine leise Hoffnung scheint immer noch nachzuklingen.

5

1835 muß in der Familie Tschabuschnigg bei zwei Söhnen ohne Einkommen gespart werden. Zum Kummer der Mutter wird der Haushalt von bisher drei auf eine einzige Magd eingeschränkt, dafür wird zusätzlich ein Bursche aufgenommen, der die Arbeiten in Haus und Garten besorgt und daneben den Bedienten für Adolph spielt. Er heißt Jakob, ist 40 Jahre alt, „willig und billig", und aus den alten Kleidern nebst Hut von Adolph wird er für den jungen Herrn entsprechend ausstaffiert. Bei den Einladungen und Empfängen geht er ihm mit dem Licht voraus.

In diesem Jahre — endlich! — wird Tschabuschnigg in Österreich selbst, im Verlage der C. Haas'schen Buchhandlung in Wien, dem Publikum in einer eigenen Publikation vorgestellt. Es ist ein Band »Novellen« in zwei Teilen, die zwar in verschiedenen Almanachen einzeln schon veröffentlicht waren, nun aber in dieser geschlossenen Ausgabe wirkungsvoller einer erweiterten Lesergemeinschaft zugeführt werden. In einleitenden Versen — er liebt es, Prologe voranzusetzen oder Epiloge anzuschließen — wendet er sich

An die Freunde

Zum Kranze wand ich euch die ernsten Stunden,
Die still und weihend über's Leben zieh'n,
Was ich gefühlt, was ich gedacht, empfunden,
Was ich gehandelt, nehmt es freundlich hin.

Im Bilde hab' ich oft mich selbst gefunden,
Traf in der Fabel oft des Lebens Sinn,
So mögt auch ihr den Schein vom Wahren trennen,
In Bild und Fabel nur euch selbst erkennen...

und er schließt:

Nicht tolle Märchen wollt' ich euch erzählen,
Ihr seid es selbst, was das Gedicht euch lehrt,
Denselben Menschen nur in Lust und Wehen
Sollt ihr in Ideal und Zerrbild sehen.

Der erste Teil der Sammlung umfaßt »Erste Liebe«, »Der Hochzeitstag«, »Der Tag in der Weinlese«, »Die beiden Hagestolzen« und »Die Christnacht«, der zweite »Bruderherz«, »Der Bücherwurm«, »Bürgerleben«, »Des Herzens Sünde« und »Aus den Papieren eines Irrenarztes«. Tschabuschnigg hat die Novellen sorgfältig ausgewählt und versucht in ihnen erkennen zu lassen, daß er auch die Prosa dichterisch zu gestalten vermag. Wenn sie auch noch nicht seine später ausgeprägte Eigenart voll aufweisen, so erheben sie sich doch, wie die Kritik hervorhebt, „trotz der bisweilen schlichten Handlung weit über die Manie der üblichen Taschenbücher und gewähren vor allem in den eingeschobenen gedankenvollen Reflexionen einen tiefen Einblick in die neue Weltsicht des Dichters, die, über die Begebenheit hinaus, starke Wirkung ausstrahlt".

Wieder ist Paul Renn in der „Carinthia" sein Rezensent, doch diesmal legt er, da man ihm bei der Beurteilung von Tschabuschniggs Gedichten vor zwei Jahren eine „Freundschaftskritik" vorgeworfen hat, einen besonders strengen Maßstab an, der bisweilen übertrieben erscheint. Er weiß, daß er nur ein armer Schustersohn ist, der aus dem Hause Tschabuschnigg vielerlei Wohltaten empfangen hat, aber dafür dem jungen Herrn gegenüber Dankbarkeit zu bezeugen, wenn er sich schriftstellerisch produziert — nein, dazu ist man doch zu stolz!

So lehnt er von den zehn Novellen der Sammlung fünf unverblümt ab. »Erste Liebe« zeigt „nur eine Skizze in leichten, wenig verschlungenen Zügen, denen man eine noch unsichere Hand ankennt", ebenso erinnert der »Tag in der Weinlese« als „ein zu verbrauchter Theatercoup ohne innere Wahrheit an Heinrich Claurens veraltete Manier". Auch »Bürgerleben« ist nicht mehr als „ein zerrissener Liebeskranz, dessen Blumen sich für Futterheu eignen", und vollends »Des Herzens Sünde« ist „ein Compot voll Mondschein und Liebe, das in seiner Überschwenglichkeit anwidert und sich als Produkt einer in falscher Begeisterung bramabasierenden Fantasie ganz ohne Natur und Wahrheit darstellt". Die Mitteilungen „Aus den Papieren eines Irrenarztes" läßt er als Beiträge zur Psychologie, deren Studium er sich widmet, als „nicht ohne Bedeutung und Wahrheit" eben noch hingehen.

Damit ist die Hälfte des Novellenbandes mit beachtlicher Schärfe abgetan, die weiteren Beurteilungen hören sich etwas sanfter an. Der Erzählung »Christnacht«, die bereits unter dem Titel »Nachtstück« in der „Carinthia" erschienen ist, billigt Renn „moralische Folie, Fantasie und warme Herzlichkeit" zu, und die »Beiden Hagestolzen« ergreifen ihn „in der Duplizität der Liebeshandlung durch das gleiche edle Motiv".

Insbesondere am Genrestück »Der Hochzeitstag« wird die „schöne, planvolle und durchdachte Anlage" hervorgehoben und die musterhafte Ausführung gelobt. „Der Absolutismus des Lebens schreitet als düsterer Geist durch die Handlung: zwei schöne liebende Herzen sind im Eintritt in den Zenit ihres Glückes begriffen, da führt der Geist der Verneinung unter der heuchlerischen Larve des Zufalls Mißverständnisse und Verirrungen herbei, deren jede die Liebenden auseinanderzerrt, und zur Zeit, wo der schönste Bund ihr Glück besiegeln sollte, werden sie für immer getrennt und sinken in fremde, kalte, unwürdige Hände."

Aber trotz der warmen Darstellung der Handlung, „die der Verfasser mit kluger und kundiger Ökonomie angelegt hat", schließt sich doch auch Renn dem Tadel anderer Rezensenten über den „larmoyanten Ton" an, der dieser Novelle anhaftet, und bemängelt außerdem den Stil, „daß er, obwohl man ihm oratorischen Wohlklang und eine üppigschöne Bilderfülle nicht absprechen kann, oft ins Manirierte ausartet und mit Tiraden überhäuft ist".

Dagegen findet die Erzählung »Der Bücherwurm« Renns ungeteilte Anerkennung. Wie im »Hochzeitstag« geht hier „eine Liebe, in derer wunderschön entfalteter Blüte sich zu ungeahnter Stunde ein Wurm einschleicht", unter. „Verhängnis und Nemesis finden sich in Lebensschilderung wie Menschengestaltung in ebenso poetisch-schöner wie praktisch-wahrer Erfindung."

Als „würdigstes Produkt" der Sammlung bezeichnet schließlich Renn die Novelle »Bruderherz«. Während die anderen „nur Nüancen einer Farbe sind, trägt dieses sein eigenes Colorit. Die präcise Entwicklung der interessanten und rührenden Handlung, die, wenn auch nicht im Detail ausgeführten, doch in scharfen und bestimmten Umrissen angedeuteten Charaktere und die der Eigentümlichkeit des Seelenlebens treffend angepaßte Sprache bilden ein schönes abgerundetes Ganzes."

Die übrige Kritik bleibt aber immer noch wenig wohlwollend, wie Tschabuschnigg auch später nicht ihr Günstling werden wird, doch diesmal trägt er das abschätzige Urteil mit kühler Gelassenheit und beginnt in ländlicher Abgeschiedenheit — er befindet sich wieder als Schätzmeister auf Dienstreisen — mit einer neuen zweibändigen

Novelle »Ironie des Lebens«, die ihm den entscheidenden dichterischen Durchbruch bringen wird. Den ersten Teil, der aus sieben Kapiteln besteht, beendet er schon im Juli 1835, aber der Abschluß des zweiten Teiles erfolgt erst nach einer mehrjährigen Pause. Den Hintergrund der von echt romantischem Geist erfüllten Handlung bildet die Natur, und die landschaftlichen Schilderungen sind Widerspiegelungen eines idyllischen Sommeraufenthaltes, den er in vollen Zügen genießt.

Im Jänner 1835 hat Adolph über Betreiben des Vaters auch mit dem Studium der in einzelnen Gebieten Kärntens verwendeten „windischen" Sprache begonnen und erhält darüber im Juni ein Privatzeugnis in Graz. Von dort fährt er kurz nach Wien, um sich für eine Auskultantenstelle in Görz zu bewerben. Die Stadt scheint ihm wenig verändert, der Eindruck bei der „Spinnerin am Kreuz" läßt ihn kalt — „ich werde, wie ich sehe, sehr prosaisch". Er wohnt einem Examen seines Bruders aus Handels- und Wechselrecht bei und stellt fest, daß Franz „sehr ordentlich und fleißig studiert". Als Anerkennung „traktiert" er ihn im Gartensalon beim „Sperl" und führt ihn auch in befreundete reiche Familien ein, wo er es künftighin angenehmer haben soll.

Nach seiner Rückkehr findet er die Mutter neuerlich erkrankt vor. Drüsen am Hals und hinter den Ohren brechen schmerzhaft auf, und die Haare gehen vollkommen aus, weshalb eine „Tour" mit dunkelblonden Locken notwendig wird. Tschabuschnigg steht wieder resigniert: „Man braucht Geduld, die nicht unsere vorzüglichste Tugend ist..."

Wieder tritt Minna Herbert verlockend auf, und er träumt von ihr. „Sie war das schönste Mädchen, das ich je gesehen habe, ich empfing von ihr einen Kuß, so süß wie ein Elfenkuß, und als ich erwachte, war ich noch lange berauscht und begeistert."

Doch die große Liebesbeglückung nach Juliens Fortgang ist in diesem Jahre ein junges Mädchen, das unter dem Kosenamen Lenette in sein Leben eintritt: „Von mittelgroßem regelrechten Wuchs, mit braunen Ringellocken, braunen Glühaugen, liebesuchenden Lippen und reizenden vollen Formen."

Er überlegt, ob er sich in sie verlieben solle, doch „er fühlt wenig für sie und könnte sie in wenigen Tagen vergessen". Aber sehr bald erscheint ihm die Gelegenheit „doch zu verführerisch, sie selbst zu interessant und ich zu lange von Liebe abgewöhnt, um jeden Anfall des Gefühls nicht für willkommen anzunehmen. Also will ich mich mehr verlieben, als es innere Nötigung ist." Ob Lina, wie Lenette eigentlich heißt, auch selbst verliebt ist oder sich nur so stellt, vermag Adolph selbst nicht zu entscheiden. Sie ist einem seiner Bekannten namens

Max versprochen, aber sie kennt noch viele junge Herren und wird umschwärmt.

Am 4. November kommt es zur Entscheidung. „Das Gelöbnis, keinen Tropfen Champagner bis zu meinem Hochzeitstg zu trinken, läßt sich nicht weiter aufrechterhalten" — er „fühlt sich ruhiger und heiterer für ein großes Glück und will der Freiheit des Herzens im Schaumwein ein Lebehoch darbringen." Dies geschieht anläßlich eines Soupers mit Kameraden um zwei Uhr nachts, wobei nach dem Zechgelage Tschabuschnigg den Grafen Albert v. Daym wegen der Handschuhe der hübschen Lenette zu einem Säbelduell herausfordert. „Meine Küraßierklinge tat gute Dienste, Daym trägt rechts im Gesichte das Souvenir. Zwei Blutstropfen mögen auf dem Säbel bleiben." Trotzdem bleibt der Graf weiterhin „mein liebster Bekannter. Freunde", fügt er in seiner hochmütigen Art nochmals bei, „habe ich ja keine."

Das war seinerseits wohl eine eindeutige Erklärung für das anmutige Mädchen, und er weiß, daß „diese in meinem Herzen lebt. Auch gebe ich" — das klingt recht selbstsicher — „die Hoffnung einstigen Erfolges nicht auf." Von Lenettens Augen ist er zwar restlos entzückt, aber in der Nacht träumt er wieder von Julie, und „wie ein Kerzenlicht im Sonnenschein verging dann Lenettens Reiz".

Mit denselben Worten beginnt er seine Eintragungen am 1. Jänner 1836. „Lenette reizt mich, doch von Liebe ist keine Spur vorhanden", und noch acht Wochen später ist er an ihr „wenig interessiert". Trotzdem entschließt er sich am 26. Februar plötzlich, wieder er selbst, seinem Verhältnis zu ihr „eine festere Haltung zu geben". Er trifft sie allein im Hause, Lenette ist über seine Erklärung zwar zu Tränen gerührt, gesteht ihm aber, daß sie nur ihren Jugendgespielen Max liebe, umsomehr als sie immer noch an seine Zuneigung zu Julie geglaubt habe. „Sie war bei dieser Szene reizender als je und das leichtfertige Gefühl meines Herzens ging in wirkliche tiefe Neigung über. Von nun an will ich ihr wahrer Freund sein — sollte Max je sein Wort gegen sie brechen, so fordere ich Rechenschaft von ihm. Ein so liebendes Mädchen wünschte ich mir einst. Juliens Bild steht verschleiert."

Sein Wort vom „wahren Freund" verwirklicht sich aber wieder etwas fragwürdig. „Ich könnte sie", schreibt er, „bis zum Rasendwerden lieben" — doch einschränkend „nicht so rücksichtslos, als wenn man das erste Mal liebt." Und er bittet sie noch um eine Locke. Sie erwidert, sie müsse zuvor ihren Bräutigam Max fragen und eine Antwort abwarten. Darüber wird er „heftig" und erzählt ihr wenig kavaliermäßig, was Max ihm einmal in vorgerückter Stunde vertraulich über sie erzählt hat. Lina „glüht" darüber, weint, nimmt eine Schere und schleudert ihm ein großes Haarbüschel hin. Hinterher grübelt er, freilich zu spät, „ob er dadurch das Vertrauen des Freundes nicht mißbraucht habe", aber er beschwichtigt sein unruhiges Herz, „daß es doch zum Besten Linas geschehen sei und er sie wieder glücklich machen möchte". Er versucht es durch die Widmung von sechs Sonetten „an diese wunderbare Seele".

In der Zwischenzeit, am 15. März 1836, erfüllt sich endlich seine lange Erwartung: er wird zum „adjutierten" Auskultanten mit 400 Gulden C. M. jährlich beim Stadt- und Landrecht in Triest ernannt. Onkel Xaver in Wien hat für ihn nachdrücklich interveniert, denn die Entscheidung stand „an des Messers Schneide". Tschabuschnigg ist's zufrieden: „Triest ist mir der angenehmste Ort, dem ich bestimmt werden konnte", freut er sich, „und doch verlasse ich Klagenfurt äußerst ungern. Denn so holde Mädchen treffe ich nirgends mehr, und ein Wesen wie Lina nie wieder. Wieder war sie zu mir reizend und liebenswürdig bis zur Vergötterung, — es ist gut, daß ich fortkomme, ich könnte Fassung und Haltung völlig verlieren. Wollte sie, ich würde sie heiraten, — ihre Berührung ist ein elektrischer Schlag durch meine Nerven..."

Am 12. Mai 1836 mittag, einen Tag vor seiner Abreise, zwingt er ihr nach langem Verweigern noch einen Abschiedskuß ab, „den einzigen wohl, den sie mir je geben wird". Am gleichen Tage zerspringt ihm das Glas, aus dem er seit Jahren getrunken, in der Hand.

Am 13. Mai 1836, einem Freitag zudem — „keine glücklichen Vorzeichen" —, verläßt er Klagenfurt. Die Eltern begleiten ihn bis zur ersten Poststation, wo sie mittag noch zusammen speisen, um drei Uhr nachmittag trennen sie sich — es ist ein schwerer Abschied. Er fährt „über die Schluchten des Loibls, das Wetter war trüb, es begann zu regnen und auf der Höhe fiel Schnee. Mir wurde sehr weh, insbesondere gegen 6 Uhr, um die Stunde, da ich immer zu Lenette ging. Ich zog ihr Porträt heraus und starrte wie durch Schleier auf ihr Antlitz, — ihr Profil ist göttlich!" Die Mutter schreibt ihm, daß Lina noch alle Abende in Gedanken auf ihn wartet.

Er übernachtet in Laibach und kommt mit dem Eilwagen aus Wien am 15. Mai 1836 um 9 Uhr früh in Triest an, wo ihn der junge Baron Hermann Sterneck empfängt. Er führt ihn in das bestellte Zimmer, das vor ihm Karl Ritter v. Heufler, Juliens ihm ungünstig gesinnter Stiefbruder, bewohnt hat. Am Tage ist Sonnenfinsternis — „zwei weitere böse omina", vermerkt er in sein Büchlein.

Ein neuer Lebensabschnitt beginnt.

DAS MEER

1

So betritt er in gereizter Stimmung, mit gefurchter Stirn diese wunderbare Stadt am Meer. Dank ihrer glücklichen geographischen Lage an der Spitze der weit ins Land einbiegenden Adria, umkränzt von einem Hügelpanorama mit unzähligen Landhäusern, Villen, Gärten, Weinbergen und Campagnien, hat sie sich nach der durch den handelserfahrenen Kaiser Karl VI. im Jahre 1717 erfolgten Erklärung zum Freihafen zu einem der bedeutendsten Stapelplätze Mitteleuropas entwickelt und ist einer der wichtigsten Verbindungspunkte für den gesamten Welthandel.

Aber Triest ist nicht nur ein für die internationale Wirtschaft anerkannter und besonders begünstigter Anlandehafen, sondern auch eine große freie Stätte des europäischen Kulturlebens. Als weitblickender Gouverneur des Litorale gibt der liberale Franz Seraph Graf von Stadion-Warthausen allen geistigen Betätigungen und Bewegungen volle Entfaltungsmöglichkeit. In den Hafen laufen von allen Meeren wichtigste Schiffsladungen materieller Güter ein, in weit höherem Maße aber auch kostbare Werte von Kunst und Wissenschaft, die hier umgesetzt und wieder ausgeführt werden. An keinem öffentlichen Orte Wiens liegen so viele Zeitungen, Schriften und Bücher auf wie im „Tergesteum", und unter dem Mäzenatentum der reichen merkantilen Patrizierfamilien, in deren prunkvollen Häusern Eleganz wie kaum in der Kaiserstadt herrscht, entfaltet sich die Kultur einer überschäumenden Lebensfreude zu schönster Blüte. Es ist ein weitgeöffnetes Fenster nach allen Horizonten hin, und die Menschen, die hier geboren sind und wo immer sie leben, fühlen sich als freie Weltbürger.

Für Adolph Tschabuschnigg, in seiner neu geweckten Zwiespältigkeit, im unentschiedenen Rückblick auf die enge Heimat der Berge, ist diese überwältigende Schau noch verhängt. Er fährt auf die berühmte Höhe von Opcina hinauf, von wo sich der Golf von Triest in seiner ganzen Schönheit eröffnet, aber „die Aussicht und der Anblick des Meeres", schreibt er am 18. Mai 1836 den Eltern, „überraschte mich nicht, ja gefiel mir kaum sosehr. Der Morgen war neblig und ich für Naturschönheiten nicht disponiert." Er ist übler Laune, und obwohl er sich in Klagenfurt auch keineswegs immer zufrieden gefühlt hat, fügt er bei: „Nur die Heimat ist ein klassischer Boden und das Haus der Eltern eine heilige Stätte."

Wenn es nun auch nicht das Elternhaus ist, so wohnt doch des Vaters ältester Bruder in Triest, dem Adolphs erster Besuch gilt. Alois Maximilian Ritter v. Tschabuschnigg ist hier seit zwölf Jahren k. k. Provinzial-Zollamts-Kontrollor und genießt in dieser amtlichen Stellung respektvolle Achtung. „Er sieht", meldet der Bericht nach Hause, „ganz anders aus, als ich gedacht habe, und gleicht einem Landbeamten bester Klasse." Er wird von ihm und seiner Frau Katharina, die zuerst seine Haushälterin war und nun in zehnjähriger glücklicher Ehe mit ihm verbunden ist, sehr freundlich empfangen. Die Tante ist zwar „nicht hübsch und ein wenig dick, doch hat sie gar nichts Gemeines, Dummes oder Widerwärtiges". Man lebt etwas spießbürgerlich zurückgezogen, „Onkel war erst einmal im Theater und die Tante ist noch nie ohne ihn vor die Haustür getreten und hat auch noch keine Visite gemacht." Als ausgezeichnete Köchin lädt sie den Neffen wiederholt zum Essen ein und verwöhnt ihn mit unbekannten italienischen Speisen, die ihm ausgezeichnet munden, nur von den angepriesenen Oliven bringt er trotz aller Höflichkeit nur eine einzige mit Mühe hinunter. Nach guter Familientradition leidet auch Onkel Alois an allerlei Krankheiten, doch der Arzt erklärt sie als Kleinigkeiten, und „die zwei Maß Wein, die er im Tage trinkt, scheinen ihm nicht zu schaden".

Da der neue Auskultant Tschabuschnigg am Stadt- und Landrecht in Triest bald auch Handelsangelegenheiten zu bearbeiten haben wird, sind die Hinweise, die ihm der Onkel als berufener Fachmann auf diesem Gebiete bei seinen Besuchen gibt — während die gutmütige Tante ihm die Wäsche flickt —, von besonderem Interesse. Im Bereich des Freihafens, des *Porto franco*, haben fremde Händler das Recht, ungehindert zu kaufen und zu verkaufen, wobei sie von den veräußerten Waren nur ein halbes Prozent Konsulats- und Admiralitätsgebühren zu entrichten brauchen — ein großes finanzielles Zugeständnis, das besondere Anziehungskraft auslöst.

Neben der Börse als dem wichtigsten Herzschlag des Wirtschaftslebens weist das amtliche Handelsverzeichnis nicht weniger als 52 protokollierte Firmen auf, weiters 85 Großhandelsgesellschaften, 20 Versicherungsgesellschaften, 14 Speditionsfirmen und, ungeachtet des beschränkten Geländes, sieben Fabriksanlagen. Für den Kreislauf der Geschäfte sorgen mit südländischem Temperament 62 „patentierte" Warensensale, 16 Wechselsensale und 14 Frachtsensale. Von größter Bedeutung ist der soeben gegründete österreichische Lloyd, der eine Dampfschiffahrt mit Griechenland und dem Orient aufgenommen hat.

Für die entsprechenden Behörden hat die Regierung in Wien umsichtig Vorsorge getroffen: es besteht ein Handels- und Wechselgericht, ein Seekonsulat, ein Hafenkapitanat, ein Marinekommando, ein Sanitätsmagistrat mit angeschlossener Kontumazanstalt und eine Nautische Schule sowie mehrere vollbeschäftigte Schiffswerften. Als ausländische Vertreter sind 28 Konsuln, darunter von Nordamerika und der Türkei, akkreditiert, denen von Seite Österreichs an ausländischen Plätzen zur Förderung des Handels 37 Generalkonsuln, 24 Konsuln, 57 Vizekonsuln und 179 Konsularagenten gegenüberstehen. Dank diesem blühenden Wirtschaftsaufschwung mit seinen aufschießenden Banken, Kontoren und Magazinen hat sich seit einigen Jahren die Einwohnerzahl von Triest — die Stadt steht nach Marseille am Mittelländischen Meer an erster Stelle — mehr als verdoppelt, 40.000 Triestiner gehören unmittelbar oder mittelbar dem Handelsstande an, und der Gesamtwert der aufgestapelten Waren beläuft sich auf rund 50 Millionen Gulden. Es ist die teuerste Stadt Deutschlands, in der man mit größtem Luxus lebt, aber daneben häufen sich auch Handelsprozesse und Konkurse, mit denen sich der junge Tschabuschnigg bald zu beschäftigen haben wird.

Es ist doch eine bewunderungswürdige unbekannte Welt, die sich ihm hier erschließt, und er staunt über alles, was er nun zum ersten Male sieht und hört — die alten Perücken in Wien haben davon ihren Hörern nichts zu erzählen gewußt —, und nach den verstaubten Pandekten der Universität offenbart sich dem jungen Beamten im Rahmen seiner neuen Dienststätte bezwingend das Bild einer in ihrer Bedeutung viel zu wenig erkannten Stadt, deren pulsierendes Rechtsleben ihn geradezu fasziniert. Pedant, der er ist und bleibt, sucht er, um sein Wissen noch zu vertiefen, nach weiterem wirtschaftspolitischen Material über Triest hinaus, als dessen Frucht ein aufsehenerregender Artikel über „Handel und Schiffahrt" schon 1836 im Wiener „Telegraph" erscheint. „Verse schreibe ich nicht mehr", erklärt er, und tatsächlich verstummt er auf eine Weile in seinem dichterischen Schaffen, doch wird dafür sein Name als Feuilletonist von Rang anerkannt, der gerne gelesen wird. Daß dabei auch einige Goldfüchse herausspringen — was bei seinen „Poesien" weniger der Fall ist —, kommt ihm für das teure Pflaster von Triest sehr zugute.

Der anfängliche Unmut ist abgefallen, mit guten Hoffnungen tritt er in sein neues Amt in der *Via del Lazzaretto vecchio* ein und stellt sich den Räten in ihren Büros vor, die ihm bei den Sitzungen „sehr geschickt" erscheinen. Zugeteilt wird er dem jüngsten von ihnen, dem 33jährigen Landrat Curioni, mit dem er sich sehr gut versteht, da er „von gutem Stande und fleißig über die Maßen ist". Zwar spricht er kein Wort Deutsch, aber die Amts- und zum größten Teil auch die Umgangssprache ist ohnehin Italienisch. Als etwas später ein unkundiger Senatsvorsitzender erstmals das Richterkollegium „mit scharfem Hieb" deutsch anspricht und fragt, ob man seine Meinung verstanden habe, bleibt ein Teil der Anwesenden stumm, und der Conte Cressoni antwortet auf die nochmalige Anfrage ganz trocken „*un poco* — ein wenig", so daß sich der neue Herr zur Erlernung des Italienischen entschließen muß.

Diesbezüglich geht es ihm selbst einigermaßen gut. Er schreibt „so schnell italienisch als deutsch, es ist viel leichter, als ich gedacht habe", berichtet er dem Vater nach Klagenfurt, „nur das Reden fällt mir wegen zu geringer Übung schwer". Über Arbeitsmangel im Zivil- und Kriminalrecht braucht er nicht zu klagen, der monatliche Anfall beträgt durchschnittlich 700 Akten, sechs Prozesse und mehrere Konkurse. An selbständiges Arbeiten gewöhnt er sich sehr rasch und erledigt in zwei Stunden zwanzig Akten. Um 9 Uhr geht er ins Amt, bleibt dort bis nach 3 Uhr, besucht dann den Onkel und kehrt von 5 bis 7 Uhr wieder zum Schreibtisch zurück. Im Büro sitzt er wegen der großen Hitze — „doch ohne eigentliche *calori* — Schweißausbrüche — zu haben", ohne Frack, Weste, Halstuch und Hosenträger im offenen Hemd.

Während des Sommers fährt er gegen zwei Uhr zur Militärschwimmschule, wo er sich um 15 Gulden abonniert hat, „denn es ist sehr notwendig, hier gut schwimmen zu können". Er bleibt mit Bekannten dreiviertel Stunden im Wasser, und die jungen Herren „tanzen in den Wellen Kotillon oder machen mit Reifen, Brettern und Stangen allerlei Künste". Dafür verlängert er, „köstlich erfrischt", die Dienststunden bis 8 Uhr abends. Eine besondere Freude bereitet ihm die erste Qualifikation, in der ihm „ein ausgezeichneter Fleiß" zuerkannt wird.

Am Abend sitzt er am *Acquedotto* unter den hochragenden Kastanienbäumen oder im mondänen „Caffè Tommaso" und läßt das südländische Treiben an sich vorüberrauschen. „Zahlreiche Lampen verbreiten die Helle eines Salons über die Kredenztische zwischen den Bäumen, elegante Gesellschaft nimmt Sorbetti oder wandelt auf und nieder und die Cavatine des Musikchores vertritt die Stelle der allgemeinen Konversation. Die Szene gleicht der Grenze zwischen dem Marktgetriebe des Tages und der feierlichen Ruhe der Nacht."

Im Strom dieser überschäumenden Lebensfreude promenieren grazile Mädchen unbekümmert, zu zwei oder dritt umschlungen vorbei, trällernd und lächelnd um sich blickend. Es sind die *sartorelle*, und ihre Schwestern nennt man in Paris die Grisetten und in Neapel die Lazzerten. Der rasch entflammte Tschabuschnigg setzt sich flugs hin und schreibt einen neuen Artikel für den „Telegraph" nach Wien:

„Eine *sartorella* ist ein hübsches, schlankes, junges Mädchen, das zum Verkaufe oder um Taglohn alle Gattungen von Nähsachen arbeitet und sich noch nebstdem auf die Liebe versteht. Sie ist hübsch, denn einer häßlichen fällt es nicht ein, *sartorella* zu werden; sie ist schlank, denn ihr Temperament läßt sie nicht dick werden; sie ist jung, denn wenn sie nicht jung zu werden anfängt — auf das Altwerden läßt es schon gar keine ankommen — verläßt sie wie eine kranke Biene den Schwarm. Was aus der alt gewordenen *sartorella* wird, kann mit Zuverlässigkeit kaum bestimmt werden, doch dürfte ihr Los nicht das reizendste sein und sich dem des edlen Pferdes vergleichen lassen.

Die *sartorella* näht Weißzeug, sie macht Krawatten, strickt, netzt, stickt und häkelt alle Arten von Beuteln, Chemisetten, Bändern, Tapisserien, sie bessert alte Wäsche aus und näht an Kastorhüten, sie ist ‚*marchande des modes*' und Strumpfstrickerin, macht Schuhe und Jabots, Uhrketten und Kinderwäsche, — sie ist die Urproduzentin aller Nadelarbeiten.

Sie erhält geringen Taglohn und ist doch immer zierlich angezogen, denn sie ißt wenig; sie muß viel arbeiten und bleibt doch immer fröhlich, denn sie liebt. Die *sartorella* ist in allen Illusionen der Jugend befangen, ihre Gedanken fliegen weit über ihre Stiche, in ihren Träumen ist sie die Königin der Welt. Sie ist jung, hübsch, warum sollte sie nicht auch recht glücklich werden? Weswegen sieht sie denn der reiche Grieche so bedeutungsvoll an, der schöne Kaufmann, der vornehme Engländer? Alle Reiche der Welt steh'n ihr offen, überall muß sie geliebt werden!

Hat die echte *sartorella* auch einen Geliebten, so hält sie ihn nur für den Vorläufer eines Geliebteren. Sie ist untreu aus Grundsatz, leichtfertig aus Charakterfestigkeit. Eben darum ist ihr Stand auch so anlockend. Das kleine Mädchen der unteren Volksklasse wünscht sich nichts anderes, als einst *sartorella* zu werden, und frägt man das erwachsene, was sie sei, so wird sie mit selbstgefälligem Lächeln antworten: ‚*fò la sartorella* — ich mach' die Näherin!' Arme Mädchen aus Triest wollen nicht Dienstboten werden, deshalb kommen die meisten aus Krain, Friaul oder aus Istrien. Die Sartorellen sind die italienischen Ausgaben von Faust's Gretchen: sie sind bunte Schmetterlinge, die im Sonnenschein der Jugend und Liebe herumgaukeln, kleine, summelnde, allerliebste Goldfliegen, glänzende Johanniskäferchen."

Die Zensur befindet aber an diesem Artikel, daß es solche Geschöpfe nicht geben darf und daher auch nicht gibt. So wird dieser reizende Hymnus auf die Sartorellen von Triest verboten und bleibt ungedruckt. Erst sechs Jahre später kann ihn Tschabuschnigg in sein »Buch der Reisen« aufnehmen.

Und was ist's mit Lina in Klagenfurt, während er den kleinen Nähmädchen von Triest nachblickt, denkt er noch an sie? Gewiß tut er es, denn er erhält von ihr zärtliche Briefe, doch leider, leider muß er erkennen, daß seine Liebe wieder einmal ein Irrtum gewesen ist. Schon Anfang Juni 1836 stellt er fest: „Lina ist mir noch sehr wert, doch fühle ich mich nicht unglücklich", aber einen Monat später bekennt er:

„Mein Herz ist seit dem Jahre 1834 zu morsch, es kann wohl kein Liebespfeil mehr darin haften. Lina ist mir vollkommen gleichgültig, ich bin durchaus nicht mehr verliebt. Ich verkenne nicht ihre liebenswürdigen Eigenschaften, ihr Verlust ist mir aber nicht mehr schmerzlich. Der Brief, den sie mir schrieb, ist geistvoll und herzlich, er bleibt ein nicht uninteressantes Dokument meines inneren Lebens. Es ist unbestreitbar, daß sie ein ausgezeichnetes, höchst begabtes Wesen ist. Mit der Beendigung meiner Novelle »Zweite Liebe« werde ich vollends mein Herz von dieser letzten Neigung befreien. Das flüchtige Verhältnis zu ihr war eine Episode müßigen bedürftigen Gefühls, eine Spekulation der Sinnlichkeit."

Damit ist auch die arme Lina endgültig abgeschrieben, und er fügt bei: „Juliens Erinnerung zieht wieder wie ein schöner klarer Name in mein Herz."

Gleichzeitig aber, unvermittelt und ohne jeden ersichtlichen Zusammenhang, trägt er am 16. Juni lapidar in das Tagebuch ein: „Unter keinen Bedingungen eine Frau ohne Geld nehmen!"

2

Mit der Wiedererstehung des Julienbildes hat er sich auch mit seinem Zimmer in der *Contrada della posta* — der Poststraße — Nr. 864, obwohl es vor ihm der mißgünstige Karl Heufler bewohnt hat, ausgesöhnt. In diesem vornehmen, komfortabel ausgestatteten Hause, in dem sich auch der junge Baron Hermann Sterneck, der Sohn des Landeshauptmannes von Kärnten, einquartiert hat, fühlt er sich wohl, zahlt an Miete monatlich sieben Gulden, für den Kleider- und Stiefelputzer einen Gulden 30 Kreuzer, und bedauert sehr, daß er nur bis Jahresende hier bleiben kann. Die Herrin des Hauses, Frau von Göschen, findet er „höchst interessant: sie hat scharfen Verstand, eine ausgezeichnete Erfahrung, mehr Studien als die übrige weibliche Welt, reines Gefühl im Schlamme des Erlebten und ist dabei sehr bedauernswert: ohne Absolutes, ohne Gott." Sie selbst nennt sich nur „Speise für die Würmer."

Ausgleichend hiezu wirkt die Heiterkeit ihrer anmutigen Töchter, die mit dem jungen Ritter aus Kärnten gerne schäkern und tändeln. Der Vater erschrickt wieder, als er dies hört: „Ich warne Dich vor allem Weibervolk, wie ich es stets getan habe." Auch der Bruder Franz scheint in der Residenzstadt ein Mädchen gefunden zu haben und sich über die Heimkehr nach Klagenfurt nicht sehr zu freuen. „Er steht wohl", setzt der Alte fort, „in Liebesverblendung und kann sich deswegen von Wien nicht trennen. Das vierte Jahr verleitet wohl alle jungen Leute zu solchen Tollheiten." Der Sohn versteht die Anspielung auf sich sehr gut und beschließt, künftighin in seinen Briefen vorsichtiger zu werden.

Ach nein, vor jungen Mädchen, seien es nun Sartorelle — von denen der Vater dank des von der Zensur konfiszierten Artikels glücklicherweise nichts weiß — oder Töchter aus höherem Hause, braucht man sich wahrlich nicht zu ängstigen. Aber bald wird in Triest ein anderer unheimlicher Gast ans Land steigen, von dem panisch Furcht und Schrecken ausgeht. Einen Monat nach seiner Ankunft bricht, von Griechenland eingeschleppt, in Triest die Cholera aus, die Leute stürzen mit Magen- und Darmkrämpfen auf der Straße zusammen, doch zunächst fürchtet sich niemand und ist gleichgültig. Auch Tschabuschnigg nimmt es anfangs sehr leicht: „Die Krankheit ist garnicht ansteckend und so fürchterlich." Bald aber erkennt er das Ausmaß der Seuche: „Im Tage gibt es 8 bis 20 Todesfälle, die Versehglocken läuten nacheinander, Totentruhe auf Totentruhe werden aus den Häusern getragen, die Leute leben wie in einer belagerten Stadt. Im Grauen der Morgendämmerung kommen Leichenmänner und schleppen die Eimer in aller Stille davon. In zwei bis drei Stunden ist es vorüber. Man legt sich gesund ins Bett, in der Nacht plötzliche Übligkeit, Krämpfe und Erbrechen."

Tschabuschnigg lebt sehr vorsichtig, verspürt zwar verschiedentlich Übligkeiten, aber „kämpft gegen Furcht".

Im August werden Hunderte von Toten beigesetzt, darunter viele angesehene Persönlichkeiten. Im Oktober erlischt endlich die Epidemie. „Es starben", vermerkt Tschabuschnigg, „daran 2000 Personen, außerdem waren 4000 erkrankt. Ich hatte die beste Gelegenheit, wie ein Hund zu krepieren. Dabei hatte ich unendlich viel zu arbeiten, und zudem keine soziale, keine häusliche, keine innerliche Aufheiterung." Doch er hat die Cholera glücklich überstanden und zitiert abschließend: „*Le bon Dieu est un bon diable.*"

Auch daheim glaubt man in Schmelzhütte Anzeichen dieser Seuche zu sehen. Nach Ansicht des Vaters scheinen aber die Ärzte Doktor Sperrer und Johann Gottfried Kumpf, dessen Vorzüge er mehr auf kulturellem als auf medizinischem Gebiete anerkennt, „sich ein Geschäft daraus machen zu wollen", während Dr. Adam Birnbacher entschieden und richtig erklärt, „daß davon keine Rede sei".

Erstaunlich rasch ordnet sich der Triester Alltag wieder in die gewohnte Bahn, die Madonna hat geholfen, Handel und Wandel werfen einander die Weberschiffchen zu, und in einer seltenen Anwandlung von Humor schreibt Tschabuschnigg nach Hause: „Alles hat wieder italienisches Tempo, Leute und Tiere, und selbst die trägen Wanzen laufen hier so schnell wie bei uns die Fliegen."

Auch Tschabuschnigg, gleichsam dem Leben wiedergeschenkt, empfindet nun „eine unstillbare Neigung, die Welt kennen zu lernen und im Interesse seiner endlichen Ausbildung in die weitere Ferne zu ziehen. Ich habe in meiner früheren Jugend" — man ist wieder versucht zu lächeln, da er erst knappe 27 Jahre erreicht hat — „so wenig davon gesehen, daß ich eilen muß, diesen Mangel nachzutragen." Zu diesem Zwecke studiert er alle erreichbaren Reisebücher, um sich für einen ersten Ausflug ins Venezianische vorzubereiten.

Am 8. Oktober 1836 besteigt er mit seinem Amtskollegen Carlo Cordelli das Dampfschiff nach Venedig. Zwar wird er „genau im Anblick der Dogenstadt" seekrank, doch erholt er sich rasch von dem Anfall und betritt am 9. Oktober vormittag den Markusplatz. Der Anblick überwältigt ihn: „Venedig ist merkwürdig und herrlich über jede Beschreibung, — man muß ein eigenes Maß für diese Größe und Herrlichkeiten haben." Neben den berühmten Kirchen und Palästen, die er besucht oder im Vorüberfahren besichtigt — vor dem Palazzo Mocenigo an dem *Canale grande,* wo vor genau zwanzig Jahren Lord Byron den »Manfred« beendet und den vierten Gesang des »Childe Harold« begonnen hat, läßt er die Gondel lange halten —, wird ihm ein Erlebnis besonderer Art das venezianische Bacchanale am Lido. Hier nimmt er an einem urtümlichen Volksfest teil, wo in Buden und Zelten Eßwaren und Getränke aller Art, die er mit gelöster Lust mitkostet, dargeboten werden und zur Belustigung Musikanten, Tamburinspieler und Bergamesker Komödianten auftreten. Er fühlt sich seltsam bewegt:

„Es gibt kaum ein sanfteres, gutmütigeres und weicheres Volk als die Venezianer, die hundertjährige Erziehung der Signoria hat selbst die Ausbrüche der Freude bei ihnen gemäßigt. Es gibt keinen Zank, kein Schimpfwort, keine Betrunkenen. Ärmliche Burschen und schlichte Mädchen tanzen die Quadrille und den Monferin besser und graziöser als Helden und Schöne mancher Salons." Eine Regimentsmusik, die Straußsche Walzer spielt, stört ihn ebenso wie ein deutscher Wirbeltanz. „Es ist merkwürdig, daß eine der bedächtigsten Nationen der Welt den unbesonnensten Tanz besitzt." Als der Englische Gruß läutet, entblößt alles die Häupter. Dieser Zug rührender Frömmigkeit vertieft seine Eindrücke.

Mit der Gondel fährt er anschließend nach Murano und Chioggia, wo er von einer biederen Fischerfamilie nach dem Essen tüchtig ausgebeutet wird, dann mit dem Wagen weiter die Brenta-Straße entlang, wo sich ein großer Teil der Venezianer ihre Landhäuser und Paläste, von Palladio mit Säulen und Statuen verschwenderisch ausgestattet, erbauen ließ. Er bewundert „den Reichtum eines hesperischen Himmels: Jasminlauben, Oleander, Lorbeer und Ölbäume, vorbei an Platanen, Pappeln und Maulbeerbäumen, und an den Seiten des Weges verbinden sich die Rebengirlanden wie lustige Tanzpaare und die schönsten Trauerweiden der Welt hängen ihre Zweige in die blaue Flut der Brenta". Er besichtigt den vizeköniglichen Palast von Strà, in Padua zieht er die Kirche der heiligen Justina und den großen Gerichtssaal dem Dom des *Sant' Antonio* vor, aus dessen Sakristei er der Mutter und ihren Freundinnen Rosenkränze schickt, „so schnell als möglich, um nicht der Bigotterie verdächtig zu werden".

Zuletzt besucht er in Arquà die Villa des Petrarca, wo man den großen Dichter am Morgen des 18. Juli 1374 vor einem aufgeschlagenen Buche sitzend tot vorfand, seine Lieblingskatze zu Füßen, die nun über der Tür des Sterbegemaches ausgestopft einem Marder gleicht. In dem kleinen Raum fühlt Tschabuschnigg auch Petrarcas ewige Geliebte Laura schweben, und wehmütig überkommt ihn der Gedanke, „daß dieser gekrönte Sänger sein volles Leben und seine unsterblichen Lieder einem Wesen gewidmet hatte, das sich ihm in zweideutiger Tugend und koketter Keuschheit fast fünfzig Jahre entzog". Er denkt an alle Jugendschwärmereien zurück, die sich an diesen Namen knüpfen: „Ist nicht Laura die erste Geliebte fast jedes jungen Herzens?" In dieser Erinnerung schreibt er dann nach seiner Rückkehr die Verse:

Hier hat Petrarca gelebt, hier sang, hier liebte und starb er,
Und durch den Lorbeer des Hains rauscht noch das heilige Lied.
Unter dem Feigenbaum dort saß er, die Rebe erquickte ihn,
Und die Myrte blüht, wo er von Laura geträumt.
Eine Welt zu rühren gelang Dir, alter Francesco,
Aber die Schöne entging kalt dem gekrönten Gesang.
Recht so! Die Katze verehr' ich, ausgestopft, die Dich liebte,
Während das glatte Herz Lauras in Dunkel zerfällt.
Aber hast Du des Dichters Geschick nicht gewußt, seit Apollon,
Daß er den Lorbeer nur faßt, während ihm Daphne entspringt?

Mit drei Eilwagen trifft er am 18. Oktober früh wieder in Triest ein und notiert: „Ich gab bei 60 Gulden aus, unterhielt mich vortrefflich und förderte meine Weltkenntnis." Unter dem Eindruck des Erlebten beschließt er, im kommenden Jahre mit dem Freunde Baron Eugen Forgatsch eine erweiterte Italienreise anzutreten.

3

Nun ist er ein halbes Jahr vom Hause fort, und rückblickend schreibt er dem Vater:

„Ich kann jetzt mit Triest in keiner Weise unzufrieden sein. Ich habe eine nicht unangenehme Dienststellung, meine Geldverhältnisse sind auskömmlich arrangiert und im Gesellschaftsleben fühle ich mich ebenfalls vollkommen wohl. Aber fast an alle Menschen bindet mich nur der Egoismus. Sie, lieber Papa, nebst Mama und Franz, sind die einzigen Wesen, die ich wahr und unwandelbar liebe. In Ihrem Dasein liegt die Wurzel des meinen."

Aber als der Vater sich über dieses Bekenntnis erfreut zeigt, schränkt er seine Zufriedenheit sofort wieder ein. „Sie sind in der Meinung, daß ich in einem Freudenhimmel lebe. Dessen ist aber nicht so. Ich bin zufrieden, weil ich es sein will. Meine sogenannten Vergnügungen sind häufig vermehrte Lasten. Das bunte Aushängeschild meines Lebens ist auf Täuschung berechnet." Er verfällt neuerlich in Schwermut, und auf einem Brief des lebenslustigen Braunthal aus Wien vermerkt er: „Ich bin zu Freundschaften zu müde — schwerlich zu gut."

Mit Beginn der neuen Spielzeit geht er häufig ins Theater. In der Oper hört er Vincenzo Bellinis »Norma« und »Die Puritaner«, von Gaëtano Donizetti »Belisar« und »Der Liebestrank« sowie die erfolgreich aufgenommene Novität »Ferramondo« von Antonio Buzzolla — in den Hauptrollen mit der „Königin des Gesanges", der *Primadonna Assoluta* Madame Schütz-Odolsi, der ausgezeichneten Sopranistin Giuseppina Strepponi, die später die Gattin Verdis wird, und dem machtvollen Bassisten Gallo — und bewundert ebenso das tragische Ballett »Francesca da Rimini« mit der vom Publikum besonders gefeierten „Schönheit und Grazie ausstrahlenden" Tänzerin Demoiselle Ancement. Den Höhepunkt bildet ein Gastspiel der berühmten Giulia Grisi in der eigens für sie von Bellini komponierten Oper »I Capuleti ed i Montecchi« (Romeo und Julia), „wobei ich mir beim riesigen Applaus meine Handschuhe in Fetzen zerschlug".

Neu ist für Tschabuschnigg, daß zwischen dem ersten und zweiten Akt jeder Oper ein volles Ballett eingeschoben wird. „Man bekommt also um 40 Kreuzer gewiß genug Unterhaltung und die ganze Handlung endet nie vor vier Stunden."

Im Schauspielhaus sieht er sich einige Komödien von Eugène Scribe an, und da er die Sprache versteht, gefällt es ihm sehr gut. „Das italienische Theater ist viel ergötzlicher als das deutsche."

Die literarische Ernte dieses Jahres war nicht sehr ergiebig. Nun veranstaltet der von Wenzel Lembert soeben gegründete Wiener „Telegraph" — „Österreichisches Conversationsblatt für Kunst, Literatur, geselliges Leben, Theater, Tagesbegebenheiten, Industrie und Fabrikswesen", wie sein voller Titel lautet — ein Preisausschreiben um 30 Dukaten für die beste Novelle. Die Wahl fällt auf Tschabuschniggs »Zweite Liebe«, mit der er sich Lina vom Herzen abgeschrieben hat, aber die Zensur „damniert" sie. Als Ersatz stellt er »Teufelchens Erdenwallen« und die schon in Klagenfurt begonnenen »Metamorphosen« — „eine Novelle, die humoristisch und in der Tat voll Witz ist" — zur Verfügung, die aber dasselbe Schicksal erleiden. Darauf zieht er die dritte bereits eingereichte Erzählung „Nachtstück" vor einem weiteren Verbot selbst zurück. Lediglich einige Beiträge für Seidls „Taschenbuch" und der »Venezianische Mummenschanz« im Leipziger „Vergißmeinnicht" finden eine recht bescheidene Aufnahme.

Der Vater ist bekümmert: „Daß die Zensur manche Deiner Arbeiten nicht passieren läßt, ist wohl sehr fatal, Du mußt also alles zu vermeiden trachten, was gegen Religion, Moral oder Regierung nur im mindesten anstößig erscheinen könnte." Aber auch Adolph findet es „nicht ganz unverständlich, daß die Zensur die »Metamorphosen« und »Teufelchens Erdenwallen« verbietet, denn die eine ist eine arge Satire spezieller Zustände, und die andere hat einen verborgenen inneren Kern. Da ich Welt und Menschen nun ziemlich kenne, auch beide vielfach verkostet und Denkwürdiges erlebt und erfahren habe, so kann ich nicht mehr so zahm schreiben, als ich es einst tat. Alles Positive — Staat und Religion — berühre ich jedoch nie."

Nach dem Sommeraufenthalt in den Campagnen findet sich die Gesellschaft wieder in der Stadt zusammen — die Saison beginnt. Erst jetzt tritt Tschabuschnigg ganz in die große Welt von Triest ein, die ihn mit ihrem Prunk und Glanz überrascht, überflutet und blendet. Da sein Name schon einigermaßen bekannt geworden ist, erhält der junge *Cavaliere* Einladung über Einladung in die vornehmsten Familien. Eine der ersten kommt aus dem hochangesehenen Handelshaus Brentano, dessen Vermögen in einige Hunderttausende von Gulden geht und dessen Bank in Wien schon seinerzeit Aufsehen erregt hat. „Man erscheint um 9 Uhr, bis 11 Uhr wird Whist gespielt und *refraichements* serviert, dann beginnt das eleganteste Souper von der

Welt, das bis 2 Uhr früh dauert: die exquisitesten kalten Speisen, dazu als Weine Costrera, Bordeaux und Burgunder, denen Champagner bester Gattungen folgen. Die Vornehmheit der hiesigen Einladungen ist unglaublich: schönste Appartements, viel schöner als in Klagenfurt bei Egger, und so sieht es hier in allen ersten Häusern aus. Diese Kaufleute haben ungeheure Vermögen."

Auch der Gouverneur gibt jede Woche einen Empfang von 7 bis 8 Uhr abends, dem ein Diner vorangeht. „Es erscheinen nur Herren, eine Unzahl grünlederner Rastsessel, Diwans und Hocker sind im Zimmer aufgestellt, aber es sitzt niemand. Auf einem Tische steht Tee, am zweiten Kaffee, am dritten Wasser, am vierten eine brennende Wachskerze und eine Unzahl Havannazigarren. Alle servieren sich selbst, der größte Teil der Gesellschaft, die aus dreißig bis fünfzig Herren besteht, raucht. Fast niemand läßt sich ankündigen, sondern alle kommen allein, ohne ihren Namen zu nennen. Im Vorzimmer aber schreibt sie der Kammerdiener auf."

Bei Göschen versammelt man sich jeden Freitag von 8 bis 9 Uhr. Bei diesen Soireen treten auch bekannte Künstler, darunter der Tenor Ceretti und die Sängerin Armeria, auf. Der Landrat Gummern wiederum veranstaltet Spieltage, was Vater Tschabuschnigg zu neuen Beschwörungen Anlaß gibt:

„Lasse Dich nicht in Spiele ein, die in solchen Häusern gefährlich sind. Die Polizei hat überall Augen und merken auf, wer ein Spieler oder Bonvivant ist. Dies würde Deinem Fortkommen schaden. Ein Auskultant darf nicht ungestraft tun, was ein Präsident oder Rat alle Tage treibt." Aber Adolph überhört es, denn er ist ein versierter Spieler, der die Karten gut auszuwerfen und zu gewinnen versteht, während er mit den Partnern charmant plaudert, und er bekennt es auch unbekümmert: „Ich sehe meine Abendbesuche und Spiele als eine Einnahmequelle an."

Der Fasching des Jahres 1837, den ersten, den er mit echt italienischem Brio in Triest erlebt, ist ein ununterbrochenes Fest rauschender Lebenslust. Ball reiht sich an Ball, Redouten und Maskeraden — *Veglioni* und *Cavalchini* — wechseln in bunter Folge ab, wobei sich aber der elegante Teil des Publikums in der Regel nie maskiert, sondern nur eine Spielkarte auf den Hut oder ins Haar steckt. Es entfallen daher, wie Tschabuschnigg bedauernd feststellt, „die Hauptreize maskierter Bälle in ihren intrigierenden witzigen Formen mit den schönen reichen Kostümen. Bälle in billiger Verkleidung, die in Theatersälen und in verschiedenen Kneipen stattfinden, gibt es nur für die unteren Schichten, wobei es den Männern erlaubt ist, in Frauenkleidern zu erscheinen, welches Recht umgekehrt auch die Frauen genießen."

Die vornehmsten Unterhaltungen sind die Kasinobälle, zu denen als die exklusivsten das *Casino greco, vecchio, austriaco, tedesco, filarmonico* und *Stella polare* — das griechische, das alte, österreichische, deutsche, philharmonische und das Polarstern-Casino — gehören, daneben gibt es noch ausgewählte Gesellschafts- und Privatbälle, darunter an erster Stelle mit besonderem festlichen Gepränge die beiden *bals parés* beim Gouverneur, überglänzt von den malerischen Uniformen der zahlreichen Konsuln und der auswärtigen Offiziere mit ihren funkelnden Orden.

Den Höhepunkt bildet der Faschingsausklang. Tschabuschnigg steht inmitten dieses ihm bisher unbekannten, von überquellendem Frohsinn und tollem Übermut erfüllten Treibens und verfolgt es mit verzückten Augen:

„Als Schlußstein und Krone des öffentlichen Karnevallebens zeichnet sich der *Corso* aus. Am letzten Donnerstag des Faschings sowie an dem nachfolgenden Sonntag, Montag und Dienstag ist es jedermann erlaubt, sich als Maske herumzutreiben, Tausende von Menschen aller Klassen versammeln sich in der Corsogasse und am Börsenplatze, alle disponiblen Wagen werden aufgetrieben und auf das beste zur Corsofahrt herausgeschmückt, und alles bewirft sich gegenseitig mit *confetti*. Diese Züge beginnen feiertags um vier, werktags bald nach zwei Uhr und dauern, bis es finster ist.

Die Eleganz der vielen hundert Equipagen, die den Festzug bilden, der kostbare Putz der Damen, einzelne, erlesen schöne Masken unter ihnen, der Eifer, mit dem sich jung und alt, zu Fuß und zu Wagen bewirft, stellen tatsächlich ein buntes, heiteres und schönes Karnevalsbild dar. Insbesonders zahlreich und schön sind die Kindermasken. In Triest bewirft man sich nicht wie in den meisten Städten Italiens mit Gipskügelchen oder ungenießbaren Konditoreiabfällen, sondern man nimmt hierzu köstlichste, auf der Zunge zerschmelzende Confetti, Blumensträuße und für die nächsten Bekannten allerliebste Körbchen, Schächtelchen und Schatullen mit dem allerfeinsten Zukkerwerk.

Fängt man einmal zu werfen an, so kommt man unwillkürlich in solchen Eifer, daß man in kurzem mehrere Pfunde Confetti ausgestreut hat, und in der Hitze dieses süßen Bombardements wird man fröhlich, ja ausgelassen gestimmt und vergißt das Läppische desselben. Alles ist mit Zuckerkügelchen und anderen Konfitüren übersät. Kleider, Haare, Wagen und Straße, unter den Füßen knistert es wie von frischem angeeisten Schnee, die Straßen sind kreideweiß und der zertretene Anis und Kümmel erfüllt die Atmosphäre des Corso mit Gewürzluft. Junge Leute schwingen sich auf den Tritt der Wagen und bewerfen, indem sie sich eine Weile mitführen lassen, deren Besitzerinnen. Schwärme von Kindern kriechen am Boden herum und sammeln das vom Himmel gefallene Manna, während zahllose Zukkerwerkbuden an allen Seiten angebracht sind und einzelne Spekulanten sich mit ihrem Kram durch den wogenden Menschenschwall drängen, *fini confetti — confetti fini!* rufend. Es herrscht vollkommen Gleichheit, und selbst dem gemeinsten Marineur steht es frei, der zierlichsten Dame eine volle Ladung Bonbons ins Gesicht zu werfen."

Auch Tschabuschnigg und die Freunde Forgatsch, Salem, Cordelli, Butterroth und Königshausen verfeuern „über einen Zentner Confetti, — Putz, Schönheit, Masken und das tolle Treiben regt so auf, daß man in die Narrheit mitverfällt. Man hat berechnet, daß an einem Corsotage um einige tausend Gulden Confetti geworfen werden. Dabei gibt es schon blauen Frühlingshimmel und die Mandelblüten sind dem Aufbrechen sehr nahe."

4

Dieses fröhliche Faschingstreiben hat Adolph Tschabuschnigg etwas von seinem schweren Ärger im Amt abgelenkt, denn Anfang 1837 hat er als neuen Chef den Rat Cremona erhalten, den er vom ersten Augenblick an „wegen seines niederträchtigen infamen Charakters" aus Herzensgrund haßt: „Ein stolzer Lombarde, aufgeblasener Egoist, vorurteilsvoll, schnell eingenommen, rücksichtslos und eingebildet, und beträgt sich gegen mich in jeder Beziehung übermütig. Er ist kaum vierzig Jahre, hat ein schönes Gesicht, den kahlen Kopf verbirgt täuschend eine Perücke." Tschabuschnigg spricht außer den nötigsten Dienstsachen kein Wort mit ihm, arbeitet alle Stücke, ohne ihn je um etwas zu fragen, und sendet sie ihm dann täglich nach Hause. „Ich bin kalt und still, allenfalls wie ein wilder Hund. Er mag sich vorsehen, denn wenn mir mein übermäßiger Langmut ausgeht — was ich aber kaum hoffe — so erhält er einen Biß, den er schwer verwinden wird."

Später beginnt Chef Cremona sich etwas „civiler" zu benehmen, und die beiden Männer sprechen sogar einmal außerdienstlich zusammen. „Mein unerschütterlich kaltes gemessenes Wesen sowie zwei Briefe, die er von sich aus" — wie er es ausdrücklich betont — „mir schrieb, bewirkten diese Änderung, die mir im übrigen ziemlich gleichgültig ist. Ich habe auch Egoismus und mag keines Menschen Diener sein."

Um sich von dieser unerquicklichen Situation etwas zu erholen, nimmt er gerne die zahlreichen Einladungen an, die auch während der nachfolgenden Fastenzeit stattfinden: „Abendunterhaltungen und Soireen mit üppigem Essen, die bis ein Uhr nachts dauern. An höchster Eleganz" — dieses bewundernde Wort wiederholt er immer wieder — „erscheint Triest noch schöner als Wien: einfach göttlich!"

Im übrigen ist der „Ton der Societät" in Triest ein ganz anderer als in Klagenfurt. „Man muß möglichst kalt, stolz und egoistisch auftreten" — also wie sein Herzensfeind Cremona — „und auch jungen Leuten gegenüber unter sich. Außer meinen früheren Bekannten spreche ich mit keinem einzigen der jüngeren Herren ein Wort, ja gebe mir das Aussehen, sie gar nicht zu kennen."

Seinen „gesellschaftlichen Katechismus" eröffnet er dem Bruder Franz:

„Ich unterhalte mich wohl ziemlich, habe aber keine Prätentionen. Bei den Abendunterhaltungen tanze ich keinen Schritt" — der eigentliche Grund: er hatte geschwollene Zehen — „doch werfe ich mich gewaltig in die Aristokratie, mehr als je und aus guten Gründen. Bei meiner Rückkehr nach Klagenfurt verspreche ich mir wenig Spaß in sozialer Hinsicht. Ich habe mich an einen vollkommen abweisenden, viel bequemeren Gesellschaftston gewöhnt, der nicht beliebt sein dürfte. Man treibt hier in Triest in Gesellschaft durchaus nur, was man will, ist sogar erklecklich grob aus Bequemlichkeit, — was ich aus dem gleichen Grunde auch in Klagenfurt nicht fehlen lassen werde."

Der sanfte Franz erschrickt ob solcher Worte, aber als sich Adolph später beim Vater beklagt, daß er Mißgunst gegen sich fühlt, schreibt der alte Herr aus seiner stillen Welterfahrenheit zurück:

„Die Patronanz vermag alles. Darum muß man sich gute Freunde zu verschaffen suchen und ja niemanden, er sei, wer er wolle, vor den Kopf zu stoßen. Ironien und Schriften, die die ganze Welt angreifen, führen zu nichts, sie haben keinen anderen Zweck als Schimpf, und jeder junge Schriftsteller soll dahin trachten, daß aus seinem Werke eine brauchbare Moral herausleuchte. Bloßen Spott belacht man, aber den Spötter scheut man."

Mahnend fährt er fort: „Du dürftest weniger Freunde haben als Du glaubst, denn Du bist manchen arg auf die Füße getreten. Viele haben Dir freundliche Gesichter gemacht, weil sie Dich fürchteten. Viele sind Dir abgeneigt, weil Du Dich mehr bemerklich zu machen wußtest und in Gesellschaft ihnen vorgezogen wurdest. Darum bitte ich Dich, nehme Dich nur jetzt noch in Acht, damit Du Dir nicht schadest, denn bist Du einmal Aktuar, so hast Du festen Fuß und man kommt Dir nicht mehr so leicht zu."

Diese Worte sind nicht eben angetan, dem Sohn Trost zu schenken, und so überkommt ihn wie in jedem Frühjahr wieder tiefe Niedergeschlagenheit:

„Mein Leben ist denn doch ein verlorenes, — mittelmäßige Geldverhältnisse, mittelmäßige soziale Stellung, mittelmäßige Verse und mittelmäßiges Wissen... Ich bin resigniert: wahres Glück gibt es für mich keines mehr." Er sinnt zurück: „Julie — welch süßer teurer Klang, der mein Herz erschüttert. Eugen Forgatsch, der sie gesehen hat, sagte mir, sie habe abgeblüht. Ist es nicht rührend, daß auch ihr Leben dahin und verloren ist?"

Wenig später klagt er weiter: „Schade, daß die Liebe für mich immer verloren, — gerade nun, da ich die wahren Eigenschaften dazu hätte und ich mild, besser und praktischer geworden bin. Das Schicksal bestimmt mich aber nicht zum genießend Liebenden, sondern zum Gelehrten, Bücherwurm und Hagestolz." Im Mai schreibt er in sein Tagebuch: „Hätte mein Blut nicht so eisenhaltige Schwere, so ätzende Schärfe, auch ich wäre vielleicht glücklich geworden. Mehr fettes Blut, molkige Lymphe täte mir not. Die Räder meines Organismus rollen schnell und heftig, ihre Achsen dampfen. Sie werden vor der Zeit aufgerieben sein, der Ölfond ist bald aufgezehrt."

„Mögest Du mit Deinen literarischen Arbeiten glücklich sein, — was jedoch nicht sonderlich der Fall zu sein scheint", hat der Vater, seine Ermahnungen noch ergänzend, hinzugefügt, und tatsächlich bleibt Tschabuschnigg mit einem eigenen Taschenbuch „Immergrün", das er schon 1835 in Klagenfurt vorgeplant hat und nun 1837 bei der Buchhandlung C. Haas in Wien herausgibt, erfolglos. Dem Publikum vorgestellt werden hier neben anderen Namen als neue Autoren der spätere Burgtheaterdirektor Franz v. Dingelstedt und Alexander Julius Schindler, bekannt unter dem Pseudonym Julius von der Traun — Tschabuschnigg hat dessen »Herbstnovellen« gelesen und vermerkt in sein Lektüre-Verzeichnis: „Ich stelle ihm ein günstiges Horoskop" —, aber der empfindliche Saphir, mit dem er sich überworfen hat, kritisiert bösartig, und Tschabuschnigg gibt eine Fortsetzung des Taschenbuches verärgert auf.

Dafür erhält er im Juni 1837 neuen literarischen Aufwind durch die Einladung des Triester Buchhändlers Johann Marenigh zur Gründung und Redaktion einer Wochenzeitschrift „Adria — Südliches Zentralblatt für Kunst, Wissenschaft und Leben". Doch er ziert sich zunächst. „Vor ein paar Jahren wäre dies Anerbieten noch ein vorzügliches Ziel meiner Wünsche gewesen, aber ich habe diese verloren und ich nehme es nicht an, wenn ich nicht wenigstens 500 Gulden jährlich reinen Gewinn habe." Zwar leitet er die notwendigen Schritte für die Bewilligung der Publikation ein, bedingt sich aber aus, daß sein Name nicht genannt und J. Löwenthal — der Mitbegründer der „Triester Zeitung" und Ausgestalter der literarisch-artistischen Abteilung der Druckerei des „Lloyd" — Redakteur wird. „So erfüllen sich allmählig die Lebenswünsche, aber leider erst, wenn sie aufgehört haben, warm und lebhaft zu sein."

Im September erfolgt die Genehmigung zur Herausgabe der „Adria", die am 1. Jänner 1838 erscheint. „Die Zeitschrift dürfte vielleicht die beste deutsche werden. Mit Cairo, Athen, Alexandria und Konstantinopel sind wir schon in Verbindung, dazu führen wir Korrespondenzen vortrefflicher Art mit gelehrten Männern und Attachés der Gesandschaften im Orient, in Italien und Deutschland." Ein Probeblatt wird zusammengestellt, das Erzählungen von A. v. Tromlitz, Willibald Alexis, Theodor Mundt und Franz v. Dingelstedt, ein »Panorama von Triest« von Löwenthal, ein Gedicht »Am Meer« von Johann Gabriel Seidl, einen literarischen Aufsatz von Dr. Groß über »Italienische Literatur« und bunte Kleinigkeiten unter der Rubrik »Muscheln und Korallen« bringt. Doch Löwenthal findet, daß „etwas Pikantes" fehle und wendet sich um einen solchen Beitrag an Tschabuschnigg, der ihm die Novelle »Ein Tierstück« zur Verfügung stellt. Er erhält pro Bogen fünf Dukaten, aber hinterher bedauert er, daß er sich für die Mitredaktion, wenn auch ohne Namen, keinen finanziellen Anteil ausbedungen hat.

Als deutsches Blatt hat die „Adria" in Triest sofort eine starke Gegenclique, die insbesondere zwischen den italienischen und deutschen Beamten eine Rivalität auslöst. Sie kommt schon nach der Herausgabe des Probeblattes zum Ausdruck, als ein „Kleeblatt von Freunden" am 30. Dezember 1837 eine Parodie zum »Tierstück« von Tschabuschnigg herausgibt. Er liest sie und findet es als sehr zweifelhaft, ob darin seine Arbeit oder er selbst parodiert wird. Er schreibt dem Vater:

„Meine Ehre ist das einzige Gut, das ich mir selbst erworben habe und erhalten werde. Ich sah deshalb, daß ich die Sache nicht still hingehen lassen konnte. Der erste Vorwurf, das erste Unrecht, das man irgendwo einsteckt, berechtigt jeden zur Vermutung, daß man auch den zweiten, hundertsten und jeden einstecke, sie unterbleiben auch nicht. Ich erklärte meinen Freunden Beaufort und Forgatsch, daß, wenn ich zwei Zeugen fände, ich die Sache ungesäumt nach den strengsten Gesetzen der Ehre abtun würde. Sie rieten mir anfangs, die Sache auf sich beruhen zu lassen. Als sie aber einsahen, daß ich auf meinem Entschluß bestand, erklärten sie, daß sie keinen Augenblick anstehen würden, meine Zeugen zu sein. Es kommt jedoch zu keinem Duell, denn die Pamphletisten ziehen es vor, eine Ehrenerklärung abzugeben."

Der Vater schüttelt allerdings den Kopf und wendet ein, daß er sich dadurch neue Feinde macht.

„Warum keine Feinde, wenn es um die Ehre geht", fragt sich der Sohn, der die friedfertige Mahnung nicht zur Kenntnis nimmt. Denn „Kaltes Schwert den Feinden" hat er ja schon in seinem »Ritterspruch« erklärt, und wenn er sich beleidigt glaubt — die kommenden Jahre werden es beweisen — nimmt sein Charakter immer schroffere Züge an. „Ich befolge", schreibt er, „und werde noch mehr befolgen das aristokratische Prinzip", und gleichsam als Grundsatzerklärung legt er in seinem Tagebuch nieder:

„Wozu sich der Mensch macht, das ist er, dafür wird er gehalten. Nicht weniger Rang und Geld, sondern die eigene Geringschätzung ist es, die schadet. Wir haben im Grunde in dieser Welt wenig Gutes, meine individuelle Lage ist auch nicht die rosigste. Auf bedeutendes inneres Glück sowie auf künstlerisches und häusliches habe ich verzichtet. Meine Karriere wird eine mittelmäßige sein, literarische Auszeichnung versagt mein minderes Talent. Ich habe eben nicht viel Glück, auch nicht zu erwarten. Ich kann es aber nicht ändern, denn diese Güter liegen außerhalb des Bereiches meiner Willkür.

Ich habe und besitze nur zwei Güter wirklich: das eine ist die Liebe meiner Eltern und meines Bruders, das zweite Gut ist eine von keinem Hauch befleckte Ehre. Jenes Gut ist ein Segen des Himmels, für den ich ihm nicht genug danken kann, dieses, meine Ehre, ist das einzige Gut, das ich mir zu erhalten wissen werde."

In diesem Jahre schreibt er an einer ganzen Reihe von Erzählungen und Novellen, darunter »Die Pforte der Glückseligkeit«, »Das Haupt des Guillotinierten«, »Klara Dönhof«, »Die Liebe im Monde«, »Kinder der Sonne« und »Aus dem Tagebuche der Jugenderinnerungen« sowie kleinere „Aufsätze in allen Fächern", so daß sein Name in immer weiteren Kreisen bekannt wird. „Allmählich", kann er seinen Eltern berichten, „dringt denn doch auch meine Muse durch. Zwei Conversationslexika, Wolfgang Menzels »Literaturgeschichte« und »Bilder und Träume aus Wien« von Adolf Glaßbrenner erwähnen meiner nicht unehrenhaft. Die nächsten vier Jahre dürften vollends zu meinen Gunsten entscheiden, da größere Werke vorbereitet sind und mehr oder weniger ausgeführt in meinem Pulte liegen."

Diese literarischen Arbeiten bringen Tschabuschnigg auch „bedeutende finanzielle Zuflüsse", Lembert vom „Telegraph" zahlt sehr großzügig 24 Gulden für den Bogen. So fühlt er sich nach seinen eigenen Worten „recht wohl, lebte behaglich und elegant und in gemütlicher Ruhe, in jener süßen Zufriedenheit, die ein vorwurfsloses Leben und genaue Pflichterfüllung — selbst wenn sie für die Menschheit nur geringen Nutzen schafft — jederzeit darbieten...".

Hinzu kommt, daß auch im Amt ein angenehmer Wechsel eingetreten ist. Er wird dem 42jährigen Landrat Abelli zugeteilt, der „einer bedeutenden böhmischen Familie entstammt, doch ungeachtet seines italienischen Namens in dieser Sprache kein Meister ist". Er erweist sich „als ein vortrefflicher wohlwollender Mensch, ohne Kaprizen, artig und kollegial gesinnt. Sein Arbeitseifer ist erstaunlich, er kommt zwischen 6 und 7 Uhr früh ins Amt, bleibt bis gegen 1 Uhr mittags und kommt von 3 bis 5 Uhr nachmittags wieder. Für ihn ist angenehm zu arbeiten, da er nichts ohne besonderen Grund ändert und sehr freundschaftlich ist."

Tschabuschnigg fühlt sich nun geradezu als ein *civis Tergestinus*, wie ein Triestiner Bürger. „Das Vergnügen, in einer großen Stadt zu leben, ist unschätzbar, ich würde deshalb Triest auch für die Stelle eines weit entfernten Aktuars" — er ist ja immer noch ein bescheidener Auskultant — „nicht verlassen. Ich habe hier an Wissen in jeder Hinsicht viel gewonnen, dazu kommt im Winter eine sehr angenehme soziale Stellung."

1837 begrüßt Triest hohe Gäste, zu Besuch treffen ein der Erzherzog Johann, Prinz Adalbert von Preußen und der Herzog von Leuchtenberg, alle mit großer Suite, es folgen Erzherzog Karl mit seiner Tochter, der Königin von Neapel, der Kronprinz von Bayern und König Otto von Griechenland unter dem Titel eines Grafen von Missolunghi. Den Höhepunkt bildet die Ankunft des Fürsten Metternich: „Während er immer barhaupt durch die Menge geht, wird er auf der Straße fortwährend von Hunderten von Menschen stürmisch umschwärmt und im festlich illuminierten Theater mit dreimaligem Jubel und Evvivas empfangen wie kein gekröntes Haupt."

Fast scheint's, als erblühe ihm endlich nun „ein freundlicher Blumengarten des Lebens" — da fällt grausam darauf wieder ein rauher Reif des Schicksals. Am 11. Mai 1837 erfährt er, daß Baron Karl Neugebauer, der gemeinsam mit ihm um eine Heufler-Tochter geworben, nun die Hand von Maria, der Schwester Juliens, erlangt hat. „Diese Nachricht affiziert mich sehr, alte unheilbare Wunden bluten neu. Es ist doch ein schweres Vergehen, Menschenglück zu zerstören. Sie taten es. Ohne Julie bin ich unglücklich, aber" — wieder spricht daraus die innere Zerrissenheit — „auch mit ihr würde ich nicht glücklich sein." „Das Paar", setzt er fort, „wird allerdings gewiß glücklich werden, ich wünsche es ihm. Doch steigt eine verborgene Kränkung fast wie ein kalter Groll gegen Neugebauer in mir auf, denn er verließ mich in den schwersten Stunden meines Lebens, er verriet meine Freundschaft. Sein Brautkranz wirkt auf mich wie die Trophäen des Miltiades auf Themistokles."

Am 9. August 1837 findet die Hochzeit statt, „doch dies Faktum ergriff mich nicht mehr".

In Wahrheit war dies sehr wohl ein schwerer Schlag, der ihn zutiefst getroffen hat und von dem er sich lange nicht erholen kann. „Meine Knochen und Gebeine fühle ich oft marklos und hohl, wie mir oft auch mein Wissen, Wollen und Fühlen so erscheint", vertraut er wieder seinem Tagebuch an. „Mir ist jetzt vieles gleichgültig auf der Welt — das meiste! — und ich habe fast nur noch Wünsche für der Freunde Wohl", deren Kreis freilich nach wie vor sehr klein ist. Von großen Gesellschaften zieht er sich zurück, geht selten ins Theater, nie in ein Kaffee- oder Gasthaus. Die freie Zeit verbringt er im Casino, dessen Mitglied er geworden ist, und liest dort viel Zeitungen. Die literarische Arbeit stockt wieder:

„Jene zarte, innige lyrische Stimmung, die die Färbung meiner frühen Jugend war, find' ich nimmer. Für eine kurze Zeit steigerte sie sich bis zur Leidenschaft, statt objektloser Träumerei sprach ich schmerzlich Erlebtes aus. Nun erlebe ich in meinem Gemüte nichts Poetisches mehr und finde jene unschuldigen Gefühle ohne Gegenstand auch nicht mehr."

Dieses ihn aufwühlende Ereignis greift tief in sein inneres Wesen ein und führt eine entscheidende charakterliche Wandlung herbei. Sie macht sich schon in der Lektüre bemerkbar, in der er sich von der Romantik zur Klassik hinwendet. Jean Paul, lange gelesen und geliebt, lehnt er nun vollkommen ab:

„Er besteht aus zügelloser Sentimentalität, unwahrer Idealität und zwecklosen Reflexionen, subtilisiert das Gefühl, ohne es zu läutern und zu stärken, vermehrt das Wissen nur scheinbar und nie mit Materialien und schwächt den Willen. Deshalb blieb ich stets ein Esel, wenn auch ein gescheiter. Das Wollen muß auf reale Ziele gerichtet sein und das Gefühl in den Rubriken der Qualität mehr als der Quantität geläutert werden. Ich habe mich oft, vielleicht immer in falschen Richtungen befunden und bin durch Erfahrungen und Verlust klüger, doch nicht glücklicher geworden."

In dieser seelischen Krise sucht er nach einem Weg, um ausbrechen zu können. „Verstand und Gefühl", grübelt er in seiner Niedergeschlagenheit, „bringen nur Zwittergeburten hervor", von ihnen will er sich befreien und prägt als neuen Grundsatz:

„Ändere das Unangenehme nach Möglichkeit, trage das Unvermeidliche. Mein Temperament taugt nur schlecht zu Trübsinn", und er fügt mit kühler Nüchternheit bei: „Als unwillkommenen Gast habe ich ihn nach kurzer Zeit über Bord geworfen." Er gesundet erstaunlich rasch von der Erschütterung, und als Erholung gewährt er sich eine Italienreise. „Man muß die Gegenwart genießen und sich schnell entscheiden. Mit dem Verschieben ist es nichts, die Gegenwart ist unser!"

Vor der Abreise besucht er noch die Eltern. Die Gesellschaft betrachtet er hochmütig und kalt, wie er es in Triest gelernt hat, und von den Mädchen in Klagenfurt findet er „keine eines edlen Mannes ganz wert". Besondere Freude bietet ihm nur das Wiedersehen mit dem Bruder Franz, der nach Beendigung seiner Rechtsstudien eine unbesoldete Auskultantenstelle beim Stadt- und Landrecht in Klagenfurt erhalten hat, sich jedoch unglücklich fühlt und den Staatsdienst gerne verlassen möchte, was der Vater aber verhindert. Adolphs bewegliches Temperament besitzt er nicht, er ist ein schlechter Gesellschafter, bleibt viel im Hause und besucht häufiger nur die Familien Rainer, Holenia und vor allem Anton Moro, in deren jüngste Tochter Emma er verliebt ist. „Bei Franzens Zukunft", klagt der Vater, „wird es wohl langsam vorwärts gehen, — wenn er nur ein besseres Mundstück hätte und nicht gar so verschlafen und wenig mitteilsam wäre."

Deshalb versucht Adolph, den Bruder aus dieser Lethargie zu wecken, und mahnt ihn, „sich nicht einer unfruchtbaren, trüben und ungeordneten melancholischen Stimmung hinzugeben, die ohne Grund und Zweck als eine geistige Bleichsucht junger Leute zu tadeln ist. Tu Dir Gewalt an und entreiße Dich ihr. Deine Physis ist ja wohl und gesund gebildet, unterstütze sie durch Keuschheit und weisen Genuß, bilde Dich durch kluge gymnastische Übung. Dressiere Deinen Geist geschickt und gewöhne ihn an tätiges Fortschreiten. Dein Gefühl hat noch keine tödliche Wunde, ja noch keine ans Leben gehende Täuschung erfahren. Bleibe beständig und verständig, dann genießt man das Leben wieder: ich hab's erfahren — Eisumschläge des Verstandes verhüten die Entzündung, Heftpflaster der Notwendigkeit vernarbt alles. Beraube Dich einerseits nicht der schönen Wallung des Gefühls, aber sei nicht dessen Leibeigener: der Wille muß unabhängig bleiben. Diese Welt ist einstweilen die beste, ja vielleicht gut. Für den täglichen Hausgebrauch taugt nur Verständigkeit, — die Würze, die nie schadet, ist Witz, Sentimentalität eine kostbare, doch entnervende Spezerei, also nur als seltener *hautgout* anzuwenden.

Wenn ich den Becher füllen will, muß ich schon die Flasche erringen, aber einen Schluck des Göttertrankes will ich mir bis zum letzten Tage meines Daseins aufbewahren, täglich mich an seinem Duft erquicken und je und je einen Tropfen Äther auf Zucker nehmen."

Geradezu rührend wirkt es, wie er sich Franz gegenüber brüderlich verbindet:

„Unsere Geburt, unsere Ansichten und Verhältnisse stellen uns bleibend nebeneinander. Es ist einer meiner Lieblingsgedanken, uns beide noch überdies als einem gemeinschaftlichen Zwecke zustrebend zu denken, — er heißt Emporhebung unserer Familie und Stiftung einer wunschwerten Dynastie. Unsere Eltern haben mit großen Entbehrungen und ungemessner Liebe den Grundstein gelegt, daß wir die Bahn, die sie uns ebneten, fest, sicher und unwankend betreten können. Zwei junge Leute, für den Staatsdienst gehörig zugeschliffen, wissend, fleißig, willensfest, in manchem Wasser gewaschen, mit den gehörigen Fonds versehen, um sich Geld zu erwerben: es muß gelingen!"

Seine Worte scheinen auf fruchtbaren Boden zu fallen, denn aus den Antworten des Bruders „bemerkt er mit Vergnügen dessen geänderte Weltansicht". Als letzte Lebensweisheit prägt er ihm ein:

„Menschengleichheit wäre für Utopien sehr anwendbar, wir leben aber in gegebenen Verhältnissen. Aristokratie wird noch Jahrhunderte, sie wird immer bestehen. Es bleibt uns nur die Wahl, uns zu ihr zu schlagen oder von ihr gedrückt zu werden und im Gegensatz zu ihr hundert Ungemächlichkeiten zu bestehen. Ich habe mich längst entschieden: die Stunde, wo man in Wissen, Wollen und Fühlen nicht vorschreitet, ist verloren, wie es auch die Stunde ist, in der man nicht, ohne eigenes oder fremdes Lebensglück zu gefährden oder zu stören, das Leben genießt. Die Sage vom Becher der Jugend ist kein Wahn, die Lippe wird kalt und nur zu schnell ist die Stunde aus Arkadien vorüber, — vom Toren unbenützt, ungenossen", und er zitiert abschließend Goethe: „Man trachte beizeiten, sich den Lorbeerkranz zu erwerben."

MIT TAUSEND MASTEN

1

Nach dem Präludium des Vorjahres ins Venezianische ist es 1837 eine große Reise in die Lombardei und anschließend in die Schweiz, die Tschabuschnigg sehr sorgfältig vorbereitet hat. Sein Begleiter ist diesmal Baron Eugen Forgatsch, den er immer wieder als seinen besten Freund bezeichnet — „er ist in der Tat der biederste Mensch, den ich kenne, und hat so treffliche, alles überwiegende Eigenschaften, daß seine Schwächen nur dazu beitragen, das edle Bild von ihm zu vollenden", und ihm ist auch sein 1842 erschienenes »Buch der Reisen« gewidmet, das an Heinrich Heines »Reisebilder« erinnert, ohne sie freilich zu erreichen. Stärker als diese später etwas frisierten Berichte wirken jedoch die unmittelbar an die Eltern gerichteten Briefe, für die er in Mailand sogar einen eigenen Ruhetag einschiebt.

„Eine Italienfahrt gilt zwar nicht als ungefährlich", schreibt er nach Hause, „aber da Forgatsch und ich Furcht nicht kennen, ich auch in Begleitung meines erprobten Säbels bin und mit ein paar Terzerolen reisen werde, ist die Unsicherheit der italienischen Straßen, die auch beiweitem nicht so arg ist, wohl nicht im geringsten zu besorgen. Auch sind wir beide, um mehr als sechs Schuh hoch, nicht sehr verlockend, um angefallen zu werden."

Am 10. Juni 1837 um 7 Uhr abends fährt er mit dem Eilwagen von Triest ab und besucht am folgenden Tag frühmorgens in Udine den „sehr schönen *Campo Santo*" — den Friedhof — und das Kastell. In Treviso, wo er nachmittags eintrifft, findet er — wohl aus Übermüdung — „nichts Sehenswertes" und übersieht dabei den berühmten Dom, dem soeben eine bemerkenswerte Vorhalle angefügt wurde. Auf der Weiterfahrt erwecken in Castelfranco und Citadella in ihm „die mittelalterlichen Mauern, Türme und Zinnen, mit Epheu überwachsen und verdeckt", Reminiszenzen an die Zeit der Guelfen und Ghibellinen.

Am Vormittag des 12. Juni kommt er in Vicenza an, der Stadt des Palladio mit seinen Bauten „in edler Einfachheit und Ordnung", und besichtigt bewundernd das *Teatro Olimpico*, die *Rotonda Capra*, die Kirche *Madonna del Monte* und die Gärten von Valmarana. Dagegen bereitet ihm Verona, wo er am späten Abend desselben Tages eintrifft, eine Enttäuschung. Das Grab der Shakespeare'schen Julia — geliebter Name! — ist „ein häßlicher Trog aus schmutzig gewordenem Marmor", und aus Capulets Haus unter Giuliettas Fenster blickt ein Freudenmädchen heraus, das er dann im »Buch der Reisen« mildernd zu einem „leichtfertigen Mädchen" umwandelt. Auch dies ist für das bisherige Idealbild schlimm genug, aber „mag nun Haus und Sarg echt sein oder nicht: die Geschichte Romeos und Juliens, und wenn sie sich auch nie zugetragen hätte, bleibt wahr und ewig rührend". Die Arena dagegen findet er ein „stupendes Werk", das auf ihn einen „unglaublichen Eindruck" macht.

Von hier zweigt er zum *Lago di Garda* ab und fährt mit der Barke zur Villa Catulls bei Sirmione. Auf diesem See soll manchmal die Fata Morgana erscheinen. Er schaut über die stille atmende Fläche: „Wie leichte Nebel zogen die Gedanken darüber. Die Berge Tirols dämmerten in der Perspektive des Hintergrundes. O Julie..." Er träumt von ihr und fühlt sich „höchst unglücklich". Der trübe Nachklang dauert fort. „Harmlose heitere Reisestimmung kann ich diesmal nicht erringen."

Nach Brescia, wo neben den beiden Domen die Reste des Heraklestempels und die Victoria-Statue sein besonderes Interesse erwecken, finden die Freunde den vorangefahrenen Eilwagen bei Cagliari vollkommen ausgeraubt vor, „doch wurde den Passagieren persönlich nichts zuleide getan". Die italienischen Briganten sind galant.

Von Bergamo aus, wo er die prunkvolle *Cappella Colleoni* mit der berühmten „Hlg. Familie" der Angelika Kauffmann besichtigt und vor Tassos Denkmal ergriffen Verse aus dem „Befreiten Jerusalem" rezitiert, eröffnet sich vor ihm die überwältigende Ebene der Lombardei. „Venezianisch und lombardisch", stellt er nach gesammelten Erfahrungen fest, „unterscheidet sich sowohl in der Kultur wie in den Menschen. Jene ist hier viel üppiger, diese — *sub rosa* — überlisten einen ebenso wie im Venezianischen, sie sind zwar höflicher, aber der Fremde wird doch geprellt." Doch er läßt sich's nicht verdrießen, die guten Manieren versöhnen ihn.

Am 15. Juni um 7 Uhr abends treffen die Freunde in Mailand ein und steigen im Gasthof „*Bella Venezia*" ab. „Wer hier einfährt", schreibt Tschabuschnigg den Eltern, „kann schon aus den vornehmen Equipagen, die einem begegnen, und aus der stolzen Haltung der Damen nicht verkennen, daß man sich einer großen reichen Stadt nähert. Schwerlich wird man irgendwo das weibliche Geschlecht aller Stände schöner finden. Die Frauen wirken überaus elegant und reizvoll, Gebäude, Straßen und Tore sind großartig und die Läden von verschwenderischer Fülle. Man sieht in allem den Reichtum der Gegenwart."

Er wird von Bekannten freundlich aufgenommen, die ihm die Sehenswürdigkeiten von Mailand zeigen: die *Porta Orientale* und *della Pace*, das Kastell, die Arena, die Ambrosianische Bibliothek, die Scala, wo er einen blendenden Theaterabend genießt, sowie die Brera, die seiner Ansicht nach aber den venezianischen Pinakotheken nachsteht, und schließlich besteigt er den Dom, „dessen Silberschimmer im Mondscheine von eigentümlicher Wirkung ist". Leonardo da Vincis „Abendmahl" überrascht ihn trotz des stark verwitterten Originals im Vergleich zu den allzu farbigen Kopien durch seine edle Anordnung und Ausführung: Christus erscheint mehr traurig-ernst als festlich-feierlich, Johannes naiv-kindlicher. „Klopstocks »Messiade« läßt sich in ihren besten Partien mit diesem Freskobilde vergleichen."

Vom Polizeihofrat Torreani empfangen, erhält er einen Paß für ganz Savoyen und die gesamte Schweiz. „Eine solche Begünstigung dürfte selten jemand erfahren", meldet er stolz den Eltern, „da wir Beamte und aus fremder Provinz sind."

Bot bisher der Reiseweg in überwältigender Fülle einen beglückenden Anblick unsterblicher Kunstdenkmäler, so wendet sich nun die weitere Route einem Mittelpunkt lombardischer Landschaftsschönheit zu: über Sesto Calende und Stresa zum *Lago Maggiore* mit den Borromëischen Inseln. Er setzt zur *Isola Madre* mit ihren Terrassengärten über, „die in ihrer Herrlichkeit Tassos »Garten der Armida« zu verwirklichen scheinen. Baumhoch stehen die Kamelien, Orangenduft würzt die Luft, Kampfer- und Magnolienbäume, riesige Rhododendren bilden einen exotischen Hain, und der Geruch der Azaleen ist Hauch aus dem Eden. Hier steht der Lorbeer, hier blüht die Myrte, die der Mensch doch nie erreicht." Er fühlt ein Übermaß des Entzückens, das in Rührung übergeht. „Alle Gedanken der Jugend, alle frühen Hoffnungen des Herzens, — die ganze Sehnsucht werden wach; das Herz fühlt es, wie glücklich es werden könnte, und wie wenig es ihm hienieden vergönnt ist. In den großen duftenden Blüten wiegen sich die schönsten Träume meines Lebens, in den Tönen der Nachtigallen glaubte ich längst verwehte Seufzer zu vernehmen. Da dacht' ich auch Deiner..."

Von hier fährt er zur *Isola Bella*, die ihm — im Gegensatz zur etwas manieriert und matronenhaft wirkenden *Isola Madre* — mehr einer erfahrenen Kokotte gleicht. Bei der Rückkehr von den Inseln kommt er an vier Trauerweiden vorbei, die auf einer unter dem Wasserspiegel verborgenen Klippe wachsen. So verklingt der erste Teil der Reise in schwermütiger Stimmung.

Von Stresa nimmt er am 20. Juni von Italien Abschied, um über Piemont die Schweiz zu besuchen. Er besteigt mit Forgatsch den Eilwagen nach Genf, die Reisegefährten sind ein nordamerikanischer

Quäker, ein piemontesischer Intendant, ein römischer Kaufmann und ein ausgedienter französischer Kapitän aus Ancona. Er wird *par force* für einen Engländer gehalten, und der Kapitän sucht ihm die britischen Ansichten über Cuba zu entlocken. Tschabuschnigg, dem davon natürlich nichts bekannt ist, lächelt nur geheimnisvoll und erhöht dadurch die Spannung. Der Quäker spricht durch dreißig Stunden kein Wort, liest in seinem Gebetbuch, wirft keinen Blick zum Fenster hinaus, und wird zu den Mahlzeiten angehalten, so ist der „Rundkopf" verschwunden. Dagegen läßt sich der epikuräische Baron Forgatsch die ausgezeichneten Mahlzeiten, die bis zu zwölf und mehr Schüsseln umfassen und zum Preise von zwei bis fünf Franken außergewöhnlich wohlfeil sind, mit umso größerem Appetit munden.

Von der Höhe des Simplon, den zwanzig Jahre zuvor der spleenige Byron sechsspännig überquert hat, sieht Tschabuschnigg zum ersten Male die Schweizer Gebirgswelt mit der Jungfrau vor sich. Von Prieuré aus geht es weiter ins Chamonix-Tal, von wo er den Montblanc ohne Wolken bewundern kann. Teilweise durch wilde Rosengebüsche führt der Weg zum Genfer See, er sieht hinüber zu Voltaires philosophischem Tuskulum Fernay, nach Coppet, wo Madame de Staël ihren berühmten Salon hielt, und zum düsteren Felsen von Meillerie bei Vevey. Es ist der klassische Boden von Rousseaus »Neuer Heloise«, und er errät den Fußweg, den die beiden Liebenden St. Preux und Julie gingen. „Es ist die Episode so manches Menschenherzens, auch wenn sie längst schon hinter uns liegt..."

Am 24. Juni kommt man im „sehr kostspieligen" Genf an, fährt mit dem Dampfer „Winkelried" rings um den See, macht kurze Station in Lausanne und erreicht schließlich das romantische Freiburg „bei herrlichstem Sonnenaufgang". Nach Thun und Thunersee gelangt er ins „himmlische" Interlaken, wo vom Alphorn der Kuhreigen zu ihm herübertönt und neue Erinnerung erweckt: „Die böse, böse Sehnsucht...

*Still, oh stille! und vom Herzen
Scheuche nicht die Nebel ab,
Alte Liebe, alte Schmerzen
Überblüht im Lenz ein Grab."*

Über den Brüning reitet er nach Luzern und zum Vierwaldstätter See, wo er die ganze Wilhelm-Tell-Szenerie erlebt: Rütli, Geßlerburg, Küßnach, Tellsplatte und die Hohle Gasse. Nach Altdorf ragt als letzter Schweizer Bergriese der St. Gotthard vor ihm empor. Am Gipfel läßt Tschabuschnigg den Kutscher anhalten und wandert in romantischer Laune zweihundert Schritte zwischen drei Klafter hohen Schneewänden, — dann fährt ihn der Wagen über den Comer See wieder nach Mailand hinab.

2

Von dort zieht es ihn, vor der Rückreise nach Triest, noch nach dem Norden hin, zum „klassischen Land einer Liebe", das er „das Tal ohne Namen" nennt. Julie hat vor einigen Jahren in sein Album ein unansehnliches Schlößchen gezeichnet, mit unregelmäßigen Fenstern und grün gedeckten Türmen, und darunter den Wunsch geschrieben, „er möge diesen ländlichen Aufenthalt bald mit seiner Gegenwart erheitern". Tschabuschnigg ahnt ungefähr die Gegend, wo das Gut liegen müßte, und begibt sich, nunmehr allein, auf die Wanderschaft.

Er geht in gerader Richtung, „dem Zuge seines Herzens folgend", dem unsichtbaren Ziele entgegen, aber es liegt weiter, als er gedacht. Die Mädchen, denen er begegnet, haben manche Ähnlichkeit mit Julie: denselben furchtsamen Wuchs, dieselben schüchternen frommen Züge, aber sie können ihm keine Auskunft über das gesuchte Gleifheim geben.

Nach einigen Stunden steht er vor einem tiefgegrabenen Strom in einsamer Au, aber eine Brücke ist nirgends zu sehen. So geht er dem Ufer entlang hinunter und findet endlich einen Übergang, verirrt sich aber nun vollends. Schließlich erreicht er eine Bauernschenke und kann auch einen Wagen auftreiben. „Jetzt ging's, und so war's immer. Geld hätte mich ja stets zu ihr gebracht", denkt er bitter zurück.

Da steht er nun endlich vor einem Herrenhaus mit grünen Turmdächern neben Nußbäumen. Es ist das Schloß der Hoffnung.

Es liegt freilich nicht so schön, als er geglaubt, auch das Innere erscheint ihm nicht reizend und elegant. Er frägt nach der alten Hausbeschließerin, deren Namen er noch weiß. Sie ist gestorben, eine kaum jüngere führt ihn herum und wundert sich über seine genaue Kenntnis der Einteilung und Anordnung der Räume, da er doch nie hier gewesen ist.

Im Vorsaal hängen Ahnenbilder, einer der Vorfahren ist 1460 Malteserritter gewesen. Er geht durch die übrigen Zimmer und gedenkt in geteilten Empfindungen der Familienmitglieder, die hier wohnen. Endlich kommt er ins Jungferngemach, wo Julie sich aufzuhalten pflegt, und verweilt vor ihrem Bildnis länger als irgendwo im Hause. In Trauerkleidern entschwand sie ihm vor Jahren am Ende eines engen Gäßchens in Klagenfurt, nun sieht er unter aufsteigenden Tränen nach so langer Zeit die geliebten Züge wieder.

Die Haushälterin hat ihm aus dem Garten zwei Rosenknospen, die an einem Zweig gewachsen waren, zur Erinnerung an seinen Besuch übergeben. Nun reißt er sie zu ihrem Schrecken auseinander und steckt die eine vor's Bildnis, die andere legt er in seine Brieftasche. Dazu schreibt er eine Strophe:

Verlor'ne Zwillingsrosen
Eint oft ein lindes Weh'n,
Doch wir geh'n auseinander
Auf Nimmerwiederseh'n!

3

Am 4. August 1837 trifft Tschabuschnigg wieder in Triest ein und bezieht ein neues Quartier in der *Contrada del Canale grande* — der Großen Kanalstraße — Nr. 815. Das schöne Zimmer im zweiten Stock ist zehn Schritte lang und neun Schritte breit und gewährt einen malerischen Blick auf die vor dem Hause anlandenden Barken der Fischer und Obsthändler und weiterhin auf das Meer. Der Weg zur Behörde ist nicht weit: von der neuen Kirche *Sant' Antonio* geht er durch einen kleinen Teil der *Contrada della Caserma* — der Kasernstraße — über den Corso zur *Piazza della Borsa* — dem schon historisch gewordenen Börseplatz — und ist schon dort: es sind genau abgezählte 172 Schritte.

Nach der freiatmenden Reise ist nun der Eintritt in die hitzebrütende Kanzleistube, die er zusammen mit dem Baron Abelli — wohlgesinnt hin, wohlgesinnt her — teilen muß, schwer und doppelt schlimm, da er eine Überfülle von Arbeit vorfindet. „Ich bin täglich geistig so abgespannt, daß ich abends nur Leichtes und wenig mehr lesen kann. Zu eigenen Arbeiten komme ich garnicht, denn das Amt absorbiert mir fast alle Zeit. Und doch hätte ich so viele Pläne vor! Wie eine grüne Oase liegt mir das Angenehme edler Studien und eigenen Schriftstellerns entfernt, — ich wate im Sande..."

Auch die erhoffte Beförderung zum Aktuar liegt nicht vor, er sieht sich wieder übergangen und überlegt: „Ich habe großen Abscheu vor dem Staatsdienste und würde sehr gerne austreten. Doch wir Österreicher sind so gut dressiert, daß der Gedanke politischer Freiheit für uns unter die Märchen gehört. Aber", schränkt er seinen Zwiespalt sofort wieder ein, „teilweise müssen wir mit unserem Staate auch sehr zufrieden sein."

Zu alledem kommt noch eine neue tiefe Schwermut nach dem Besuche in Schloß Gleifheim — die zweite rote Rose, die er vom gemeinsamen Zweige abgebrochen hat und am Herzen trägt, verwundet ihn immer wieder mit den Dornen alter Erinnerungen. „Das Glück der Liebe ist für mich immer dahin", klagt er dem Vater, „wohl träume ich von Julie, aber selbst im Traum bin ich höchst unglücklich..."

Der Alte in Klagenfurt versucht zu trösten und kramt nach wohlmeinenden Ratschlägen:

„Zu hellglänzender Laufbahn sind nur wenige auserwählt und auf bescheidenes Glück hast Du immer Anspruch. Lange dauert es wohl, bis man es zu was gebracht hat, aber mit Ausdauer und frohem Mute sind alle Wege offen. Auf häusliches Glück mußt Du aber nicht verzichten. Wenn Du es in einem Weibe suchst, so ist es freilich sehr problematisch, denn die Erziehung und die Neigungen unserer Schönen sind nicht von der Art, daß ein fühlender Mann durch ihre Früchte beglückt werden könnte. Allein ein Weib mit etwas gesundem Verstand, mit Sanftmut und Geduld, das nicht zu prätensiv wird, kann wohl befriedigen, und wenn Kinder kommen, die bei wachsamer Sorge für ihre Erziehung den Eltern so vielfache Freude gewähren, übersieht man ja gerne manche Schwächen des Weibes. Nur muß bei der Wahl vorsichtig darauf Bedacht genommen werden, daß die Ehe nicht von Nahrungssorgen getrübt werde. Das Weib muß so viel besitzen, daß sie die Besoldung des Mannes gar nicht in Anspruch zu nehmen genötigt ist, dann fällt auch so mancher häuslicher Zwist weg. Du hast Erfahrung genug, um Dich bei einer allfälligen Wahl nicht durch kindische blinde Liebe leiten zu lassen. Nur keine Klagenfurterinnen, die hiesigen Mädchen sind alle verzogen, Tag und Nacht trachten sie bloß nach Unterhaltungen, und man brauchte immervolle Säcke, um ihre Laune zu erhalten."

Was soll's damit? — Der Sohn zuckt die Achseln und legt den Brief beiseite. Wirkliche Freude bereiten ihm dagegen die Nachrichten des Bruders, der nun dank Adolphs Ermahnungen aus seiner Verträumtheit aufgeweckt zu sein scheint. Er schreibt ihm von verschiedenen Erlebnissen, darunter von einer Abschiedsfeier mit Freunden „bei einer großen nächtlichen Champagner- und Punschsauferei. Draußen war ein furchtbares Gewitter, aber unsere Köpfe glühten so, daß ich glaubte, es sei der blaueste Himmel." Eine andere „große Sache" war ein Ausflug auf die Villacher Alpe „mit 30 Personen und 14 Trägern. Am Gipfel zündete man Feuer an, wir brateten vorne und froren hinten, aßen, soffen und sangen."

In der Klagenfurter Gesellschaft besucht Franz vor allem die Familie Anton v. Moro, wo er — für Adolph besonders interessant —

unter verschiedenen Persönlichen auch Metternichs Geheimsekretär Hofrat Depont und den Staatsrat Pilgram trifft. „Die Erscheinung des letzteren", erzählt der Bruder, „und seine ganze Benehmungsart macht wirklich den stärksten Eindruck: er ist klein und doch imponierend, und trotz der hohen Stimme eines Greises besitzt er ein männliches lebhaftes Wesen. Die ganze Justiz war ihm zu Ehren zu einer Soiree bei Landeshauptmann Sterneck eingeladen und wurde ihm vorgestellt. Sein offenes unbeugsames Benehmen gewann in meinen Augen besonders, wenn ich ihn mit den Manieren des Hofrates Depont verglich, der ein süßer kriechender Schmeichler ist. Man sieht wohl, wie die Justiz doch noch die Unabhängigkeit und die Männlichkeit unter allen Staatsbeamten am meisten repräsentiert."

Was Franz vor allem zu den Moros hinzieht, ist die jüngste Tochter Emma, die eine unendlich zarte Neigung in ihm erweckt hat, und diese tiefe Verbundenheit blüht bis zum frühen Tode der beiden Liebenden ergreifend fort. Er wird 22 Jahre und schreibt an Adolf wieder melancholischer:

„Ich fühle den Monat Juli in meinem Leben, viel vom Frühling liegt hinter mir, viel auch von seinen Hoffnungen. Die Blumenfarben werden dunkler, die Wege verwachsen. Die Frucht steht über der Erde, so reich oder so arm, wie sie Himmel oder Mensch gepflegt. Es gibt keinen Lenznebel mehr, keine ersten Schwalben, keine schuldlosen Veilchendüfte. Die Zeit der süßen Ahnung ging zu Grabe, und in der Klarheit liegt oft mancher Schmerz."

Wie sehr gleichen sich doch die Brüder — auch Adolphs Tagebuch verrät neue Niedergeschlagenheit:

„Die Tanzsoireen zeigen mir mehr als je, um wieviel ich selbst seit den letzten Jahren älter geworden bin. Ich gehe auf verwelkten Blättern, bar jeder Illusion. Meine Haare fallen aus."

In dieser schlechten Laune legt er sich — ähnlich wie seinerzeit der Großvater mit seiner Titusperücke in Verona — nun eine Frisur *„à la Renaissance"* zu. Den Vater überkommt neuer Schrecken: „Ein Augenzeuge erklärte, daß Du abscheulich damit aussiehst und fast nicht zu erkennen bist. Dabei habe ich noch ein anderes Bedenken: ob es nicht einen Bezug auf die Wiedergeburt Deutschlands hat. Wenn es so wäre, so würde ich Dir wohl ernstlich raten, von einer solchen Neuerung keinen Gebrauch zu machen und Dich dadurch nicht zu verdächtigen. Ich empfehle es Deiner Klugheit, Dich nicht mit Dingen zu befassen, die nicht die allgemeine Approbation haben. Die Menge schließt nach dem Äußeren."

So wenig wie vorher die väterlichen Trostworte können nun die Warnungen seinen Mißmut verbessern, und so wird sogar gegenüber dem gutmütigen Onkel Alois und Tante Katharina, obwohl sie ihm niemals etwas zuleide tun oder billige Mahnungen erteilen, seine Stimmung kritischer. Aber die beiden Leutchen wissen den schwierigen Neffen auf ihre Art zu nehmen und wieder verträglicher zu machen, und tatsächlich: was seine Bekanntschaften in den Salons — denn Freunde hat er nach seinem wiederholten Wort noch immer nicht zu verzeichnen — vergeblich versuchen, gelingt in dem Hause des biederen k. k. Zollamtskontrollors: Adolph gewinnt wieder Fassung und Lebensmut.

Er öffnet sein Schreibpult und überprüft die zurückgelegten Manuskripte. Mehrere kleinere Beiträge übermittelt er für das „Taschenbuch" des ihm gutgesinnten Buchhändlers Pfautsch, der sie auch aufnimmt, aber gleichzeitig bei weiteren Zusendungen zu bedenken bittet, „daß die Zensur bei Taschenbüchern, die doch hauptsächlich jungen Mädchen in die Hände kommen, immer strenger ist als bei gesammelten Erzählungen. Taschenbuch-Novellen gefallen nur dann, wenn sie einen guten fröhlichen Ausgang nehmen."

Tschabuschnigg nimmt's zur Kenntnis und schlägt dafür in einigen der begonnenen Novellen eine um so schärfere Tonart an. Dazu gehört vor allem in der geplanten Sammlung »Humoristische Novellen« die Satire »Metamorphosen«, die sich sarkastisch — man merkt wie in seinen Jugendgedichten wieder Heinrich Heines ätzenden Einfluß — über die Anbetung des Virtuosentums im Vormärz lustig macht. Er verspottet den überschwenglichen Enthusiasmus beim Auftreten des Paganini und der Henriette Sontag und geht zuletzt, unvorsichtig und überflüssig, noch so weit, den gefährlichen Kritiker Saphir als Affen, wie er tatsächlich öffentlich verschrien wurde, zu verhöhnen:

In einer Menagerie-Gesellschaft „wird der herspringende Affe als Poet, als der unvergleichliche Geist, der Witzling, der Satiriker, der Humorist" — Saphir war der Herausgeber der Zeitschrift »Der Humorist« — „stürmisch begrüßt. Er riß", spottet Tschabuschnigg weiter, „das Jabot hervor, zog an Manschetten und Krawatten, sprang von einer Dame zur anderen, schnitt nach allen Seiten Kratzfüße, schlug Purzelbäume, wies neckisch die Zähne und anderes und fraß Feuer.

Welch göttlicher Humor!", geht es weiter, „beim Stix, der ist die Krone des Parnasses, der neue Apollo!

Er verneigte sich gerührt, taschenspielerte mit Worten, riß Possen, eskamotierte Gefühle, wiederkäute, verschluckte seine eigenen Exkremente und übertraf sich selbst.

‚Was bedürfen wir noch Klassiker, der Erstaunenswerte ist die Quintessenz der siebenundsiebzig Kamele des Abendlandes!', rief der eine, — ‚er ist das Potpourri aller poetischen Blumen!', rief der andere.

Der Herr vom Hause nahm ein kleines Peitschchen und hieb es ihm unter die Füße: ‚Seien Sie witziger, wenn es Ihnen gefällig ist, noch origineller und unübertrefflicher.'

Jetzt leistete der literarische Affe das Unglaublichste. Er sprang bis an die Decke, gaukelte possierlich, purzelte, kollerte, schrie, ächzte und fiel endlich in höchster literarischer Ekstase zu Boden. Alle waren gerührt und selbst der Fuchs trocknete sich die Augen mit dem Schwanze."

Als Preisnovelle für Lemberts „Telegraph" bestimmt, wird sie von der Zensur selbstverständlich verboten, und Saphir merkt sich diese überböse Charakterschilderung des Herrn von Tschabuschnigg für spätere Rache, die prompt nachfolgt, gut vor. Auch der vorsichtige Vater schüttelt wieder besorgt den Kopf: „In Deinen »Humoristischen Studien« bist Du etwas bitter, wo nicht grell, und das will niemand leiden. Bleibe lieber bei Deinen früheren schwärmerischen Novellen und greife die Gesellschaft nicht an. So was wird nie verziehen."

4

„Möge sie's denn lassen!" schreibt er zurück — aber er fühlt sich erleichtert, denn er hat nun seinen eigenen Stil gefunden, und das Peitschchen, das der Hausherr in den »Metamorphosen« gegen den Affen geschwungen, wird in Tschabuschniggs Hand immer mehr zu einer kritischen Feder gegen die Gesellschaft. „Nein, lieber Papa, nicht die Gesellschaft, die nichts Besseres verdient, hat mir zu verzeihen, sondern nur ich ihr, die mir so viel angetan hat, aber ich habe keinerlei Absicht, ihr die Absolution zu erteilen!" Sein Humor wird ab nun in seiner Dichtung von einer schmerzlichen Ironie durchzogen, und seine Satire kommt nicht aus einem lächelnden Herzen, sondern stammt aus einem kühlen und hochmütigen Verstand. Diese unerbittliche Haltung, diese Verachtung der Welt gegenüber behält er bis zuletzt bei, und er wünscht auch weiterhin keine Kameraderie, weder im Amt noch in literarischen Kreisen.

Er schreibt an seinen Gedichten und Novellen weiter, doch die Fesseln der vormärzlichen Zensur, die der Veröffentlichung seiner Arbeiten die Genehmigung verweigert oder endlos hinauszieht, werden immer drückender. So wendet er sich am 11. November 1838 in einer plötzlichen Aufwallung mit einem Gesuch unmittelbar an den Präsidenten der Zensurhofstelle Joseph Graf Sedlnitzky in Wien. „Ich, beschäftige mich", schreibt er, "seit ein paar Jahren, meine poetischen und prosaischen Schriften zu ordnen und zu revidieren. Nachdem ich es beendet hatte, fand ich an der Cottaschen Buchhandlung in Stuttgart auch einen ehrenwerten Verleger und vorteilhafte Bedingungen, es wurde jedoch schnelle Ablieferung des Manuskriptes, zumindestens der ersten Lieferung verlangt. Schon im September dieses Jahres überreichte ich daher durch meinen Kommissär in Wien die Niederschrift meiner Gedichte zur Zensurierung. Ich wagte die Dringlichkeit der Erledigung in einem besonderen Gesuche darzustellen, mein Kommissär wird von Woche zu Woche zur Wiederanfrage bestellt, aber obwohl das Heft kaum zwei Stunden zur Durchlesung erfordert, kann ich die Erledigung bis nun in ebenso vielen Monaten nicht erhalten. Noch in diesem Monat werden die zwei folgenden Teile, Novellen, und mit Ende des Jahres der Roman »Ironie des Lebens« zur Zensurierung vorgelegt werden. Wird mir nicht das Glück einer baldigen Erledigung zuteil, wird der Verlagsvertrag rückgängig."

"Das Fach der Novelle und des Romans", setzt er fort, "steht in Österreich den diesfälligen Leistungen des deutschen Auslandes noch immer nach; mir gelang es in den letzten Jahren, eben darin einigen Ruf zu erwerben, ich schmeichle mir, mit dieser Sammlung meinem Vaterland nicht Unehre zu machen. Meine Tendenzen sind überall redlich auf das Gute, Wahre und Schöne gerichtet, die Grundsätze der erhabenen Regierung Österreichs sowie seiner hohen Zensurstellen sind der Gegenstand meiner innigsten Überzeugung und Verehrung und meine Ansicht davon so durchdrungen, daß ich nicht einmal denselben zuwider schreiben könnte. Im Bewußtsein der untadeligen, mit den Zensurvorschriften übereinstimmenden Grundlage meiner Schriften würde es mir, Exzellenz, schmerzlich fallen, wenn ein Zufall, ein Mißverständnis den Wert meiner einzelnen Novellen zerreißen oder stören und mich außer Lage setzen würde, der Clique der sogenannten jungen, sich gegenseitig zu den Wolken erhebenden Literatur gegenüber, wenn auch einzeln doch würdig, in die Schranken zu treten."

Zunächst interessieren sich die Hofräte in der Wiener Zensurstelle näher für den jungen Herrn, der seine Beschwerden so aufrührerisch anmeldet. Aber der Bericht, der aus Triest über ihn einlangt, klingt durchaus günstig:

"Der Literat Adolph Ritter von Tschabuschnigg, welcher für das Pariser Journal *Panorama d'Allemagne* Beiträge zu liefern beabsichtigt, gehört einer wenig bemittelten Familie in Kärnten an, wo sein Vater eine ständische Bedienstung bekleidet, hat die juridisch-politischen Studien zurückgelegt und seithin durch vier Jahre in Klagenfurt, seit drei Jahren beim hiesigen Stadt- und Landrecht als Auskultant gedient. Er widmet einen bedeutenden Teil seiner Zeit literarischen Beschäftigungen, besucht mehrere angesehene Häuser, unterhält einen gewählten Umgang und gibt hinsichtlich seiner Lebensweise und Gesinnungsart zu keiner unvorteilhaften Wahrnehmung Veranlassung. Seine literarischen Arbeiten haben ihm bereits einen Namen in der Gelehrtenwelt erworben und lassen unbedenkliche Grundsätze erkennen."

Doch trotz dieser vorteilhaften Beschreibung bleiben die Zensurgenehmigungen auch weiterhin lange liegen, so daß die geplante zweite Auflage seiner Gedichte und die Erzählung »Ironie des Lebens« erst im Jahre 1841 erscheinen können. Außerdem hat Tschabuschniggs Petition an den allmächtigen Sedlnitzky noch eine unerfreuliche Reaktion aus Literaturkreisen. Der Hinweis, daß seine Arbeiten im Verlag Cotta erscheinen sollen, war verfrüht bekanntgegeben, und sofort erhoben sich dagegen kritische Stimmen. Auch Karl Gutzkow spricht es wenig später in seinem »Telegraph für Deutschland« mit aller Deutlichkeit aus: „Es ist nicht möglich, daß Tschabuschniggs Gedichte bei Cotta erscheinen, denn dann würde der Nimbus der von Cotta verlegten Lyrik aufhören." Der berühmte Verleger von Goethes Werken fühlt sich peinlich berührt und zieht sich von Tschabuschnigg sachte zurück. Eine neue Wunde beginnt zu bluten.

Doch läßt er es sich nicht anmerken, er besucht wie immer die Salons, setzt sich an die Spieltische, nimmt an den Soupers teil und amüsiert sich durch den ganzen Fasching. „Das Ende des Carnevals war nicht von Übel. Mein Anteil an den Tanzbelustigungen wuchs wieder, ebenso machte ich den Corso mit. Auch weibliche Reize fanden mich zugänglich. Madame Sartorius gefiel mir, ungeachtet daß sie nicht eben so schön."

Umsomehr ist es das Mädchen Fanny, dessen Bekanntschaft er wenig später macht und Liebeserfüllung findet: es ist „die Mätresse eines Engländers, der sie seit drei Tagen verlassen hat. Sehnsüchtige Trauer und der Genuß eines stärkeren Weines versetzten sie in eine dithyrambisch-exaltierte Stimmung. Fanny ist ein sehr schönes Geschöpf, blonde Haare, blaue Augen, großer Wuchs, — ihre Umarmung war wahrhaft feurig mit tiefem Schmerz vermischt. Ihr schöner weißer Busen und Hals dufteten von frischen Veilchen" — es blüht soeben der März — „und es war mir, als hielte ich den ganzen jungen Frühling im Arme. Doch der Engländer scheint zurückgekehrt zu sein, — wann werde ich den Veilchenduft wiederfinden?"

Auch Franz hat den Fasching in Klagenfurt gut verbracht, „er tanzt viel, im Casino und bei den Familien Moro, Egger und Sterneck und kommt erst in den Morgenstunden nach Hause", ohne daß der Vater Einspruch erhebt, als wollte er das Kind die kurze Lebenszeit noch voll auskosten lassen. Er erhält auch eine Einladung zum Ball der Kadetten, „dagegen nicht die Gabriele Wolf, weil sie die jungen Herren einmal ‚Rotzbuben‘ genannt hat, ebenso wie die Demoiselles Mussak und Krampelfeld, die sich ähnliche Mißschicklichkeiten zukommen ließen." Adolph lacht über diese Klagenfurter Skandälchen und freut sich über die Lebenslust des Bruders.

Trotz des starken Arbeitsanfalles im Amt — im ersten Halbjahr 1838 kommt er ohne Prozesse auf rund 3000 Akten und beklagt sich über diese Belastung bei Dingelstedt in Wien — wendet er sich stärker seiner literarischen Tätigkeit zu. Zunächst nimmt er eine Revision seiner Gedichte für eine neue Ausgabe vor, die ihn „sehr in Anspruch nimmt und sein Interesse erregt". Gleichzeitig setzt er die Arbeit an drei weiteren Erzählungen für den geplanten Band der »Humoristischen Novellen« fort. Wie die »Metamorphosen« verdienen auch sie weniger die Bezeichnung „humoristisch", da Tschabuschniggs Humor nur selten wärmend wirkt, als vielmehr sarkastisch oder ironisch. Tatsächlich ist es das spöttische und zugleich schmerzliche Lächeln eines Satirikers, der um die Dinge der Welt weiß und sich auf sich selbst zurückzieht. Deshalb trägt auch seine nächste große Novelle, an deren zweitem Teil er bereits arbeitet, den zutreffenderen Titel »Ironie des Lebens«.

Aus diesem Werk läßt Tschabuschnigg ein Fragment in Friedrich Witthauers „Album zum Besten der Verunglückten von Pesth und Ofen" erscheinen, und die „Zeitung für die elegante Welt" wünscht in ihrer Nr. 139 des Jahres 1838 „das baldige Erscheinen des ganzen Werkes mit Rücksicht auf Tschabuschniggs bedeutendes Erzählertalent". Auch sonst findet der Dichter bei der Kritik, vor allem in Deutschland, steigende Anerkennung. „Nun scheinen meine literarischen Arbeiten einigermaßen durchzugreifen", schreibt er den Eltern und zitiert die Worte, die Eugen M. in der heraldischen Zeitschrift „Adler" würdigend über ihn veröffentlicht hat:

„Tschabuschnigg gehört zu den wenigen Schriftstellern Deutschlands, welche Jean Paul mit Glück auf der von ihm geöffneten Bahn folgen und ihrer Prosa mit den reichen Anschauungsweisen ihres poetischen Geistes ein eigentümliches Feuer, eine fast orientalische Lebhaftigkeit verleihen. In diesem durch eine originelle Individualität noch eigentümlicher ausgeprägten Stil, der alle Einflüsse eines vielfach und in den verschiedensten Kreisen sich bewegenden Lebens in sich aufgelöst hat, tritt uns eine nicht minder originelle Lebensansicht entgegen, die, auf fast mythischer Grundlage ruhend, den ganzen tiefen Ernst der Gegenwart in sich aufgenommen und die widerspenstigen unverarbeiteten Elemente derselben mit leisem, wehmütig-ironischem Anhauche zur höheren Einheit verschmolzen hat. Tschabuschnigg gehört ganz der Gegenwart, ja ich möchte sagen eher der Zukunft als der Vergangenheit an..."

Der Frühling bedeutet für ihn wieder einen Rückschlag. „Er bringt mich", wie er Franz eingesteht, „wie jedesmal teilweise aus meiner poetischen Stimmung", und in das Tagebuch trägt er ein: „Meine Phantasie, mein Geist und mein Herz sind trocken."

Aus dieser Resignation heraus steigert sich seine Sehnsucht nach dem Elternhaus, die er dem Vater gegenüber geradezu ergreifend ausspricht. „Mein Herz hängt mit erdrückender Leidenschaft an Ihnen. Einst als Knabe konnte ich nicht schlafen, wenn Sie nicht zu Hause waren. Die Zeiten haben sich geändert, nicht auch mein Herz..."

In dieser seelischen Verlassenheit grübelt er weiter in sich und legt im Briefe an die Eltern vom 25. April 1838 ein neues Credo ab:

„Ich glaube nicht, daß der Mensch auf der Welt ist, um zu essen und zu trinken und ein gemachter Mann, sei's als Güterbesitzer, als Rentner oder sonst was zu sein. Ich glaube auch nicht, daß meinesgleichen — selbst in Österreich — dazu aufstehen und sich niederlegen, um zu arrivieren und seinerzeit ein Mann in Amt und Würden zu werden, — ich glaube es um so weniger, weil es auch nicht geschieht oder doch zu spät. Wohl aber glaube ich, daß alle äußeren Verhältnisse aus Irrtümern bestehen, daß der Mensch ist, wozu er sich macht, — ich glaube ferners, daß der Mensch die Welt als eine Erziehungsanstalt, von der diese Erde eine Elementarklasse ist, durchläuft, — ich glaube also, daß er hier wenigstens das Alphabet des Wahren, Schönen und Guten erlernen soll und daneben in den Rekreationsstunden allenfalls auch sich unterhalten und genießen kann."

Schmerzlich empfindet er, daß inzwischen das alte Verhältnis zu dem Jugendfreund Paul Renn — dem einzigen von allen, dem er bis zum Lebensende diese Bezeichnung restlos schenkt — abgerissen ist, ohne daß er einen Grund dafür findet. Bei seinem schwierigen Charakter hat er überall Abweisung erfahren und ist in Not geraten. Tschabuschnigg unterstützt ihn wiederholt mit Geld und bittet den Vater, sich für ihn zu verwenden. Dieser tut's und verschafft dem jungen Mann eine Stelle als ständischer Kanzleipraktikant, doch bewährt er sich nicht zur Zufriedenheit seiner Vorgesetzten. Nach dem väterlichen Urteil „arbeitet er als mein Amanuensis, doch konnte ich ihn alles Zuredens ohngeachtet nicht dazu bringen, daß er sich auch um die Kanzlei- und Registraturgeschäfte freiwillig annehme, dem an einer Seite halb gelähmten Gallenstein an die Hand gehe und sich auf diese Art Verdienste sammle. Da ich selbst alle größeren Sachen arbeite, hätte er Zeit genug dazu, aber er arbeitet nur, was man ihm vorlegt, wenn er auch sonst ganze Tage nichts zu tun hat."

Weiter wird geklagt, daß er „alle Nacht zwischen 12 bis 1 Uhr nach Hause kommt, sich dann unruhig benimmt, und wenn man ihn zur Ruhe verweist, alle mit dem Totschießen bedroht und abscheulich tobt". Renn wird amtlich zur Ordnung verwiesen, worauf er, „äußerst erschrocken", beinahe zu weinen anfängt. Er hat auch seine Mutter verlassen und ein eigenes Zimmer gemietet, aber schon nach vierzehn Tagen muß er es aus Geldmangel wieder aufgeben und in das Schusterhäuschen zurückkehren.

„Daß Renn", schließt Vater Tschabuschnigg, „nach so vielfältigen Erfahrungen nicht gescheit geworden ist, wundert mich sehr. Aber drückende Verhältnisse ketten selbst nicht gewöhnliche geistige Menschen an eine gewisse Gemeinheit. Doch würde er gewiß aufsteigen, wenn er sich durch Fleiß und eine bessere Schrift, Bereitwilligkeit und geschmeidiges Betragen Freunde erwürbe, — dieser trockene Held weiß sich jedoch nicht beliebt zu machen."

Adolph, über diese Beurteilung niedergeschlagen, versucht Renn Haltung zu geben, erhält aber auf wiederholte Briefe von ihm keine Antwort. „Ich weiß mich gegen ihn nicht schuldig und glaube, ich werde ihn zu Neugebauer unter die verlorenen Freunde schreiben müssen."

Trotz dieser Enttäuschung gewinnt er wieder Fassung und „geselliges Leben macht sich allmählig wieder", schreibt er dem Bruder und teilt ihm mit, daß sich sein Idealbild neu geformt hat:

„Ich habe mich aus der Romantik früherer Jugend in die Antike gearbeitet: Genuß und Ruhe! Wo fährt der Mensch besser?"

5

Um so verwunderlicher mutet es an — und doch kann es bei Tschabuschnigg kaum anders sein —, daß er sich gerade 1838, im Jahre dieser weltanschaulichen Wandlung, für seine Urlaubsreise nicht etwa ein Land antiker Klassik mit Marmorsäulen, sondern die Gaue deutscher Butzenscheibenromantik, die in Mode steht, auswählt. Er weiß es aber zu begründen, „daß es für einen Deutschen wohl billig sei, dies Land kennen zu lernen", und er findet es „am füglichsten, mit dem Rhein und dessen Umländern zu beginnen. Er erscheint mir als ein Gleichnis germanischen Sinnes und Wesens, und seine Rebhügel, seine Dome, Burgen und Städte sind die schönsten Urkunden deutscher Entwicklung und Gesittung."

Am 14. Juni 1838 tritt er, wieder mit Baron Forgatsch gemeinsam, die Fahrt an und leitet sie „aus Neigung zur Gründlichkeit und stetigem Fortschreiten" mit dem „Alpenrevier" des Graubündner Landes ein, steht versunken vor der „wunderbaren Natur" des Rheinwaldtales und bricht dann nach Vorarlberg vor, wo ihn vor allem die geschäftige Tüchtigkeit der Bevölkerung auf dem Gebiete des Manufakturwesens besticht. „Alte Schloßgebäude sind in Unternehmen für Wolle, Kattun und Schnellbleichen umgewandelt, daneben wird aber fast in jedem Familienbetriebe an einem Zweig dieser Erzeugnisse, die bis Paris hin geschätzt werden, mitgearbeitet. Rohe Baumwolle wird eingeführt, läuft durch hundert Hände und verläßt nach kurzer Zeit das Ländchen als bunter, gestickter und kostbarer Stoff."

Über den Bodensee geht es nach Schaffhausen und dann, dem Rhein folgend, in verschiedenen Kreuz- und Querzügen, bis tief in das umliegende Land. Er durchwandert Schwaben und den Schwarzwald, und die Münster von Basel und Freiburg eröffnen ihm als erste die Reihe berühmter altdeutscher Kulturstätten, denen die Dome von Straßburg, Speyer und Worms nachfolgen. Ab Mainz durchfährt er den Rheingau im Kahn, vorbei am Ehrenbreitstein und Rolandseck, an schönen Stellen wird gelandet, Burgen und Aussichten werden bestiegen, und bei der Fahrt durch das Siebengebirge erscheinen ihm „wie aus einem Märchen die riesigen Flügel der vielen Windmühlen und erzählen Episoden aus dem Don Quichote". Immer wieder zeigt sich ihm „die edle Richtung des Deutschen und seine innige Frömmigkeit und biedere Romantik".

Der Nachen treibt am Felsen der Lorelei vorbei, der zu Ehren Tschabuschnigg einen Gruß mit dem Waldhorn hinauftönen läßt und „sich an dem wiederholten Widerhall erfreut, bis er zuletzt in leisen Seufzern verklingt". Aber nicht nur die Märchengestalt, die ihre goldenen Locken verführerisch kämmt, sondern auch die „deutschen Weiber", denen er hier begegnet, haben es ihm angetan: er blickt in ihre „treuen blauen Augen", schwärmt von ihrer „altgermanischen Blondheit mit den langhängenden Flechten", und vollends bei den Hessinnen träumt er an das „schon bei den alten Katten so häufige rote Haar" zurück. Vergessen sind die zulächelnden Augen der kleinen Sartorellen von Triest, die schönen Venezianerinnen auf dem Bacchanale am Lido und die vornehmen Damen in den eleganten Equipagen aus Mailand, die er so bezaubernd gefunden hat...

Bei Bingen, „in einer Rebenlaube, umgeben von Rosenhecken, wird mit einem Glas Liebfrauenmilch dem Rhein ein Lebewohl zugetrunken". Den größten Eindruck schenkt ihm zum Abschluß Köln, „dessen Physiognomie noch die unverkennbaren Linien der historischen Reichsstadt trägt. Die alten Häuser vermehren das ehrwürdige Aussehen, die Weiber" — er wiederholt es — „sind schön und von deutschem Schlage. Man könnte darunter Vorbilder zum Gretchen im »Faust« finden, — dieselbe beschränkte Bürgerlichkeit mit der dunklen unendlichen Sehnsucht, dieselbe engbrüstige Sitte mit der Ahnung freieren Glücks, die Gretchen darüber erhebt und vernichtet..." Gleichzeitig stellt er aber auch mit Kennerblick fest, „daß die fleischliche Fülle der Kölnerinnen an die niederländische Nähe erinnert."

Den künstlerischen Höhepunkt erlebt er im Inneren des Domes, den er, trotzdem er noch nicht ausgebaut ist, als den schönsten in Deutschland preist. Von der dreiteiligen Bildtafel des Meisters Stephan von Köln mit dem Mittelstück der „Anbetung der Drei Könige" und den beiden Seitenflügeln mit den Legenden der heiligen Ursula und von St. Gereon ist er tief berührt. „Dieses herrliche Werk fordert mich zu ernstem Nachsinnen auf und wendet alle meine Gedanken in Ehrfurcht dem Auffassen und der Würde des deutschen Vaterlandes zu." Es wirkt wie eine vollkommene Umkehr in seinem bisherigen Denken, die sich in ihm vollzieht und ihn — während er alle klassischen Ideale von ihren Piedestalen zu stürzen scheint — zu einem Deutschtümler umwandelt.

„Unser Deutschland", schreibt er, „ist hochherrlich und ewigen Preises wert. Als die Antike" — die er so unendlich geliebt hat — „unwiederbringlich zertrümmert war und ihre Ansichten und Satzungen nicht länger für die Menschheit paßten, als auch der Orient nur Genuß, feige Erschlaffung neben verheerender Überspannung bot, war dem Norden die doppelte Wiedergeburt der Erde und des Geschlechtes vorbehalten. Der Hunne und seinesgleichen mochten zerschlagen, — der Germane schuf. Hinter Klippen und Wäldern des Nordens war ein Rest des ursprünglichen unverdorbenen Geschlechtes aufbewahrt worden, zur rechten Stunde brachen die Recken mit blauen Augen und blonden Haaren hervor und bauten die neue Welt über den Trümmern der alten. Ihre Muskeln waren Stahl, ihre Nerven der Verführung nicht zugänglich. Sie wußten wenig" — was richtig ist —, „aber nichts Falsches" — was weniger stimmt. „Wie den Hirten des Gebirges verkündeten ihnen Engel die christliche Sendung und fanden reine willige Herzen. Die Antike wollte in Schönheit und Genuß den Himmel auf die Erde ziehen, — das Christentum bildete in Wahrheit und Entsagung die Erde für den Himmel."

Man staunt. Ist dies wirklich Tschabuschnigg, der hier spricht, der kühle, der skeptische Geist, der jedes Wort zuvor wägt und überlegt? — Doch man kommt nicht zur Beantwortung der Frage, da er schon im Predigerton weiterredet:

„Die Deutschen", verkündet er, „hatten nichts zu vergessen, nichts abzulegen, — nur zu erlernen, zu erstreben. Beides taten sie redlich und ureigentümlich, und im Gegensatz zu anderen Völkertrümmern ward das große Germanien die eigentliche Wiege der jungen selbständigen Entwicklung. Die Bildung schritt hier allerdings langsamer hervor, aber organisch und dauernd. Von innen heraus gestaltete sich das Leben, — die deutsche Gesittung ist nicht erlernt und eingeprägt, sie ist erfunden und angelebt. Der Deutsche ist noch ein scharfer eckiger Urgranit, die Völkerwanderung trug ihn aus den Höhen des einsamen Nordens, er ist noch nicht abgerundet und vermorscht in tausendfacher gesellschaftlicher Umwälzung. Die Deutschen schufen, was sie bedurften, sie raubten nicht aus den Trümmern. Ihre schönste Zeit steht ihnen noch bevor."

Welch hochtönende Worte, welch leerklingende Phrasen, die er freilich nicht in die Briefe an den kritischen Vater aufnimmt. Er hält es sogar für „schön und ersprießlich, daß es nicht einen deutschen Staat, sondern nur einen deutschen Bund gibt, denn so findet jede Neigung, jede Anlage um so leichter ihren Schauplatz. Hundert Musenstädte" — eine neue Übertreibung — „blühen, aber keine Zentralstadt zerstreut oder verdirbt die deutsche Jugend. Die Säfte der Intelligenz pulsieren gleichmäßig verteilt über die ganze Oberfläche. Nach althergebrachter Weise schreitet die deutsche Bildung und Gestaltung weiter, weise Fürsten und treue Völker arbeiten daran in redlichem Einverständnisse, unser Deutschland hat noch keinen Tyrannen..." Wie muß sich doch über diese Lobpreisungen die Zensur erfreut gezeigt haben, und welches Spottgelächter von Heinrich Heine, hätte er diese Worte gelesen, wäre von Paris herübergeklungen!

Die letzte Huldigung gilt der deutschen Dichtkunst. Kriemhild ist die treue züchtige deutsche Frau, und nur eine einzige Liebe erschöpft den Reichtum ihres Herzens. Helena ist nur das helden- und götterumworbene Weib der Antike, verführerisch reizend, wandelbar und gefährlich. Wem aber glichen bisher die Frauengestalten, denen Ritter Adolph begegnete? Gerade Begierde und Lust am Besitz waren es, die ihn verlockten und Erfüllung verhießen. Weiß Gott, in die deutsche Liedertafel von frommem Werben und keuscher Liebe hat er niemals miteingestimmt und ist an solchen Sängern hochmütigen Blicks vorbeigegangen — „*guarda e passa*", zitiert er seinen Dante.

Seltsame Nebel haben Tschabuschnigg bei dieser Deutschlandreise begleitet. Nur umwölken konnten sie aber die alten klassischen Säulen der Antike, die bei seiner Rückkehr wie das Memnonswunder wieder geheimnisvoll aufklingen. In Triest, unter der Sonne des Südens, heben sich die nordischen Schleier, und aufs neue sieht er über sich den geöffneten griechischen Götterhimmel mit Helena in seiner Mitte.

SCHWARZE SEGEL

1

Von der Deutschlandreise heimgekehrt, verbringt Tschabuschnigg zwei Wochen in Klagenfurt, „und die Liebe, die ich im Elternhause wieder empfangen habe, verschwindet nun hinter Schatten. Ich fühle mich sehr verlassen und würde Triest jeden Augenblick vertauschen." Und wenig später: „Mir gelingt nun lange nichts, jede Aufmunterung zu literarischer Tätigkeit mangelt." Alle Montage ist er bei Salem, jeden Mittwoch bei Gogola und am Freitag im Hause Böckmann oder Mangiarli zu einer Spielpartie eingeladen. Zu neuen Bekannten, deren Umgang ihm wertvoll erscheint, zählen der griechische Fürst Manracordatos, der Visconte Chissi und der amerikanische Konsul Moore. Sonst bleibt er abends meistens zu Hause und liest in Mayers „Weltgeschichte" die Kapitel über Griechenland und Rom.

Inzwischen hat Baron Forgatsch Südtirol bereist, er kam auch nach Gleifheim und berichtet dem Freund über Julie:

„Sie sieht voller und besser aus als vor einigen Jahren, man könnte ihr nur 24 Jahre geben. Sie ist ruhig, ohne Schmerz, streng fromm, eine Trappistin, vom Umgang mit Menschen und von Gesprächen entwöhnt." Er sprach mit ihr von ihm: „Sie äußerte sich gelassen, ohne Aufregung, tadelte streng meine Gleichgültigkeit bei der Auflösung unseres Verhältnisses" — hier kann Tschabuschnigg nur schwer an sich halten — „meine Annäherung an Lenette, mein stolzes Entfernthalten von ihrer Familie und meine kostspieligen Reisen. Ich sei meines Wortes gegen sie quitt, ob sie noch etwas für mich fühle, äußerte sie sich nicht, meine Rose ließ sie unberührt an ihrem Bilde stehen. Eugen Forgatsch glaubt, in der Tiefe ihres Herzens lebe auch mein Bild, — gewiß ist, daß sie die Liebe für mich verloren hat. Auch mein Herz wendet sich von ihr . . ."

In diese fast unheimlich dunkle Stille, die ihn umgibt und auch das Elternhaus mit einschließt, fällt plötzlich ein furchtbarer Blitzschlag: am 22. Oktober 1838 stirbt Emma von Moro, die der Bruder so unendlich geliebt hat, an einem Nervenfieber. Als Folge befürchtet man bei Franz den Ausbruch eines gleichen Anfalls, den er zwar übersteht, doch bleiben ständig quälende Kopfschmerzen zurück. Adolph versucht ihn zu trösten, aber er findet, obgleich er sich mit dem Bruder so tief verbunden fühlt, doch nicht die richtigen Worte, da der Hinweis auf eigenes Herzleid einen Trauernden kaum aufzurichten vermag:

„Ich kenne den Schmerz gebrochener Liebe, wir scheinen nicht zu ihrem Glück erlesen. Ich habe Jahre lang daran gesiecht, aber ich bin nun ruhig, ja geheilt. Dich beraubt mit einem einzigen dämonischen Schlage der Tod durch Götterwillen, mich hetzte monatelang elende, sündhafte Menschenjagd, bis ich ins Tiefste gekränkt, äußerlich beschimpft, kraftlos und verzweifelnd abließ. Ich mußte nicht nur entsagen, sondern es auch wollen. Denn ich trug mich schon mit selbstmörderischen Gedanken, aber Gott und mein besserer Wille errettete mich davor. Man tötet sich aber auch durch Handlungen wie durch Unterlassungen. Wer sich dem Schmerze, der Körper und Geist vernichtet, hingibt, ist nicht weniger Selbstmörder, als der sich das Gehirn mit einer Kugel zerschmettert. Ich beschloß deshalb, die Vergangenheit, wenn auch nicht zu vergessen, so doch nicht zum Abgotte meines Lebens zu machen. Die Welt ist groß und schön und die Liebe eines Weibes nicht die Bestimmung unseres Lebens. Es ist ein Irrtum der Liebe, daß sie das eine Wesen unmäßig auf Kosten der übrigen allein vergöttert. Im treuen Nachstreben der Selbstvervollkommnung erringen wir uns Ruhe und Frieden, und unser Herz wird, ohne verlorene Wesen zu verraten, neuer Gefühle, neuer Liebe fähig. Sei stark!"

Wie schmerzlich gefühlsarm klingt doch dieser Brief, der mehr sich selbst bemitleidet, als den Bruder an sich zu ziehen, und der zweite gibt nicht mehr Trost:

„Alle Vorzüge Emmas, ihre ganze Liebe bleibe Dir unverloren, ja das Elysium Deiner Jugend selbst, — nur das Individuum ist verloren und muß es für hier so sein. Alles Gute, das sie besessen, wirst Du wiederfinden und, wenn Du die holde irdische Gestalt nimmer siehst, unter noch edleren Formen die Wiedererweckung feiern. Die Sehnsucht nach ihr vertilge aber bis dahin nicht Dein irdisches Leben und seine Bedeutung, übersehe und verkenne unterdessen nicht das viele Gute und Schöne, das diese Erde hat, — wolle es nicht!" Und er schließt seltsam kühl und fast richterlich urteilend: „Ohne dem Wert Emmas und der Tiefe Deiner Liebe nahe zu treten sage ich Dir: Überschätze den Wert der Dahingeschiedenen nicht, — der Tod, die zweite Welt, in der sie jetzt wandelt, wirft die Glorie der Verklärung auf sie, rechne aber diese nicht auf ihre früheren irdischen Eigenschaften."

Als er hört, daß Franz sich von jeder Gesellschaft zurückzieht, überkommt ihn selbst in diesen Trauertagen wieder seine unbeherrschte Heftigkeit:

„Du willst keine Freunde mehr, nicht einmal Frieden, Deine Wunde soll nie heilen, Du willst jeden Tag von neuem verbluten... Dann ziehe die Pistole dieser geistigen Vergiftung vor, — eine wie die andere raubt unseren Eltern einen Sohn, Dir das Leben, und so lange Du es auch hinschleppst, Deinen ewigen Wert!"

Aber Franz schreibt nur „still und mit einem friedlichen Aufschwung des Geistes" zurück: „Du verlangst von mir zu viel ... Ich kann es noch immer nicht übers Herz bringen, wie bisher nachmittags zu Moros zu gehen."

Nach Wochen schreibt ihm Adolph nochmals, aber es sind wieder inhaltslose Phrasen — „klassische Briefe", wie der Vater später derlei Ergüsse verächtlich nennen wird —, die tränenlos abgleiten:

„Glaube mir, jeder Schmerz ist vergänglich und es ist Frevel, dem eigenen Unsterblichkeit andichten und annötigen zu wollen. Der Schmerz ist eine Sphinx: wenn man sein Rätsel, die Vergänglichkeit, erkannt hat, stürzt sie sich über den Felsen ... Wenn ich jetzt mit Julie vor dem Altar stünde, ich wüßte nicht, ob ich ja sagen würde, — gewiß ist es aber, daß sie dick und fett geworden ... Glaube es mir, es wird eine Zeit kommen, wo Dein Herz die Fähigkeit neuer Gefühle wieder allmählich und ahnungsvoll in sich weben verspüren wird.

So begreiflich Deine Traurigkeit ist, so glaube mir, noch trister ist es, wenn statt des Todes böse Kniffe des Lebens einem die Liebe abjagen. Unsere Gefühle sind Klänge, Musik, und man wird kraftlos, wenn sie *in moll* übergehen, — aber die große Harmonie der Sphären rollt unerschüttert darüber. Werde Mann! Wie wäre es, wenn Du sie nie gesehen hättest?"

Aber jede Antwort von Franz ist wie ein Nocturno aus sternenlosem Himmel: „Von Emma ist nirgends mehr eine Spur als ein Grab. Meine Lebenskraft, meine Freude ist furchtbar vernichtet. Ein Herz, das uns geliebt hat, ist das Unersetzlichste, eine Hoffnung, die man auf eine andere Welt verschieben muß, wirft den Trauerflor auf das ganze diesseitige Leben. Meine ganze Natur neigt sich nun zum Trübsinn."

Zunächst vorsichtig, dann aber fast mit Gewalt gelingt es Tschabuschnigg, Franz wieder in die Gesellschaft zurückzuführen. Er beschwört ihn, „unsere Bekanntschaften in Klagenfurt nicht zu vernachlässigen, denn solange man lebt und leben will, muß man auch den Verhältnissen entsprechend leben. Wenn Du jene Beziehungen, die wir gemeinschaftlich haben, aufgibst, bringst Du nicht allein mich in eine widrige Lage, sondern auch unsere gegenseitigen äußeren Lebenssphären werden immer mehr geschieden und wir müssen uns notwendig entfremdet werden."

Aber ein Jahr später, nach dem Tode des Bruders, muß er selbstanklagend feststellen: „Mehr aus Liebe zu den Seinen gab er nach, aber er blieb seitdem doch nur ein Fremdling in der Runde der Freunde, die Gesellschaften fielen ihm oft schmerzlich zur Last und er kam ermüdet aus denselben zurück..."

Kurz nach Emmas Hinscheiden trifft die Familie Anton von Moro ein zweiter Schicksalsschlag: am 5. November stirbt auch ihre Mutter Cölestine an Typhus. „Ich verlor", bekennt Tschabuschnigg, „an ihr meine mütterliche Freundin und es gibt Tage und Wochen, wo ich nicht wenige Viertelstunden in tiefer Erschütterung der beiden Toten gedenke. Klagenfurt hat jetzt für einige Zeit für mich einen schweren Riß."

Doch wieder seltsam und für den Tagebuchschreiber wieder charakteristisch: „Mitten in diesen beiden Todesfällen entwickelt sich in mir ein köstliches Gefühl, eine innige Anteilnahme an Emmas Schwester Bertha, eine sanfte Liebe, die in der Entfernung und langer Bekanntschaft entstand. Wie glücklich wäre ich, wenn auch in ihrem Herzen eine Sympathie für mich entstünde, und wenn nach Erreichung einer äußeren Stellung dieses junge holde Herz noch einst das meine würde..."

Die letzten Wochen des Jahres 1838 verlaufen wenig erfreulich. „Ich habe", klagt Adolph an Franz, „seit meiner Rückkehr nach Triest keine Zeit erlebt, die so betrübend, hemmend, niederdrückend und entmutigend auf mich einwirkte. Es war eine lange Reihe von Mühseligkeiten, und nur weil ich will, kann ich sie in äußerer Ruhe ertragen. Es muß wohl wieder Fahrwind kommen."

Auch die Nachrichten von Franz aus Klagenfurt klingen kummervoll. „Des Vaters Geldverhältnisse sind wieder sehr in Verfall. Er ist deshalb überaus gereizt und schlecht aufgelegt, liegt, ohne krank zu sein, den ganzen Nachmittag und oft auch abends im Bett. Diese Erschlaffung und Nichttätigkeit macht ihn höchst düster."

„So hat", schreibt Adolph zurück, „1838 nur Unangenehmes und Trauriges gebracht, — sollte das Horoskop für 1839 nicht besser ausfallen?"

Das wird es leider nicht. Schon die erste Eintragung in das Erinnerungsbuch am 10. Februar 1839 ist ein neuer Aufschrei innerer Gebrochenheit:

„Ich war nun monatelang in so trostloser Stimmung, wie ich es seit fünf Jahren nicht mehr war. Kam ich damals in betrüblichster Weise zur Erkenntnis, daß sich mein inneres Leben nicht durchführen lasse, so wird es mir jetzt klar, daß auch die bescheidenen Hoffnungen meines äußeren Lebens Schiffbruch leiden müssen. Erstens sehe ich meinen Bruder in bitterem Gram seiner ersten Liebe niedersinken; ich selbst habe schlechteste Aussicht auf ämtliches Fortkommen, kein buchhandelnder Hund will meine Manuskripte kaufen, physische Leiden drücken mich darnieder, meine projektierte Reise nach Rom fällt für heuer wahrscheinlich durch, Geldmangel scheint sich einzustellen, überall Hindernis, Verzögerung — und über all dieses muß ich, bei bisher makelloser Ehre, von meiner vorgesetzten Stelle Impertinenzen einstecken. Es steht zu erwarten, daß ich freiwillig oder gezwungen mein Bündel schnüre."

Gleichzeitig eröffnet er sich dem Bruder: „Ideale Gefühle und Glücksprojekte taugen für unser Jahrhundert nicht. Du wirst mich prosaisch nennen, aber wenige waren so lange als ich ein Don Quichotte der inneren Welt, und, abgemagert und abgetrieben, halte ich immer noch Mühlflügel für Riesen."

Inzwischen ist aber der Carneval vorübergerauscht, und genau nach einem Monat setzt er in jähem Wechsel der Gefühle seine Eintragung fort: „Jene Periode gänzlicher Entmutigung neigt sich ihrem Ende zu; die äußeren Zustände sind nicht so arg und auch im Inneren wird es heller."

Doch glänzt dieser Hoffnungsschimmer nicht lange, und wieder nach einem Monat glaubt er den Boden unter den Füßen aufs neue zu verlieren:

„Auch das bisherige Jahr ist für mich eine Serie von Kalamitäten, die mich hindern, nahe am Leben zu gehen. Es bleibt endlich kein Ziel erreichbar, als ein ehrenvolles Dasein, das restlose Streben nach Vervollkommnung. Ich schwimme und ringe, wie konträr auch Wind und Wellen sein mögen, das Ufer werde ich wohl nur als Leiche erreichen und diesseits nie bis zu irgendeiner Landung kommen. Mag's sein, — ich ringe dennoch darnach, treibt mich der Sturm von einem Hafen, so steuere ich auf einen anderen. Der schönste wird für mich allerdings unwiederbringlich geschlossen bleiben. Lebte ich in einem anderen Lande, es ginge mir besser."

2

Trotz aller Bedrängnisse kommt Tschabuschnigg mit seinen literarischen Arbeiten auch in diesem Jahre gut vorwärts. Für den geplanten Band »Humoristische Novellen«, der, wie er hofft, 1840 bei Pfautsch in Wien herauskommen soll, hat er nach den »Metamorphosen«, in denen er Saphir verhöhnte, drei weitere Erzählungen vollendet.

Die »Kinder der Sonne« sind eine sanfte Liebesgeschichte, die in der Heirat eines jungen Paares zu einem glücklichen Ende kommt, aber das Hauptanliegen des Dichters ist als Umrahmung eine bittere Satire auf den grassierenden poetischen Dilettantismus mit verschiedenen Ausfällen auf das zeitgenössische Genietum, das voll Selbstüberhebung niemanden gelten lassen will. Er spottet über die Goethe- und Schiller-Gegner, zieht gegen das Junge Deutschland vom Leder und macht sich über die in Mode gekommenen orientalischen Gedichte von Freiligrath, der als „westöstlicher Freiherr von Philodor" auftritt, lustig. Auch Verleger und Kritiker kommen schlecht weg — ebenso geistreich wie witzig, bisweilen aber auch unüberlegt gezeichnet.

»Der 6. Akt« ist eine Persiflage auf die deutschen Lustspiele, die zwar immer gut ausgehen und wo die Liebenden sich um den Hals fallen, aber nach den Flitterwochen verfliegt allzubald die Süße des ersten Glücks, und der Alltag zeigt die Sorgen der Welt. Einen reizenden Mittelpunkt — diesmal wirklich humoristisch im besten Sinne — bildet die Gestalt des altmodischen Onkels Rokoko, der zum ersten Male eine Fahrt mit der Eisenbahn unternimmt.

Die böseste Novelle aus dieser Reihe sind »Die Weltverbesserer«, in der Tschabuschnigg seine ganze höhnende Ironie über die mondänen Liebesschwärmereien versprüht, aus denen, nach dem Ende der großen Leidenschaft, Zank, Streit, Ehebruch oder, wenn man Glück hat, Gleichgültigkeit hervorgeht.

Welch ein zorniger junger Mann ist's, möchte man fragen, der über die Liebe so pessimistisch urteilt? — Aber die Antwort ergibt sich aus dem enttäuschten Spiegelbild seiner Seele. „Meine Leidenschaft", erklärt er am 1. Juli 1839 dem Bruder, „war keine Blumen- und Mondschein-Liebe, ihre Wurzeln hatten durch alle Räume meines Lebens getrieben. Es liegt viel irdischer Irrtum in der Liebe. Reiz, Genuß, Eitelkeit, Träumerei sind die falschen Legierungen ewiger heiliger Wahlverwandtschaft. In Jahren des Studiums, Handelns und Erlebens lernte ich dies einsehen. Meinem Glücke zu entsagen, hab' ich lange gelernt, die Resignation ist bei mir kein Verdienst mehr."

Diesmal überläßt die „Carinthia" die kritische Aussage über die »Humoristischen Novellen« nicht Paul Renn, dessen Verhältnis zu Tschabuschnigg sich etwas umdüstert hat, sondern „bewußt der Anzeige eines ausländischen Journals, obwohl das Ausland über die in Österreich lebenden Literaten mit einem gewissen Vorurteil herfährt und oft ein ungerechtes Urteil über sie fällt. Wir wollen dabei nicht einmal die günstigste dieser ausländischen Kritiken wählen, die durchgehends alle Tschabuschnigg vorteilhafter beurteilen, als es leider in fast allen österreichischen Blättern geschehen ist." So kommt der „Berliner Gesellschafter" zu Wort, der sich in überaus würdigender Weise ausspricht:

„Der Verfasser der »Humoristischen Novellen« kennt das gegenwärtige Leben und ist dadurch Herr desselben geworden. Die Poesie stellt ihn über dasselbe und gibt ihm Kraft, lächelnd und sarkastisch zu sagen, was er unten sah und erlebte. Eine Menge von Bildern, Witzspielen, Anspielungen und närrisch ausgeputzten Gedanken, Hamlet'sche Weisheit in Narrenkappen und Betrachtungen der verschiedensten Art häufen sich üppig um Erzählung und Charaktere, so daß diese dem Leser oft unsichtbar und unklar werden und den einfachsten Gang der Geschichte verhüllen. So interessiert nicht eigentlich die Geschichte, sondern das Kleid derselben, nicht Begebenheit und Entwicklung, sondern das humoristische Spiel, das mit ihnen getrieben wird. Es nimmt alle Lächerlichkeiten und den Jammer unserer Zeit neckisch vor, zupft bald da, bald dort und läßt nichts ungeschoren. Die vier Erzählungen sind in der Tat so ergötzlich, so geistreich, erheiternd und befreiend, daß man sich einmal über den Jammer des Lebens und der Novellen, welche fabrikmäßig angefertigt und dem Publikum zu spottbilligen Preisen geboten werden, erhoben fühlt."

Tschabuschnigg kann zufrieden sein — nun beendet er für Pfautsch die Novelle »Eine Geschichte in drei Weltteilen«, für das Taschenbuch „Orpheus" den köstlichen »Onkel Tobias«, und als ein „Erinnerungsopfer an Emma" arbeitet er an der »Harmonie der Sphären«, doch, wie er dem Bruder mitteilt, „wird die Sache nicht so ausfallen, wie ich wollte und hoffte, denn ich schreibe jetzt seit Monaten mit Unlust und Widerwillen".

Die Briefe zwischen ihm und Franz wechseln häufiger und werden oft zu gegenseitigen Selbstbekenntnissen. Während des Sommers lebt er „so einsam als möglich" und beschäftigt sich neben spanischer Lektüre viel mit historischen und archäologischen Studien sowie mit der Geschichte der neueren Philosophie von Cartesius bis Locke. „Es ereignet sich nichts in meinem Leben, es ist vollkommen suspendiert und auch mein Inneres stockt. Vom Selbstschaffen bin ich ziemlich entfernt. Wenn ich einmal wieder als Einzelwesen erwache, werden nur abgerungene Kenntnisse die Marksteine dieser Jahre sein." Diese Zurückgezogenheit dauert noch während der Herbstmonate an, und er schließt: „Das Gewebe des Lebens wird immer schwerer und dunkler; die Titanen der eigenen Brust habe ich überwunden, die Milizen des Lebens werden mich aufreiben."

Doch jäh wird Anfang Dezember, wenn die Salons sich wieder öffnen, das melancholische Steuer vollkommen herumgerissen — das Leben hat ihn wieder.

„Das gesellschaftliche Treiben nimmt mich unabweislich in Anspruch. Ich halte den diesfälligen Zeittribut für eine Verpflichtung, die jeder Mensch in meiner Lage und den sozialen Verhältnissen gemäß zu erfüllen hat."

Diese neue Maxime muß er freilich dem Bruder, der darüber wieder erstaunt, etwas näher und nicht ganz unschwierig zu erklären versuchen:

„Wer sich ein Glück nach seiner Weise idealisiert, der lernt nie die Gelegenheit, den Augenblick zu benützen und zu genießen, — wer sich zu hohen edlen Taten und ausgezeichneten Leistungen berufen fühlt, versäumt sogar das mehr Löbliche und Nützliche. Auch die melancholische Anfechtung und Versenkung reift dem Kreuze entgegen, das jeder Schwärmer nach Schiller im dreißigsten Jahre, nach meiner Ansicht viel früher verdient. Mit dreißig Jahren ist der edle praktische Mensch unter dem Unkraut tauber Gefühle und Phrasen längst verwelkt. Sandkorn um Sandkorn muß man zum Bau der Ewigkeit reichen und nicht die Hände lässig im Schoße lassen, wenn einem die Errichtung von Pyramiden nicht gelingt. Man muß nicht, weil man Zentifolien der Freude nicht findet, alle Blumen absichtlich zertreten."

Und Blumen zertreten, das hieße an den Freuden schöner Frauen achtlos vorüberzugehen — nein, das war und ist Tschabuschniggs Sache niemals. Ein neuer Stern strahlt auf, als er in den Soireen der Wintersaison die Sängerin Ungher kennenlernt:

„Es ist das liebenswürdigste Weib, das ich je gesehen, ich brachte sehr viele, ja alle meine Zeit bei ihr zu, trinke fast täglich nach dem Theater bei ihr den Tee. Die gewählte Gesellschaft, die sich dort fand, zog mich ebenfalls an. Forgatsch wird sie wohl nicht heiraten, aber ich machte ihr in der Tat die Cour. Ich war zwar nicht verliebt, aber doch sehr angezogen, noch klingen ihre Lieder an mein geistig Ohr und mein Inneres ist nicht ohne Aufregung. Am Vorabend des Abschieds gaben ihr Waldstein, Forgatsch und ich ein Souper, das 70 Gulden kostete, sie am letzten Tage ein Diner. Zum Abschied überreichte sie mir einen Kranz mit Blumen, die den Anfangsbuchstaben ihres Namens bildeten. Ich muß mich wieder wundern, daß ich mit diesem Gesichte Glück bei Damen habe. Es ist wundervoll, ich muß eine geheime Attraktion besitzen."

Er lächelt geschmeichelt, während er sich im Spiegel betrachtet, und läßt sich für die zweite Auflage seines Gedichtbandes, den er in erweitertem Umfang vorbereitet, porträtieren. Der Stich zeigt im Halbbild einen jungen Herrn im Lehnstuhl, sehr gerade, sorgfältig gepflegt und elegant in Frack, weißer Weste und breiter schwarzer Halsbinde. Das Auge blickt kühl, der Mund läßt kaum ein Lächeln erhoffen, die Gedanken scheinen rätselhaft verschlossen hinter einer schon hohen Stirn, die durch das Haar kunstvoll etwas verdeckt wird.

Nur die Koteletten geben dem schmalen Gesicht einen weicheren Zug. Doch die Eltern sind mit dem Porträt nicht ganz einverstanden, „da es zu matt ist und Dir nur wenig gleich sieht".

Die nonchalante Überlegenheit, die er hier zeigt, kann aber beim Lesen von Kritiken, die ihm nicht zusagen, sehr rasch abfallen. Auf eine soeben erschienene günstige Rezension in der „Wiener Zeitung" folgt eine bösartige im „Humorist", den der „Affe" Saphir herausgibt, und recht oberflächliche Berichte bringen die „Allgemeine Zeitung" und die „Blätter aus Wien". Er bittet aber die Eltern, darüber nicht zu reden, „denn" — er wirft es verächtlich hin — „Klagenfurt ist ja ein Tratschnest".

3

Der Vater hat sich nicht, wie Franz anfänglich angenommen hat, wegen finanzieller Schwierigkeiten mißgelaunt ins Bett gelegt. Schon Anfang Jänner 1839 wird festgestellt, daß es in Wahrheit schwere Gallen- und Leberanfälle sind, was man aber Adolph, um ihn nicht zu beunruhigen, verschweigt. Erst als sich das Leiden verschlechtert, verständigt ihn am 9. April der Bruder darüber, und Tschabuschnigg konsultiert einen befreundeten Arzt, der schmerzstillende Mittel verschreibt. Da sie sich zunächst bewähren, wird von einem anempfohlenen Kurgebrauch in Karlsbad vorläufig Abstand genommen.

Auf die Mitteilung der Mutter von einer Verschlimmerung der Krankheit kommt seine Liebe zum Vater wieder zu ergreifendem Ausdruck:

„Mein Auge hat keine Träne mehr, ich bin wie zermalmt, mein Leben wird überall passiv, passiv, — ich fange an unterzusinken. Die Schlangen des Lebens kriechen an mir herauf und erdrosseln mich, alles Ungeziefer befällt mich und erstickt mich. Die Pflichten gegen mich selbst sind am Ende, ich habe nur die gegen andere."

Er denkt an die Zeit zurück, als die Mutter ihn als Kind an seinem Krankenbett mit unendlicher Hingabe gepflegt hat, und wäre glücklich, wenn er nun dem Vater in seinen Leiden beistehen könnte. „Wir alle müssen diese Krankheit als eine schwere Prüfung und Heimsuchung der Vorsehung ansehen. Warum uns Gott dieses Unglück geschickt hat, wissen wir wohl nicht, aber eine Veranlassung soll es uns sein, unsere Gedanken ernsteren Dingen zuzuwenden, damit wir nach überstandenem Drangsale besser und geläuterter aus ihm hervorgehen."

Zwar erfährt er am 23. April, daß sich der Zustand wieder gebessert hat, und er jubelt dem Vater zu: *„Nunc pede libero terra* *pulsanda"*, aber die Freude ist verfrüht, so daß er nun mit Nachdruck auf die Trinkkur in Karlsbad drängt, deren hervorragende Wirkung allgemein gerühmt wird. Da sich der Vater körperlich sehr geschwächt fühlt, stellt er sich als Reisebegleiter zur Verfügung, auch für die Kosten der Behandlung hat er bereits vorgesorgt. 150 Gulden sind schon bereitgestellt, und er ist in der Lage, die Summe zu verdoppeln. „Doch dies soll im engsten Familienkreise bleiben, eine Publizität würde keinen Nutzen bringen", woraus wieder seine tiefe Menschenverachtung spricht.

In den Briefen an den Vater klagt er sich an:

„Ich Tor, daß ich diese letzten Jahre Reisen unternahm und nicht vor allem an diese Badekur für Sie dachte. Ich hielt Ihr Übel für fast ganz behoben und mache mir jetzt die bittersten Vorwürfe darüber. Lassen Sie doch Dr. Birnbacher holen" — zum kulturell hoch angesehenen Dr. Kumpf scheint er, wie der Vater auch, in ärztlicher Hinsicht weniger Vertrauen zu haben —, „in diesem Falle ist wohl auf Geldausgaben nicht zu sehen."

Am 24. April kommt er in Klagenfurt an und bleibt sechs Wochen bei den Eltern, bis sich der Vater, der sich für Karlsbad noch immer nicht entschließen kann, gestärkt hat. Auf Adolphs Drängen wird Anfang Juni die Reise endlich angetreten, in zwei Tagen fährt man im Stellwagen bis Graz, die weitere Fahrt nach Prag erfolgt mit einem Fiaker, wobei in Wien ein Rasttag eingeschaltet wird. Adolph sitzt am Kutschbock und kann sich mit dem Vater, der sich mit anderen Passagieren im Inneren des Wagens befindet, durch die Fensterscheibe mit Zeichen verständigen, und „wenn er den Vater mit den männlichen und weiblichen Insassen sprechen hört, so glaubt er die Stimmen der Mutter und des Bruders zu vernehmen". Zeitweilig fühlt sich der alte Sekretär etwas wohler, so daß er zwei Pfeifchen anzündet. „Opferdüfte gelten mir nichts gegen diesen Rauch, der ein Zeichen seines Besserbefindens ist." Trotzdem sind die Beschwerden für Adolph, der sich mit allen Kräften um das Wohl des Vaters bemüht, fast übermenschlich. „In der Nacht belausche ich jeden Atemzug, aber die moralische Anstrengung dieser Reisebegleitung ist so groß, daß ich abermals als ein anderer, viel viel älterer Mensch zurückkomme." Am 9. Juni treffen sie in Prag, zwei Tage später in Karlsbad ein. Hier steigen sie im Hause einer Frau Gebhardt ab, die ärztliche Betreuung des Vaters übernimmt Dr. Ferkles.

Er will solange beim Vater bleiben, bis dieser den ersten Becher trinkt, Mitte Juni tritt er dann nach einem rührenden Abschied — „Sie sind das Glück meines Lebens, mein Gott auf Erden" — die Rückreise an. Er hält sich kurz in Prag auf, wo er die Bildergalerie und das Wallenstein-Palais am Hradschin besichtigt, in

Wien besucht er die Galerien des Kunstvereines und des Belvedere, hört sich in der Oper Bellinis »Die Capuleti und die Montecchi« an und kehrt ohne weiteren Aufenthalt nach Triest zurück.

Zuvor aber — und dies ist die wichtigste Begegnung — spricht er bei einer Wiener Herrengesellschaft mit dem Staatsrat Pilgram, von dem ihm schon Franz so bewundernd geschrieben hat. Er unterhält sich mit ihm dreiviertel Stunden im Garten und ist ebenfalls von dessen Persönlichkeit begeistert: „Er weiß und kennt alles!" Pilgram verspricht ihm ein Avancement, vielleicht nach Mailand, und fragt zuletzt: „Sie sind ja auch Belletrist?" Tschabuschnigg bejaht und meint, „daß er sich dadurch als Justizmann wohl wenig Rosen zu sammeln erhoffe", doch Pilgram erwidert, „er würde sich dadurch nicht schaden, wenn er nur mit der Zensur in Eintracht lebe". Für seine Beförderung erhält er „auch sonst von sämtlichen Hofräten bestimmte Zusicherungen", deren Erfüllung allerdings noch länger auf sich warten läßt.

Anfang August beendet der Vater die Kur in Karlsbad, die zwar nur langsam Erfolge brachte, aber nach einem Brief des Bruders „hat er sich mehr erholt, als man im günstigsten Falle in so wenigen Wochen nur erwarten konnte".

Vor der Karlsbader Reise war für Tschabuschnigg „aller Lebensmut gebrochen, ich lag zerknirscht im Staube, zertreten, vernichtet. Da ich des Vaters herzzerreißende Schmerzen sah, gelobte ich bis Mai 1840 in strengster Keuschheit zu leben.... Er genest, das Opfer ward angenommen! Mir bleibt nun das Recht und die Hoffnung, besser, weiser, edler zu werden."

Doch als eine Besserung im Befinden des Vaters eingetreten ist, „ließ sich jenes Keuschheitsgelübde allerdings nur vier Monate halten. Ich unterlag."

Im März 1840 überkommen ihn wieder Frühlingsgedanken. „Im Traume neigte sich Berthas" — Emmas Schwester — „liebes Antlitz mir zu: Was wird wohl die Zukunft bringen? Die Vergangenheit erster Liebe ist nun in Nebel zerronnen, und ich erinnere mich Juliens nur wie eines frommen Buches."

4

Im Spätsommer besucht er wieder die Eltern in Klagenfurt und fühlt sich mit Franz mehr denn je verbunden. Am letzten Abend promeniert er mit ihm „bei herrlichstem Sternenschein" und spricht über Fragen ewiger Dinge. „Ich sagte ihm, wie innig ich vom Dasein Gottes, von unserer Unsterblichkeit überzeugt sei und daß es unsere Bestimmung ist, auch jenseits der Grenzen dieses Lebens weiser, besser und edler zu werden, wie ich aber auch die irdischen Verhältnisse zwischen Eltern und Kindern, Geschwistern und Ehegatten für zu materiell, ja für störend erachte, so daß ich zweifle, ob wir jenseits der Gräber unsere irdischen Lieben wiedersehen und wieder erkennen werden. Ergriffen, fast traurig, aber doch beinahe verweisend lehnte Franz meine Ansicht als zu streng ab und meinte, ich räumte dem Geist zu viel Recht ein und beraube dafür das Herz und das Gefühl. Mit Nachdruck fügte er seinen Glauben bei, daß wir uns wiedersehen werden." Nach dieser Aussprache trennen sich die Brüder, und die Worte klingen geradezu mystisch nach.

Denn Mitte November 1840 erkrankt Franz an Scharlach, und Paul Renn teilt Tschabuschnigg mit, daß trotz des regelmäßigen Verlaufes der Krankheit eine entzündliche „nervöse Affektion" des Gehirns hinzugekommen sei. Tschabuschnigg bespricht sich mit Fachärzten in Triest, die Besorgnis äußern — er ist „wie vom Donner getroffen und um sich etwas abzulenken" besucht er am 25. November die Oper. Er kehrt um 10 Uhr nach Hause zurück und findet das Taschenbuch „Orpheus" mit der Novelle »Harmonie der Sphären« vor, die er dem Andenken Emmas gewidmet hat. Es ist die deutlich durchschaubare romantische Liebesgeschichte zwischen Lord Edgar und der Sängerin Emma, zart durchkomponiert, als Motto gedankenvoll an Dantes *Paradiso* im 21. Gesang anklingend:

E di', perchè si tace in questa ruota
La dolce sinfonia di Paradiso? ...
Tu hai l'udir mortal sì come 'l viso.

Und sprich, warum in diesem Kreise schweiget
Der süße Chorgesang des Paradieses? ...
Wie dein Gesicht ist dein Gehör auch sterblich.

und im eigenen dichterischen Schlußakkord schwingt die Erinnerung aus:

Aufersteh'n, aufersteh'n wirst du, armes Herz!
Jauchzend kommen sie dir entgegen,
Alle, die du einst hier verlorst ...

Während Tschabuschnigg noch liest, wird es Mitternacht, und plötzlich schreckt ihn ein Kratzen am Gesims der Türbekleidung auf,

„ein Klopfen, erbärmlich und ängstlich und doch stark, als wolle jemand zu mir". Er nimmt das Licht, um nachzusehen, doch kann er das Geräusch kaum auf Augenblicke dadurch unterbinden. Den Tag darauf erfährt er, daß Franz zur gleichen Stunde — „nach neuntägigem Scharlachfieber mit Blutkongestionen gegen den Kopf" — gestorben ist.

Obgleich es ein großer Wunsch der Eltern ist, fährt Tschabuschnigg nicht zum Begräbnis. „Ich dachte zuerst, allsogleich zu Ihnen zu kommen, aber ich gestehe Ihnen, ich habe bei meiner tiefen Erschütterung nicht den Mut, nach Klagenfurt abzureisen." Doch die dichterischen Trauerworte, die nachfolgen, vermögen wie beim Schmerz des Bruders um Emma keinen Trost zu bieten:

„Jetzt stehen wir in der Stunde schwerster Prüfung. Sollen wir den Jüngling bedauern, der wie ein Aar sich aufschwingt in jene Räume, wohin auch wir verklärt aufstreben werden? Allelujah in Tränen! — glückliche Fahrt, wer sich so loszuringen vermag. Der schönste, der teuerste Schmuck unseres Lebens ist uns genommen, die hellste Lampe verlöscht, aber wenn wir den Schmerz bezwungen, dann möge er als ein Stern uns drüben aufgehen. Sie hatten", schließt er, „einst einen edlen Sohn an Ihrer Seite, jetzt haben Sie einen Sohn unter den Engeln und Seligen."

Überraschend schnell aber faßt er sich wieder. Mit einem fröhlichen „Guten Morgen" leitet er am 2. Dezember den nächsten Brief an die Eltern ein: „Ich fühle meinen Geist gestärkt, mein Herz etwas beruhigt... Die Zeit wird den Schmerz um den geliebten Franz bis zu wehmütiger Erinnerung mildern, und sie muß es. Wir dürfen ihm nicht nacheilen, wir müssen leben, jeder um seiner selbst willen und wieder für die anderen. Um aber leben zu können, müssen wir die Erinnerung nicht wie einen unreinen Spukgeist um uns irren lassen, wir müssen die irdischen Verhältnisse zu ihm abbrechen und ewige, unsterbliche, himmlische dafür über uns mit ihm anknüpfen."

Mit pathetischem Schwung fährt er am 10. Dezember fort:

„Unsere Liebe ist unser schönstes unwandelbares Glück auf dieser Erde. Aber um sie bleibend und einigermaßen beruhigt genießen zu können, vergessen wir nicht, daß hinter diesem Leben eine Ewigkeit liegt, die mit unserem Erdendasein in Verbindung steht und daß ein höchstes Wesen alle Tiefen des Raumes und der Zeit, die ganze Unsterblichkeit erfüllt. Religion und Philosophie weisen uns dahin. Es ist wahr und ich habe es jetzt an mir selbst erfahren, daß in der Stunde bitterer Drangsal viele erhabene Gedanken dem vom Erdenschmerz hingerissenen Herzen fast nur wie leere Phrasen klingen, aber dann liegt die Schuld nur in uns, dann müssen wir uns um so inniger, um so sehnsüchtiger an den großen Gedanken der Unsterblichkeit hängen, denn außer ihm ist gar kein Trost zu finden."

Hier wirft der Vater das tadelnde Wort ein, daß Adolph sich bemüht, nur „klassische Briefe mit gedrechselten Worten und ohne Gefühl" zu schreiben. Der Sohn ist schwer verletzt, lädt aber trotzdem die Eltern zu einem Besuch nach Triest ein, was aber „aus gesundheitlichen Gründen und um die Finanzen Adolphs zu schonen" abgelehnt wird. Der alte Herr ist trostlos, „daß Franz uns für immer entzogen ist", was den Sohn einmal mehr zu herben Worten hinreißt: „Es klingt hart, aber wenn es so wäre, so scheint es wohl am besten, ohne Verzug nachzufahren und sei's ins dunkle Nichts. Solch ein Schmerz macht wohl alle Ansichten wanken, aber klammern wir uns fest an die Hoffnung der Ewigkeit und des Wiedersehens."

Doch schon reuen ihn die heftigen Worte, und er lenkt rasch ein: „Ich werde bald bleibend und für immer nach Klagenfurt kommen, da ein Posten frei werden muß. Dann werde ich an Stelle des geliebten Toten bei Ihnen sein. Aber in unserem Hause können wir nicht weiter wohnen, ich hätte keine Ruhe mehr darin und auch mich trüge man bald wie Franz daraus. Man müßte das Haus" — das er nie sonderlich geliebt hat — „vermieten oder noch besser verkaufen." Gleichzeitig will er sich wieder der Freude zuwenden und vor den Eltern kein Geheimnis machen: „Sobald es meine finanzielle Lage erlaubt, werde ich heiraten, — wen, das weiß ich nicht. Aber der Kreis unserer Teuren muß erweitert werden."

Mit dem Verkauf des Hauses, den Adolph vorschlägt, ist der Vater grundsätzlich einverstanden, „doch kann man es nicht verschleudern. Es wäre ohnehin zu klein, wenn er bleibend nach Klagenfurt käme und heiraten würde." Die geplante Heirat betreffend fügt er noch bei:

„Lasse Dich durch schöngeisterischen Schein nicht hinreißen. Zur Zufriedenheit in der Ehe wird Genügsamkeit und Verstand gefordert, was Du bei unseren Klagenfurterinnen absolut nicht findest. Darum prüfe vorher, übereile Dich nicht, von allen Deinen Bekanntschaften hätte ich Dir nur eine" — der Name Julie bleibt unausgesprochen — „gewünscht, die ich aber nicht kannte, jedoch dem Renommé nach für die geeignetste halte. Du hast ein weites starkes Herz, die Liebe zu den Eltern ist dafür zu wenig, Du mußt ihm mehr Nahrung geben. Du mußt Deine Liebe auf Weib und Kinder ausdehnen und wirst ihren Trost in der Folge benötigen. Knüpfe, sobald als möglich, andere Bande an, die Dir das Leben werter machen."

Auf die zarte Anspielung des Vaters an Julie antwortet er am 22. Dezember 1840:

„Der Gedanke zu heiraten kam mir im Gefühle der Notwendigkeit, aus dem Schutte wieder aufzubauen. Aber wenn ich nicht dazu komme, ist's auch gut, denn jeder neue Mensch hat doch schließlich zu leiden, besonders wenn er unser weiches Herz hat. Sie schreiben, lieber Vater, von einem Wesen, das unter die teuersten Erinnerungen meines Lebens gehört, aber jetzt wäre doch nichts mehr damit. Ich hatte vor Jahren noch einen festen Willen, aber da ich meine Hoffnungen und Wünsche vor mehr als sechs Jahren aufgab, führte ich den Scheidungsprozeß in meinem Inneren streng und vorsätzlich durch, ich zerriß hundert Fäden, die sich wohl nimmer anknüpfen lassen dürften, ich suchte und fand Richtungen, mit denen die Vergangenheit nichts gemein hat. Ich wurde ein anderer, ich glaube, die Brücken hinter mir sind abgetragen."

Die so schmerzlich verklungene Romanze zwischen Franz und Emma hat die ganze Stadt mit teilnehmender Trauer erfüllt, und in der „Carinthia" erscheint ein Gedicht des Auskultanten Huber, das, ohne die Namen auszusprechen, die beiden Liebenden deutlich erkennen läßt:

Ein Totenkranz

Im Tal zwischen lüftigen Alpen
Ein schlanker Eichbaum stand,
Der Eichbaum grünte kräftig,
Wie einer im Alpenland.

Im Tal zwischen lüftigen Alpen,
Auch eine Nachtigall sang,
Der Eichbaum grünte frischer,
Seit ihn ihr Lied durchdrang.

Doch mit des Herbstes Grauen
Einmal die Nachtigall schied,
Noch einmal schwebte in blauen
Lüften ihr letztes Lied.

Da neigte der Eichbaum den Wipfel,
Warf traurig die Blätter ab,
Sie wehten hinab zur Erde
Wie Tränen auf ein Grab.

Und nie mehr grünte er kräftig,
Ob auch der Frühling kam,
Denn tief im Marke nagte
Ein Wurm an seinem Stamm.

Und als der Herbst wieder graute,
Die Zeit, wo die Vögel zieh'n,
Da brach der Baum zusammen,
Um nie mehr wieder zu blüh'n.

Nur in den gebrochenen Zweigen
Ward's nochmal wie Geisterhauch wach
Und hob sich hinauf zu den Sternen
Und zog der Nachtigall nach.

Ruh' sanft! — gebrochene Eiche,
Für die du einst grüntest im Tal,
Sie werden wohl Dein gedenken
Und Deiner Nachtigall.

Am ersten Weihnachtsfeiertag 1840 fährt er zu den Eltern nach Klagenfurt, die er in tiefer Trauer und gealtert vorfindet. Er bleibt drei Wochen bis Mitte Jänner 1841 bei ihnen, besucht fünf Male das Grab des Bruders, beim letzten bricht er „in der finsteren Nebelnacht" im Schnee ein und fällt zu Boden. „Von nun an", schreibt er ins Tagebuch, „werde ich auf dieser Erde wohl nicht mehr zu Hause sein, außer ich bekäme Weib und Kinder. Der Kranz ist zerrissen, das Instrument verstimmt, es ist vieles dahin." Während dieser Zeit träumt er von Franz, Cölestine und Emma: „Ich lud ihn ein, mit mir zu gehen, aber er meinte sanft lächelnd, ich wisse ja, warum er es nicht könne, er müsse ja ihr, Emma, näher sein..."

Nach der Rückkehr nach Triest „ist damit die erste schwerste Epoche meines Schmerzes vorüber", und er hofft, daß sein Aufenthalt in Klagenfurt auch auf die Eltern einen lindernden Einfluß gehabt hat. Allerdings gab es am vorletzten Abend noch eine erregte Auseinandersetzung, „ich war der Hauptgrund derselben", gesteht er ein, „und ich bitte Sie beide wegen der bitteren Stunden um Vergebung. Glauben Sie mir, liebe Eltern, ich habe wohl fast immer gute Absichten, aber sie treten manchmal heftig und einseitig hervor. Ich zeige mich dann stets dringend, wie ich im Inneren fühle, ohne Rücksicht, ohne Schonung, aufwallend in meiner Überzeugung. Mir mangelt jene Eigenschaft, die man Liebenswürdigkeit nennt. Wenn ich seelisch aufgewühlt bin, brechen wohl die dunkelsten Seiten meines Gemütes hervor, mir entfallen die Zügel meines Lebens und diese Augenblicke überliefern mich einer tiefen Verzweiflung. Verzeihen Sie mir!"

Der Tod des Bruders hat ihn, stärker als er selbst vermutet, in eine schwere Nervenkrise gestürzt, die in gereizten Stimmungen zum

Ausdruck kommt. So ergibt sich ein neuer Konfliktstoff sehr bald, als er in einem Brief an den Vater ein Beiblatt anschließt, das nur für ihn bestimmt ist. Dieser liest es aber auch der Mutter vor, und sein Inhalt kommt durch sie in weitere Bekanntenkreise. Dies verbietet sich künftighin Adolph in schärfster Weise:

„Ich ersuche, ob ich nun Papa oder Mama etwas schreibe, von dem ich wünsche, daß es nur der Teil wisse, an den ich es richte, daß es auch dieser bei sich behalte; ich wünsche und verlange, daß jeder von Ihnen mir schreiben könne, was er wolle, ohne sich darüber gegen den anderen rechtfertigen zu müssen. Die Heimlichkeiten, die ich mit einem Teile meiner Eltern habe, könnten zum Besten des anderen sein. Als Mensch von 32 Jahren habe ich das Recht, mit jedem meiner Eltern zu reden, was ich für gut halte, ohne dem anderen Rede zu stehen. Ich verlange und fordere dieses Recht, und wenn es mir nicht zugestanden wird, so werden meine nächsten Briefe nur mehr Theateranekdoten und Stadtneuigkeiten enthalten."

Doch gleich darauf bereut er wieder den nervösen Ausbruch und sendet die Zeilen nach:

„Mein Brief war nach einem Anfalle heftigster Erschütterung geschrieben, entschuldigen Sie mir deshalb die ungestüme Sprache. Lassen Sie uns wieder ganz ruhig werden, in unserer Aufgeregtheit quälen wir uns gegenseitig und nichts wird besser."

Geradezu bittend fährt er fort:

„Sollten wir denn nie in einen gefaßten, auf eigenen Überzeugungen beruhenden Zustand des Friedens kommen, soll mir denn nie das Glück zuteil werden, meine Eltern zufrieden, nicht über jedes kleine zufällige Ereignis heftig, aufgeschreckt und mißmutig, sondern versöhnt mit Gott, der Welt und sich zu wissen, sie in gegenseitiger, inniger, sich unterstützender Liebe beruhigt zu sehen? Krankheiten, Schmerz und Tod haben uns betroffen, und mögen wir auch tiefe Trauer darüber fühlen, — dann aber nur auch nicht noch Mißmut, üble Laune, quälende Ängstlichkeit... Wir alle drei haben unselige Naturen, die uns beim besten Willen nur unglücklich machen. Mögen wir uns läutern in der Erinnerung an den sanften Gestorbenen, der für uns alle drei so liebende Toleranz hatte und in edlen unsterblichen Gedanken sich über manche schwere Mißhelligkeiten, die ihn betroffen, hinaussetzte."

Gleichzeitig schreibt er ins Tagebuch:

„Wenn ich meine Eltern allein ließe, würde ich gewiß ihr Leben verkürzen, und mit welchem Gefühle würde ich früher oder später die Nachricht ihres einsamen Todes vernehmen? Mein Entschluß ist daher gefaßt: erreiche ich nicht eine Beförderung nach Klagenfurt, so werde ich den Dienst verlassen."

Nur zögernd nimmt er das gesellschaftliche Leben wieder auf. Zwar hat er, wie er bekennt, „seit Franzens Tod keinen Freund mehr, — wenn es auch edle Menschen gibt, ich werde sie nicht mehr finden, sie nicht mehr für mich ertragen. Nicht ohne Anerkennung muß ich gestehen, daß hier in Triest sich meine Bekannten mit außerordentlichem Wohlwollen und Achtung gegen mich benehmen, was ich bei meinem abgeschlossenen, egoistischen, zuweilen auch finsteren und stolzen Wesen nicht verdiene."

Da er nach 7 Uhr abends nicht mehr arbeiten kann, „muß er unter Leute" und besucht mit vierzehn weiteren Teilnehmern einen Lernzirkel für Anglistik, wo von 7 bis 9 Uhr englisch gelesen, gesprochen und geschrieben wird. Einladungen zu Spielgesellschaften sieht er nach wie vor als eine Einnahmequelle an — „seit dem Jahre 1836 habe ich wohl an 1000 Gulden gewonnen". Im Theater lernt er die Erste Sängerin Goldberg — „eine recht hübsche Jüdin" — kennen, die ihn an die Ungher vor zwei Jahren erinnert und vermutlich auch mehr bedeutet.

Nach dem Carneval stellt er beinah zu seiner Verwunderung fest, „daß der Schmerz über den Tod des Bruders auf unbegreifliche Weise fast bezwungen ist", und er schreibt den Eltern, „daß ich, um wieder Kraft zum Leben zu gewinnen, mein umdämmertes Auge wieder dem Schönen zu öffnen, die schon zweimal verschobene Reise nach Rom machen möchte".

Der Kranz auf dem Grabe des Bruders ist verwelkt — „wird mir", fragt er sich, „das Jahr 1841 nun den Brautkranz überreichen lassen"?

ZUM HAFEN

1

Seltsam — auch wenn er es nicht wahrhaben will, steigt nach dem Tode von Franz der Name Julie stärker denn je in ihm auf.

Unter den Beileidschreiben, die Tschabuschnigg nach dem Hinscheiden des Bruders erhält, befindet sich auch ein Brief des Barons Karl Neugebauer, desselben, der vor über sechs Jahren mit ihm im Hause Heufler verkehrt und ihn dann in entscheidender Stunde als angeblich ungetreuer Freund „verraten" hat. In seinen Zeilen erwähnt er auch die Teilnahme Juliens, und obwohl Tschabuschnigg für dieses neue *attachement* und eine Fortsetzung der Korrespondenz wenig Gegenliebe empfindet, vermerkt er es doch in seinem Tagebuch. Also erinnert man sich in Eppan noch an ihn — aber in Wahrheit gehen die geheimen Fäden, die hier gesponnen werden, von Juliens kluger Schwester Maria, der Gattin Neugebauers, aus, der im abgelegenen Rovigo als Protokollist amtiert. „Mariedl", die ihrem Mann drei Kinder geschenkt hat, ist — im Vergleich zur verträumten Julie — eine resolute Frau und ein „drolliger Geist", sie hat „große Bücherlust, Freude am Singen, Neigung zu Gedichtaufsagen, aber manchmal überkommt sie der Rappel".

Daß eine Annäherung von der Familie Heufler angestrebt wird, hat Tschabuschnigg schon seit einiger Zeit erfahren. Heiratsprojekte für Julie mit einem Hofrat Salvotti und dem älteren Bruder von Baron Forgatsch haben sich zerschlagen, und inzwischen ist sie auch nicht jünger geworden. Aber jetzt ist es Tschabuschnigg, der zuwartet.

„Ich war", ruft er sich ins Gedächtnis zurück, „im Hause Heuflers einst vollkommen als künftiger Bräutigam Juliens angesehen, eine Reihe von Ereignissen und Mißverständnissen hatte Spannungen hervorgerufen, in deren Folge diese Aussicht dort erfolglos schien, und auch ich den Gedanken gewaltsam, schmerzhaft, aber entschlossen aufgab. Ich tat alles Mögliche, um zu vergessen, und allmählich gelang es. Aber gleichzeitig habe ich mir auch zugesagt, daß die Wiederholung einer Anbahnung von meiner Seite nicht geschehen soll. Meine der Familie und Julien gegebene Zusage habe ich mit Recht vor Jahren als gelöst betrachtet."

Da er sich vor einer Beförderung, die ihm erst die Grundlage für eine Verehelichung geben kann, nicht entscheiden will, überlegt er zwei andere Heiratspläne. Ein Bekannter aus Triest, der sich nun in

Rovigo aufhält — ausgerechnet dem Amtssitz des guten Baron Neugebauer —, antwortet ihm auf seine Frage um einen Ratschlag:

„Beide Partien haben ihr pro und contra. Ich würde mich für Laura entscheiden, welche ich kenne, wenigstens gekannt habe, obwohl sie sich geändert zu haben und eine Pietistin geworden zu sein scheint. Dies ist schrecklich, wenn ich sie mir als Frau vorstelle.

Die zweite, P. M., würde sich für Deine Art zu denken mehr schicken. Allein sie ist jung, lebenstüchtig, genußsüchtig, sie wird keine gute Tochter Deiner Eltern werden, — sie wird ihr Glück im Hause weder suchen noch finden, sie wird nicht für Dich, sondern für die Welt leben. Übrigens weiß ich nicht, was Du durch die Heirat beabsichtigst. P. M. wird wahrscheinlich Vermögen haben und durch sie wirst Du fortkommen können. Aber nach meiner Ansicht ist dieser Zweck einer Heirat durchaus verwerflich, — überhaupt ist der Mann ein Tor, welcher heiratet und seine Freiheit leichtsinnig für nichts hingibt, denn *al fin dei fini* — letzten Endes — und alles bei Licht betrachtet, verliert der Mann offenbar dabei."

Dieser freundliche Ratgeber ist zweifellos ein Hagestolz, und im übrigen, eine Frau mit Geld zu heiraten, erscheint Tschabuschnigg — er hat es doch am 18. Juni 1836 im Tagebuch als zwingend notwendig festgelegt — in keiner Weise schimpflich. So schiebt er eine Überlegungspause ein und unternimmt mit dem bewährten Freund Forgatsch die zweite Italienreise.

2

Am 1. April 1841 nachmittags fährt er von Triest mit dem Dampfboot „Baron Eichhof" bis nach Ancona, weiter mit dem Eilwagen nach Loretto und kommt am 5. April in Rom an. Während seines zweiwöchigen Aufenthaltes besichtigt er alle Sehenswürdigkeiten der Ewigen Stadt, unternimmt anschließend Ausflüge in die Campagna, ins Tal der Egeria, nach Tivoli, Frascati, Albano und Nervi und gelangt über den Posilipp nach Cumae, Bajae und Capua bis zum Cap Misenum und zur Höhle der Sybille. Von Neapel, wo er fünf Tage verbringt, setzt er am 28. April mit dem Dampfschiff „Vesuv" nach Sizilien über, „wo Italien aufhört und Südspanien und das Maurenland beginnt". Zwei Tage hält er sich in Palermo auf und besucht den Monte Pellegrino, wo die heilige Rosalia in einer Felsenhöhle hauste, Monreale und das Benediktinerkloster S. Martino. In Messina glaubt Tschabuschnigg auch auf jener Terrasse zu stehen, wo Goethe das Lied der Mignon gedichtet, im Theater hört er Bellinis neue Oper „Beatrice di Tenda", und in der Umgebung der Stadt nimmt er von der Plattform des Maurenkastells Cisa aus die ganze Schönheit von Himmel, Landschaft und Meer beglückt in sich auf: „Die Lokaltinte ist hier rot und glühend, alles fremd und fabelhaft!"

Einen reizvollen Gegensatz dazu bildet das Nonnenkloster von S. Gregorio, wo die altadeligen Familien, die ihre Abstammung bis zu Poliphem und Galatea zurückführen, ihre Töchter erziehen lassen. „Die jungen Damen", vermerkt Tschabuschnigg, „tragen zwar halbklösterliche Tracht, aber sie bleiben nur so lange hier unter geistlicher Aufsicht, bis ein Bräutigam sie abholt und aus dem Chorgestühl unmittelbar ins Brautgemach geleitet. Deshalb steht auch ein geräumiges Sprechzimmer zur Verfügung, wo es nie an zahlreicher eleganter Gesellschaft fehlt und seltsamste Nonnenwirtschaft herrscht." Tschabuschnigg läßt es sich nicht nehmen, die Kirche „zur Besichtigung der Bilder" öffnen zu lassen, wodurch auch er in den Besucherraum gelangt und „wohl 15 bis 20 Personen vorfand, hinter den Gittern aber noch einmal so viele blitzende Nonnenaugen. Es wurde aufs lebhafteste geplaudert, gescherzt und gelacht, und wenn man sich in der Kirche befand, so setzte sich hinter den Chorgittern zwischen den kleinen geheimen Luken mit goldenen Engelsköpfen und buntem Laubwerk das heitere Gezwitscher der jungen Mädchen fort."

In der Meeresenge von Messina erlebt Tschabuschnigg die Strömungen der Scylla und Charybdis, die, entgegen den Schilderungen Homers und Vergils, ihm in keiner Weise gefahrdrohend erscheinen, „so daß man sich", wie er feststellt, „in den bezüglichen Hexametern von der Übertreibung der Poeten überzeugen kann".

Nach einem Ausflug zu den Liparischen Inseln findet er sich in Neapel wieder mit Forgatsch zusammen, sie besuchen Pompeji und Herculanum, Tschabuschnigg reitet auf den Vesuv, „wo ich beim Eremiten übernachtete und Gefahr lief, von den Flöhen aufgefressen zu werden, aber die Mondnacht und der Sonnenaufgang entschädigten mich dafür". Nach weiteren Aufenthalten in Salerno, Paestum, Amalfi, Capri mit der blauen Grotte und vor allem Sorrent, wo er sich mit des geliebten Tasso Heimatstadt besonders verbunden fühlt, geht die Rückfahrt mit dem Dampfer „Castor und Pollux" nach Civitavecchia und weiter mit Wagen in fünf Tagen über Orvieto und Siena nach Florenz.

Im Vergleich zu Sizilien ist die Stadt still, ernst, ja verträumt. Er verbleibt hier fünf Tage, besichtigt neben dem Dom, den Uffizien und dem Palazzo Pitti alle Kunstwerke der Stadt und steigt zu Fiesole empor, von dessen Rundblick ihm „die Augen übergehen". Die Rückfahrt erfolgt über Bologna, Ferrara und Rovigo nach Triest; „viel gesehen", resümiert er, „viel studiert, erfahren und gelernt, aber auch mehr Geld ausgegeben als vorgesehen".

Die Reise umfaßte insgesamt 137 Poststationen, und in der Rückschau fühlt er sich, wie er den Eltern schreibt, „wunderbar getröstet, — selbst der Tod unseres geliebten Franz ist mir nicht mehr so bitter, er kommt mir nicht mehr so gänzlich entrissen vor". In seinem Tagebuch wird er deutlicher — er hat sich wieder umgewandelt: „Die menschliche Natur ist in der Tat ein seltsames Wesen. In meiner Seele herrscht jetzt mehr Gleichgültigkeit als je..." Er erfährt, daß der Vater inzwischen einen schweren Rückfall in sein altes Leberleiden erlitten hat, aber „selbst diese Nachricht ergreift mich nicht so heftig wie sonst. Ich werde das Möglichste tun, um ihn nach Karlsbad zu treiben." Das klingt recht kühl.

Der Vater ist mit dem Vorschlage zu einem abermaligen Kurgebrauch zunächst einverstanden, zieht aber Anfang Juli seine Absicht wieder zurück. Der Sohn „in außerordentlicher Reaktion" läßt zunächst einen Tag verstreichen, „um den ersten Sturm bitterster Gedanken vorübergehen zu lassen", aber auch dann ist seine Antwort noch erschreckend scharf, um den Vater „wissen zu lassen, was notwendig ist. Ihre tröstenden Versicherungen, daß Sie sich wohl fühlen, haben bei mir auch schon jenen Glauben verloren, den ich sonst den Worten meiner Eltern zollte. Ich bitte Sie einzig und allein über Ihre Gesundheit und einen Kurgebrauch reiflich, als ein verständiger, ideal fühlender Mensch, nachzudenken, sich mit den Ärzten gelassen zu beraten und alle sonstige Lust und Unlust, nach Karlsbad zu gehen, beiseite zu lassen. Sonst könnte es zu spät sein und der Weisheit letzter Schluß wäre die Erkenntnis, daß Sie einige Gulden auf unsere Särge und das Begräbnis aufgespart haben. Bedenken Sie die Verpflichtung, welche Sie jenem höchsten Wesen, das Sie Gott oder Vernunft nennen mögen, sich und uns schuldig sind. Beurteilen Sie Ihren Zustand mit Ruhe, Verstand und gutem Willen. Sollte eine Trinkkur notwendig sein, so wäre es eine schändliche Verletzung Ihrer Pflichten, wenn Sie zu Hause bleiben. Ich werde mich noch selbst darüber erkundigen und, wenn meine Besorgnisse wahr sind, selbst nach Klagenfurt kommen."

Der Vater ist über den Ton erregt: „Ich bitte Dich bei gleichen Anlässen nicht so heftig zu sein!" Schließlich stimmt er aber der Karlsbader Fahrt doch zu, was Adolph beruhigt. Nur das Herzleiden der Mutter, das ständig fortschreitet, gibt ihm Grund zu weiteren Sorgen. Er versucht, sich seelisch aufzurichten und Trost zu finden:

„In den letzten Zeiten bete ich oft. In den guten Stunden meines Lebens habe ich das Gebet jederzeit hochgehalten und geübt, freilich auf andere Weise als Mama: in der Einsamkeit, still, verschlossen, — ja ich trachtete stets, mein Leben zu veredeln und mich immerdar zu Gott zu erheben. Trübe Erlebnisse wandelten meinen Sinn noch mehr den Eitelkeiten der Welt zu, aber die Stütze, der Trost meines Lebens beruht auf der Überzeugung von Gott, Ewigkeit, Unsterblichkeit, beruht im Gebete. Wohl glaube ich nicht, daß auf unser Gebet hin Gottes Hand aus den Wolken greifen und uns helfen wird, aber auch zermalmendes Verhängnis waltet nicht über uns. Wir alle unterliegen zwar einer strengen Naturnotwendigkeit, aber die weise milde Vorsehung setzte sie selbst, und im Gebete können wir jeden Augenblick über sie hinausflüchten. Der Gedanke an Gott, Unsterblichkeit, Wiedersehen ist dann wohl der Anker und Leitstern unseres gebrechlichen Lebensschiffes, und in diesem Sinne ist es wahr, daß Schmerzen und Leiden uns oft gesendet werden, um die Erkenntnis des Ewigen in uns anzuregen."

3

Die Rückreise nach Triest hat er in Rovigo bei Baron Neugebauer unterbrochen. Hier „steigt er in alte Zeiten zurück und steht das letzte Mal im Leben vor der Wahl der Rückkehr zu seinen frühesten, damals leidenschaftlichen Wünschen und der später langverfolgten Bahn der Entsagung. Möge der ewige Weltgeist diesmal das Wahre, Rechte mich erwählen lassen, dasjenige, das Julie, mich und meine Teuersten glücklich macht. Aber, — passen wir noch zusammen?"

Den ganzen ersten Tag seines Besuches nennt er Juliens Namen nicht, „ja ich hatte eine Scheu davor, da ich eine Rückkehr zu jenen Zuständen gar nicht mehr beabsichtigte. Ich verehre Julie als ein sehr edles Wesen, aber wie viel von jener Liebe noch vorhanden ist, weiß ich wirklich nicht. Sicher ist, daß ich ohne sie ruhig weiterleben könnte, während die Heirat mit ihr mich in meinen Verhältnissen nur zurücksetzt. Zu bedenken ist noch, daß sie nicht mehr jung."

Erst langsam kommt er auf seine noch bestehende Liebe zu Julie zu sprechen. „Mariedl" macht sich zur Dolmetscherin seiner Gefühle und schreibt darüber ihrer Schwester. Anfang Juli übersendet Julie an Maria einen ausführlichen Brief, den sie durch ihren Mann an Tschabuschnigg weiterleitet:

„Ich danke Dir für alle Beweise Deiner schwesterlichen Liebe, für Deine vertraulichen Mitteilungen über Tschabuschnigg und für den innigen Anteil an demjenigen, was mich so sehr berührt... Tschabuschnigg hat schon recht, wenn er sich mein Bild betend vorstellte, dies weiß der Allmächtige, wie oft ich seiner im Gebete gedachte... Meine Liebe zu Tschabuschnigg ist von der Art, daß ich ihn lieber auf eine andere Art glücklich wissen möchte, wenn ich nicht geeignet wäre, die Pflichten, welche ein solcher Stand mit sich bringt, auf eine Art zu erfüllen, wie es Gott wohlgefällt und den Tschabuschnigg so viel als möglich glücklich machen würde. Des Tschabuschnigg Triebfeder müßte die Liebe zu mir sein, nicht etwa nur ein Gefühl von männlicher Ehrlichkeit und Redlichkeit, da ich an keinen anderen Mann mich band, und da wäre es vielleicht gut, wenn wir uns — so wie es auch sein Wunsch war, mit mir zusammengetroffen zu sein — doch persönlich sehen könnten, um sich selbst zu überzeugen, ob ich auch in der Tat, nach so langer und schmerzlicher Trennung, noch seinem Bilde, wie er mich sich denkt, entsprechen würde. Du machtest mir eine so vorteilhafte Beschreibung von ihm, was mir zwar recht lieb ist, indessen weiß ich sehr gut, daß ich nicht mehr so jung bin, — dies soll aber kein unedler Verdacht gegen Tschabuschnigg sein... Ich verlasse mich auf Gott und meine liebe Mutter (welche mich so ungern von sich läßt und auch für mich ein trauriger Schritt ist), die damit einverstanden sein muß, denn weit entfernt sei es von mir, der guten Mama neuen Kummer zu bereiten. Deinen Mann lasse ich bitten, wenn er dem Tschabuschnigg schreibt, seine an mich gerichteten Grüße aufs herzlichste zu erwidern."

Tschabuschnigg trägt den Brief in sein Tagebuch ein und fügt ergänzend bei:

„Ich habe den Gedanken, sie zu heiraten, schon fast ergriffen und sehe in seiner Erfüllung eine gesicherte, stillfrohe Zukunft für mein Gefühl. Vor dem Avancement gebe ich zwar gewiß keine Erklärung ab, dann dürfte aber nicht lange gezögert werden. In Triest ist es teuflisch teuer. Ich mache keinen bindenden Schritt, bis nicht an die Ausführung geschritten werden kann. Eine vorausgehende Zusammenkunft wäre allerdings sehr zu wünschen. Ich werde die pro und contra genau erwägen."

Am 13. Juli 1841 ist es endlich, endlich so weit: er wird zum Aktuar beim Stadt- und Landrecht in Triest ernannt. Onkel Xaver in Wien, der dem Neffen noch am gleichen Tage davon Mitteilung macht, hat wieder entsprechend mitgeholfen, „denn die Sache stand auf des Messers Schneide". Er will gebührend bedankt werden, was Tschabuschnigg immer schwer fällt — aber in Gottes Namen: „Man muß es sich in jetziger Zeit als Glück anrechnen, wenn man bei allen Ansprüchen und aller Gerechtigkeit oder Billigkeitsgründen wirklich reüssiert." Mit dieser Beförderung ist dem jungen Ritter von Tschabuschnigg die Voraussetzung für die geplante Heirat gegeben, doch unzufrieden wie immer — diesmal über die verspätete Ernennung — hofft er nun „bald den Posten als Ratsprotokollist zu überspringen und gleich eine Ratsstelle zu erlangen".

Nun ist die entscheidende Stunde gekommen: am 1. August 1841 schreibt er an „Madame la Madame Josephine de Heufler née Baronne de Lichtenthurn à Innsbruck" und hält um die Hand ihrer Tochter Julie an.

4

„Nach einer stummen Trennung von mehr als sieben Jahren" trägt er „die größte Bitte seines Lebens" vor:

„Ich war noch sehr jung, als ich mit Ihnen bekannt wurde, mein Inneres war von großer Leidenschaftlichkeit aufgeregt, ich wurde von allen Seiten bedrängt, ich möchte sagen gehetzt, — konnte ich ruhiger, bedachter handeln? Nehmen Sie die Versicherung entgegen, daß es gleichwohl keine meiner Handlungen gibt, über die ich nicht genügende Rechtfertigung oder wenigstens billige Entschuldigung zu geben vermöchte. Aber lassen wir jetzt diese Vergangenheit, legen wir einen Schleier darüber, auch ich habe zu vergessen, denn man war nicht gerecht gegen mich. Wenn Sie mir, wie ich hoffe, meine Bitte gewähren, so ist es unumgänglich notwendig, daß wir durchaus kein bitteres Nachgefühl mehr hegen, und Sie sollen und werden in mir einen treuen und liebevollen Sohn finden.

Ich glaube, wenn ein Mann nach siebenjähriger gänzlicher Trennung ohne ein vorläufiges Wiedersehen einer Dame, die seine Liebe war, die Hand bietet, so kann sie diese, wenn nicht andere äußere Bedenken obwalten, ohne Zögern annehmen. Diese Bedenken aber, insoferne sie meinen Charakter und meine Person betreffen, bitte ich zu vertreiben, geben Euer Gnaden die lang gehegte, sich gleichsam als Pflicht auferlegte Überzeugung auf, an mir stets Übles finden zu müssen, beirren Sie auch Juliens Herz und Liebe nie wieder mit ähnlichem Verdachte, und nehmen Sie meine heilige Versicherung entgegen, daß Juliens Glück zu meiner unverrückbaren Lebensaufgabe gehören wird."

Gleichzeitig streift er dabei auch die finanzielle Frage: er hat ein gesichertes Einkommen von 400 Gulden im ersten Jahr, so daß er kaum mehr als ein mäßiges Leben in dem teuren Triest anzubieten vermag. Ohne einen bestimmten weiteren Zuschuß wäre ihm eigentlich das Heiraten nicht möglich... Eine Eheschließung erhofft er sich in sechs bis acht Monaten.

Am 5. August 1841 nimmt Julie, zugleich mit der Mutter, seinen Antrag „mit Liebe und Freude" an, versichert, „daß es mein heißer Wunsch und mein Bestreben sein wird, Ihr Vertrauen zu rechtfertigen" und daß sie „die seit der traurigen stummen Trennung schmerzliche Zeit vergessen hat".

Nicht nur Adolph dankt umgehend Frau Heufler für die Zustimmung zur erbetenen Vereinigung mit Julie, sondern auch die Eltern schließen sich über seine Bitte an. Mama Tschabuschnigg schreibt als erste — offenbar nach einem Konzept des Sohnes in Form und Inhalt — an die zukünftige hochgeborene Schwiegermutter:

„Mein Sohn Adolph teilte mir gestern die frohe Botschaft mit, daß Sie ihm die Hand Ihrer Tochter Julie zugesagt haben. Meine Freude hierüber ist so groß, daß ich nicht zögern kann, sie auch gegen Sie auszusprechen.

Ich kenne Julie zwar nicht, aber alles, was ich von ihr hörte, sprach von ihren vortrefflichen Eigenschaften, die das Glück meines Sohnes verbürgen. Es freut mich überdies, mit einer so allgemein geschätzten Familie in Verbindung zu treten.

Ich bin ebenso überzeugt, daß Adolph ein gleich guter und liebender Gatte werden wird, als er uns jederzeit ein braver und liebevoller Sohn gewesen ist. Für dieses glückliche Paar kann ich auch nur eine glückliche Zukunft prophezeien, da noch überdies eine gegenseitige Neigung dazukommt, die der Macht der Zeitumstände widerstanden hat und deren gleiche nicht häufig auf dieser Welt zu finden ist.

Ich stimme ganz mit dem Wunsche meines Adolph überein, daß der Zeitpunkt der wirklichen Vereinigung nicht zu weit verschoben werde, — wobei man von der dauernden Liebe der jungen Leute wie bei dieser überzeugt sein kann.

Sie aber, meine liebe Julie, begrüße ich als die für meinen Adolph am besten passende Gattin und als seine künftige Lebensgefährtin mit ganz besonderem Wohlwollen. Ich weiß, daß auch er Ihnen ein brillantes äußeres Los darbringen wird mit allen Eigenschaften des Geistes und Herzens und daß Sie darin das wahre Glück finden werden, wo man einzig und allein zuhause ist. Ich freue mich schon auf den Zeitpunkt, da ich Sie meine Tochter nennen und Ihre persönliche Bekanntschaft machen werde."

Am 17. September, nach seiner Rückkehr von Karlsbad, drückt auch Vater Tschabuschnigg Juliens Mutter gegenüber „die Freude aus, die meine Frau und ich bei der Nachricht unseres einzigen Sohnes empfanden, daß er nach langjährigem Sehnen endlich am Ziel seiner Wünsche steht und Ihre gütige Einwilligung zu seiner Verbindung mit Frl. Julie erhalten hat. Ich zweifle nicht, daß er ein ebenso trefflicher Gatte sein wird, als er ein unvergleichbarer Sohn ist, und daß er Frl. Julie durch seine Liebe und zartes Benehmen jene Entbehrungen erträglich machen wird, die ihr bei der Trennung aus ihrem Mutterhause bevorstehen und die bis zu einer allfälligen Vorrückung in ihrem künftigen Haushalt notwendig werden dürfte. Nehmen Sie daher ihn und uns in Ihre so hochverehrte Verwandtschaft auf und halten sich versichert, daß wir nichts angelegentlicher trachten werden, als Ihrem Frl. Tochter die Verbindung mit unserem Sohne nach Kräften angenehm zu machen, indem wir zuversichtlich hoffen, daß auch sie bei ihren bekannten trefflichen Eigenschaften uns eine liebe Tochter sein und uns den erlittenen Verlust unseres guten sanften Franz zu ersetzen sich bestreben werde."

Zum Schlusse entschuldigt er sich, daß er sowie seine Frau wegen Kränklichkeit nicht zu den Hochzeitsfeierlichkeiten nach Eppan kommen können.

Mama Heufler ist aber nach wie vor eine schwierige Dame, denn neben der Zustimmung zur Vermählung scheint sie wieder alte Vorhalte angeführt zu haben, was sich aus dem Antwortschreiben Tschabuschniggs erkennen läßt:

„Was die Vergangenheit Bitteres uns gebracht hat, sei vergessen und eine warnende Lehre für die Zukunft. Sie sagten, man sprach mir dereinst alle Religiosität und Moralität ab. Dies war der Ausspruch weniger Mißgünstiger, zu diesem ungerechten Urteil fehlten Tatsachen von meiner Seite. Ich hatte eine lebhafte Phantasie und noch kein klares Gemüt. Dazu erregte mich die Leidenschaft, die ich für Julie fühlte und die zugleich von allen Seiten bedrängt und verkürzt wurde, auf das heftigste. Ich erinnere mich sehr wohl, übereilt, leidenschaftlich und töricht gehandelt zu haben, doch nicht schlecht und nicht ehrverletzend. Sie sind noch zu gewohnt, an meinen Schritten Tadelnswertes zu suchen und zu finden. Ich hoffe auch, Sie rücksichtlich des Punktes meiner Religiosität vollkommen beruhigt zu haben und daß Sie mit mir zufrieden sein können."

Bei Tschabuschniggs heftigem Charakter sind diese Worte erstaunlich ruhig und versöhnlich, doch die Schwiegermutter ist auch weiterhin von seinem Glaubensbekenntnis nicht überzeugt. Da Julie sehr fromm ist, fürchtet sie, „daß die Ehepartner in diesem Punkte nicht übereinstimmen werden, — Juliens Herz würde brechen und ihre Heiterkeit wäre dahin, wenn sie nach der Trauung bemerken würde, daß gerade im wichtigsten Punkte, in der Religion, nicht Einigung herrscht."

Als aber zum Unglück Tschabuschnigg wenig später gesprächsweise in kleinem Kreise die Ansicht äußert: „Die Religion ist die höchste Philosophie des Weibes und die Philosophie die höchste Religion des Mannes" — wobei er aber vorsichtig einschränkt: „es liegt viel Wahres darin" und zugleich ausdrücklich bekennt: „Ich hege tiefe Verehrung für das Christentum und würde auch durch Verletzung der äußeren Formen niemandem je Ärgernis geben" —, wird dies in der Familie Heufler zu einem neuen Stein größten Anstoßes. Julie schreibt darüber an den Schwager Neugebauer sehr weitläufig: „Die Religion ist dem Manne ebenso notwendig wie dem Weibe und er muß die religiösen Übungen und geistlichen Überzeugungen in Ausführung bringen." Bruder Ludwig erklärt zu allem Überfluß dazu, „daß Adolph kein guter Christ ist", und Neugebauer schreibt ergänzend an Tschabuschnigg: „Du kannst Dir also Juliens Gefühle dabei vorstellen."

Dessen Antwort verweist „auf eine bedenkliche Veränderung Juliens hin und ich meine vor allem das Älterwerden und ihre vorherrschende Richtung zur Frömmigkeit, die wohl gewachsen sein wird, aber, wo sie in Bigotterie überstreifen sollte, meinen Ansichten entgegenläuft. Es wäre ein drückendes Verhältnis, wenn das Weib den Mann für einen Ketzer hält, und der Mann das Weib für zu beschränkt in religiösen Ansichten. Ich achte wahre Religion außerordentlich und strebe ihr nachzuleben, aber ich schätze den Inhalt mehr als die Schale. Mein Geist beschäftigt sich oft stundenlang mit göttlichen Dingen, aber ich halte hierzu für mich den Kirchenbesuch nicht nötig, sondern störend. Ich wäre allerdings geneigt, mich auch mehr den Formen zu fügen, aber nur bis zu einem gewissen Grade und nicht unbedingt oder in Heuchelei."

5

Es sind aber nicht nur religiöse Ansichten, die Tschabuschnigg mit seinem künftigen Schwager Neugebauer austauscht. Den Heiratsantrag hat er nicht gestellt, ohne sich vorher mit ihm über Juliens Aussteuer erkundigt zu haben — „keine Frau ohne Vermögen!" Er kennt des alten Heufler Vermögen — er hat ja seinen Nachlaß geregelt — sehr genau: bei seinem Tode fielen 17.000 Gulden auf jedes der Kinder, jetzt muß es sich vermehrt haben. Die Mutter kann den Fruchtgenuß darauf ansprechen und den Kindern, solange sie lebt, geben, was sie will. „Dieser Gegenstand müßte allerdings ins Klare und Zukömmliche gesetzt werden."

Am 1. Juli 1841 schreibt Neugebauer, daß er bei der Schwiegermutter und den Geschwistern vermittelt hat und gewiß ist, daß in finanzieller Hinsicht alle Familienmitglieder Opfer für die „engelsgute" Julie bringen werden. Etwas einschränkend teilt er allerdings am 19. Juli mit, „daß sich Frau Heufler zwar keineswegs unvorteilhaft zeigt, aber doch Zweifel hat, ob Du selbst noch durch Julie glücklich werden kannst, ob sie Deinen Wünschen noch entspricht und ob Julie mit Dir glücklich werden kann." Die weiteren nur mittelbar geführten Korrespondenzen gestalten sich langwierig, führen aber anscheinend doch zu einem befriedigenden Abschluß: Julie erhält für das erste Jahr 1200 Gulden und für jedes nachfolgende 400 Gulden bis zur endgültigen Teilung des Familienvermögens. Das ist nach Tschabuschniggs Ansicht zwar nicht viel, „aber man kam mir zugleich mit solcher Liebe in Innsbruck entgegen und betrieb die Sache so eifrig, daß ich mich endlich schneller entscheiden mußte und es auch gerne tat. Ich hatte allerdings die Absicht, erst um Ostern 1842 zu heiraten, aber ich **habe keinen plausiblen Grund zu dieser Verzögerung**. So dürfte noch vor Ende Oktober die Hochzeit in Eppan stattfinden. Diese schnelle Entwicklung überraschte mich selbst. Ich habe einmal leidenschaftlich für sie gefühlt und sie stets verehrt. Wie viel von wärmeren Gefühlen dieser Freundschaft noch beigefügt ist, weiß ich nicht genau, aber sie liebt mich auch mit innigster Hingebung. In der Blüte ist sie allerdings nicht mehr, — ich kann aber nicht sagen: adieu, Sie sind mir zu alt geworden! — doch ich habe mich überzeugt, daß ich sie liebe, daß ich um sie werben muß, und der herrliche Vollmond dieser letzten Nächte hat mir noch alle Kraft dazu gegeben. Ich sah sie im Mondenlichte wie einst vor mir in jenem pfirsichfarbenen Kleide mit den roten Ärmeln, dem rosigen heiteren Antlitz mit den zarten ungeküßten Lippen. Was an mir liegt, habe ich getan, ich bin dessen froh und heiter und erwarte das Beste."

Er wird aber stutzig, als Julie ihm andeutet, „daß man mit dem Hausstand bescheiden anfangen müsse, da die Vermögensverhältnisse der Mutter nicht bedeutend sind". Tatsächlich erklärt sich bald darauf auch die Schwiegermutter außerstande, die erbetenen Zuschüsse zu geben und will lediglich „nach Bedürfnis helfen". Die gehorsame Julie findet sich damit sofort ab und ist „gerne bereit, sich einzuschränken".

Nicht so Tschabuschnigg, der augenblicks Intrigen aus dem Familienkreise vermutet, wobei er auch Neugebauer nicht ausschließt. Doch dieser ist nach seinem Brief vom 16. August an Tschabuschnigg über dieses Verhalten selbst „vollends mit Entsetzen erfüllt, ja ich kann sagen empört", doch glaubt er nicht, daß dies auf Einflüsterungen der Angehörigen im Hause zurückzuführen ist. „Es ist eher einer Unbestimmtheit im Handeln der Mama infolge des Alters zuzuschreiben, — sie dürfte sich an dritte Personen gewandt und es sogar ohne Wissen von Julie getan haben. Die Schwiegermutter ist wie ein vom Winde gedrehtes Schilfrohr, die täglich ihre Ansicht ändert, und Julie ein unendlich gutes, aber nachgiebiges Geschöpf, das nicht der Mutter gegenüber aufzutreten wagt."

Draufhin entschließt sich Tschabuschnigg, am 21. September 1841 unmittelbar an Frau Heufler zu schreiben und sie zu bitten, „nicht über alles Rat von fremden Leuten einzuholen, wodurch Sie sich von Ihren eigenen verständigen und wohlmeinenden Entschlüssen beirren lassen". Er wählt sichtlich die wärmsten und versöhnlichsten Worte: „Fragen Sie, — Sie sind ja eine so fromme und gute Frau und Mutter — keinen Menschen um Auskunft, sondern beten Sie zunächst eine Weile und ich bin überzeugt, daß Ihr Verstand und Herz, entledigt von den Nebeln irdischer Rücksichten, rückgekehrt von dem Urquell der Weisheit und Güte, das Wahre und Gute wählen wird. Ich bitte zu meinen Forderungen, die ich auf die notwendigsten Extreme beschränkt habe, mir Ihre Zugeständnisse eigenhändig und klar mitzuteilen, da ein künftiger Widerruf von den allertraurigsten Folgen für alle Teile wäre. Ich bitte um diese genauen Versprechungen, da ich das Unterlassen derselben für den Widerruf Ihrer Zustimmung zu unserer Heirat ansehe." Er besteht auf die Zusicherung von 600 Gulden für die Einrichtung, dazu für Wäsche „ein paar hundert Gulden" und appelliert nochmals warm „an die Mutter und Christin".

Aber Tschabuschnigg hat von Anfang an richtig erraten — es sind doch Juliens Brüder Karl und Edmund, die wegen der Aussteuer Schwierigkeiten machen. In einem ausführlichen Briefe an Frau v. Heufler vom 25. September, der im Gegensatz zu seinem vorangegangenen Schreiben ziemlich scharf gehalten ist, stellt er fest, „daß die **Schwiegermutter meine Forderung anerkannt hat**, der Rechtsstandpunkt steht also ganz auf meiner Seite, und ich glaube, daß von Prozessen im Familienleben, wie wir beide es zu führen gewohnt sind, keine Rede sein kann. Es handelt sich hier nur um die Billigkeit und um ein Ausgleichen in freundschaftlichem Wege, und deshalb ist es besser, wenn schon anfangs energisch und fest gesprochen wird.

Edmund sagt, die beiden anderen Schwäger hätten den Brüdern versprochen, in Betreff der Vermögensverhältnisse ihrer Frauen den Brüdern gegenüber immer und jederzeit freien Spielraum zu lassen ohne irgend eine Einmischung. Ich bitte ihm zu sagen, daß ich nicht nur allein dieses Versprechen nie gebe, sondern daß ich Juliens und ihrer künftigen Kinder inneres und äußeres Glück stets betreiben und auch in Vermögensverhältnissen, da sie dazu notwendig sind, nie eine Verkürzung zugeben werde. Sie verwalten das Vermögen Ihrer Kinder. Jede Bevormundung meiner Frau und ihres Vermögens von Seite der Brüder werde ich nicht zugeben.

Das wäre ein seltsamer Begriff von Einigkeit und Frieden, die darin bestünden, daß die Brüder hergingen und über die Schwestern und ihr Vermögen nach Willkür verfügten und diese geduldig zusähen. Wenn Sie mir die Güte und Freude machen, mich zu Ihrem

Schwiegersohn anzunehmen, so muß ich im Interesse Juliens auch das Recht haben, mich um ihr Bestes zu bekümmern. Ich bin kein Knabe, über den, dessen Frau und ihr Vermögen man nach Belieben verfügen kann. Ich will in keine Familie als ein stummes, toleriertes Mitglied eintreten. Ich will Gleichheit und Freundschaft, so wie ich selbst sie biete. Eben weil ich nach der Ehe dies zwischen mir und der Familie meiner Frau wünsche, spreche ich mich früher unverhohlen aus. Julie ist angeblich die Lieblingsschwester, aber ich hätte dieses unbrüderliche Benehmen nicht erwartet."

Trotzdem bittet er Frau Heufler, das Eheaufgebot am 10., 17. und 24. Oktober in Innsbruck zu veranlassen, dann könnte die Heirat am 30. oder 31. Oktober in Gleifheim stattfinden.

„Ein Aufschub der Vermählung wäre wohl fast eine Trennung, da sich schon jetzt genug Anstände ergeben haben. Ich wiederhole noch einmal, daß ich nur unter den von mir gestellten Bedingungen heiraten kann. Wollen Sie diese nicht annehmen, dann scheiden wir für immer, jedes weitere Verhandeln darüber wäre unnütz, ich habe den Gegenstand erschöpft. Ergeben wir uns keinen Illusionen und enden wir dies mir höchst peinliche und Ihnen nicht angenehme Thema ein für allemal. Meine Bedingungen sind unerläßlich, — ohne sie zu heiraten, wäre die größte Torheit für mich. Wollen Sie selbe aus Willkür nicht erfüllen, so nehmen Sie damit Ihre Zustimmung zur Heirat zurück, sie kann nicht stattfinden. Nur unter der Bedingung ihrer Erfüllung mögen Sie die Verkündigung vornehmen lassen, im Gegenfalle müßte unser Projekt, als von Ihnen verworfen, aufgegeben werden und sie wollten absichtlich das Glück Ihrer Tochter um einige Gulden zerstören. Indem Sie die Verkündigung vornehmen lassen, erklären Sie sich in Ihrem Gewissen zur Haltung der Bedingungen verbunden, und um mich ganz zu beruhigen, erwarte ich dann einige Zeilen von Ihnen darüber, die ich nicht mißbrauchen werde.

Ich handelte und handle als Ehrenmann und kann mir nichts vorwerfen. Sie mögen beschließen, was Sie wollen, Sie sind jetzt Herrin unseres Schicksals. Trennen Sie uns, so würden Sie in Ihrem Gewissen wenige frohe Stunden mehr haben. Ich bin in jedem Falle schuldlos, da niemand zum Unmöglichen verbunden ist. Der Gegenstand ist somit abgeschlossen. Wir wollen ja nicht Heiraten spielen, daß wir bloß vage Versprechungen hinnehmen können."

Frau v. Heufler tut darauf sehr beleidigt und fordert Tschabuschnigg auf, sich wegen seiner scharfen Worte zu entschuldigen, aber schließlich muß sie im Interesse ihrer sitzengebliebenen Tochter — wenn auch im verminderten Maße der Mitgift — nachgeben: Julie erhält 600 Gulden für die Haushaltsgründung, für das erste Jahr außerdem 400 Gulden und für die folgenden 200 Gulden.

Über seinen Brief an die Mutter berichtet Tschabuschnigg am 28. September auch an Julie und faßt zusammen:

„Soweit es noch anständig ist, schränke ich mich gerne ein, und Ihr Besitz wird mich mehr als entschädigen. Es gibt aber eine Grenze, wo Nahrungssorgen und Schuldenmachen anfängt, über die könnte und dürfte ich ja auch Sie nicht herabziehen. Wenn wir heiraten, woran ich nicht im Geringsten zweifle, so machen Sie sich diesfalls keine Skrupel, denn was ich ebenfalls hinter mir lasse, wird mir keine Minute der Sehnsucht kosten. Aber man muß sich vor dem Handeln klar sein im Willen und alles bedenken und ausgleichen. Wie dieser triste Punkt geworden ist, — reden wir nicht weiter davon. So wie wir verheiratet sind, werde ich nie mehr daran denken. Eben darum muß jetzt Klarheit hergestellt werden. Dann werden wir uns in Liebe und Freundschaft schöneren edleren Dingen zuwenden. Darum nur Mut, in einem Monat werden Sie wohl schon meine Frau sein und Lethe über diese Widerwärtigkeiten fließen. Diese Verhandlungen waren wohl nicht heiter, aber unsere Neigung soll dabei nicht gelitten haben."

Er bemüht sich auch hier um gemäßigte, ja warme Worte, und zwei Tage später, am 30. September wendet er sich wieder an Julie und bittet, wie vorher die Mutter, auch sie um die Vornahme der Eheaufkündigung. Gleichzeitig hält er aber seine Ansprüche wegen der finanziellen Regelung nochmals voll aufrecht.

„Ich muß ja sorgen für Weib und Kind, innere Verhältnisse allein machen nicht glücklich, man muß auch zum leben haben. Da das zweimal gegebene Versprechen wieder zurückgezogen wurde, kann ich nicht mein unbedingtes Vertrauen in vage Zusicherungen setzen. Meine Liebe für Sie war und ist unverrückt, aber ich mußte doch auch äußere Verhältnisse sichergestellt wissen. Wenn man einmal gegen mich wenig günstige, mich nur beschränkende Gesinnung zeigt, werde auch ich unsicher, und wie der Boden unter mir schwankt, mache ich falsche Schritte. Ich mußte ja drängender, schärfer schreiben, ich mußte ja mein, unser Glück und dessen Möglichkeiten verteidigen...

Gott weiß, daß ich an diesen Verwirrungen keine Schuld trage, ich glaubte diese lästigen Fragen entschieden und fiel wie aus den Wolken, als ich alles wieder unsicher sah. Ich will und werde nun, ohne noch ein Wort über diese traurigen Gegenstände zu verlieren, der Mama unbedingt vertrauen. Ich bitte nur noch dies in ihr Gedächtnis zu rufen, daß zur Hauseinrichtung ein Zuschuß nötig ist und sie bitte, Ihnen selben zu geben.

Ich werde jetzt ungesäumt das Quartier aufnehmen.

Meine geliebte Julie, Sie haben recht, wir hatten einen sehr bitteren Brautstand, aber ich versichere Sie, daß nun alles Herbe überstanden ist. Wir werden mit unserem Einkommen beschränkt anständig leben, ich werde mir nicht mehr wünschen. Sie können an meinem Charakter nicht irre werden, und lassen Sie uns froh und beruhigt der Zukunft entgegensehen."

6

Bei der gereizten Verfassung, in der er sich befindet, kann es nicht wundernehmen, daß sich auch in der eigenen Familie Ärgernisse ergeben. Der Vater ist von Karlsbad ohne Heilerfolg und verbittert zurückgekehrt und lehnt die neuen Diätvorschläge des Sohnes eigensinnig ab. Die Zurückweisung dieser Bezeugungen von Kindesliebe empfindet Tschabuschnigg immer besonders schmerzlich, und er wird auch diesmal darüber wieder aufbrausend:

„Ich habe mit Aufgebung jedes Selbstzweckes mir durch Jahre zum Ziel gesetzt, das Leben meiner Eltern zu behüten und zu verschönern. Ich bin bei den vielen Oppositionen körperlich und geistig hingewelkt. Sie haben meine Liebe nicht verstanden und meine Briefe für Komödien gehalten... Verzeihen Sie, wenn ich ernst schreibe, ich fühle so und mir ist das Leben immer hart gemacht worden, vom Schicksal oder von Menschen. So sehe ich jetzt, daß ich zum Heiraten kaum mehr tauge, ich bin zu finster. Gerne läge ich statt Franz am Freithof und überließe ihm den Brautkranz..."

Nicht umsonst hat er das Andenken des toten Bruders beschworen, denn zum ersten Male und fast erschreckend enthüllt er dem Vater, „daß beim Heiratsentschluß eines der stärksten Motive es war, mich vor einem finsteren Gedanken zu bewahren, dem ich allmählich entgegenreifte". Wiederholt hat er ja an die Kugel aus der Pistole gedacht, aber davor wieder zurückgeschreckt. „Diesmal stand ich von neuem an der düstersten Seite des Lebens, aber da ich einmal diesen Gegenstand eingeleitet habe, so werde ich ihn auch nach meinem besten Vermögen durchführen und hoffe auch dadurch zu einem gewissen Grade der Ruhe und des Glückes zu kommen."

Aber bald stellt sich das gute Einvernehmen wieder ein, und der alte Tschabuschnigg billigt das Vorgehen Adolphs gegenüber der Familie Heufler: „Es muß reiner Wein eingeschenkt werden..." Andererseits gibt er zu bedenken: „Deine Religionsuneinigkeiten sind wohl sehr unangenehm, lasse Dich nur in nichts solches mehr ein. Bei Weibern findet eine nach der Vernunft modifizierte Religion keinen Eingang. Sei froh, wenn Deine Frau viel Religion hat, und auch Du mußt Dich mehr mit der äußeren Religion befreunden, es ist höchst notwendig. Der Staat selbst will religiöse Beamte haben, sogar bei Avancements wird darauf ein besonderes Augenmerk gerichtet. Es ist nicht genug, bloß innere Religion zu haben, man muß sie auch vor der Welt zeigen. Also Klugheit! Klugheit!"

Und da der Vater aus den letzten Briefen des Sohnes eine steigende Nervosität feststellt, ermahnt er ihn, zum letzten Male vor einer bald eintretenden bleibenden Entfremdung: „Gelassenheit in allen Lagen ist unerläßlich, alles vorher genau überdacht, jedes Wort überwogen, nie zu rasch gehandelt, erst alles Zweideutige beschlafen."

Er will's, aber nun meldet sich zu allem Überfluß auch Julie wieder beunruhigend zu Wort. Sie findet in Adolphs Briefen „eine schmerzliche Veränderung gegen sie" und weist zu seiner Verärgerung nochmals darauf hin, daß sie seinen Wunsch nach einer „aufwendigen Einrichtung" nicht teilt. Das Hauswesen soll nach ihrer Meinung gewiß nicht so sein, daß er sich schämen müßte, auch soll er seinen Bekanntenkreis nicht aufgeben, aber er macht einen zu großen Anschlag. „Zunächst müßten wir mit zwei hübschen Zimmern genug haben." Große elegante Gesellschaften liegen ihr nicht, fügt sie bei, „lieber ein kleiner Kreis von herzlichen guten Bekannten, und am Schönsten die Abende allein." Julie, die Adolphs Mißmut über ihre Worte wohl ahnt, beschließt den Brief mit dem Hinweis, daß sie lieber auf dieser Welt ein Glück entbehren wolle, wenn sie nicht imstande wäre, ihn ganz glücklich zu machen. „Überlegen Sie, ob ich Ihnen wohl genügen werde." Sie schreibt ihm unter einer Trauerweide und legt einen Zweig bei. Für den Gesellschaftsmenschen Tschabuschnigg, der von einem glänzenden Salon in Triest geträumt hat, ist er Symbol neuer Enttäuschung.

Bald darauf teilt sie ihm mit, daß sie wieder den Brief in Händen hält, den er ihr am 23. September 1833 zugesendet hat. „Er hat mir schon damals vor so vielen Jahren den unverhohlenen Ausdruck Ihrer Liebe gegeben. Sie haben mir herzlichste Freude geschenkt und mich Freudentränen gelehrt, während ich mich jetzt, acht Jahre später, auf einem unsicheren Punkt stehend fühle."

Tschabuschnigg scheint von diesem Hinweis — er hat den Brief nicht in seinem Tagebuch vermerkt und weiß nicht mehr, was er damals an Julie geschrieben — weniger freudig berührt und erwidert ziemlich nichtssagend, „daß sich Liebe inzwischen modifizieren könne", was Julie über die rätselhaften Worte des seltsamen Bräutigams in neue Unruhe versetzt: „Warum haben Sie sich denn meine Erinnerung an das Jahr 1833 als einen leisen Vorwurf ausgelegt und wie weit reicht die Modifikation Ihrer Liebe? Denken Sie meiner in Liebe, aber nicht gar zu modifiziert!"

Tschabuschnigg, der gern zitiert, mag in diesen zerrissenen Tagen an seinen Shakespeare zurückgedacht haben:

"Ward je in dieser Laun' ein Weib gefreit?
Ward je in dieser Laun' ein Weib gewonnen?"

7

In diesem Jahre 1841, da Tschabuschnigg neu um Julie wirbt und kämpft, erscheint beim k. k. Hofbuchhändler Peter Rohrmann in Wien seine große zweiteilige Novelle »Ironie des Lebens«. Kein anderer Titel würde zu der Verfassung, in der er sich jetzt befindet, besser passen.

In dem 1840 geschriebenen Vorwort zum Werke, das Tschabuschnigg zum ersten entscheidenden Durchbruch in seinem dichterischen Schaffen verhilft, gibt er selbst die bittere Erklärung ab: „Die Liebe ist lediglich eine Ironie, die sich das Leben gegen unser Herz erlaubt", und fährt fort:

„Mag die Liebe in ihrer Veranlassung und Entstehung willkürlich und unbedeutend erscheinen, ihr Verlauf wird ernster, ihre Folgen und Wirkungen sind oft großartig und erhaben. Sie entscheidet mehr oder weniger über das Glück, über die Richtung jedes einzelnen, und auch auf die Geschicke der Gesamtheit übt sie nicht selten unverkennbaren Einfluß. Das Wesen der Liebe stellt sich in unberechenbaren Widersprüchen dar, ihr Aufwand an Blühen und Duften ist oft nicht mehr als eine prächtige Phrase, die einen kurzen gemeinen Trieb kostbar verhüllt, — oft aber wieder hat ihr Samenkorn Anspruch auf himmlische Abkunft. Ich versuchte ihre Phrasen aufzugreifen und so einen Beitrag zu ihrer Auslegung zu bereiten." Damit erfüllt Tschabuschnigg in glücklicher Weise die klassische Aufgabe der modernen Novelle, ein psychologisches Problem durch den Verlauf und Ausgang einer seelisch wahren Handlung zu lösen.

Schon im Vorfrühling 1835, ein Jahr nach dem Bruch mit der Familie Heufler, hat Tschabuschnigg „in ländlicher Abgeschiedenheit" mit dem Werk begonnen, im Sommer ist der erste Teil in sieben Kapiteln bereits vollendet. Es handelt sich um die Geschichte von drei Liebespaaren, den Töchtern Stella, Albertine und Julie des Barons von Schwangau. Zwischen Stella und dem Maler Adlerhorst entwickelt sich eine phantastische Liebe trotz der Standesunterschiede, die sich erst später geltend machen. Das Motiv der Mesalliance klingt auf, es kommt zum Bruch, und Stella wird nach einigen Jahren die Mätresse eines Prinzen. Den Kammerherrn Abel und Albertine verbindet eine ruhige konventionelle Neigung, aber diese Ehe löst sich zuletzt in Gleichgültigkeit auf.

Im dritten Liebespaar Julie und Graf Leander — die Gestalt der fernen Geliebten wird wieder erweckt und Leander stellt ein Selbstporträt Tschabuschniggs dar — „verbindet sich die reinste Religiosität und das unschuldige Herz eines heranblühenden Mädchens mit der harmonischen Geisteshaltung eines weltmännischen ernsten Jünglings". Es ist das Idealbild eines Herzensbundes, das alle Widrigkeiten des Lebens und die schärfsten Konflikte zu überwinden vermag, während in der geistvoll eingewebten Episode des Grafen Altenberg, der als skurriler Magister Irrwisch die Erziehung seines Sohnes leitet und ihn vor den Enttäuschungen der Welt zu bewahren sucht, sich die Ironie des Lebens in ihrer erschreckendsten Gestalt zeigt. Aber auch dieses Paar, dem das Glück sich anfangs voll zu erschließen scheint, sollte nach dem ursprünglichen Aufbau der Erzählung am Schlusse für immer getrennt werden.

Im ersten Teil blüht der Frühling der Liebe in der Idylle eines schönen Sommeraufenthaltes, den Hintergrund bildet „die Kärntner Landschaft und das Landleben in getreuen Gemälden und Abrissen der näheren Umgebung". Der zweite Teil enthüllt dann die Ironie des Lebens — den Kampf der Seele und ihrer Forderungen gegenüber den unversöhnlichen Gegebenheiten der Welt: es ist der innere lebendige Gegensatz, mit welchem nach romantischer Auffassung die irdischen Dinge behaftet sind und ihren Eingang aus dem Unendlichen ins Endliche büßen.

In der ersten Bearbeitung der Novelle blickt man am Ende geradezu „nur in ein Tal Gethsemane". Tschabuschniggs väterlicher Freund Dr. Hock in Wien warnt deshalb „vor dem zerrissenen Ende, das für viele Leser einen harten Ausklang ohne milde Versöhnung bedeuten würde". So gibt der Dichter 1840, nach einer Unterbrechung von mehreren Jahren, dem zweiten Teil einen sanfteren, ruhigeren Abschluß. Dadurch ist die schrille Disharmonie nach den Worten von Tschabuschnigg selbst „zwar verschwunden, aber die Erzählung hat durch die Umgestaltung eine Ungleichmäßigkeit erfahren", die ihn nicht befriedigt. Wohl lautet der ausklingende Satz: „Diese treue fromme Liebe zwischen Leander und Julie hatte nichts mehr von der Ironie des Lebens zu befürchten", aber so war die Konzeption nicht vorgesehen und vor allem entspricht auch die Entwicklung weniger dem Titel.

Auch Leander-Tschabuschnigg sollte, vom Pfeil der Lebensironie getroffen, vereinsamt zurückbleiben, und im Epilog »An eine Verstorbene« hat er es deutlich zum Ausdruck gebracht. Im Herbst 1840, da er das Werk abschließt, denkt er noch nicht an eine Verbindung mit Julie, sie ist für ihn verloren. Nun wirkt es wieder fast wie eine Ironie, daß knapp vor der Hochzeit, als das Buch erscheint, Julie vor ihm noch als „eine fromme Tote, Schutzgeist dieses Herzens" auferstehen:

Du fromme Tote, deren Fehler Tugend
Wie meine Tugend fast nur Fehler war,
Dir bring' ich hier den letzten Kranz der Jugend,
Die Ernte mancher Erdenlenze dar.

Noch lebend bist Du tot schon, — lebst gestorben,
Geschlossen ist der Erde goldnes Buch,
Dein schlagend Herz hat Ruhe schon erworben,
Es schweigt die Sehnsucht wie ein Leichentuch ...

„Die Novelle", urteilt der Kritiker F. E. Pipitz, der Tschabuschnigg schon aus dem Silbernen Kaffeehaus in Wien her kennt, „edel in der Idee, reich und eigentümlich in einzelnen Situationen, rein und gediegen in der Sprache, kann den besten deutschen Dichtungen ähnlicher Art an die Seite treten." Damit erhält Tschabuschnigg die entscheidende Anerkennung seines Schaffens und findet zur Freude von Dr. Hock, der ihm beratend beigestanden ist, in zwei rasch aufeinander erfolgten Auflagen beim Publikum eine sehr günstige Aufnahme. Neben der von noch romantischem Geist erfüllten Handlung sind es vor allem auch die eingestreuten Betrachtungen über Dante, Petrarca, Ariosto und Tasso sowie die Reflexionen über Geschichtsphilosophie, Menschenwürde und Lebensgeschick, die dauernden Wert besitzen.

Auch der gefürchtete Dr. Wolfgang Menzel in Stuttgart zollt in seinem „Literaturblatt" vom 30. August 1841 volle Hochschätzung: „Eine Novelle, die ein tiefes Gemüt verrät, die mit großer Liebe ausgeführt ist und in welche der Verfasser auch mannigfache Lebens- und Kunstansichten niedergelegt hat, also ein Werk, das sich von den gewöhnlichen romantischen Fabrikaten vorteilhaft unterscheidet." Nach einer eingehenden Besprechung des Werkes schließt die Kritik mit der Feststellung, „daß die Versöhnung zwischen der Liebe und einer liebefeindlichen Philosophie in einem dritten höheren Moment liegt, nämlich in einem religiösen, und so geht ein frommer Zug durch den ganzen Roman, der nicht im geringsten etwas Rationalistisch-Moralisierend-Salbaderisches an sich hat, sondern ein Hauch von höherer Poesie ist und einem Roman, in dem es sich von den ernsteren und tieferen Gefühlen der Menschenbrust, und nicht bloß vom oberflächlichsten Tande der Gesellschaft handelt, sehr wohl ansteht."

Im gleichen Jahre erscheint auch die zweite Auflage seiner Gedichte aus dem Jahre 1833, diesmal im Verlage von Pfautsch und Co. in Wien, der ihm dafür das bisher höchste Honorar von 300 Gulden zahlt.

Voran setzt er die Widmung:

SEINEM EINZIGEN BRUDER
FRANZ KARL
GEBOREN AM 12. NOVEMBER 1815
GESTORBEN AM 25. NOVEMBER 1840
DEM GENOSSEN SEINER BESTREBUNGEN, SEINEM
BESTEN TREUESTEN FREUNDE,
WEIHT DER VERFASSER DIESES BUCH
ALS EIN GERINGES ZEICHEN DER DANKBARKEIT
FÜR SEINE SCHÖNE LIEBE UND FREUNDSCHAFT,
VOLL TIEFEM SCHMERZ ÜBER SEINEN IRDISCHEN
VERLUST, ABER IN ZUVERSICHT
AUF DAS WIEDERSEHEN JENSEITS DES GRABES.

Der stattliche Band von 221 Seiten ist seit der ersten Ausgabe um zahlreiche Dichtungen stark vermehrt — die Ausscheidung verschiedener früherer Gedichte wird bedauert —, zusätzlich umfaßt er wirkungsvoll eine Reihe neuer Balladen und einen geistvoll reflektierenden Sonettenzyklus um Mephistopheles, Romeo und Julia, Don Quijote, Hamlet, Torquato Tasso, Ulrich von Lichtenstein, Jnes de Castro, Dante und, aus dem Paradies hervortretend, Beatrice.

Auch hier ist es wieder die Zeitschrift „Der Berliner Gesellschafter", die kritisch und in feiner Charakterisierung darauf hinweist, daß man den Novellisten Tschabuschnigg in seinen Gedichten kaum wiedererkennt. „Dort stellt er sich hinter und stark über das Leben, hier fühlt er sich hinein und mit ihm, es drückt ihn, er läßt sich rühren, bewegen und zu Leid und Tränen zwingen. Liebe mit Schmerzen, Entsagungen und Trennungen bilden das alte bekannte Hauptthema. Er sagt es den liebenden Mädchen in schöner gereimter Sprache: sie sollen vergessen und sich nach anderen Freunden umsehen, gibt denen, die erst bedenken und überlegen, gereimte Körbe, und läßt sein Herz über dies und jenes im Leben, über Erlebnisse, Natur, Kunst, Geschichte und große Männer laut werden... Da kommt viel Ansprechendes und Gefühltes hervor, aber man merkt fast durchwegs den Kampf des Dichters, teils mit dem Stoffe, teils mit der Form. Aber das Leben hat ihn, wie es seine Novellen beweisen, bereits höher gestellt, und aus dieser lebendigen Sphäre des Schönen wird er nicht mehr herabsinken."

Zum ersten Male klingt hier die Frage über die höhere Bedeutung Tschabuschniggs als Lyriker oder als Prosaist auf, und diese beiden dichterischen Schalen werden in Zukunft noch oft abgewogen werden. Als Novellist ist er nun anerkannt, aber auch in seinen neuen Gedichten — dies hat der „Berliner Gesellschafter" trotz aller klugen Interpretation doch übersehen — ist Tschabuschnigg zu einem neuen Menschen geworden, emporgestiegen zu einer trotzigen Höhe, von der aus er, Goethes Prometheus gleich, den Göttern voll Verachtung seine stolze Herausforderung entgegenschleudert:

Ajax Oïleus

Recht so, Ajax! die Arme geschürzt
Wie zum Kampf, und den Nacken steif,
Und in den Augen diesen nie bezwungenen Blick!
Laß ihn immerhin, den eindringenden Poseidon;
Die Fluten branden, es wankt der Fels, — immerzu!
Und den mächtigen Dreizack schwingt der erzürnte Gott;
Fernab treibt das gebrochne Schiff,
Und in die Flammen stößt wie in Segel der Sturm.
Wohl! es mag stürzen der Fels, sinken der Held,
Untersinken ins feindliche Reich, —
Kein Ajax mehr, —
Aber den Sieg erringe der Gott nicht!

Unbezwingbar ist der Mensch, frei wie ein Gott,
Die Freude teilt er mit den Unsterblichen nicht,
Die leichte, ambrosische,
Mühsam ringt er Früchte der Erde ab,
Seine Saaten kann ihm ein Gott zertreten,
Seine Blumen — aus Scherz' und Laune,
Aber sein Wille ist fest, unbeugsam,
Und dämonisch wie Götterwille.

Du bist mein Held, Ajax!
Breche der Fels, ströme die Brandung hin,
Als ob nie Ajax Götter und Schicksal gehöhnt,
Aber diesen erhabenen Blick
Wirf dem stürmenden Gott zu im Sinken,
Und besiegt, Ajax, hast du gesiegt!

8

Anfang Oktober hat Tschabuschnigg bereits den Stoff für Juliens Brautkleid nach Innsbruck gesendet, wo es angefertigt werden soll, er sucht für den neuen Haushalt ein Quartier in Triest und bestellt Möbel „in ganz bescheidenem Stile" — da erfassen ihn nochmals Ungewißheit und Zweifel, und er verfällt in neue Melancholie und Grübelsucht. „Wie in einem Schüttelfieber" schreibt er von einem Lebewohl und spricht von einem Wiedersehen jenseits der Gräber. „Mit der Eheverkündigung werden wir also noch zuwarten."

Aber Julie weiß, daß es jetzt um die Entscheidung über ihr Leben geht, und zeigt sich zum ersten Male entschlossen:

„Bevor ich Ihr letztes Lebewohl annehme, möchte ich Sie wohl sehr gerne noch einmal sehen, diesmal möchte ich auf keinen Fall so schweigend und stumm scheiden."

Diesen Vorschlag, der kaum ernst gemeint sein dürfte, läßt er unbeantwortet, und im übrigen ist ja das Aufgebot in Innsbruck schon angeschlagen. So ist denn alles, wenn vielleicht auch nicht ganz glücklich, aber doch endgültig entschieden, und kurz vor seiner Abreise zur Hochzeit erhält er zu seiner Überraschung von der Schwiegermutter — die schließlich doch glücklich ist, die letzte, schon ältlich gewordene Tochter unter die Haube gebracht zu haben — noch einen Brief herzlichen Willkommens: „Nur wahre Liebe, Einigkeit und Freundschaft soll zwischen uns herrschen. Meine Söhne werden Sie in Bozen abholen kommen."

Doch er wäre wieder kein Tschabuschnigg und er selbst, wenn er die Begleitung von Juliens Brüder nicht dankend ablehnen würde. Nein, dieses letzte Stück Weges zum Phantom seiner großen Liebe, nach der er sich so viele Jahre verzehrend gesehnt hat, will er auch jetzt allein gehen.

Am 26. Oktober 1841 kommt er in Eppan an. Rückblickend trägt er am 30. Dezember 1841 in die „Erinnerungen" ein:

„Trübes Regenwetter, ich stieg am Anfang des Dorfes ab, ging zu Fuß weiter und fand garnicht den Eingang zum Hochzeitshaus, — da kam mir Julie über die außen ablaufende Stiege entgegen: ,Aber so spät kommen Sie', rief sie, wir umarmten und küßten uns, — ein Wiedersehen nach mehr als sieben Jahren! Ich hatte Juliens Bild während der Abwesenheit mir zur Heiligen, zum Ideale gesteigert, nun fand ich die irdische, nur um sieben Jahre gealtert. Die Wirklichkeit und die Gebilde des Inneren stießen auch bei der Erfüllung meiner Jugendwünsche herb zusammen.

Nun empfing mich die ganze Familie, etwas verblüfft, gespannt, unsicher. Ich sah die alten Gesichter wieder, die mich einst gekränkt hatten, die Jahre waren über alle in scharfen Zügen geschwebt, ein paar fremde Gesichter waren mir noch lästiger. Das Haus nicht sehr bequem und das Wetter kalt und feucht, Unbehaglichkeit von außen und innen, sehr frostige Dialoge mit Julie, täglich ein paar kalte Küsse. Dazu beobachtende Augen der übrigen, lauernde besorgliche Blicke. Ich hätte gerne all meinen Besitz gegeben, um aus den peinlichen Verhältnissen befreit zu sein."

Der einzige Mensch, mit dem er sich sogleich verbunden fühlt, ist der geistliche Herr aus Innsbruck, der nach Gleifheim kommt, um die Trauung zu vollziehen. Es ist der Benediktinerpater Beda Weber, und Tschabuschnigg fühlt sich dankbaren Herzens in das Lyzeum in Klagenfurt zurückversetzt, wo Professoren desselben Ordens ihn als Knaben zum Weg des Lebens geleitet haben. Beda Weber ist eine hochgebildete Persönlichkeit und ein glühender Patriot, der 1848 in der Frankfurter Nationalversammlung als Abgeordneter Österreichs sein Vaterland vertreten wird. Da er auch über eine beachtliche dichterische Begabung verfügt und soeben einen Lyrikband „Lieder aus Tirol" beendet hat, ergibt sich in diesen kurzen Stunden des Beisammenseins auch Gelegenheit zu einem Literaturgespräch zwischen den beiden Männern:

„Wer ein Dichter sein will", erklärt Tschabuschnigg, „muß vorerst zu einer Weltansicht gelangt sein. Auch der Dilettant macht gefallsame Verse, aber aus den Worten des Dichters müssen Ideen hervorblitzen, die über den Gegenstand des Gedichtes hinausreichen... Darum steht es um die Poesie in jüngster Zeit mitunter übel, weil ihre Jünger eher dichten als denken, und wenn sie einmal zu denken beginnen, gewöhnlich zu dichten aufhören."

An die Hochzeitsfeier erinnert er sich kühl: „Am 31. Oktober 1841 gegen 11 Uhr traute uns P. Beda Weber, die Haus- und Kirchentüre war mit einem grünen Fichten- und Blumenbogen geschmückt. Nach der Trauung wurde Johanneswein geboten. Ich fühlte gleichsam eine sakramentale Stärkung und das Gleichgewicht innerer Gefühle fing sich schon an diesem Morgen herzustellen. Abends verlangte ich, allein zu schlafen. Am nächsten Tage schieden wir unter vielen Tränen gegen Abend."

Die große Leidenschaft der vergangenen Jahre erfüllt sich in Bozen: „Wir beteten zuerst knieend zusammen und ich wünschte, daß es mir vergönnt sei, Julien glücklich zu machen." Dann verläuft alles in „Gleichgültigkeit, doch ohne Abneigung" und endet „in seltsamster Überraschung durch periodische Frauenzustände."

Kein Wort weiter — Ironie ist doch letzten Endes alles in der Liebe!

9

Am 4. November 1841 — dem Namenstag des Vaters — kommt das junge Paar in Klagenfurt an. Das Haus ist hübsch übertüncht, die Jalousien frisch bemalt und „auch sonst manches renoviert — man wollte meine Gattin freundlich empfangen".

Der Vater fühlt sich schwer krank, die Mutter „zeigt das liebevollste freundlichste Gesicht". Am 9. November besucht Tschabuschnigg mit Julie den Kirchhof zu Stein bei Klagenfurt: „Noch blühten die Monatsrosen um Cölestines und Emmas Grab." In Franzens Zimmer hängt unberührt sein Lieblingsfrack, grün mit hellen Knöpfen.

Am gleichen 9. November abends klagt die Mutter über Blutwallungen und sieht erhitzt aus. Aber am nächsten Tage kommt sie früh wie immer dem Sohn einen Kuß geben, „es ging ihr besser, wir frühstückten zusammen und dann begab sie sich zur Kirche." Als sie zurückkehrt, bricht sie plötzlich zusammen. „Es waren tödliche Schmerzen im Unterleib, die Pulse tobten, das Herz schlug im Tumulte und ich glaubte, die Aorta werde ihr bersten, da diesen Tod der Hausarzt schon vor Jahren vorausgesagt hatte." Die schonungslose, fast klinische Betrachtung der letzten Stunden der Mutter erschüttert geradezu im Vergleich zu Tschabuschniggs sonst immer bekundeter Kindesliebe:

„Ich wies sie an Gott und sagte, im Schmerz müsse man an ihn denken und sich überwinden können. ‚Adolph, Du bist grausam', erwiderte sie, ‚die Schmerzen sind so groß, daß ich den Gedanken an Gott nicht fassen, nicht behalten kann.' " Sie fühlt, daß sie sterben werde, und bittet, versehen zu werden. „Dieses Verlangen — eine Stunde nach dem Ausbruch der Krankheit — schien mir unverständig, ich sagte, sie solle uns diese Komödie nicht zwecklos vorspielen und den Papa schonen. Aber sie bestand darauf, Papa unterstützte ihren Wunsch und sie beichtete beim Kaplan Umfahrer, anschließend empfing sie die Kommunion. Dennoch hatte sie die kleine irdische Eitelkeit nicht verlassen, um ihre Haube, die der Schmerz verschob, über die ergrauten Haare zu ziehen, sobald Julie an das Bett trat. Die drei Doktoren wußten sich nicht zu helfen — es handelte sich um eine Gedärmentzündung. Der Kaplan gab ihr die letzte Ölung, er betete aus des Bischofs Paulitsch vortrefflichem Gebetbuche für Sterbende, sie horchte hin, ihre Zunge war schon schwer geworden, und einmal sagte sie noch: ‚Adolph, das Sterben ist bitter, ach wie bitter!' Am 11. November um 6½ Uhr früh starb sie im Alter von 52 Jahren. Ich drückte ihr die Augen zu und küßte sie."

Den ganzen Monat November bleiben Adolph und Julie noch beim Vater, dessen Krankheitsbild eine langsame Besserung erhoffen läßt. „Er scheint", vermerkt Tschabuschnigg in seinen Aufzeichnungen, „wie aus dem Grabe zurückgekehrt, doch kann ich mich an seinem neugeschenkten Leben nicht mehr mit voller Offenheit und Heiterkeit erfreuen. Obwohl zu seiner früheren Körper- und Geistesstärke zurückgefunden, ist er ein anderer geworden, in seinen Ansichten ist das Edle, Aufopfernde der Männlichkeit fast verschwunden, eingetreten ist der Egoismus des Greisenalters. Und was noch seltsamer, — seine Liebe für mich, einst unbegrenzt und heftig, ist verschwunden, ungeachtet freundschaftlicher Formen scheint eine gewisse Antipathie an ihm zu nagen." Tschabuschnigg ist's, als wäre er im Elternhaus nur noch ein unwillkommener Gast — der Vater hält ihn auch nicht mehr in Klagenfurt zurück.

Am 5. Dezember um 8 Uhr abends trifft das Paar in Triest ein. Die erste Unterkunft ist kostenlos in einem ältlichen Haus, bis die neue Wohnung bezogen werden kann. Vom Onkel Alois erhalten sie zunächst eine dürftige Kücheneinrichtung, und vorläufig kann nur das Wohlfeilste angeschafft werden. Man muß ganz bescheiden anfangen, es ist ein mühsamer Beginn ohne große Illusionen, und weiß Gott! — den Eintritt in den so schwer erkämpften Ehestand hat sich Tschabuschnigg wohl anders erträumt.

Abends geht er mit Julie am *Acquedotto* spazieren und setzt sich mit ihr wie einst an den Kaffeehaustischchen unter den geliebten Kastanienbäumen nieder. Die kleinen Sartorelle gehen wieder vorüber, aber ehe sie ihm zulächelnd den vertrauten Namen Adolfo zurufen und Julie es hören könnte, steht er rasch auf.

In der engen Wohnung öffnet er das Fenster und sieht von weither das Meer. Dort drüben stehen wohl die alten Gefährten und warten auf die Barken, die die frischen Austern ans Land bringen. Und Eugen Forgatsch entkorkt bereits genießerisch die Flasche. Vorbei, vorbei ...

Der Gesang der Fischer ist nun verklungen, die Lichter auf den Schiffen sind verlöscht. Nur der *Faro*, der Leuchtturm, läßt sein Feuer getreulich über das Meer kreisen, um die Zufahrt in den Hafen sicher anzuzeigen. Tschabuschnigg sinnt: Ist auch sein Lebensschiff hier endlich glücklich eingelaufen? Der Anker ist abgeworfen — möge er endlich doch Grund fassen! Er tritt vom Fenster zurück, Julie schläft bereits. Wie ein leiser Hoffnungsschimmer tritt aus den dunklen Wolken hervor die schmale Sichel des Mondes.

ZWEITER TEIL

DER MANN UND DER STAATSMANN

DIE KLEINE KAJÜTE

1

„Ein Hauswesen aus dem Nichts zu Stande zu bringen, ist nicht so leicht und noch viel mehr, als man denken könnte", schreibt Tschabuschnigg am 20. Dezember 1841 an die Schwiegermutter, aber er kann bald weiterhin berichten: „Wir werden recht hübsch, ja elegant wohnen, wenn alles in Ordnung ist", und „für ein Zimmer soll noch eine teure Einrichtung nachfolgen", was bei der sparsamen Frau v. Heufler augenblicks ein Stirnrunzeln hervorruft. „Liebe", setzt er fort, „ist mir jetzt mehr not als je, denn die wenigen Wesen, die stets in Liebe an mir gehangen, habe ich verloren und stehe im Begriffe, deren letztes, meinen Vater, zu verlieren. Es ist eine seltsame Fügung, daß ich Julie gerade zu dieser Zeit gewonnen. Nicht lange später wäre es hiezu wohl zu spät gewesen, da ich mich dann völlig meinem finsteren Geschicke überlassen hätte. Juliens Besitz hält mich nun aufrecht in diesen schweren Zeiten, obwohl ich Verluste erleide, die nichts ersetzen kann."

Die Herrin auf Schloß Gleifheim hört's gerne und freut sich auch über den dritten Brief des Schwiegersohnes vom 12. Jänner 1842: „Meine Bekannten betragen sich Julien gegenüber zu meiner Zufriedenheit sehr freundschaftlich." Einschränkend stellt er zwar fest, „daß wir nicht so heiteres und ungetrübtes Glück genießen, als wir es vor Jahren gekonnt hätten, daran ist der Verlauf dieser Jahre schuld, schwermütige Erinnerungen, Zurückhaltung und Resignation". Die Schwiegermutter erschrickt, atmet aber nach dem Schlußsatz wieder auf: „Juliens gute Eigenschaften erscheinen mir auch im Verlaufe unserer Ehe in gleich ungetrübtem Licht und meine Achtung und Liebe für sie sind seit unserem Hochzeitstage wohl nur im Steigen begriffen."

Was er nicht nach Eppan schreibt, trägt er in das „Buch des Erlebten" ein:

„Der Anfang der Ehe zwischen Julie und mir war nicht ohne Reibungen. Unsere Ansichten über äußere Religion, über gesellige Verhältnisse und weiteres sind zu stark verschieden, dabei hat sie Neigung zu Melancholie, fühlte anfangs den Abschied von Mutter und Familie schwer und wurde durch jeden Tadel gekränkt. Ich andererseits bin unnachsichtig, heftig, aufbrausend, unduldsam und unterliege noch überdies manchmal längeren Ausbrüchen dumpfer lebenabschüttelnder Schwermut. Ich möchte mich dann in mein Leichentuch einhüllen und dunkel und still daliegen. Das Vergebliche, Herbe meines Lebens überkommt mich dann, alle alten Wunden eitern von neuem..."

In seiner weiteren Korrespondenz teilt Tschabuschnigg der Schwiegermutter mit, daß sein Vater noch immer so schwer erkrankt ist, daß er Briefe weder schreiben noch lesen kann. „Wenn er sich wohler fühlt, wird er es nachholen, aber Sie werden solche Zeilen von ihm wohl nie empfangen, denn es geht ihm sehr übel."

Da Frau v. Heufler immer noch vermutet, daß er verschwenderisch lebt, gibt er ihr einen finanziellen Bericht:

„Nach Juliens Aufschreibungen haben wir in den ersten zwei Monaten nach unserer Hochzeit 754 Gulden C. M. ausgegeben. Im Laufe von vier bis sechs Wochen habe ich noch 400 Gulden für die Einrichtung zu bezahlen, dann werden wir in Ordnung sein. Julie erhält meine Besoldung und die Monatsraten ihres Jahresbeitrages, so daß ich für mich weniger als nichts zurückbehalte. Ich habe auch für meine Person, seit wir in Triest sind, außer Briefpost nicht einen Kreuzer ausgegeben und bin überhaupt der ökonomischeste Mensch auf der Welt. Triest", erklärt er der Schwiegermutter weiter, „ist eine sehr teure Stadt und läßt sich mit Innsbruck nicht vergleichen. Die Handwerker sind doppelt so teuer, das Brot um 40 Prozent, das Fleisch um 25 Prozent. Und", fügt er etwas spitz bei, „trinke ich auch nicht."

In das „Buch des Erlebten" schreibt er weiter ein:

„Juliens fleckenloser Charakter, ihre Tugend und Frömmigkeit, ihre grenzenlose Güte verdrängen immer wieder meine düsteren und heftigen Anfälle, und mitten unter manchen Kontrasten und Reibungen ging der Zustand gleichgültiger Freundlichkeit, die ich zuerst für sie fühlte, in die milde Wärme inniger Neigung über. Von Tag zu Tag gewann und gewinne ich sie lieber."

Aus Gleifheim trifft inzwischen ein Brief ein, der das Hauswesen in Triest kritisiert. Tschabuschnigg nimmt es in seiner Rückantwort vom 27. Jänner 1842 erstaunlich gelassen hin. „Über Ihre Bemerkungen fühle ich mich nicht im geringsten gekränkt und habe auch keinen Ihrer Briefe mißdeutet. Auch ich teile nur einige wahre Tatsachen unserer häuslichen Verhältnisse mit, damit Sie sie genauer kennen mögen. Ich wünsche dringend, daß Sie stets fortfahren, ganz offen gegen uns zu sein. Auch ich bin dies und überhaupt der Meinung, daß man, wenn man jemand wohl will, nie aufhören darf, ihm seine Fehler in wohlwollender Weise vorzuhalten. Aus bloßem Loben und angenehmen Reden würde nichts Ersprießliches entstehen." Von den traurigen Erinnerungen der beiden letzten Jahre kommt er nicht los. „Sie haben ganz recht, daß man diesen trüben Einflüssen nicht zu viel Macht einräumen darf, und ich gestehe meine Fehler, daß ich rücksichtlich trauriger Gedanken wie ein wiederkäuendes Tier bin."

Wegen des Trauerjahres nach Adolphs Mutter nimmt das junge Paar — mit Ausnahme des *Bal paré* beim Gouverneur Graf Stadion, von dem man nicht fernbleiben kann — an Faschingsunterhaltungen nicht teil und besucht nur wenige größere Gesellschaften. Die Ordnung im Hause besorgt ein junges Bauernmädchen Ursula aus dem kärntnerischen Greifenburg, Urschel gerufen, das sich aber, wie die Hausfrau selbst, in die fremde Stadt recht schwer einlebt. Auch gesundheitlich schlägt Julie Triest schlecht an. Sie fiebert oft, im März 1842 erkrankt sie nicht unbedenklich an Diätfehlern, erholt sich nur langsam, nimmt aber dann allmählich „am Fleische" zu. „Ich muß also", schreibt sie der Mutter, „nicht mehr *la donna più magra* — die magerste Frau — sein." Ergänzend vermeldet Tschabuschnigg: „Sie sieht viel besser aus als vor einem halben Jahre, sie ist lebhafter, frischer und heiterer" an Frau v. Heufler, deren Briefe auch herzlicher werden und kaum noch Spannungen erkennen lassen.

Während aber die Schwestern Maria und Resi sowie die Schwägerin Gusti, Gattin des Bruders Karl in Mailand, der Reihe nach Kinder bekommen — „wie es im Ratschluß Gottes gelegen ist", seufzt Julie, während Adolph maliziös kommentiert: „Die Herren Ehemänner scheinen sehr hitzig zu sein" —, bleibt der Segen bei ihr aus. Sie trägt daran immer schwerer.

Tschabuschnigg selbst vertraut sich wieder dem „Buch des Erlebten" an:

„Ich wäre froher, wenn ich Julie glücklicher machen könnte. Die vergebliche Sehnsucht nach einem Kinde, die sie liebesbedürftigen Herzens hegt, macht mich oft sehr traurig. Gelegentliche Hoffnungen einer Erfüllung dieses Wunsches erweisen sich immer wieder als trügerisch. Ich wünschte mit meinem Leben ihr die Mutterfreude zu erkaufen, möge Julie in der Freude der Mutter reichlichen Ersatz für meinen Tod finden. Die Ahnung meines nicht fernen Todes kann ich überhaupt nicht loswerden, — möge sie mich vergessen und in der Liebe anderer reich belohnt werden..."

Nein, innerhalb dieser bescheidenen Wände und in der Einsamkeit zu zweit, fern von den bisher gewohnten eleganten Empfängen und erlesenen Diners, von den gewinnbringenden Spieltischen und den schönen verführerischen Damen — nein, da kann sich der Gesellschaftsmensch Tschabuschnigg wahrhaftig nicht glücklich fühlen. So flüchtet er, wenn die kargen Gespräche mit Julie erschöpft sind und sie sich zum Gebet zurückzieht, zu den alten Freunden zurück, den Büchern, die schon in Wien seine treuesten gewesen sind. Er beginnt wieder bis in den späten Abend zu lesen und legt eine genaue Liste seiner Lektüre an. In diesem ersten Ehejahr 1842 sind es nicht weniger als 64 Bände, darunter die sämtlichen Werke von Byron („sehr gut"), Dickens („ausgezeichnet"), Immermanns »Die Epigonen« und vor allem »Münchhausen« („vielleicht der beste Roman neuester Zeit"), die Novellen von Tieck, die Schriften von Novalis, Bulwers »Zanzoni« („Die Schlußblätter kosteten mich Tränen") und »Nacht und Morgen«, das ihm minder gut gefällt, sowie George Sand, deren »Andrea« als Apotheose für die Pariser Grisetten er eher langweilig findet, dagegen »La dernière Aldini« als eine „interessante und nicht unsittliche Verherrlichung des Artistenlebens gegenüber der Aristokratie" lobt.

Sein besonderes Interesse findet Heinrich Laubes »Geschichte der deutschen Literatur«, später Friedrich Schlegels »Geschichte der alten und neueren Literatur«, die er „gediegen und unterrichtend" bezeichnet, sowie die ebenfalls als „trefflich" hervorgehobene »Nationalliteratur« von Gervinus. Auf historischem Gebiete ist es vor allem L. Schlossers »Geschichte des 18. und 19. Jahrhunderts«, die ihn durch ihre „derbe Wahrheitsliebe und glückliche Gruppierung" fesselt, weiters die »Papstgeschichte« von Ranke, die »Geschichte der italienischen Republiken des Mittelalters« von Gismondi, die »Geschichte Venedigs« von P. Daru und vor allem Macchiavelli — dem er eine ausführliche Würdigung widmet — mit seiner »Geschichte von Florenz«, dem »Principe« und den »Discorsi« aus der römischen Geschichte. Ebenso vertieft er sich in die »Christliche Mystik« von Görres, die er als „interessant und scharfsinnig, aber auch sophistisch" beurteilt. Aus der zeitgenössischen österreichischen Dichtung sind es vor allem »Die Albigenser« von Nikolaus Lenau, die „in ihrer edlen Gesinnung und schönen Sprache starken Eindruck" hinterlassen, und das romantische Gedicht »Rahel« des Freundes Frankl („herrliche Verse wie orientalische Perlen"). Völlig verändert hat sich seine Beziehung zu Schiller. „Wo sind die Zeiten jugendlicher Begeisterung?" fragt er sich, als er die Gedichte wieder zur Hand nimmt. Allzuvieles erscheint ihm veraltet, „während Goethe immer jung bleibt".

Neben den Büchern ist es der Abbate Francesco Dall'Organo, mit dem sich Tschabuschnigg auf literarischem Gebiete zusammenfindet. Der um einige Jahre jüngere, aus dem Friaul stammende Privatgelehrte hat ihn schon vor der Hochzeit um den ansehnlichen Betrag von einem Gulden für die Stunde das klassische Italienisch gelehrt und in geistvoller Weise Dantes »Göttliche Komödie« im einzelnen erläutert. Seine Artikel in der Triester Zeitschrift „Favilla" — für die über

Organos Einladung auch Tschabuschnigg mehrere Beiträge zur Verfügung stellt — erwecken allgemeine Beachtung, vor allem aber sind es seine Gedichte, Balladen und dramatischen Werke, die den Namen des idealgesinnten Priesters weithin bekanntmachen. „Jede seiner dichterischen Schöpfungen gilt als ein Ereignis, seine Lieder werden in seiner Heimat gesungen, ehe sie in Musik gesetzt, seine Balladen verbreitet, ehe sie gedruckt sind."

Dies ist's, was Tschabuschnigg in Erstaunen versetzt, und in einem Essay über Francesco Dall'Organo, der in Frankls „Sonntagsblättern" erscheint, analysiert er das Verhältnis des italienischen Publikums zum Dichter, das „weit anmutiger" ist als das des deutschen. „In Deutschland", stellt er fest, „wird es fast ausschließlich durch die Kritik vermittelt, dort entsteht es unmittelbar. Bei uns machen erst Ankündigungen das Publikum auf seine Poeten aufmerksam, die Freunde des Autors und des Verlegers müssen es dann gleichsam alarmieren, und dennoch ist der Erfolg noch keineswegs gesichert. Anders geht es in Italien: dort genügt der lyrische Erguß eines Gefühls, einer Stimmung, selbst poetische Blumen des Stils erfreuen noch. Kaum wird irgendwo ein schönes Gedicht geschrieben, so macht es schon in Abschriften bei Bekannten und Freunden die Runde, das Volk singt es zu beliebten Melodien, aus entfernten Gegenden seines Vaterlandes erhält der Dichter manche Beglückwünschung, und Italien hat sich des kleinen Werkes bemächtigt, noch ehe es der Druckpresse übergeben wurde. Werden die Dichtungen später veröffentlicht, findet die Kritik bereits vollendete Tatsachen vor, und wenn sie sich gleichwohl der Stimme des Publikums widersetzen wollte, ist sie dem Gelächter und der Verachtung preisgegeben. Wird der italienische Dichter auch nicht mehr am Kapitol mit dem Lorbeer gekrönt, so fliegen ihm doch gleichsam frische Kränze der Bewunderung aus allen Enden Italiens zu, und er muß sich nicht wie der deutsche im besten Falle mit der Huldigung dürrer Papierblätter begnügen."

2

Im Mai 1842 kommt der Vater nach Triest zu Besuch. Geradezu ein Wunder ist geschehen: sein Gesundheitszustand hat sich in erstaunlicher Weise gebessert, die Diagnose des Dr. Kumpf auf Magenkrebs war vollkommen verfehlt, und wenn auch noch nicht ganz hergestellt, erholt er sich während der fünf Wochen am Meer sehr schnell. Aber was Tschabuschnigg schon beim Abschied von Klagenfurt schmerzlich empfunden, tritt nun umso deutlicher zu Tage: Vater und Sohn finden nicht mehr wie früher zueinander, „wir waren uns entfremdet, vielleicht ungeachtet unseres besten Willens..."

Aus den Reden des alten Tschabuschnigg klingt immer wieder der Plan zu einer zweiten Ehe hervor, was Adolph entschieden mißbilligt. „Dies lockerte die Bande zwischen uns noch mehr." Später besucht er Klagenfurt und bleibt über drei Wochen beim Vater. „Wir lebten recht freundlich nebeneinander, aber die alte hingebende Liebe war dahin. Im eigentlichen Sinne habe ich mein Vaterhaus verloren."

Diese Erkenntnis stürzt Tschabuschnigg wieder in tiefe Melancholie, umsomehr auch die erhoffte Beförderung im Amte auf sich warten läßt. In Klagenfurt wird eine Sekretärstelle beim Stadt- und Landrecht mit einem Gehalt von 800 Gulden frei, um die er sich bewirbt. Er bittet die Schwiegermutter, die in Wien gute Beziehungen hat, um eine Intervention, da er dort „mehr im literarischen Fache als im Amte" Geltung zu haben scheint. „Ich bin", fügt er bei, „ohne die geringste Eigenliebe unter den hiesigen Subalternen einer der fleißigsten, dies berichtet meine Stelle immer an das Appellationsgericht. Ich wollte keine Feder mehr für eine andere als eine ämtliche Arbeit eintauchen, wenn einer der Räte, bei dem ich arbeite, ein anderes als das beste Zeugnis über meinen Fleiß ablegen würde." Aber das Schweigen der Hofräte aus der Residenzstadt zerrt an seinen Nerven.

Zumindest literarisch befriedigt ihn das Jahr 1842. Im Verlag Pfautsch & Comp. in Wien erscheint sein »Buch der Reisen«, in dem Tschabuschnigg verschiedene Skizzen und Studien über seine Fahrten durch Italien, die Schweiz und Deutschland zusammengefaßt hat. Sie bringen in publikumssicherer Abwechslung neben dem vielen landschaftlich Erschauten, das überaus stimmungsvoll geschildert wird, zahlreiche historische, kulturelle und künstlerische Einflechtungen sowie ausgezeichnete Einblicke in das Volksleben. Das Werk findet freundliche Aufnahme, und die „Wiener Zeitung" vom 8. Juni schreibt darüber sehr ausführlich:

„Ein Mann von gediegener Bildung, noch obendrein ein Dichter, beschaut sich ein schönes Stück Welt und berichtet darüber in edler löblicher Weise. Gerade dies doppelte subjektive Gepräge gibt dem Buche besonderen Charakter und schätzbaren Wert. Wohltuend ist es zugleich, einen Autor zu treffen, dessen Schrift gründliche Studien sowie eine höchst achtbare Gesinnung zugrunde liegen, und der sich noch überdies als voller Meister des Ausdrucks und der Sprache bewährt.

Er spricht mit vieler Liebe von Italien und dessen klassischer Literatur, seine Naturschönheiten begeistern ihn, seine Kunstschätze finden an ihm einen gelehrten Kenner und gewandten Darsteller. Aus der Schweizer Reise ist manche landschaftliche Partie von wunderbarer Feinheit und trifft den Lokalton des Landes in einer Weise, wie sie nur selten einem anderen Schriftsteller gelungen ist. In den deutschen Studien ist es vorzüglich, wo die frei-edle Denkungsart des Dichters am deutlichsten hervortritt, — man kann nicht schöner über unser Vaterland schreiben. Tschabuschniggs Bilder haben eine Wahrheit und Frische, die den Leser geradezu an Ort und Stelle versetzen und selbst das nie Erblickte vor ihm aufsteigen läßt."

Am 19. August 1842 reist Julie zur Mutter nach Eppan, und Tschabuschnigg bleibt „in trüber Stimmung" allein in Triest zurück. Sie ist zum ersten Male von ihm getrennt, denkt oft „an mein geliebtes strenges Mandl" und schreibt ihm: „Ich danke Gott, daß jene große Spaltung zwischen uns behoben ist. Nochmals bitte ich Dich um Vergebung wegen aller unangenehmen Eindrücke" — so harmonisch ist denn das erste Ehejahr doch nicht verlaufen — „und ich hoffe, daß mir nun alles besser gelingen wird, nachdem wir schon mehrere Monate beisammen sind."

Am 10. September fährt Tschabuschnigg ihr nach, verbringt drei Wochen auf Schloß Gleifheim und begibt sich anschließend über Innsbruck, Berchtesgaden, Salzburg und Linz nach Wien, um wegen seiner weiteren Karriere nochmals vorstellig zu werden. Besondere Eindrücke hinterlassen ihm Ischl, Melk und Göttweig sowie die Fahrt auf der Donau — „die Rheinreise hat nicht Gleiches aufzuweisen." Bei den ämtlichen Besuchen wird er „auf das Zuvorkommenste und außerordentlich artig" empfangen, und „ich zweifle nicht, daß ich innerhalb eines Jahres *avanciert* sein werde." Er wohnt auch einigen literarischen Diners bei und „wurde von den Matadoren der Literatur freundlichst aufgenommen, so daß sogar ein paar Zeitschriften Wiens kurze Artikel über meine Anwesenheit brachten."

Ende Oktober trifft sich das Paar wieder in Triest, wo Tschabuschnigg auf der Behörde wahre Aktenstöße vorfindet und dem Freund Frankl gegenüber Klage führt, daß er „durch eine Masse dienstlicher Arbeiten geradezu erdrückt" wird. In der Ehe fühlt er sich nun „ausgeglichener, beruhigter und froher. Der versagte Kinderwunsch ist für Julie und rückwirkend auch für mich die herbste Prüfung. Aber meine Neigung für sie wächst mit jedem Tage, gewiß das schönste Zeugnis, das man einer Frau geben kann."

Zu Beginn des neuen Jahres 1843, am 8. Jänner, trägt er in das „Buch des Erlebten" ein, was er selbst der Gattin gegenüber nicht ausgesprochen hat. Es ist eine dithyrambische Huldigung auf Julie, ein hinströmender Erguß des Herzens an die geliebte Frau, die er nun endlich ganz gefunden hat. Er lobpreist sie in überschwenglichen Worten, gleichzeitig gedenkt er voll Dankbarkeit der unvergeßlichen Toten — Mutter, Franz und Emma — und ebenso des Vaters mit der Bitte, „daß wir uns wiederfinden, wieder erkennen, wieder lieben", und er erinnert sich an die Kindheit zurück, „wo ich nicht schlafen konnte, wenn sie nicht im Hause waren." Und er schreibt:

„Ich segne dich, meine holde Julie, mit dem Segen der Tugend! Mögest du bis zum Grabe deines Lebens so magdlich demütig und unschuldig reinbleiben. Möge der Frieden der Tugend, die Glückseligkeit des reinen eifrigen Willens dich nie verlassen, mögest du deinen Lebenswandel so schuldlos zurücklegen, daß du nach dem Tode allsogleich werdest ein Mitglied der heiligen seligen Gemeinschaft.

Ich segne dich mit dem Segen der Liebe! Möge dies edle erwärmende Gefühl des Herzens dich nie verlassen und bis zum letzten Hauch deines Lebens so innig, so wahr, so rein erwidert werden, als es in deinem Herzen blüht.

Ich segne dich mit dem Segen der Fruchtbarkeit, doch nur, wenn dies zu deinem irdischen und ewigen Heile gereicht, — wenn das Leben des Kindes nicht das deine bedroht, wenn dies Kind körperlich und geistig seiner Lebensaufgabe gewachsen ist, wenn es nicht ein früher Tod hinwegrafft — und wenn es Gottes Wille ist.

Ich segne auch mich mit dem Segen der Tugend und Wahrheit. Fortschreiten möge ich in beiden, Glück verlange ich mir nicht. Wenn es aber mir ersprießlich wäre und Du es mir schickst, mein Gott, dann sei gepriesen auch für diese lichte freudige Gabe.

Gepriesen seiest Du aber in jeder Schickung, die mir zuteil wird, großer unendlicher Gott. Gepriesen in der Heiligkeit des Willens und Vollführens, gepriesen im Lichte der Wahrheit und Weisheit, gepriesen in der Schönheit der Natur und Kunst. Hochgepriesen, Du mein Gott, laß mich Dein Antlitz sehen, Ewiger, und lasse mich Dir ähnlicher werden, soweit es die Kreatur vermag.

Ich segne auch meine geliebten Toten mit dem Segen der Glückseligkeit! Möge sie euch dort zuteil werden in vollem Maße, hier wurde ihr lichtes Los euch nur sparsam zugemessen. Möge die Herrlichkeit der Himmel euch umfangen und der Glanz der Nähe Gottes euch erheben. Möget ihr auch euch wiedergefunden haben, und eurer vereinten Liebe und Freude, eures grenzenlosen Jubels soll kein Ende sein.

Ich segne meine liebe Mutter, meinen lieben Bruder mit dem Segen des Dankes und des Wiedersehens.

Und dich, o mein teurer, geliebter Vater, segne ich mit dem Segen des Dankes, der Unsterblichkeit und der Glückseligkeit."

Damit schließt das „Buch des Erlebten" und schweigt dann auf zwanzig Jahre.

Doch auch dieser Hymnus der Liebe auf Julie und das dankbare Gedenken an die Eltern und den Bruder lassen unüberhörbar einen stillen Abschied vom Leben nachklingen. Bald stellen sich neue Todesahnungen ein. Da ihn schon durch Monate ein hartnäckiger Husten quält, „zweifle ich nicht an mein baldiges Ende und sehe eine weiße und eine schwarze Kugel in der Urne, die über meinem Leben rollen".

Zudem erreicht ihn eine Trauernachricht aus Wien. Ludwig August Frankl teilt ihm mit, daß Michael Enk von der Burg freiwillig aus dem Leben geschieden ist. Tschabuschnigg erinnert sich schmerzlich an die Universitätsjahre zurück. Damals war der gelehrte Benediktinermönch, der einem Gelübde seiner Mutter gehorchend in den geistlichen Stand getreten ist, sein erster dichterischer Mentor gewesen, mit dem er auch später dankbar in Verbindung blieb — ihm als erstem hat er von Klagenfurt aus für seine weiteren poetischen Arbeiten die „Erwählung eines neuen Genres, des artistischen oder historischen", angekündigt, ohne sich allerdings näher auszudrücken, was er damit meint. Die Nachricht über den Verlust des väterlichen Freundes, der aus Schmerz über erlittene Kränkungen im Beruf den Tod in der Donau gesucht hat, trifft ihn schwer und wirft ihn neuerdings in düstere Schwermut.

Im Frühjahr 1843 wird, wie er der Schwiegermutter schreibt, „die Stimmung besser. Ein paar Ausflüge nach den Umgebungen von Görz, die außerordentlich schön sind, erhoben mich geistig und körperlich. Auch in Aquileja war ich, das nicht uninteressant ist", doch scheint nach diesen etwas dürftigen Worten der Eindruck des berühmten Domes auf ihn nicht sehr nachhaltig gewesen zu sein.

Nach dem ersten noch unruhigen Ehejahr ist nun eine stille Häuslichkeit eingezogen, und Frau v. Heufler erhält am 5. März 1843 einen Brief, daß der Winter gesund verbracht wurde. „Julie hat sich an Triest in jeder Hinsicht gewöhnt und ist nicht unzufrieden. Im Fasching hat sie auf sechs Bällen recht wacker getanzt und sich nicht übel unterhalten." Nach Tisch geht man dreiviertel Stunden gemeinsam spazieren, am Abend gelegentlich ins Opernthater, wo Mozarts „Don Juan", Verdis „Nabucco" und Donizettis „Linda di Chamounix" besonderen Beifall finden, oder man wechselt Besuche. Langsam nimmt Tschabuschnigg auch seine literarischen Arbeiten auf, während Julie für das Sofa Polster stickt oder an Hemden für Adolph näht. „Wir führen ein ganz gemütliches Dasein, unsere Umgebung ist nur auf Wohlwollende beschränkt, es wird diskutiert, gelesen, musiziert, und das Bewußtsein gegenseitiger Achtung und Neigung läßt andere unerfüllte Wünsche übersehen."

Dabei denkt Tschabuschnigg zunächst an den bisher versagten Kindersegen, worunter Julie immer wieder leidet und verschiedene Bäder ohne Erfolg aufsucht. Vor allem aber ist es die ungeduldig erwartete weitere Beförderung, doch die erhoffte Ernennung zum Ratsprotokollisten bleibt ihm wieder versagt. „Im Allgemeinen", sinnt er erbittert, „können wir Menschen wohl nicht recht glücklich werden, mir insbesondere wurde kein dornenloses Leben zuteil, und dann macht körperliches Unwohlsein und das daraus hervorgehende Temperament mich manchmal noch verdrießlicher." So wechseln ununterbrochen die Stimmungen.

Zu Beginn des Sommers fährt Julie zur Erholung nach Bad Kleinkirchheim in Oberkärnten. Es ist kaum ein Platz zu finden, und zu Tschabuschniggs Mißvergnügen befinden sich dort auch mehrere Klagenfurter Familien. Deshalb mahnt er „Julchen" besorgt: „Erkundige Dich um manches, sprich aber nicht zu oft und gegen jedermann Deine eigenen Wünsche aus, — man macht sich dadurch lächerlich. Diese Regel gilt ebenso für Klagenfurt und Tirol. Auch hast Du recht, Dir nicht zu viele Hoffnungen zu machen: Der Mensch handle, der Segen liegt dann in des Schicksals Hand. Wer sich keinen Vorwurf zu machen hat, der kann auch Bitteres leichter ertragen."

Juliens Briefe rufen bei ihm Kopfschütteln hervor: „Du schreibst wirklich einiges sehr konfus, was macht Dich denn eigentlich so zerstreut?" und er redet ihr zu: „Es ist mir lieb, Dich einigermaßen versorgt zu wissen, nicht bloß wegen äußerer Gefährdungen und Möglichkeiten, sondern auch wegen innerer Zustände, die bei Frauenzimmern in abenteuerlichem Alleinsein gefährlich werden können. Es gehört dazu jene unschuldige Ruhe, die Sicherung der Tugend, wie Du sie hast, jene Übereinstimmung des Herzens mit dem göttlichen Wesen, woraus allein Halt und Zuversicht in den irdischen Schwankungen entsteht und die oft fast wie eine hörbare Harmonie in der Tiefe des beruhigten Herzens klingt. Möge Dir diese Klarheit stets erhalten bleiben und möge sie Dir auch Geduld mit mir verleihen, die ich oft kränklich an Geist und Körper selber in Anspruch nehme." Der Brief klingt aber in froher Ermunterung aus: „Iß, trink und unterhalte Dich, so gut Du kannst", und er schließt fast humoristisch: „Das Zölibatleben scheint mir nicht schlecht anzuschlagen, aber langweilig ist es."

Während dieses Alleinseins ist er im Amt sehr beschäftigt, wie in der Junggesellenzeit frühstückt er im Caffè Tommaso, das Mittagessen nimmt er wieder bei Onkel und Tante ein, und die Abende verbringt er bei Bekannten, wo er es allerdings oft „fad" findet. Deshalb zieht er vor, zu Hause nur eine Limonade zu trinken und mit

Lektüre frühzeitig ins Bett zu gehen. „Dein Wirtschaftsgeld", schreibt er nach Bad Kleinkirchheim, „wird also in diesem Monat aufblühen."

In der Zwischenzeit hat die brave Urschel, die sich in die Hafenstadt nicht einzufühlen vermochte, leider gekündigt und ist in die heimatlichen Berge zurückgekehrt. An ihrer Stelle hat die neue Magd, die Tschabuschnigg aufnimmt, „an Stupidität keinen Mangel".

Ende Juli fährt Tschabuschnigg nach Klagenfurt und trifft den Vater wohlauf an — „er ist fett und gesund". Anschließend holt er Julie in Kleinkirchheim ab und bringt sie zur Mutter nach Eppan, wo auch er sich drei Wochen aufhält. Die Rückreise verbindet er mit einer kleinen Italienfahrt nach Verona — „dort überfiel mich", wie er anschaulich nach Gleifheim berichtet, „plötzlich schreckliche Leibesnot, und auf der *Piazza del Castello* hinter den *Giardini pubblici*, jedesmal angesichts des Volkes, entledigte ich mich ihrer" —, dann geht es weiter nach Padua und Venedig. In Triest angekommen, muß er zunächst die Wohnung vom Ungeziefer säubern — in den Zimmern laufen die Mäuse, in der Küche kriechen die Schaben und in der Kemenate der neuen Donna gibt es Flöhe über Flöhe.

Ohne Julie, die bis Mitte Oktober in Tirol bleibt, beginnt für Tschabuschnigg wieder das einsame Leben, das er diesmal schwerer erträgt: er hat keinen Umgang, das Theater ist geschlossen, sogar zum Lesen hat er nur wenig Lust, und so geht er abends schon zwischen 7 und 8 Uhr zu Bett. Die Briefe, die er an Julie richtet, sprechen zärtliche Ungeduld und Vorfreude: „Bei Deiner Rückkehr wollen wir wieder recht fein zusammen sein und uns ohne Not keine dunklen Stunden machen", und etwas später: „Wir müssen so heiter als möglich leben und die Gegenwart genießen, eine Regel, die wir stets zu wenig befolgten."

Während seiner Abwesenheit von Triest ist die ihnen befreundete Gusti Mangiardi an Kindbettfieber gestorben, und er schreibt an Julie: „Du siehst, daß man die Erfüllung keines Wunsches abnötigen darf, versagte Wünsche in Geduld verschmerzen und gewährte genießen soll." Er ist seltsam ruhig und abgeklärter geworden.

Gegen Jahresende sollen zwei Ratstellen im Küstenlande neu besetzt werden, um die sich Tschabuschnigg, wieder vergeblich, bewirbt. „Es erfüllen sich auf Erden wohl die wenigsten Wünsche, aber es ist doch eine große Befriedigung, wenn man mindestens weiß, daß einem viele Leute oder doch einige recht wohlwollen und Gutes wünschen."

Anfang Dezember erhält Juliens Bruder Karl Heufler, der bisher in Trient und anschließend im istrianischen Pisino tätig war, eine Konzipientenstelle beim Landrecht in Triest und wird in die Tschabuschniggsche Gemeinschaft aufgenommen. Da er noch keine Besoldung erhält, bedeutet dies eine Belastung für den jungen Haushalt, aber Adolph zeigt sich großzügig, so wie er sich auch später gegen alle, auch entfernte Verwandte sowie frühere Freunde und Freundinnen stets hilfreich erweist. Die einstige Spannung zwischen den beiden Männern ist vollkommen geschwunden, und Tschabuschnigg stellt der Schwiegermutter gegenüber dem Schwager das beste Zeugnis aus: „Er ist im Amte tüchtig, zu Hause liebenswürdig und läßt verständige und löbliche Tendenzen erkennen."

So neigt sich das Jahr 1843 dem Ende zu. „Wir befinden uns wohl", schreibt er an Frau v. Heufler nach Innsbruck. „Die zwei Raternennungen im Küstenlande habe ich ziemlich stoischen Gleichmuts ertragen. Ohne die Ungunst des Präsidiums hätte es diesmal mich treffen müssen, doch die Ruhe und die Zufriedenheit des Menschen hängt ja nicht von derlei ab, insbesondere wenn man sich selbst auch in dieser Beziehung nichts vorzuwerfen hat und wenn ein edles häusliches Verhältnis einen von Äußerlichkeiten unabhängiger macht." Als er aber vom Freiwerden einer Ratprotokollisten-Stelle beim Appellationsgericht in Klagenfurt erfährt, ruft er sich in seiner Vaterstadt wieder nachdrücklich in Erinnerung und sucht um die Verleihung an.

Neben der beruflichen Karriere ist in diesem Jahre auch das schriftstellerische Schaffen fast ohne Ergebnis geblieben. Schon seit 1841 trägt er sich mit dem Gedanken zu einem neuen Zeitroman mit dem Titel »Der moderne Eulenspiegel«, in dessen Mittelpunkt ein geistvoller Nachfolger und Namensvetter des berühmten mittelalterlichen Schalks steht. Tschabuschnigg beabsichtigt als Gesellschaftskritiker hier „das Leben selbst ironisch zu behandeln" und „seine ganze Ansicht von ewigen und endlichen Dingen zu Papier zu bringen". Aber er kommt mit diesem weitgespannten Thema nur langsam weiter.

Dagegen wirft er in jäher Aufwallung den Rezensenten, die vor allem in Österreich seine dichterischen Arbeiten meist wenig wohlwollend beurteilen, den Fehdehandschuh hin. Er verfaßt eine überaus scharfe »Kritik der Kritik«, die später in Frankls „Sonntagsblättern" erscheint und seine literarischen Richter, überlegen und mit ätzendem Spott, in ihrer ganzen armseligen Pose bloßstellt.

„Man schreibt gegenwärtig über alles Kritik", leitet Tschabuschnigg fast liebenswürdig ein, „eine Kritik über die Kritik kann daher niemanden befremden. Über der Kritik steht nichts, unter der Kritik kaum etwas."

„Kritik", setzt er fort, „gab es immer, wenn auch keine geschriebene, so doch eine lebendige, die Stimme des gebildeten Volkes. Erst das 18. Jahrhundert brachte die gedruckten Kritiken in Schwung, die von gewissenhaften Gelehrten ausgingen. Damals wurden warmer innerer Anteil an der Literatur und erschöpfende Sachkenntnis noch für unerläßliche Erfordernisse zum kritischen Berufe gehalten, die Kritik enthielt die innigste Überzeugung ihres Autors, und mochte sie loben oder tadeln, sie war redlich und konnte nur fördern. Das Volk durfte gläubig ihren Aussprüchen vertrauen.

Seitdem" — die Sprache wird nun schärfer — „ist es bei uns allerdings anders geworden. Nicht nur allein die ersten Federübungen werden häufig der kritischen Muse gewidmet, sondern auch die schlechtesten Schriftsteller, die in anderen Literaturfächern bereits bankerott geworden, errichten gerne unter ihrem Schutze eine rezensierende Fabriksfirma. Mangel an Kenntnis ist aber nicht die übelste Seite dieser Glücksritter, sondern die Unredlichkeit ist es. Wer seine wahrhafte Meinung sagt, der bleibt ein Ehrenmann, und wäre er auch der erste Ignorant auf der Erde. Unehrlichkeit aber ist das häßlichste Brandmal des Literaturrichters. Erscheint sie zudem mit Scheinheiligkeit geschmückt und von Lappen des Witzes umflattert, so wird sie nur noch ekelhafter.

Unsere Rezensenten hängen dem Prinzip der Prädestination, der Vorherbestimmung an: Ihr Beschluß ist in der Regel gefaßt, bevor sie das Buch zur Hand nehmen, — mögen sie es dann noch lesen oder nicht, nach diesem wird es beurteilt. Ihre vorgefaßte Meinung gründet sich gewöhnlich auf eine Leidenschaft, auf das Interesse oder auf ein Vorurteil. Daher die vielen widersprechenden Kritiken über dasselbe Werk. Dabei leidet aber die Literatur am meisten, und fortdauernde erbärmliche Kritik muß ihren Verfall herbeiführen."

Die Kritiker teilt Tschabuschnigg in drei Gruppen ein: die lobenden, die tadelnden und die gleichgültigen.

„Die Gründe, warum die gewöhnlichen lobenden Rezensionen geschrieben werden, sind verschiedener Art; der harmloseste wäre in der Selbstkritik, der löblichste in stilistischer Übung zu finden. Man will sich zu einem Rezensenten bilden und lobt und tadelt abwechselnd, aber ohne Wahl. Der glückliche Autor, den das Los dazu bestimmt hat, wird in angenehmen Redensarten gelobt. Man fängt allenfalls mit einer Kunsttheorie im Auszuge an oder klagt im allgemeinen über den Verfall der Literatur, wovon natürlich das vorliegende Buch fast eine einzige Ausnahme macht. Wie in der Musik Triller, Läufe und Schnörkel gibt es auch in der Rezensierkunst gewisse, bequeme, tönende Sprüche, mit denen man mühelos durch alle Weisen des Lobes umherfährt.

Mehr mit Selbstbewußtsein handelt die nächste Unterart lobender Kritiker. Sie benehmen sich wie der Fuchs in der Fabel: der Rabe singt und das Käsestück fällt zu ihren Füßen. Sie loben nur um dieses, — auch Austernschmause und Vorauszahlungsscheine sind wirksam. Hieher gehören auch jene Rezensenten, die sich wie die jungen Schwanzratten auf den Rücken eines berühmten Mannes setzen, um mit ihm, ohne die eigenen Füße zu bewegen, in die Gefilde der Unsterblichkeit zu gelangen. Wenn es Mode wird, irgend einen Autor zu loben, so lobt man ihn eben auch. Einige Literaten, die zugleich Kritiker sind, schließen gleichsam eine wechselseitige Versicherung ab und loben nun einer den anderen. Selbst der Besuch desselben Klubs ist hier oft schon entscheidend.

Was die tadelnden Rezensenten anlangt, so gleichen sie häufig den Schuljungen im Zauberspiele, die hinter Löwenlarven auftreten, ohne bereits dem Schulmeisterstock entwachsen zu sein. Tadelnde Kritiken werden aus den verschiedensten Gründen geschrieben, der seltenste darunter ist wirkliches Mißfallen. Viele davon wären lustig, wenigstens lächerlich, wenn sie nicht so traurig wären. Man möchte diesen oder jenen Autor nicht aufkommen lassen, er ist ein Rivale, Parteien stehen gegeneinander, Farbe wider Farbe. Ein weiteres Motiv zum Tadel liegt darin, daß man dabei klüger auszusehen glaubt als beim Lobe und jedenfalls als der Getadelte. Allerdings" — räumt Tschabuschnigg ein — „verdienen Bücher auch Tadel, dann aber muß er gehörig begründet sein.

Schließlich gibt es noch eine gleichgültige Kritik. Sie führt nie falsche Gründe an, sondern gar keine. Sie sagt nichts aus, sondern sagt nur, und dies oft gar lang. Diese nichts-sagende Kritik ist es, die sich zu den Schriftwerken wie Wasser zum Wein gesellt, und mischt man zu viel davon bei, so verspürt das Publikum endlich richtig nur Wasser im Munde. Ein solcher Rezensent fährt dem Leser gleichsam mit dem Finger in den Schlund, er bekommt Ekel, bevor er noch das Buch begonnen hat, und legt es zur Seite.

Die ernste richtige Kritik", endet Tschabuschnigg, „soll der Engel mit dem Flammenschwerte sein, der den Ungeweihten aus dem Paradiese treibt, mindestens der warmherzige Begleiter, der dem Suchenden den richtigen Weg zeigt, — aber nicht der Würgeengel, der in heimlicher Nacht die Erstgeburt tötet, nicht der Wegelagerer, der die Leute überfällt und plündert, und nicht der Gassenjunge, der den Wagen mit Kot bewirft. Strenge Kritik ist notwendig wie scharfsichtige Polizei und genaue Gerechtigkeitspflege. Man muß es dem Manne mit der Waage ansehen, daß ihm an der Sache gelegen ist, daß er sie versteht und nur für die Parteien blind ist. Solche Kunstrichter seien gesegnet und sollen als Wahrsager unter dem Volke verehrt sein."

Die Klingen haben sich gekreuzt.

HEIMATGESTADE

1

In der Oberen Burggasse in Klagenfurt, vor dem Hause 377, werden am 12. Oktober 1844 Möbel abgeladen. Der Inhaber der Wohnung, die zu Michaeli soeben frei geworden, ist der k. k. Rat am Stadt- und Landrecht Adolph Ritter v. Tschabuschnigg, der in seine Vaterstadt zurückberufen wurde.

Genau acht Jahre, vom Mai 1836 bis zum Mai 1844, hat er sich in Triest aufgehalten, und, trotz all seiner Einwände, aller Verstimmungen, Melancholien, Stürme des Herzens und seelischer Erschütterungen, ist es doch eine tief eingreifende und wertvolle Zeit für ihn gewesen. Der noch unsichere Fremdling aus einer Kleinstadt wurde hier für sein Leben entscheidend umgeformt, er ist in die große Gesellschaft eingetreten, er hat sie in allen ihren Formen kennengelernt und erhielt durch sie ihren besonderen Stempel aufgeprägt. Diese rauschende Welt hat er genossen, geliebt und verachtet, aber als er nun diese bezaubernde Stadt an der Adria verläßt, ist aus dem widerspruchsvollen jungen Herrn ein gereifter Mann mit weitem Blick geworden. Eine Persönlichkeit nimmt von Triest — und nicht leichten Herzens — Abschied.

Am 1. Mai 1844 hat er die Verständigung über seine Beförderung zum Landesgerichtsrat mit dem Sitz in Klagenfurt erhalten, aber es bedeutet ihm — was nicht mehr verwundern kann — neuerdings eine Enttäuschung. Denn er erhoffte sich eine Ratstelle am Appellationsgericht, und nun wird er wieder einem tieferstehenden Stadt- und Landrecht zugeteilt. So sieht er sich zu seiner Verbitterung weiterhin in zweiter Reihe und preßt die Lippen zusammen.

Mit dem Eilwagen trifft Tschabuschnigg in Begleitung von Julie über Laibach am 8. Juni in Klagenfurt ein, legt bereits am nächsten Tage den Eid in die Hände des Gerichtspräsidenten Andreas Ritter v. Buzzi ab und nimmt sofort seine neuen Amtsgeschäfte auf. Nicht so reibungslos ergeben sich die privaten Verhältnisse, vor allem aus der Schwierigkeit, daß sich zunächst keine entsprechende Wohnung finden läßt. So gewährt der Vater dem Paar vorübergehend Aufnahme in seinem Hause, doch man ist beengt und empfindet es als eine glückliche Zwischenlösung, daß Mama Heufler Julie nach Eppan einlädt. Vater und Sohn stehen sich nicht im Wege, und das gemeinsame Leben verläuft durchaus harmonisch.

Gesellschaftlich sind die Verbindungen in Klagenfurt, was Tschabuschnigg im Augenblick nicht stört, gering, da sich die Adelsfamilien auf dem Lande befinden. Nur einem Menschen schließt er sich in alter Herzlichkeit sogleich wieder an: es ist der Jugendfreund Paul Renn, der „Mozart" vergangener Zeit, den er in den letzten Jahren etwas vernachlässigt hat. Der im Leben umhergestoßene Mitschüler konnte aus finanziellen Gründen die Universitätsstudien in Wien nicht fortsetzen, so bildet er sich in Klagenfurt zum Chirurgieassistenten aus, muß jedoch nach mehreren Jahren den Dienst im Krankenhaus wieder aufgeben, und auch ein weiteres medizinisches Studium in Lemberg endet mit Resignation. Lustlos ist er nun weiterhin, dank der Vermittlung von Vater Tschabuschnigg, im ständischen Dienst tätig, versieht ihn aber nach wie vor mehr schlecht als recht und verliert, an sich selbst verzweifelnd, seinen inneren Halt immer mehr. Adolph versucht ihn wieder emporzuheben, fast täglich kommen sie zusammen, und wie als Knaben wandern sie auch jetzt hinaus zum blühenden Elsenbaum auf der unteren Goritschitzen. Bei diesen gemeinsamen Gängen wird wieder über irdische und ewige Dinge gesprochen, und Renn schreibt nachsinnend die seltsamen Worte an Tschabuschnigg, die dieser zeitlebens aufbewahrt:

„Nur zu schnell spielt sich das Menschenleben ab; die Augen an dem nach vorne gekehrten Januskopf erblinden, wir schauen nur noch in die Vergangenheit. An einem schönen Morgen liegen die Gräser und Blumen, die gestern noch auf der Wiese geblüht und geduftet haben, gemäht im feuchten Tau, und in der Stube liegt ein aufgebahrtes Menschendasein zwischen Lichtern und Tränen."

Unter solchen Gedanken träumt Tschabuschnigg wieder öfter vom verstorbenen Bruder, „wir umarmten uns schluchzend und versprachen, daß wir uns nicht für lange trennen würden. Ich konnte dann nicht mehr schlafen, stand um fünf Uhr auf, ging lesend spazieren und dann auf den Friedhof — hinaus zu den Gräbern der Mutter, von Franz und Emma Moro."

In diese dunklen Anwandlungen kommt helleres Licht aus den herzlichen Briefen, die er von Julie aus Eppan erhält, wobei er es allerdings in pedantischer Art nicht unterlassen kann, ihre orthographischen Fehler zu beanstanden. Doch dies stört Julie weiter nicht. Sie beginnt ihre Zeilen immer heiter mit „mein liebes feines Mandl", und wenn er einmal schärfer wird, was nicht selten der Fall ist, so begrüßt sie ihn begütigend mit „mein gestrenges Manderl" und endet mit „Dein Weiberl".

Dazwischen klingt freilich immer wieder die Sehnsucht in ihr auf, ihm ein Kind schenken zu können. „Ich danke Dir für Deine Liebe und Ergebung in das Schicksal, das von oben kommt, und gebe die

Hoffnung, diesen Wunsch zu unserer gegenseitigen Freude erfüllt zu sehen, noch immer nicht auf. Ich bitte von Deiner Seite einstweilen um gütige Nachsicht und Geduld." Aber sie faßt sich wieder, und am 10. September 1844 erwidert sie auf die Vorwürfe des Gatten: „Vergib mir meine empfindliche Seele, ich will es machen wie die braven Kinder, die den ‚Ausputzer' beherzigen und gleich darauf wieder lustig und heiter sind."

Gleichzeitig regt sie ihn zur Fortsetzung seiner literarischen Arbeiten an und hofft: „In Klagenfurt wirst Du auch wieder in Stimmung kommen, an Deinem Roman" — es handelt sich um den »Modernen Eulenspiegel« — „weiter zu schreiben." Er stimmt zwar zu, doch der ironisierende Ton will in diesen Wochen der Totengedenken nicht gelingen und er kommt wenig weiter.

Als Niederschlag dieser schmerzlichen Empfindungen vollendet er in diesem Jahre die Novelle »Eine stille Nacht«. Im Grunde ist es nur ein großer Dialog von tiefer Empfindung und wunderbarer Dichte, der sich zwischen drei Personen entwickelt: dem feurigen Archimbald „voll unaufhaltsamer Aufregung und Leidenschaft", in dem sich Tschabuschnigg selbst zeichnet, neben ihm der „in Gebärden und Gesinnungen sanfte, vor Verwirrungen und Wallungen scheue" Emanuel als Porträt von Paul Renn, und zwischen den beiden Männern vermittelnd Zoë-Beate in der Gestalt der mit einer blühenden Rose wiedererstandenen Julie.

Erneut steht im Mittelpunkt die Frage, die Tschabuschnigg unaufhörlich beschäftigt, ob es jenseits des Grabes ein Wiedersehen gibt, wobei die Ansichten der Freunde verschieden zu Tage treten.

Emanuel - Renn glaubt an ein persönliches Wiedererkennen, „in dem sich unsere irdischen Verhältnisse veredelt abspiegeln. Die gegenseitigen Beziehungen zwischen Kindern, Eltern und Eheleuten sollen sich dort in ihrer reinsten Urform wiederholen, unser Bewußtsein muß sich auf einen weiteren, ja auf den weitesten Kreis ausdehnen und die ganze Menschheit, in einem Stammbaume einbegriffen, sich als eine Familiengemeinde zueinander gesellen."

Auch Archimbald - Tschabuschnigg hält an dem Fortbestand unserer Seele fest, „aber die Kette irdischer Beziehungen, einmal durch den Tod gesprengt, darf nicht durch eine Ewigkeit mitgeschleppt werden. Die Zeit fordert zu unserem Troste schon hienieden Vergessen, die Ewigkeit gebietet sie zu unserem Heile. Die Dankbarkeit für irdische Wohltat und Zärtlichkeit muß diesseits ausgemessen werden, — drüben finden wir uns nicht wieder. In immer engeren Kreisen werden wir zum Mittelpunkt emporgezogen: wir werden das Gute gegenseitig in uns, aber nicht mehr uns selbst erkennen. Mit der Erde zugleich versinkt auch das Bedürfnis nach unseren Geliebten hinter uns."

Schmerzlich findet Zoë-Beate „diese Ansicht kalt, da sie nur die Vernunft berücksichtigt, den Drang des Herzens aber hilflos und ungehört läßt. Wie bitter wäre der Abschied von unseren Liebsten, wenn wir wüßten, wir sehen uns nie wieder, — oder sollte es unser Los sein, durch eine falsche Hoffnung über diese schwere Stelle hinwegzukommen? Ist's Betrug, ist es Trostlosigkeit? Wären die Pulsschläge der Liebe, der Anhänglichkeit und des Dankes vielleicht zu grob für den Himmel, weil wir durch eine irdische Gabe sie zuerst uns erworben haben? Die Empfindung bleibt rein und heilig, wenn sie auch durch das Tor unserer Sinne gekommen ist. So finden wir schon auf Erden jene Höhe der Gefühle, wo wir in der Ehrfurcht zu unseren Eltern, in der Zuneigung des Auserwählten, in der Zärtlichkeit zu unseren Kindern sie alle mit gleicher Huld, Hingebung, Fürsorge und Schüchternheit umfangen."

Tschabuschnigg weiß, daß die Frage unbeantwortet bleiben muß, und doch wird er sie sich immer wieder stellen.

2

Noch ehe Julie aus Gleifheim zurückkehrt, hat Tschabuschnigg die neue Wohnung eingerichtet. Sie besteht aus drei Räumen — einem etwas kleineren Schlafzimmer, einem Salon mit Pianoforte, zwei Kanapees, einem großen Tisch und zwei der unvermeidlichen Spieltischchen sowie dem Schreibzimmer für Adolph, wo er auch seine Herrenbesuche empfängt. Zur Wohnung gehört außerdem ein schöner Garten, der mit seinen sorgsam gepflegten Blumen zur Entspannung und Erholung dient. Später werden zum Verkauf auf dem Markt auch verschiedene Gemüsesorten gezogen.

Die Instandsetzung des hübschen Quartiers ist zu rechter Zeit erfolgt, denn eben beginnt nach dem Sommer wieder der gesellschaftliche Verkehr. Jeder kennt jeden, wenn auch etwas älter geworden, und die inzwischen lockerer gewordenen Beziehungen von einst werden nun enger geknüpft. Der Grandseigneur von Klagenfurt ist Ferdinand Graf v. Egger, neben ihm gehören zum hohen Adel der Fürst Rosenberg, der elegante und kunstsinnige Graf v. Christalnigg und die Grafen v. Goëss, denen offizielle Visiten abgestattet werden. In persönlicher Verbindung sind besonders häufig die Besuche bei den Familien Moro in Viktring, die „Moroischen" genannt, und den vetterlichen Verwandten Zoff — die „Zoffischen" —, weiters bei

Ritter v. Burger und v. Jabornegg-Altenfels sowie vor allem im Hause der Freiherren v. Herbert. Mit Paul Herbert, zehn Jahre jünger als Tschabuschnigg, entwickelt sich eine freundschaftliche Vertraulichkeit, die auch politisch durch viele Jahre andauert.

Zu den prominenten Persönlichkeiten, die in das Haus Tschabuschnigg eingeladen werden, gehören außerdem der Landeshauptmann Freiherr v. Sterneck, die Barone Spinette, Schluga, Longo v. Liebenstein und Dickmann, der Gerichtspräsident Buzzi, der Kreishauptmann Spiegelfeld, die Gewerken Mühlbacher und Holenia und daneben, in dankbarer Erinnerung, der schlichte Auskultant Huber, der vor vier Jahren das Totengedenken auf Franz und Emma empfindungsvoll gedichtet hat. Außerdem entwickelt sich ein näherer Verkehr mit den Familien der Appellationsräte Boccolari, Cressini und Ferrari sowie insbesondere mit dem Ehepaar Luschan, das ober ihnen im zweiten Stock wohnt.

Der erste Empfang findet im November 1844 als ein Teeabend statt, der zur vollen Zufriedenheit des kritischen Gatten verläuft: „Julie hat sich bei ihrem Debut als Hausfrau auf das vorteilhafteste eingeführt und die liebenswürdigsten Komplimente entgegennehmen können." In weiterer Folge wird jeden Donnerstag ein *jour fixe* eingeführt, bei dem man sich zwanglos trifft, und in Abständen von vierzehn Tagen werden die Spieltische bereitgestellt. Tschabuschnigg, schon von Triest her ein routinierter Gewinner, streicht monatlich den beachtlichen Betrag von 15 bis 20 Gulden ein, und auch Julie „ist bei der Partie recht geschickt". Doch: „Wenn nur nicht das Tabakrauchen wäre, die ganze Nacht muß das Fenster geöffnet bleiben, und trotzdem bleibt ein Geruch zurück, der Migräne verursacht."

Der Fasching 1845 wird mit einem glanzvollen „Schützen"-Ball eingeleitet, den, wie der Schwiegermutter nach Innsbruck berichtet wird, Baron Longo als „Haupt der Gesellschaft" veranstaltet, es folgen Einladungen zu allen Festlichkeiten, zum Souper beim Landeshauptmann Sterneck, zu den Landtagsdiners und zu den adeligen Hochzeiten, die „in der Domkirche in prunkvoller Art mit Musik und bei glänzendster Beleuchtung" stattfinden. Aber Julie fühlt sich trotz alledem beengt und unzufrieden. Sie klagt über „diese kleine Stadt", denkt an Innsbruck und Triest zurück, wo sie „viel großartiger" gelebt hat, und ist mißgelaunt, „daß Klagenfurt nicht einmal eine Militärkapelle hat, geschweige eine Oper".

Aber Tschabuschnigg antwortet gelassen: „Der Mensch muß stets in der Gegenwart leben und genießen, was er eben hat."

Im Frühling werden gemeinsam Ausflüge in die nähere und Spazierfahrten in die weitere Umgebung von Klagenfurt unternommen: nach Schloß Ebenthal und Krastowitz, zur Schleppe, zum Schrotturm bei Krumpendorf und zum Falkenberg, weiters nach Tentschach, Tigring und Glantschach, zu den Wallfahrttümern Maria Rain und Maria Saal sowie zum Schloß Hohenstein und zur Ruine Liebenfels. Doch es ermüdet ihn. Er legt sich schon früh nieder und liest, später läßt er sich sogar die Abendsuppe ans Bett bringen, während Julie noch aufbleibt und der Mutter schreibt. Morgens fällt es ihm schwer, aufzustehen — er wird bequem. Es ist ein recht bürgerliches Familienleben.

Wegen seines Leberleidens muß der alte Tschabuschnigg wieder Karlsbad aufsuchen, und auch beim Sohn machen sich die ersten Anzeichen der Familienkrankheit bemerkbar. Während Julie wieder bei der Mutter weilt, fährt er nach der Rückkehr des Vaters im Juli 1845 mit dem Poststellwagen in drei Tagen über Wien und Prag ebenfalls zur böhmischen Trinkkur. Sie wirkt sich so ausgezeichnet aus, daß in ihm eine neue Reiselust nach Deutschland auflebt. Sie führt ihn über die Sächsische Schweiz nach Dresden, wo er schon am ersten Tage ein „vis-à-vis mit einer wunderschönen Magdeburgerin" eintragen kann. Er besichtigt alle Sehenswürdigkeiten der Elbestadt: den Zwinger, das Grüne Gewölbe, das historische Museum, die Gemäldegalerie, das Antiken-Kabinett, die Porzellansammlung und die Kunstausstellung, und er seufzt: „*Altro chè* in Österreich!" Weiter genießt er das berühmte Panorama von der Brühl'schen Terrasse aus, erfreut sich am „überaus bunten" Volksfest auf der Vogelwiese, und im Theater — „wohl das glanzvollste, das ich je gesehen" — hört er »Die Jüdin« von Halévy, doch findet er die Aufführung „nicht eben ausgezeichnet".

Auf der Weiterfahrt nach Leipzig speist er in Auerbachs berühmtem Keller, besucht das „Brockhaus'sche Etablissement" mit seinen mehr als 400 Setzern und Druckern, fährt zum Schlachtfeld von 1813 hinaus und wohnt im Theater einer Vorstellung der kurz zuvor in Hamburg uraufgeführten Oper »Alessandro Stradella« von Friedrich v. Flotow bei. Er hat alles so genau besichtigt, „daß ich schon einen Cicerone abgeben könnte." Daß er hier auch „drei unvergleichliche Öffnungen" gehabt, wird ebenfalls gewissenhaft und dankbar verzeichnet.

In Berlin logiert er nobel im „Rheinischen Hof", und „hier", schreibt er an Julie in Eppan, „steigt man auf das Erstaunlichste in die Masse des Sehenswerten, so daß ich allen meinen Willen, Mut und Fleiß benötigen werde, um dies zu bewältigen." Im Mittelpunkt stehen die Museen, auf der Universität hört er einen Vortrag des angesehenen Professors Stähl über Kirchenrecht, im Schauspielhaus gibt es leider nur Konzert- und Ballettaufführungen, aber die stärksten Eindrücke vermitteln die Ausflüge nach Potsdam, Charlottenburg, Sanssouci und Monbijou.

Zwar wäre es Zeit zur Rückkehr, doch nun überkommt ihn noch eine Sehnsucht zur Weiterfahrt an das nordische Meer, das er nicht kennt. Rasch entschlossen wählt er als Ziel Stettin. „In dieser Hafenfeste mit Militärs und Matrosen wird viel geliebt", und als Frauenkenner stellt er wieder fest, „daß die pommerschen Weiber schlanken herrlichen Wuchses sind, braune Haar bei blauen Augen sind unter ihnen gewöhnlich, so wie Lächeln und Freundlichkeit." Weiterhin läßt er sich die Oder abwärts am Gestade der geheimnisvollen Bernsteinhexe vorbeirudern und setzt dann nach Rügen über, „diese Insel einer lieblichen Idylle", die er nach allen Richtungen durchstreift und wo er „an uralte Sagen und Zustände" erinnert wird.

Bei der Heimreise hält er sich kurz in München auf und sieht im Theater als sensationelle Neuheit »Das Urbild des Tartüffe« von Karl Gutzkow — auch der König ist anwesend und schläft in seiner Loge. Mitte September ist er wieder in Klagenfurt.

Hier findet er Briefe von Julie vor, die über die kargen Beweise seiner Zuneigung während dieser Zeit Klage führen. „Kennst Du nicht", erwidert er am 21. September 1845, „mein bewegliches Wesen, dessen Stimmungen oft von selbst wechseln wie die Wolkenbeleuchtung und daß ich dann nicht pompöse Worte der Liebe verwenden mag? Kein Mensch sollte sich von dem Urteile, von der Laune eines anderen abhängig machen, auch nicht die Frau von jenen des Mannes. Handle recht, wenn Du auch im Augenblick nicht Lob erntest, in der Länge der Zeit wird es nicht ausbleiben. So muß man handeln, daß man mit sich selbst zufrieden ist, und nicht ängstlich nach fremder Billigung haschen."

Am 25. September schreibt er ihr noch ausführlich von den verschiedenen Erneuerungen und Herrichtungen, die er in der Wohnung vorgenommen hat, und schließt: „Ich freue mich, Dich bald wieder zu begrüßen und mich Deiner liebevollen frommen Nähe zu erfreuen."

Kurz nach Juliens Rückkehr wird er im Landtag zum ständischen Ausschußrat gewählt. Es ist die Vorstufe zu seiner politischen Laufbahn.

3

Im Herbst 1845 erscheint in Ludwig August Frankls vielgelesenen „Sonntagsblättern" ein halb ironisch, halb phantastisch gefärbter Essay von Ludwig Norbert, dessen Name ein Pseudonym darstellt. Der literarisch versierte Autor hat angeblich den Brief eines Herrn Till Eulenspiegel — mit dem Siegel einer Eule vor dem Spiegel — erhalten, in dem er seinen Besuch ankündigt. Der seltsame Gast, der sich keineswegs als ein Nachkomme des berühmten Volksschalks aus dem 14. Jahrhundert, sondern als jener selbst vorstellt, ist in seinem Äußeren auffallend: „ein hoher kräftiger Körper, ein geistreicher Kopf, eine schön gewölbte Stirne, scharf markierte große Züge, klare blaue Augen, ein blonder Schnurr- und Backenbart und lange, auf die Achseln herabfallende hellblonde Haare. Das etwas umwitterte Gesicht deutet auf einen Mann zwischen vierzig und fünfzig Jahren, obwohl seine Bewegungen ganz jugendlich rasch und lebhaft wie die eines deutschen Studenten wirken. Die Kleidung ist einigermaßen vernachlässigt: ein weiter Rock, schlotternde Weste, breit umfallender Hemdkragen, etwas zu kurze Hosen ohne Stege und ein Strohhut."

Im Laufe des Gespräches äußert der Fremde, den Ludwig Norbert mit verwunderter Neugierde betrachtet, den Wunsch, in Wien die Bekanntschaft mit mehreren Persönlichkeiten des Kulturlebens zu machen. „Dazu gehört", bemerkt er, „auch der Dichter Tschabuschnigg, den ich neulich auf der Insel Rügen wieder traf. Er hat soeben meine Memoiren beendet. Wir haben uns schon vor ein paar Jahren in der Schweiz getroffen und liebgewonnen, so daß ich ihm einige meiner modernen Reiseerlebnisse mitteilte, welche er nun mit seiner poetischen Feder zu einem Romane verband, der nächstens unter dem Titel »Der moderne Eulenspiegel« erscheinen und gewiß Aufsehen machen wird."

„Mich würde", bestätigt Ludwig Norbert, „ein durchschlagender Erfolg unseres Freundes Tschabuschnigg unendlich freuen, denn ich halte ihn und Adalbert Stifter für unsere besten Novellisten in Österreich."

„Unbestritten", stimmt Eulenspiegel zu. „Und das mit seinem Beifalle gegen Österreich so spröde deutsche Ausland wird bald auch nicht mehr umhin können, beide den besten neueren deutschen Prosaikern anzureihen."

„Das würde", setzt Ludwig Norbert das Gespräch weiter fort, „ihnen dann wieder auch bei uns noch mehr Anerkennung verschaffen, denn in Österreich glaubt man die Bescheidenheit leider so weit treiben zu müssen, daß man es kaum wagt, einen bedeutenden Dichter oder Künstler für wirklich bedeutend zu halten, ehe ihm das Ausland seine gnädige Zustimmung gegeben hat."

„Aber Ihre Lyriker wie Lenau, Grün, Zedlitz und Beck wurden doch auch in Österreich..."

„Ja", wird er unterbrochen, „aber auch dann erst so recht von Herzen und ohne Rückhalt anerkannt, nachdem man ‚draußen', großmütig das Dichterdiplom ausgestellt hatte. Indessen beginnen wir in der Poesie schon mehr Selbstvertrauen zu gewinnen."

Ehe sich die beiden Herren trennen, rät Norbert seinem Gast, sich ganz neu und modern kostümieren zu lassen, „denn Sie wollen doch die hiesige Gesellschaft kennen lernen, — und da sieht man in Wien vor allem auf Kleider und dann auf Geld oder Titel. Deshalb sollten Sie sich auch eine unschuldige Bezeichnung beilegen, etwa den eines Doktors oder..."

„Das habe ich aus Vorsorge schon getan. Hier meine Visitenkarte!" Er entschwindet, und Herr Ludwig Norbert liest erheitert: „Till Eulenspiegel, Doktor der unentdeckten Wissenschaften".

4

Man kann ein dichterisches Werk nicht mit mehr Geist und Liebenswürdigkeit ankündigen, als es hier Frankl für den Roman »Der moderne Eulenspiegel« des Freundes Tschabuschnigg getan. Nach fünf Jahren ist er endlich vollendet, und er legt das Manuskript dem Verlag Brockhaus in Leipzig vor, dessen Unternehmen er kurz zuvor auf seiner Deutschlandreise bewundert hat. Wegen angeblich anderweitiger Verpflichtungen wird die Übernahme jedoch abgelehnt, ebenso kommen abschlägige Antworten von Cotta in Stuttgart und Josef Max in Breslau. Tschabuschnigg, der auf ein Erscheinen im Ausland besonderen Wert legt, da er dadurch einen erhöhten dichterischen Erfolg erhofft, hat offensichtlich zu hochgestellte Verleger gewählt, denen sein Name noch nicht arriviert genug erscheint. Seelisch wieder niedergedrückt, will er schon resignieren, da kommt 1846 endlich das erlösende Wort aus Pesth: der Verlag Gustav Heckenast nimmt den Roman an, der Druck erfolgt bei Georg Wigand in Leipzig.

Die Schwierigkeiten für die Unterbringung des Werkes sind nicht ganz unverständlich, denn zur Unterhaltung für eine große Lesergemeinde ist es gewiß nicht bestimmt. Es handelt sich um einen Oppositionsroman, und in einer Zeit, da die Erzählung historischer Vorgänge nach dem Vorbild von Walter Scott das einzige ist, was das literarische Publikum fesselt, dünkt es ein Wagnis, die Weltgeschichte in den Hintergrund treten zu lassen und dafür das tägliche Leben nachzuzeichnen.

Die Handlung dieser kulturkritischen Gesellschaftsschilderung selbst ist eigentlich der unwesentlichere Bestandteil, Hauptsache sind dem Dichter reiche Exkurse über aktuelle Fragen der Zeit. Tschabuschnigg hat bei Gutzkow, Mundt und Laube gelernt, Ereignisse der Gegenwart wie in einem Brennspiegel aufzufangen und sie dann künstlerisch zu gestalten, und so wird er — in Abstand zu Meißner, Schneeberger und Wolfram-Prantner — zum ersten Schöpfer des jung-deutschen Romans in Österreich.

Der »Moderne Eulenspiegel« zerfällt in zwei nur lose zusammenhängende Hauptteile: der eine hat Kunst und Künstelei, Künstler und Dilettanten zum Vorwurf, während der andere das Verhältnis der Frau zum Manne und zur Welt behandelt. Die verkehrten Bestrebungen des Tages werden dem Leser im Rückschein der Selbsterkenntnis entgegengehalten: der falsche Kulturenthusiasmus, der lächerliche Kniefall vor dem Virtuosentum, die sentimentale Wiedererweckung des Mittelalters und die Frauenemanzipation — ursprünglich an sich achtbare Richtungen, die sich aber inzwischen in Ausartungen verlaufen haben und zu Modetorheiten geworden sind.

Der sarkastische Dr. Till, hochgebildet und geistreich, ist es, der die verschiedenen Episoden verbindet und die Schwächen und Verirrungen der Zeit dadurch zum Ausdruck bringt, daß er mit der Schellenkappe der Narrheit auf sie ironisch eingeht. In seinem Dienst steht der Famulus Lanzelot-Melampus, den er zur Täuschung der borniertten Gesellschaft zum Sohn eines pfälzischen Grafen erhebt — „als Vertreter aller jener Nichtse, die sich in der Atmosphäre der Gegenwart herumtreiben mit der Anmaßung, etwas zu sein, jener Schemen, die so ängstlich bemüht sind, sich zu Gestalten zu verdichten, um zum Range einer Persönlichkeit zu gelangen." Er ist es auch, der Tills humorvolle Bemerkungen mit vollem Ernst aufnimmt, sie dümmlich erläutert und noch erweitert.

Im ersten Teil regt Till einen Kreis mäßig begabter Maler zur Bildung eines Kunstvereines an, um dadurch die Gesellschaft eines stillen Harzstädtchens für sich zu gewinnen und Beschäftigung zu finden. Da den Künstlern selbst der Plan nicht glückt, übernimmt ihn Till, und es gelingt ihm, die Einwohner durch die Aufstachelung ihrer Eitelkeit zum Beitritt zu dieser Vereinigung zu überreden. Die Mittel, die er dabei den maßgeblichen Persönlichkeiten gegenüber listig anwendet, erinnern wieder an Heines witzelnden Hohn. Nur der arme, idealgesinnte Maler Walter weiß sich von diesem trüben Treiben fernzuhalten und seine Kunst rein zu bewahren.

Dieser einleitende Grundgedanke wird jedoch nicht weiter fortgeführt. Till zieht mit seinen Jüngern weiter und bringt sie auf die Burg des Ritters Argobast, der angeblich noch in mittelalterlichem Brauchtum lebt und seine Besucher von der Vortrefflichkeit der versunkenen Zeit zu überzeugen weiß. In Wahrheit ist es nur Spott, den er hiebei versprüht, und auch den neuen begeisterten Besuchern übergibt er für ein Turnier Rüstungen aus leichtem Blech und Pappe und setzt sie auf Steckenpferde, während er selbst, in schwerem Harnisch auf einem feurigen Rappen reitend, sie lachend zu Paaren treibt. Im Rahmen eines tollen Gastmahles läuft das Ende als Burleske aus.

Im Gegensatz dazu wirkt die Handlung des zweiten Teiles trotz aller Ironie tragisch umschattet. Sie spielt auf dem Schlosse Boëmund, wo neben den beiden anmutigen Schwestern Hertha und Faustine die schöne und stolze Benerice den Gedanken voller Frauenemanzipation verkörpert. Obwohl sie sich zum ritterlichen Major Parceval hingezogen fühlt, verleugnet sie ihre Liebe, um ihrer Überzeugung von weiblicher Überlegenheit treu zu bleiben. In einer großen Auseinandersetzung über die Problemstellung zwischen dem Ideal edler Männlichkeit und echter Fraulichkeit nimmt er, da Benerice sich durch seine Worte in ihrer Ehre beleidigt glaubt, von Tills Bedientem Lanzelot, dem vermeintlich gräflichen Sproß, die Herausforderung zu einem Duell auf Ballotage an. Das Los, der Ring der Geliebten mit dem Blutstein, fällt gegen ihn, Parceval erschießt sich, und Benerice, in ihrem fraulichen Freiheitsgedanken nun zutiefst getroffen, tritt büßend in die Gemeinschaft der Grauen Schwestern ein. Das Gegenstück dazu — wie im ersten Teile der Maler Walter — bildet ihre Schwester Hertha, die aufopferungsvoll dem blinden und zu den Ereignissen der Welt doch scharfsichtigen Burgherrn Heinrich die Hand zum Bunde reicht.

Wenn es auch an einer fortlaufenden Handlung fehlt und die Einheit des Romans dadurch zerfällt, so liegt sein Wert umsomehr in den breiten Reflexionen des Dichters. In den Gang der Geschehnisse sind immer wieder Betrachtungen eingewoben, die von Tschabuschniggs klarem Verständnis der Literatur- und Kunstzustände sowie von seiner sicheren Auffassung des sozialen Lebens zeugen, aber auch auf dem Gebiete der Politik streift er Wahrheiten, die in einem vor dem März 1848 geschriebenen Werk kühn sind und für jeden verstehenden Leser wertvollen Gewinn bedeuten. Ebenso hat er dem lyrischen Element im »Eulenspiegel« kostbaren Spielraum gegeben, sowohl in den Naturschilderungen in ihrer anschaulichen Einfachheit — vor allem in der großartigen Nachtszene auf dem Brocken — wie in den eingeflochtenen Gedichten und in der reizvollen Kindererzählung von der »Kieselsteinsuppe«.

In seinem Epilog urteilt Tschabuschnigg selbst:

Vollendet ist das Buch; Roman, Novelle?
Und nennt es einen Aufsatz, wenn ihr wollt,
Ist's nur durchbraust von lebensfrischer Welle,
Vom Donner der Gedanken überrollt ...

Gewidmet ist der »Eulenspiegel« seiner Frau:

*Und wieder bring ich dir, du fromme Tote,
Du Auferstand'ne, auch dies zweite Buch,
Von neuem blüht im späten Morgenrote
Die frühe Liebe, frei von Schuld und Bruch ...*

Eine Fortsetzung wird gleichzeitig angekündigt:

*Gern hätt' ich weiter noch das Werk gebreitet,
Bei blüh'nder Industrie der Arbeit Schmach,
Und wie die Welt mit Gänsekielen streitet,
Euch vorgelegt wie ich es einst versprach ...
Der Eulenspiegel, den ich bei mir trage,
Er zeigt ein and'res Mal nicht minder wahr.*

In den „Sonntagsblättern" erscheint von Adolf Dux eine eingehende Kritik, die über den »Modernen Eulenspiegel« mit einiger Zurückhaltung urteilt. Die Einleitung wirkt zwar durchaus freundlich. „Der historische Roman", wird ausgeführt, „tritt in den Hintergrund und das soziale Leben wird der vorzüglichste Vorwurf der modernen Literatur. Bei sozialen Fragen entwickeln sich aber notwendigerweise Tendenzromane, und was dagegen eingewendet wird, ist unrichtig, denn es ist nicht notwendig, daß der ästhetische Wert einer Dichtung durch einen moralischen Ausspruch, somit einer Tendenz, beeinträchtigt wird. Sie verdient deshalb nicht den Tadel einer Kritik."

In diesem Sinne bezeichnet Dux auch den »Modernen Eulenspiegel« als einen Tendenzroman, bemängelt aber, daß er „keine positive, sondern nur eine negative Opposition gegen die modernen Künstlerzustände und gegen das Gespenst der Frauenemanzipation enthält. Die aufgeworfenen Probleme werden keiner Lösung zugeführt und Till tritt zu wenig handelnd hervor, — er ist zu nebelig und unbestimmt charakterisiert. Auch die übrigen Personen sind nur schwach herausgearbeitet, — mehr Typen als Individuen und mehr Worte als Handlung. Vor allem leidet das Buch an zu vielen Gesprächen, die weit eher in einem Journale am Platze wären und durch die sich der Leser zu den spärlichen Geschehnissen mit Geduld durchwinden muß. Die Sprache ist zwar gut und fließend, doch weder durch schöne noch unschöne Eigentümlichkeiten ausgezeichnet. Ebenso wie die Handlung eigentlich kein Ganzes ist, sondern nur eine Szenenfolge bildet, die von Till lose zusammengehalten wird, hat auch der Roman als Ganzes keinen Kunstwert. Doch wir wollen ihn mit dem Feuer der Kritik nicht zerstören. Denn manche Einzelheiten und manches Körnlein Wahrheit, das in den Dialogen eingestreut ist, machen das Werk zu einer beachtenswerten Erscheinung der prosaischen Literatur in Österreich."

Tschabuschnigg liest's und schweigt. In der Zeitschrift des Freundes Frankl hat er eine höhere Bewertung erwartet. Um die Enttäuschung abzuschütteln und wieder inneren Halt zu gewinnen, entschließt er sich — nach einer Zwischenstation in Eppan, wo sich Julie wieder den ganzen Sommer bei der Mutter aufhält — zu einer neuen Reise in die Schweiz.

5

Mit Datum vom 7. Mai 1847 trägt der hochwürdige Kaplan Josef Wanner der Stadtpfarre St. Egid zu Klagenfurt in das Geburts- und Taufregister ein:

„Am 17. März 1847 abends um 8 Uhr wurde in der Stadt Nummer 377 vor die Zimmertür des Herrn Adolph Ritter v. Tschabuschnigg, k. k. Kärntner Stadt- und Landrat, ein ungefähr vierzehn Tage altes Kind gelegt, welches von ihm und seiner Ehegattin Julie, geb. von Heufler, sodann in Verpflegung genommen und am 6. Mai bedingungsweise auf den Namen Maria Julie getauft wurde. Taufpaten: die genannten Ehegatten."

Ein halbes Jahr zuvor, am 6. Oktober 1846, schrieb Julie aus Eppan nochmals an Adolph:

„Ich vertraue auf Gott und will die Hoffnung, mit einem Kind beglückt zu werden, nicht aufgeben." Sie erzählt ihm, daß es einem Professor Tangel aus Lemberg — „ich weiß nicht, ob Du jemals etwas von ihm hörtest" — gelungen ist, einer 39jährigen Frau nach einer zehnjährigen Ehe durch entsprechende Behandlung zu einer Nachkommenschaft zu verhelfen. „Solche Beispiele sind tröstlich, wenn man schon nicht annehmen darf, unter solche Ausnahmen zu gehören."

In Klagenfurt gibt es zwar keinen Arzt, der zu solchem Wunder beitragen könnte, aber die Freude, daß ihre Gebete auf andere Weise durch ein Findelkind erhört wurden, ist bei Julie nicht minder groß. Sie fühlt in sich ein wirkliches Mutterglück, das sie sofort allen Familienmitgliedern jubelnd mitteilt, und am 21. März schreibt Tschabuschnigg ergänzend an die Schwiegermutter: „Julie beträgt sich dabei in einer Art, die nicht nur allein meine Verehrung für sie steigert, sondern auch die Achtung der ganzen Stadt erregt."

Frau v. Heufler zu Rasen und Perdonegg zeigt sich zurückhaltender. Der hochgeborenen Baronne de Lichtenthurn von und zu Aichenrain kann es nicht gleichgültig sein, bei so ungeklärten Umständen durch ein ausgesetztes Würmchen zu neuen Großmutterehren zu kommen. Sie verspürt geradezu den Armeleutegeruch und rümpft die Nase. Wie konnte man überhaupt so ungehindert in das Haus gelangen? — denn das Kind wurde nicht vor die Haus- oder Wohnungstüre, sondern unmittelbar vor Adolphs Zimmer gelegt. Das mutet seltsam an. Wurden nicht Nachforschungen angestellt? — ihr Schwiegersohn, der k. k. Stadt- und Landrat, müßte doch Möglichkeiten dazu haben! Man weiß nicht, wer die Kindesmutter ist, was vielleicht noch festzustellen wäre, aber ganz gewiß wird es beim Vater nicht gelingen. Oder legt Adolph keinen Wert auf Recherchen? — und die argwöhnische Dame überkommt ein furchtbarer Verdacht: sie erinnert sich an seine Jugendeskapaden in Wien, und auch jetzt ist er immer noch ein Bewunderer schöner Frauen... Doch zu ihrem Kummer bleibt das Geheimnis ungelöst, und Frau v. Heufler beruhigt sich wieder, als Tschabuschnigg ihr kühl und mit größter Gelassenheit erklärt:

„Was das Behalten des Kindes anbelangt, so wäre zum bezüglichen Beschlusse ein Blick in die Zukunft erwünscht. Da Kinder im Hause den Frauen die meiste Plage machen, so muß die Entscheidung von Julie ausgehen. Unerläßliche Bedingungen des Behaltens sind, daß weder Julie noch ich in unseren Reisen gehindert sind und daß daraus kein Recht auf Erbschaft erwächst, da meine Überzeugung dahin geht, daß beim Mangel eigener Kinder das Vermögen jedes Eheteils an seine eigene Familie, von der er es erhielt, in der Regel rückfallen soll."

Doch dies alles erscheint für Julie unerheblich, das Kind ist ein ihr vom Himmel anvertrautes Geschenk, und Mariedl, wie man das kleine Mädchen ruft — der Name wird auch auf Mariechen und Mareille abgewandelt —, wird nicht nur behalten, sondern sogar in aller Form adoptiert. Als Julie wie jeden Sommer nach Eppan fährt, hat sie ein adeliges Fräulein v. Tschabuschnigg bei sich, das sie der Mutter, die nun in Freude zerschmilzt, vorstellt. Ebenso sind sämtliche vier Tanten, Juliens Schwestern, vom Kind entzückt.

„Mariedl", schreibt sie ihrem Mann, „hat die glückliche Gabe, durch ihr zutrauliches freundliches Wesen sich alle Herzen zu gewinnen." Aber auch Tschabuschnigg, den Kinderliebe bisher nicht sonderlich ausgezeichnet hat, fühlt immer stärker eine tiefe Neigung zum kleinen Geschöpf in sich aufsteigen. „Mareille", berichtet Julie nach Innsbruck, „geht fleißig ins Bett zu Adolph und schmeichelt ihn auf das allerliebste, nennt ihn ‚Schatzerl' und verlangt ‚Busserl'. Es ist wohl ein Glück, Kinder zu haben" — sie fühlt sich ganz als Mutter —, „vor allem, wenn sie gut gedeihen. Die Kleine ist für uns eine große Freude."

Dies ist sie auch für den Großvater, den alten landständischen Sekretär, der sich schlechter denn je fühlt und von Adolphs Cousine Maria Zoff — derselben, die der Witwer vor Jahren heiraten wollte — gepflegt wird. Der behandelnde Arzt Dr. Birnbacher gibt sich keiner Täuschung hin, aber das Geplauder der Enkelin, die ihn besucht, bringt noch ein wenig letzte Heiterkeit in die Krankenstube.

Für Mariechen wird eine Kindsfrau aufgenommen, so umfaßt das Hauspersonal neben Bedientem, Gärtner und Köchin vier Personen. Vom Dezember 1848 an übernimmt Julie ganz die Pflege und schreibt der Mutter:

„Ich bin schon recht froh, daß Gott mir dies Geschenk machte, recht dankbar wollte ich aber auch noch sein, wenn er der Kleinen einen Spielgefährten schicken möchte, aber ich meine nicht wieder auf der Strohmatte."

Bald wird Mariedl überall mitgenommen, die erste größere Reise geht nach Veldes in Krain. Als allgemeiner Liebling steht sie, wie Tschabuschnigg lächelnd feststellt, schon „in Gesellschaft".

Über dem Adoptivhaus liegt Sonnenschein.

STURMFLUT UND BRACKWASSER

1

Der Spiegel wirft das Bild eines ernsten Mannes zurück, der in der Uniform eines Nationalgardisten, den Säbel zur Seite, sich an den Rock eine weiße Kokarde anheftet. Es ist der Rottenführer Adolph Ritter v. Tschabuschnigg.

Schon als er am 5. März 1848 die „Klagenfurter Zeitung" zur Hand nimmt und darin den verspäteten Bericht über die am 22. Februar in Paris ausgebrochene Revolution und die Flucht von König Louis Philippe liest, ist es ihm klar, daß diesmal der Funke über die deutschen Lande hinweg auch nach Österreich überspringen wird. Es trifft ihn nicht unvorbereitet, denn bereits in Triest hat er unter dem liberalen Gouverneur Graf Stadion die unhaltbaren Verhältnisse des Metternichschen Regimes erkannt und den Zusammenbruch vorausgesehen. Nun ist das Feuer nicht mehr einzudämmen.

Mitten „in der fieberhaften Spannung der Ereignisse, während ich wütend viel zu tun habe", schreibt er der Schwiegermutter anläßlich ihres Geburtstages: „Lassen Sie sich die schweren Zeiten nicht zu sehr zu Herzen gehen und sehen Sie getrosten Mutes in die Zukunft. Nach mehr als dreißig stillen Jahren, deren Horizont aber immer schwüler wurde, bricht jetzt allenthalben ein majestätisches Gewitter los. Jedenfalls wird nach ihm die Lebensluft reiner und gesünder werden. Die Nachrichten aus Wien werden hier auf das Gespannteste erwartet."

Am 13. März hat sich der Sturm in Wien erhoben, die schwachen greisen Hände können die revolutionäre Bewegung nicht mehr unterdrücken, Metternich flieht, und am 15. März stellt Kaiser Ferdinand eine Konstitution in Aussicht, die vor allem Preßfreiheit, die Aufhebung der Zensur und die Einberufung von Abgeordneten mit verstärkter Vertretung des Bürgerstandes vorsieht. Die am 17. März in Klagenfurt eingelangte Nachricht löst unbeschreiblichen Jubel aus, die zugestandene Nationalgarde wird errichtet und am folgenden Tage eine Festfeier im Theater veranstaltet, zu der sich Tschabuschnigg in seinem neuen Rang als Rottenführer — die Bezeichnung Offizier wird in Kärnten abgelehnt — nun begibt.

Auch auf die hohe Gardistenkappe setzt er die weiße Kokarde, die nach einem Beitrag von Dr. Kumpf in der „Carinthia" eine besondere Bedeutung hat: „Den klaren Sinn für Freiheit im Rechte und im Gesetze sowie den festen Vorsatz, Gerechtigkeit, Ruhe, Ordnung und Sitte überall und mit jeder moralischen Kraft, die jedem gegeben ist, aufrecht zu bewahren und zu beschützen." Schöne pathetische Worte sind's, aber Tschabuschnigg ist skeptisch. „Es werden Ärgernisse kommen, aber wehe, durch wen sie kommen." Noch im gleichen Jahre wird sich die weiße Kokarde blutig färben.

Er geht über den Neuen Platz, Gruppen von Leuten aller Klassen, wie er mit der Rosette geschmückt, besprechen die Lage, man umarmt sich und träumt von einer glücklichen Zukunft. Vom Lindwurm weht eine Fahne mit der Inschrift: „Gott segne die Fortschritte des 15. März 1848." Auch am Standbild der Kaiserin Maria Theresia ist eine weiße Fahne angebracht. Tschabuschnigg setzt seinen Weg fort. Tiefer und weiter schauend als alle weiß er, daß die Bewegung, einmal entfesselt, endlos fortschreitet, und er ahnt auch den Ausgang.

Das glänzend erleuchtete Theater, ebenfalls mit weißen Fahnen drapiert, ist von einer festlich gestimmten Menge gefüllt. Auf der Bühne steht der Männergesangverein, der die Volkshymne „mit enthusiastisch stürmendem" Beifall immer wieder absingt. Tschabuschnigg blickt von seiner Loge in das Publikum. „Was erwarten sich die Leute von der verheißenen Konstitution, ohne daß man sich noch im geringsten an ein konstitutionelles Leben gewöhnt hat? Was soll man von einem sich plötzlich mündig dünkenden Volke, von einer heißblütigen, unerfahrenen und von allen Seiten lobgepriesenen Jugend erwarten, die nicht Maß noch Ziel kennt? Hofft man etwa, der bloße Ausdruck ‚ein verantwortliches Ministerium' würde genügen...?"

Nach der Feier im Theater durchziehen die Sänger in Begleitung der Musikbande mit Fackeln die Stadt und stimmen am Neuen Platz wieder die Volkshymne und das deutsche Volkslied an, fast die ganze Bevölkerung ist auf den Beinen, und es erschallt der Ruf: „Es lebe der Kaiser! Es lebe die Konstitution! Es lebe die Pressefreiheit!" Tschabuschnigg, der sich schon frühzeitig vom Zuge losgelöst hat, hört es bis in seine Wohnung in der Burggasse herüberjubeln.

Bereits am nächsten Tage tritt der Ausschuß der immatrikulierten Stände, gemeinsam mit bürgerlichen und bäuerlichen Repräsentanten, zusammen und beschließt eine Dankadresse an den Kaiser, deren Abfassung Tschabuschnigg gemeinsam mit Andreas Ritter v. Buzzi und Dr. Franz v. Knapitsch übertragen wird. Außer dem Dank drückt sie die Erwartung aus, „Seine Majestät wolle der Konstitution durch Vertretung aus allen Volkskreisen, durch deren Beteiligung an der Gesetzgebung mit dem Petitionsrecht und dem Recht der Steuerbewilligung, der öffentlichen Rechnungslegung über den Staatshaushalt, der Gewissensfreiheit, der Verantwortlichkeit aller, auch der höchsten Staatsbeamten, eines angemessenen Unterrichts für alle Klassen der Gesellschaft und einer öffentlichen Rechtspflege in allen Zweigen Leben und Wirklichkeit geben."

Für die „in Wien gefallenen Opfer der Freiheit" wird am 22. März in der Domkirche vom Fürstbischof Adalbert Lidmansky ein feierliches Seelenamt im Beisein aller Zivil- und Militärbehörden zelebriert. Die bereits an 800 Mann zählende Nationalgarde versammelt sich am Neuen Platz, zieht mit weißen Binden am Arm und Hut, mit Gewehren bewaffnet, in die Kirche und wird anschließend in aufgestellter Parade vom General Ritter v. Roßbach inspiziert. Tschabuschnigg, an den silbernen Epauletten als Rottenführer erkennbar, steht in erster Reihe.

Die Exerzierübungen macht er gewissenhaft mit, seinen Dienst absolviert er durch je vierundzwanzig Stunden auf der Hauptwache, von der das Militär abgezogen wurde, doch ist er in seiner Charge von Nachtposten und Patrouillen befreit. „Ich kann", schreibt Julie der Mutter, „in edlem Stolze mich erfreuen, die Liebe eines solchen Mannes zu besitzen."

Während der Wirren in den südlichen Provinzen wird Juliens Stiefbruder Karl in Mailand, wie alle österreichischen Beamten, von den Aufständischen als Gegenaktion zu den von Radetzky vorgenommenen Geiselnahmen von den Italienern verhaftet. Man verhandelt seitens der Regierung mit dem eigensinnigen Feldmarschall über eine gegenseitige Freigabe, der sich erst nach langem Zögern dazu entschließt. In dieser Angelegenheit und anderen Fragen im Interesse Kärntens hat auch Tschabuschnigg in Wien interveniert. Dadurch gilt Julie als „Frau eines berühmten Mannes" und empfängt zahlreiche ehrende Besuche.

2

In der ständischen Sitzung vom 1. April wird Tschabuschnigg zu einem der vier Abgesandten bestimmt, die Kärnten in Wien vertreten sollen. Da der Beschluß nicht einstimmig erfolgt ist, beabsichtigt er die Wahl abzulehnen und für die Nominierung Paul v. Herbert vorzuschlagen, doch kann er durch begütigendes Zureden davon abgehalten werden. So reist er ab, um an den Beratungen über den Verfassungsentwurf, die Ablösungsfrage, die neue Gemeindeordnung und das Justizwesen sowie die Reform der Provinzialstände teilzunehmen.

Bei seiner Ankunft erfährt er, daß tags zuvor der gutmütige Kaiser überredet wurde, eine schwarz-rot-goldene Fahne am Fenster der

Hofburg zu hissen. Tschabuschnigg erschrickt vor den Folgen, die er sofort erkennt, und mit Ingrimm liest er in der ihm nachgesandten „Klagenfurter Zeitung" vom 7. April:

„Das erfreuliche und bedeutungsvolle Ereignis, das am Sonntag, den 2. April, alle deutschen Herzen in Wien mit Jubel erfüllte, da unser angebeteter Landesvater das deutsche Panier, schimmernd in dem uralten Farbendias Schwarz, Rot und Gold, mit seiner Hand aus der Hofburg schwang und aufpflanzte, fand bei allen treuen Klagenfurtern den schönsten Widerhall. Am 6. April nachmittags versammelte sich die Nationalgarde im Landhaushofe und marschierte von da auf den Neuen Platz vor das Haus ihres Kommandanten Eugen Freiherrn v. Dickmann. Um 6 Uhr begann von hier der feierliche Zug: voran die türkische Musik, dann, von einer großen Menschenmenge umgeben, die Gardisten, wo der Graf neben dem schlichtesten Bürger ein wohltuendes Zeugnis des Gemeinschaftssinnes gab, über den Heiligengeistplatz und durch die Herrengasse zum Pfarrplatz. Nun erfolgte unter kriegerischen Klängen das Aufziehen der dreifarbigen deutschen Fahne auf den Pfarrkirchturm, von wo sie nach einer halben Stunde herabflatterte. Tausendfacher Jubelruf begrüßte dies Zeichen deutscher Einigkeit und dankend ertönte die Völkerhymne zu den Wolken empor. Dann kehrte die Nationalgarde über den Alten Platz und durch die Obere Burggasse wieder auf den Großen Platz zurück, defilierte an dem Kommandanten vorüber und trennte sich. Glückliche Zeit, wo wir Österreicher es Europa laut und deutlich zeigen können, was schon lange in unseren Herzen glühte: Deutschlands Freiheit und Einigkeit." Deutlicher, sagt sich Tschabuschnigg, kann man ein Ende des Kaiserstaates Österreich nicht proklamieren.

Es drängt ihn deshalb, nach Klagenfurt zurückzukehren, und hier findet er wie in Wien stark veränderte Verhältnisse vor. Der Anschlußgedanke ist auch hier zu einem Stichwort geworden. Die weißen, später roten Kokarden sind fast verschwunden, und an deren Stelle trägt man Rosetten und Bänder an Rock, Hut und Arm in den Farben Schwarz-Rot-Gold. Nur ein kleiner Kreis, dem auch Tschabuschnigg angehört, lehnt es ab und wählt eine neue Kokarde mit dem kaiserlichen Schwarz-Gelb. Dies ruft einen Sturm der Entrüstung gegen die „aristokratischen Reaktionäre" hervor, doch der k. k. Landesgerichtsrat blickt nur verächtlich mit verhängten Lidern auf diese radikalen Elemente hin, die er sich in einer Liste vormerkt, um zu gegebener Zeit gegen sie vorgehen zu können.

Am 27. April wird in den Landhaussälen in einer zahlreich besuchten Feierstunde die vom Kaiser am 25. April erlassene Konstitutionsurkunde — „deren Freisinnigkeit alle überrascht" — vom k. k. Gubernialrat und Kreishauptmann Johann Freiherrn v. Spiegelfeld

„mit klangvoller und wahrlich gerührter Stimme" verlesen, wobei er „bei jedem Paragraphen von jubelnden Bravorufen der Menge mit Tränen in den Augen für unseres innigstgeliebten Kaisers so gut gemeintes und mit des Himmels Gnade das Wohl von Millionen begründendes Geschenk der Konstitution" unterbrochen wird. Am nächsten Tage folgt ein großes Dankfest nach. Die Häuser sind mit Teppichen, Laub- und Blumengewinden geschmückt, von allen Seiten wehen die weißen und deutschen Fahnen, doch die kaiserlichen Farben übertreffen, wie Tschabuschnigg mit Befriedigung feststellt, alle anderen weit an Zahl. Auch an der Hauptwache, wo er immer noch seinen Dienst versieht, sind zwei rot-grüne Kärntner Fahnen aufgezogen. In der Domkirche zelebriert wieder Fürstbischof Lidmansky mit großer Assistenz in Gegenwart aller offiziellen Stellen ein solennes Hochamt, „um dem höchsten Herrn für die durch unseres unsterblichen Landesvaters Ferdinand I. seinen Völkern gegebene Konstitution aus tiefstem Herzen zu danken und kindlich zu bitten, allen Segen des Himmels auf das geheiligte Haupt des besten und gütigsten aller Regenten durch lange lange Jahre herabzusenden." Am Abend ist die Stadt beleuchtet, auf den Bergen flammen die Freudenfeuer auf und Böller donnern herab. Tschabuschnigg lehnt derlei Spektakel ab, aber den mahnenden Schlußworten der „Klagenfurter Zeitung" stimmt er voll zu: „Ruhe und Ordnung zeichnen den Kärntner aus und geben dem Charakter dieses Alpenvolkes eine Weihe, die durch nichts übertroffen werden kann. Biedere Landsleute, — laßt euch durch nichts irreleiten!"

Tags darauf, am 29. April, stirbt der greise Landeshauptmann Joseph Freiherr v. Sterneck und mit ihm die alte Zeit. Seinen Leitspruch „Im Notwendigen Einheit, Freiheit im Zweifelhaften und Liebe in Allem" hat er im Dienste Kärntens bis zum letzten erfüllt. Am 12. Juli erliegt auch Tschabuschniggs Vater seinem langjährigen Leiden. Den Beginn der politischen Karriere des Sohnes konnte er zu seiner Freude noch erleben.

3

Fünf Tage später, am 17. Juli 1848, versammelt sich auf Grund der Konstitution im Landhaussaal unter dem Vorsitz von Felix Freiherrn v. Longo-Liebenstein zum ersten Male der am 24. Juni gewählte provisorische Landtag, der sich aus 72 Abgeordneten zusammensetzt. Zur ersten Klasse, die aus 14 Mitgliedern aus den geistlichen und weltlichen Landständen besteht, gehört auch Adolph Tschabuschnigg, der in dieser festlichen Sitzung über das Ergebnis der Beratungen in Wien berichtet.

Er steht in Trauerkleidung nach seinem Vater am Rednerpult, und die Versammlung erwartet, den Dichter auch als Politiker mit zündenden Worten reden zu hören. Doch schon nach den ersten Sätzen weicht die Spannung einer enttäuschten Ernüchterung. Tschabuschnigg spricht ruhig, langsam und ernst, sehr deutlich und verständlich, aber er vermeidet jede deklamatorische Betonung und jeden poetischen Schmuck. Trotzdem nehmen seine Worte und sein Sprachausdruck gefangen. Es geht um die politische Erneuerung Kärntens, und so wendet sich sein Wort nicht an das Gemüt, sondern er appelliert an den Verstand. Nein — ein faszinierender Redner ist er nun gewiß nicht!

Auch bei den nachfolgenden, oft mehrstündigen Sitzungen, die Fragen auf dem Gebiete der Gemeindeordnung, des Schulwesens, der Gerichtsreform sowie der Zehent- und Robotablösungen behandeln, ist es nicht die formschöne Diktion, durch die er auf die Zuhörer wirkt, sondern sein profundes juridisches Wissen und seine eindrucksvolle Überzeugungskraft. Leidenschaftslos versteht er, seine Ansichten klar darzulegen, und nur gegen unbegründete Einwände wird sein Tonfall schneidender. Er hat als Abgeordneter von Anfang an schon seinen eigenen Stil, elegant und überlegen, gefunden, der im Landtag starken Widerhall auslöst.

Die wichtigste und überaus schwierige ihm übertragene Aufgabe, die ihn durch Wochen in Anspruch nimmt, ist die Ausarbeitung einer Kärntner Provinzialverfassung, über deren Entwurf Tschabuschnigg am 31. August 1848 vor dem Landtag eingehend referiert.

Der Paragraph 1 erklärt „Kärnten für ein ungeteiltes Herzogtum", und diese Feststellung bringt sein Bekenntnis zur Heimat mit aller Deutlichkeit zum Ausdruck. Denn in Laibach hat sich ein Kreis volksbewußter Slowenen mit der Forderung gebildet, daß die slowenischen Gebiete in eine einzige administrative Einheit mit der Bezeichnung „Königreich Slowenien" vereint werden sollen. Diesem Verlangen tritt er, unterstützt von dem Abgeordneten Franz Ritter von Jacomini, mit aller Entschiedenheit entgegen und erlangt die Zustimmung des Landtages.

Auch der Paragraph 3, der die Vertretung der Provinz Kärnten durch den Landtag, den Landesausschuß und den Landesrat regelt, wird einstimmig angenommen. Der Landtag, der nach Tschabuschniggs Vorschlag aus 70 Distrikten direkt gewählt werden soll, hat sich jährlich mindestens einmal Anfang Mai zu versammeln, eine Landtagspermanenz darf in der Regel nicht über sechs Wochen dauern. Der Landesausschuß, der sich aus 15 durch den Landtag aus seiner Mitte gewählten Mitgliedern zusammensetzt, hat die Aufgabe, die vom Landtag bereits gefaßten Beschlüsse durchzuführen und den Landtag bis zu dessen nächstem Zusammentritt zu repräsentieren. Dem Landesrat, der aus drei Räten und einem Sekretär besteht, obliegen vorbereitende Maßnahmen für den Landtag.

Dem Landesausschuß gehört auch Tschabuschnigg an, der dabei als anerkannter Jurist an erster Stelle steht und von Arbeit überlastet ist. Von einem dichterischen Schaffen kann deshalb keine Rede sein.

4

Trotzdem schreibt er mehr denn je, aber er wendet sich von der Poetik nun der Publizistik zu. Politische Betrachtungen hat er schon bisher in verschiedenen Novellen gestreift und vor allem im »Modernen Eulenspiegel« scharfsichtig die Behauptung widerlegt, daß kein mächtiges italisches Reich zustande gekommen sei. „Sie vergessen wohl", läßt er eine Romanfigur sprechen, „das alte sowie das päpstliche Rom, indem Sie Italien diesen Vorwurf zu machen gedenken. Unbillig und der Geschichte geradezu widerstreitend wäre es aber, wenn Sie die weltliche Macht durch alle Jahrhunderte an ein Stück Land gefesselt wissen wollten. Sie hielt durch die ganze Weltgeschichte ihren langsamen majestätischen Umzug, von jenen frühesten Weltreichen des Orients bis in das westliche der Franken, und von da wieder rückwärts nach Osten. Jedes hat viel Blut gekostet, und wenn es seine Sendung erfüllt hatte, war es zusammengesunken, und der Schauplatz mußte durch Jahrhunderte brach liegen, um wieder zu erstarken. Nur schrittweise ändern sich die Phasen der Weltgeschichte, ganze Generationen vermögen oft das Rätsel eines kaum merkbaren Zwischenschrittes nicht zu begreifen. Große Reiche sind überdies kein Glück für das Menschengeschlecht, das Eigentümliche, die Selbständigkeit der Völker und der Individuen geht darin unter. Bundesstaaten sind das günstigste Element der Entwicklung und des Fortschrittes, in ihnen findet die edelste Freiheit, das bleibendste Glück seinen Wohnsitz..."

Dies ist immer wieder Tschabuschniggs Lieblingsgedanke, und er fährt fort: „Die edelsten und glücklichsten Völker lebten zu allen Zeiten in Bundesstaaten, die Griechen, die Deutschen, die Schweizer und die Nordamerikaner. Das ist auch die Zukunft Italiens, und Österreich dürfte zur Einleitung berufen sein: Ein italienischer Bund, ein italienischer Zollverein! Das wären die Bürgen seiner Einheit, seines Glücks, und Österreich verbände dann den schönen südlichen mit dem deutschen Bunde. Dies sind meine Träume für Italiens Wohlfahrt, und die beiden Staatenbünde bildeten dann den Kern von Europa."

In seiner neuen politischen Betätigung greift er verschiedene Probleme programmhaft auf und stellt sie, teilweise ohne Namensgebung, in zahlreichen Artikeln, vor allem im Triestiner „Lloyd", der unter der Redaktion des Freundes Löwenthal besondere Verbreitung hat, zur öffentlichen Diskussion. Der bedeutendste Aufsatz, der in Frankls „Sonntagsblättern" erscheint und größte Beachtung findet, behandelt „Die Frage der Nationalitäten", die durch die Konstitution höchste Aktualität gewonnen hat.

In fast prophetischer Schau sieht er hier das Schicksal, das Österreich bedroht, Jahrzehnte voraus. „Was bei der Erziehung der Individuen der Antrieb des Ehrgeizes bewirkt", führt er aus, „das vermag in der Geschichte der Völker das Motiv der Nationalität. Es ist groß und einzig in seinen Wirkungen, es spornt zu unsterblichen Taten, — aber in falscher Richtung, irregeleitet und mißbraucht, untergräbt es das organische Dasein, stört es das Zusammenleben der Völker. Das Gefühl der Nationalität ist ein gewaltiger Hebel der Freiheit, in seiner unausgesetzten Anwendung läßt es aber auch nie zu ihrem ruhigen Genusse gelangen und überschlägt und zertrümmert zuletzt die Freiheit selbst.

Im Herzen Europas bilden die Schweiz und Österreich zwei Völkerknotenpunkte, in denen die verschiedensten Sprachen aneinander grenzen, von denen die berühmtesten Nationalitäten auslaufen. Während aber in der Schweiz Deutsche, Italiener und Franzosen in treuer Eidgenossenschaft leben, entspann sich in Österreich ein Kampf der Nationalitäten, der nicht allein das Gefüge des Gesamtreichs gewaltsam zu sprengen droht, sondern dessen Nachwirkungen auch überhaupt die Gesittung und die Freiheit ernstlich bedrohen. Nur völlige politische Unfähigkeit oder absichtlicher böser Wille kann die Begriffe Freiheit und Nationalität für gleichbedeutend ausgeben. Besser Freiheit im Zusammengusse mit fremden Nationalitäten, als Erhaltung streng gesonderter Nationalität unter einem einheimischen Tyrannen.

Wahr ist es", fügt er bei, „daß jedes Volk so wie jedes Bruchstück eines Volkes das Recht hat, daß seine Nationalität in keiner Weise verkümmert werde, aber auch die vollendeten Tatsachen der Weltgeschichte lassen sich nicht mehr ungeschehen machen. Auch die politische Theorie muß sie anerkennen."

Vor allem sind es die slawischen und italienischen Volksteile in Österreich, denen Tschabuschnigg eine besondere Betrachtung widmet.

„Die Deutschen und die Slawen haben — mit Ausnahme der polnischen Provinzen, — seit Jahrhunderten gleiche Schicksale geteilt, ihre Biographie ist fast dieselbe, ihre Sitten haben sich mit Ausnahme unwesentlicher Spezialitäten ineinander aufgelöst, selbst ihre Nationaltemperamente sind ähnlich. Diese zwei Nationalitäten leben gleichsam in glücklicher Ehe, ihre Kinder sind die glorreichen Taten der Geschichte, die unsterblichen Werke des Genius. Wer dies freundliche Zusammenleben jetzt plötzlich trennen wollte, der würde den Bildungsgang zweier edler Völker gewaltsam stören und sich den Dank keines der beiden erwerben.

Was sollten die aus Österreich ausgeschiedenen slawischen Völker nun beginnen? Eine einige panslawistische Monarchie würde ein Aufgehen in Rußland bedeuten, was gewiß nicht in ihrer Absicht liegt. Aber auch ein slawischer Bund ist wegen der großen Sprachunterschiede der einzelnen Stämme und ihrer ungleichartigen Vergangenheit nicht zu Stande zu bringen oder doch nicht zu erhalten. Es wäre ein territoriales Ungetüm, dem die innere Lebensfähigkeit mangeln würde. Ebenso würde der Plan, alle slawischen Gemeinden in der Monarchie auszuscheiden und in einzelne rein slawische Staaten aufzurollen, auf unüberwindliche Hindernisse stoßen und weder zum Vorteile der Slawen, noch Österreichs und Europas gereichen.

Jetzt ist die Freiheit Gemeingut in den Ländern Österreichs geworden, aber eines muß dabei beherzigt werden: Freiheit steht über Nationalität. Man ist also des größeren Gutes schon jetzt teilhaftig, und man soll Sorge dafür tragen, daß man es wegen des geringeren nicht wieder verliert. Wenn die Slawen in Österreich aber eigentlich nur das Bestreben für Hebung, Bildung und Geltendmachung ihrer Sprache verstanden wissen wollen, so entfalten sich dagegen allerdings Bedenken. Es ist selbstverständlich Sache der Gerechtigkeit, daß jeder Slawe in Österreich in die Lage versetzt wird, sich auf Grund seiner Muttesprache auszubilden und daß ihm die politische Vollberechtigung in keiner Weise verkürzt wird. Zu wünschen ist nur, daß die Slawen in dieser Hinsicht nicht ein Äußerstes anstreben, da es nicht zu ihrem Vorteil ausschlagen würde."

Gegen Ungarn, das eine eigene Auslandspolitik betreibt, schlägt Tschabuschnigg scharfe Töne an. „Obwohl in ihrem Lande selbst in der Minderheit, drängen die Magyaren auch den slawischen Nachbarländern ihre Sprache auf", was eine Rebellion der Kroaten zur Folge hat, und deshalb „wäre es für Ungarn nur von bestem Erfolge, wenn es ganz in den Verband derselben freisinnigen Konstitution mit Österreich eintritt."

Dagegen läßt die Stellungnahme, die er den Italienern gegenüber bezieht, sein tiefes Verständnis für dies Volk, dem er in Triest so lange nahegestanden ist, deutlich erkennen. Die ersten Aufstände scheinen ihm nicht sosehr eine Durchsetzung der Nationalität als vielmehr die allgemeinen Interessen der Freiheit als Ziel zu haben. Der österreichische Absolutismus, der diese Wünsche zurückweist, ist für Tschabuschnigg der eigentliche Grund, daß die Italiener die Österreicher als ihre Unterdrücker bezeichnen. „Dem Hasse von der einen Seite entspricht die Verachtung von der anderen. Mit den Reizen ihrer Sprache, in der Regel nur oberflächlich bekannt, blieb den Deutschen auch der klassische Wert der italienischen Literatur sowie die Liebenswürdigkeit und das schnellkräftige Talent der Italiener verschlossen, während sie sich selbst nicht selten dem rohen Übermute des Siegers ergaben. Dadurch wuchsen die Mißverständnisse zwischen den beiden Nationen."

So stellt Tschabuschnigg mit Recht fest, „daß sich nun in Italien der abstrakte Gedanke der Freiheit zum Nationalgefühl wandelt, das von den Dichtern genährt wird, sie in Begeisterung versetzt und zu sinnlosen Aufständen hinreißt, die ebenfalls erfolglos bleiben." Aber es erscheint ihm auch jetzt nicht zu spät, daß sich die erregten Gemüter versöhnen. „Freilich wäre die Sache vor Jahren viel leichter auszuführen gewesen, viel edles Blut, viel wertvolles Besitztum wäre geschont worden und Österreich würde sich die dankbaren Sympathien Italiens verschafft haben. Doch auch die italienischen Patrioten mögen im Eifer für eine gute Sache nicht länger das billige Ziel ihrer Wünsche und Hoffnungen überspannen, sondern sich auf das Erreichbare und Genügende beschränken."

Wesentlich ist im Interesse der Freiheit und der Nationalität", schließt Tschabuschnigg, „daß jeder Teil unserer konstitutionellen Monarchie eine freie Verfassung erhält und daß die Fortbildung jeder Nationalität des österreichischen Staatsverbandes gesichert wird, — unwesentlich ist es, daß derselbe Staat nur eine Nationalität umfaßt."

Aber gegen jede Zerstückelung Österreichs durch ein Ausscheiden der nichtdeutschen Volksteile spricht er sich nochmals mit aller Entschiedenheit aus. „Die große vermittelnde Macht im Inneren von Europa würde dadurch zerstört, aber wir fürchten uns auch nicht vor einem europäischen Krieg, wenn Österreich auf seine Integrität besteht." England und Frankreich, die die Nationalitätsbestrebungen gegen Österreich aufstacheln, „werden jedoch, solange sich Österreich nicht selbst aufgibt, hiezu den Mut nicht haben. Erregten sie aber wider Vermuten einen allgemeinen Krieg, so wäre eine solche Krisis für unsere Zustände wohl nur heilsam. Es wird sich dann zeigen, was der wahre dauernde Wille der Völker ist, und aus den Flammen des Krieges wird das junge freie Europa geläutert hervorgehen."

Die im Mai in Wien wieder aufgeflammte zweite Phase der Märzrevolution ist in Klagenfurt — von gelegentlichen „Katzenmusiken" abgesehen, die sich vor allem gegen den Kreishauptmann v. Spiegelfeld wegen der eingetretenen Fleischverteuerung richten — zwar ohne größere Auswirkung geblieben, aber Tschabuschnigg erkennt mit steigender Sorge, wie sich überall die gemäßigten Elemente zurückziehen und eine radikalere Stimmung Oberhand gewinnt. Die Befürchtungen, die ihn schon von Anfang an erfaßt haben, bestätigen sich.

„Der Sprung von der Knechtung zur Freiheit ist für den Menschen der größte, aber auch der gefährlichste. Jener Mensch, der früher gewohnt war, sich blindlings von anderen lenken zu lassen, soll jetzt auf einmal selbst lenken und handeln, — er soll sich selbst leiten, soll frei sein und weiß noch nicht, was Freiheit ist. In dieser Unwissenheit untergräbt er im Namen der Freiheit die Freiheit selbst, indem er Gesetzlosigkeit, eigene Willkür und Befriedigung der Leidenschaften als Freiheit ansieht. Wenn man die Vorgänge in diesen Tagen betrachtet, so muß jeden besonnenen und wohldenkenden Menschen Abscheu ergreifen, wenn man sieht, welcher Mittel man sich bedient, um die gewährte Freiheit zu genießen, um sie angeblich befestigen zu wollen. Man nimmt sich planmäßig vor, das Volk auf jede mögliche Art aufzureizen, in ihm die verderblichsten Begierden aufzuregen, man predigt Mißachtung der Gesetze, Widersetzlichkeit gegen die bestehenden Behörden und Untergrabung jeder gesetzlichen Ordnung. Tritt einmal dies ein, so ist die Freiheit untergraben, so sind die Bande der Gesellschaft gelöst, und an ihre Stelle tritt Gesetzlosigkeit, Willkür und Faustrecht mit allen ihren Unheil bringenden Folgen. Nur die gebildete Klasse muß deshalb, um den sonst unausbleiblichen Umsturz zu vermeiden, die Leitung der übrigen übernehmen."

Diese düstere Vorausahnung wird von den neuen sozialrevolutionären Ereignissen des 6. und 7. Oktober in Wien, die zur Ermordung des Kriegsministers Graf Latour führen — auch Juliens Bruder Ludwig erlebt Schreckenstage und gerät in Lebensgefahr —, noch übertroffen. Die Nachrichten, die darüber am 12. Oktober in Klagenfurt eintreffen, rufen höchste Aufregung hervor, und schon tags darauf beschließt der Landesausschuß, den provisorischen Landtag einzuberufen, „damit dem Lande die gewonnene Freiheit nimmer verlorengeht".

Gleichzeitig regen sich wieder extreme Kreise und gründen in Klagenfurt einen „Kärntner Volksverein", der „gegen Fürstentum und Aristokratentum, gegen Kabinettsintrigue und Kniffe der Diplomatie, die dem Volke wieder die Zwangsjacke der Willkürherrschaft anlegen möchte", wettert und die Aufstellung eines Freiwilligenkorps zur Hilfeleistung für das bedrohte Wien beabsichtigt. Da dieser dilettantische Plan schon in seinen Ansätzen steckenbleibt, wendet sich der Volksverein am 9. November mit einer Adresse an das „hohe Reichs-Parlament zu Frankfurt", in der er sich „im Namen der großen Mehrheit der nach Vereinigung strebenden Bewohner Kärntens" für einen Anschluß der Deutschösterreicher an das deutsche Mutterland ausspricht, damit „mit kräftiger Hand zum Schutze der gemeinsamen Freiheit nur jenes Recht und Gesetz im deutschen Österreich sein darf, was seine Männer als solches erkennen" und „um mit dem nötigen Nachdruck dem deutschen Wesen nach innen und außen jene Achtung zu verschaffen, deren es bedarf und die es verdient."

Dies muß natürlich den Herren in der Paulskirche freudig in die Ohren geklungen haben. Doch gegen die Erklärung des Volksvereines nimmt der Landesausschuß in seiner Sitzung vom 5. Dezember 1848 Stellung und beschließt auf Antrag von Tschabuschnigg und Jacomini auch seinerseits eine Adresse an das Frankfurter Parlament zu richten. Darin wird, von Tschabuschnigg entworfen, ausgeführt, „daß Kärnten zwar aufrichtig innigen Anschluß an das übrige Deutschland wünscht, doch kann nicht verkannt werden, daß dadurch die Existenz der österreichischen Gesamtmonarchie bedroht wird und sich als unvereinbarlich mit dem durch Jahrhunderte bestehenden Verband mit den nichtdeutschen Provinzen des Staates darstellt. Die bösen Folgen würden zunächst das Land Kärnten wegen seiner geographischen, politischen und kommerziellen Lage als Grenzland treffen." Außerdem fühlt sich der Landesausschuß verpflichtet, „die Manifestation des Volksvereines, insofern als dadurch die Gesinnung des Landes oder auch nur einer Mehrheit dargelegt werden sollte, entschieden zu desavouieren, da der Verein jedenfalls nur eine sehr kleine, abgesonderte Partei bildet, deren Gesinnungen und Ansichten mit der durch die gewählten Volksvertreter ausgesprochenen Majorität in keinem Einklang steht."

Eine zweite, ebenfalls von Tschabuschnigg verfaßte Adresse gegen den Volksverein ergeht an das österreichische Ministerium nach Wien und betont insbesondere die Wichtigkeit der Verbindung Kärntens mit Italien als Abnehmer der Erzeugnisse der Montanindustrie und Ungarn als Lieferant von Getreide in Mißjahren.

Allmählich ermatten die deutschen Einigkeitsbestrebungen mit Österreich, aber trotzdem wendet sich Tschabuschnigg nochmals in der „Klagenfurter Zeitung" scharf gegen das Frankfurter Parlament. Erneut stellt er fest, „daß zwar die deutschen Länder Österreichs zum übrigen Deutschland seit Jahrhunderten im innigen Verhältnis stehen, andererseits aber die Vereinigung Österreichs mit seinen anderen Provinzen eine noch viel innigere ist" und bezeichnet es „als völlig töricht, aus sprachlicher Wahlverwandtschaft Bande zu zerreißen, an deren Trennung beide Teile verbluten würden." Tschabuschnigg bekennt sich deshalb zu einem deutschen Staatenbunde, „der gar nicht so schrecklich wäre, wenn all das entfernt wird, was die Erinnerung an die letzten dreißig Jahre so bitter macht."

Auch gegen den Volksverein, „diese Elemente, die uns manche Verwicklungen bereiten", geht Tschabuschnigg nun härter vor, er läßt die Mitglieder in ihrem Stammlokal „Zum weißen Roß" in der Sankt Veiter Vorstadt überwachen und erwirkt später seine Auflösung.

Inzwischen hat Windischgrätz die Oktoberrevolution blutig niedergeschlagen, während der nach Olmütz geflüchtete Kaiser im bischöflichen Palais residiert und der Reichsrat, der sich in Permanenz erklärt hat, seine Beratungen für den Verfassungsentwurf fortsetzt. Am 21. Oktober schreibt Tschabuschnigg der Schwiegermutter, daß „die Stadt ruhig und dermalen wohl nichts zu befürchten ist, auch nicht in nächster Zukunft. Wie jedoch die Dinge ausgehen werden, vermag wohl niemand zu ermessen. Es scheint, daß in den höchsten Kreisen wieder Schwankungen und Mutlosigkeit eintreten und man abermals an Transaktionen denkt. Ist dies der Fall, so werden wir für den Augenblick zwar Ruhe haben, aber in vier oder sechs Wochen noch ärgeren Spektakel erleben. Jetzt oder nie muß aufgeräumt werden..." Er verfolgt mit Unruhe die Kriegsereignisse in Italien sowie die Abfallbewegung in Ungarn und schließt seine Betrachtungen resignierend: „Wer kann sich aber den Weltgeschicken widersetzen?"

Eines ist jedenfalls für Tschabuschnigg klar: die Konstitution hat einen tödlichen Schlag erlitten, von dem sie sich nicht mehr erholen wird. Wohl sind in den vergangenen Monaten „des freien Wortes Ideen lebendig geworden, die nicht mehr untergehen können", und der Grundgedanke, daß alle Staatsgewalt vom Volke ausgeht, beherrscht auch den in Ausarbeitung stehenden Kremsierer Verfassungsentwurf. Er bestimmt, daß alle Staatsbürger vor dem Gesetz gleich sind, und gewährt ihnen Hausrecht, Freizügigkeit, Koalitionsfreiheit, Glaubensfreiheit, Lehr- und Lernfreiheit, Rede- und Pressefreiheit und das Briefgeheimnis. Dies ist immerhin ein geretteter politischer Ertrag der bürgerlichen Revolution. So scheint's zunächst.

Am 2. Dezember 1848 hat Kaiser Ferdinand abgedankt und sein Neffe, der 18jährige Erzherzog Franz, der sich nach seinem erlauchten Großohm den Namen Joseph zulegt, den Thron bestiegen. Wieder lächelt Tschabuschnigg ironisch: Kaiser Joseph II. war nichts weniger als ein konstitutioneller Monarch, sondern ein absolutistisch regierender Alleinherrscher, der „alles für das Volk und nichts durch das Volk" wünschte. Für die Freiheit ist dieser Wahlname ganz gewiß kein gutes Omen.

Doch dies gibt in Klagenfurt neuerdings Gelegenheit, am 19. Dezember das Ereignis gebührend zu feiern. Der Fürstbischof zelebriert zum dritten Male in diesem Jahr das traditionelle Hochamt, über das die „Klagenfurter Zeitung" berichtet: „Im Inneren der Kirche bildete die Kavallerie-Abteilung der Nationalgarde Spalier, vor dem Dom war eine Fahnenkompagnie und am Hauptplatz die uniformierte Nationalgarde mit der türkischen Musik aufgestellt. Beim Tedeum wurden die üblichen Salven abgegeben, denen die auf dem Viktringer Wall aufgestellte halbe Batterie antwortete. Abends wurde im glänzend erleuchteten Ständischen Theater in Anwesenheit eines zahlreichen, festlich gekleideten Publikums vor dem in Brillantfeuer schimmernden Namenszug Sr. Majestät des Kaisers, bei dem als Ehrenwache ein Militär und ein Nationalgardist standen, nach einem der hohen Festlichkeit anpassenden Prologe das Volkslied mit ungeheuchelter Teilnahme und oftmaligem Jubel wiederholt abgesungen."

Zur Abfassung des Prologs für diesen Theaterabend wurde wieder Tschabuschnigg eingeladen, aber er lehnt es unter Hinweis auf seine Einteilung als Rottenführer ab. An seiner Stelle schlägt er Paul Renn vor, dem er dabei auch behilflich ist, sich aber die Erwähnung seines Namens ausdrücklich verbietet. Huldigungsgedichte an den Kaiser hat er schon während seiner Studentenzeit gehaßt, und in diesem Falle ist die Zurückweisung ein gut begründeter Vorwand. So distanziert er sich schon vorahnend vom drohenden Neoabsolutismus des von konservativen Beratern unter der Führung des Freiherrn v. Kübeck umgebenen jungen Kaisers, der den vorgelegten Kremsierer Verfassungsentwurf nicht sanktioniert, den Reichstag entläßt und mit der oktroyierten Reichsverfassung vom 4. März 1849 sich den Purpur souveräner Machtvollkommenheit umwirft.

Als ein bescheidenes Geschenk der Märzverfassung erscheint für Kärnten die verfügte Loslösung vom Krainer Gubernium und eine selbständige Verwaltung, was zwar wieder mit einer Stadtbeleuchtung und einem Fackelzug der Nationalgarde gefeiert wird, sich aber bald als eine trügerische Geste erweist. Denn die im Dezember des Jahres 1849 von der kaiserlichen Regierung ergehenden Patente für die Kärntner Landesverfassung und die Landeswahlordnung treten nie in Wirksamkeit, und da der auseinandergetriebene Kremsierer Reichstag die von Tschabuschnigg ausgearbeitete Kärntner Provinzialverfassung nicht mehr genehmigen konnte, ist für die Wahl eines Landtages jede Grundlage entzogen.

So bleibt weiterhin der Landesausschuß mit der Durchführung und Überwachung aller Geschäfte betraut und sieht sich zu Recht als die einzige rechtmäßige Vertretung des Landes auch gegenüber der noch bestehenden Verordnetenstelle der alten Stände an. Dies führt zu dramatischen Konflikten zwischen der zuständigen neuen Generation und den noch nicht enthobenen greisen Herren, an deren Spitze der kluge, vor allem um das Theater hochverdiente, aber auch überaus eigensinnige Freiherr v. Seenuß steht. Es kommt so weit, daß er sich nach dem Tode des Freiherrn von Sterneck „in Ermangelung eines Herrn Landeshauptmannes" als Gebieter im Landhaus fühlt und den Ausschußmitgliedern bei ihren Sitzungen sogar die Schreibmaterialien entzieht, so daß sie „wie Studenten mit Tinte, Feder und Papier zu den Beratungen kommen müssen". Da aber der Landesausschuß die Anerkennung des nach der Märzverfassung für Kärnten ernannten Statthalters Johann Freiherr von Schloißnigg besitzt, schwindet der Einfluß der alten Verordnetenstelle, die sich mit dem neuen Mann aus Wien unaufhörlich in erbittertem Kampf befindet, immer mehr und hört allmählich von selbst zu bestehen auf.

Unter solch prekären Verhältnissen können vom Landesausschuß größere Planungen nur vereinzelt durchgeführt werden. Dazu gehören die Herstellung des Stadt- und des Lendkanals, der Bau der Elisabeth-Brücke und die Restaurierung der Burg und des Landhauses. Aus Tschabuschniggs persönlicher Initiative wird ein Invalidenfonds, der sich sehr segensvoll auswirkt, ins Leben gerufen und eine Dampfschiffahrt auf dem Wörther See angeregt. Er wird Obmann des hiefür bestellten Komitees und treibt die Vorarbeiten mit aller Energie weiter, so daß bald ein schon fertiges, auf der Save stehendes Dampfboot mit 16 PS zum Preis von 12.000 Gulden angekauft und der Betrieb aufgenommen werden kann.

Dienstlich fühlt sich Tschabuschnigg einigermaßen wohl, aber sein Präsident „ist bisweilen sekkant, der mir an einem Tag sechs Prozesse auf den Tisch wirft". Doch bleibt ihm noch genug Zeit, seine publizistische Tätigkeit mit weltoffenen Augen fortzusetzen. Er hat eine Reihe weiterer Zeitungen gewonnen, vor allem der »Lloyd« bringt zahlreiche seiner politischen Artikel, darunter „Konstitution in Österreich", „Vom Reichstag", „Zentralismus und Föderalismus", „Zur italienischen Frage", „Die Ereignisse in Ungarn", „Die Politik Palmerstons", „Preussische Politik", „Der Egoismus in der Politik" und „Deutsche Diplomatie".

Gesellschaftlich verlaufen diese unruhigen Jahre recht bescheiden. Höhepunkte bilden die nach strenger Etikette stattfindenden Einladungen des Grafen Ferdinand Egger, der sich im Winter kurze Zeit in seinem Palais in der Herrengasse aufzuhalten pflegt, sonst viel auf Reisen ist und den Sommer auf seiner Herrschaft in Lippitzbach verbringt. Der alte Herr mit weißem Haar, stets sehr elegant gekleidet und von feinsten aristokratischen Manieren des *ancien regime*, erfreut mit seiner schon etwas umwitterten Baritonstimme, die aber durch eine meisterhafte Schulung immer noch stark wirkt, seine adeligen Gäste durch Loewesche Balladen sowie italienische Buffoarien und französische Romanzen. Bisweilen überrascht er mit eigenen Tonschöpfungen, denn, wie die „Carinthia" feststellt, „steht Graf Egger durch seine künstlerischen Leistungen in der Musik unter vielen hochgestellten Persönlichkeiten unzweifelhaft in der ersten Reihe. Seine neueste Komposition ist die Ballade von Adolph Ritter von Tschabuschnigg »Das Meerweib« für eine tiefe Stimme mit Pianobegleitung. Der rühmlichst bekannte Dichter bewährt in diesem kurzen Gedicht sein Talent für dramatische Gestaltung, indem er uns das Meerweib vorführt, das, am Strande sitzend, ihr unheilprophezeiendes Lied in die brandende See hinaussingt. Die wogenartig auf- und niederschwellende Begleitungsfigur versetzt uns lebhaft in die Situation, der Gesang schwebt düster, echt balladenmäßig, über der Brandung und erhebt sich zu reizender Innigkeit bei den Schlußworten:

Sie singt ein Lied, ein leises,
Das Herz erkrankt dabei,
Und wer es hört, der weiß es,
Daß nahe das Unglück sey."

Weniger zeremoniös verlaufen die Sommerabende, an denen man sich im Hausgarten der Tschabuschnigg trifft. Geboten wird Kaffee, Kuchen und Himbeergefrorenes, später Schinken, Zunge, Salami, kalter Fasan, Hasenbraten, Schwarzbrottorte und Bäckerei aus Triest, die besonders geschätzt wird, sowie Bier und Wein. Mariedl läuft zwischendurch umher, ist aller Liebling und wird als Tochter uneingeschränkt anerkannt.

Während sich Julie im Sommer 1849 wieder bei der Mutter in Eppan aufhält, unternimmt Tschabuschnigg eine Informationsreise nach Frankreich und Belgien. Da die Verfassung auch Neuregelungen auf dem Gebiete des Justizwesens vorsieht, will er die in diesen Ländern bestehenden Einrichtungen kennenlernen. Er wird als bekannte rechtskundige Persönlichkeit in allen Ehren empfangen, nimmt an zahlreichen öffentlichen Gerichtsverhandlungen teil und besichtigt auch verschiedene Gefängnistypen. Gleichzeitig bietet ihm Paris, das er zum ersten Male sieht, eine Fülle überwältigender kultureller Eindrücke, er besucht die berühmten Museen, Kathedralen und historischen Gedenkstätten, aber er steigt auch zu den großen Toten des

Père Lachaise empor. Er hat sich angewöhnt, wohin er kommt, „in jeder Stadt, ja in jedem Dorf, den Gottesacker zu besuchen, nicht aus einem sentimentalen Hange, sondern in der Überzeugung, daß die Wohnungen der Verstorbenen eine erläuternde Ergänzung zu den Häusern der Lebenden bilden. Nicht nur Sitten und Gebräuche der Völker und Stämme", bemerkt er, „kann man aus dem Kultus der Toten studieren, sondern die Anlage und Pflege des Kirchhofes belehrt auch über individuelle Stimmungen und Sonderbarkeiten der Einzelnen."

Hier oben sind sie nach Rang und Stand streng geschieden: die Dichter, die Komponisten und die Maler, die großen Marschälle und Staatsmänner, und in seinem Inneren klingt Dantes berühmtes Wort auf vom *„passo forte* — dem Tod". Lange steht er vor dem Monument von Abälard und Heloise auf dem Paradebett unter dem Baldachin, und auf der Höhe des Friedhofs mit dem weiten Ausblick auf Paris verweilt er, in Gedanken versunken, vor dem Börne-Grab mit dem Lorbeerkranz. Nur die Gruft von dessen erbittertem Feind, die Matratzengruft des bösen Spötters Heinrich Heine, der vor vielen Jahren sein dichterisches Vorbild war, besucht er nicht.

6

Nach der Rückkehr bedeutet für den Juristen Tschabuschnigg das Jahr 1850 einen entscheidenden Wendepunkt. Die vom Justizminister Anton Ritter v. Schmerling stammende Strafprozeßordnung vom 17. Jänner beendet das bisherige geheime und schriftliche Verfahren und führt außerdem Geschworenengerichte ein. Im gleichen Monat wird Tschabuschnigg zum Oberlandesgerichtsrat befördert und beim Juristenball zu diesem Aufstieg in seiner Karriere besonders beglückwünscht und gefeiert. Am 24. April trifft Schmerling selbst in Klagenfurt ein, um das neue Oberlandesgericht seiner Bestimmung zu übergeben und Tschabuschnigg in sein Amt einzuführen. Aus diesem Anlasse trägt er erstmals die vorgeschriebene Uniform, die ihm nach Juliens Ansicht „sehr gut steht" und auch von Mariechen entsprechend bewundert wird. Nach einer programmatischen Rede Schmerlings, die durch den Präsidenten Buzzi und den Staatsprokurator Ullegitsch beantwortet wird, gibt es ein festliches Diner und nachmittags über Einladung der Präsidenten Stöckl und Josch eine Jause zu Ehren des hohen Gastes auf der Hollenburg.

Wenige Tage später fungiert Tschabuschnigg als erster Präsident des Geschworenengerichts. Es ist eine historische Stunde für das Gerichtswesen in Kärnten, aber auch für ihn selbst, der in seinem neuen

Talar einen achtungverpflichtenden Anblick bietet. „Stelle Dir ihn", schreibt Eduard Hanslick, der später gefürchtete Wiener Musikkritiker, der als Jurist zwei Jahre in Klagenfurt als Aushilfsreferent im Fiskalamt mißvergnügt tätig ist, an Paul v. Herbert, „als einen Fichtner" — berühmt als Salonliebhaber des Burgtheaters — „der Geschworenen vor, so kannst Du Dir eine Idee von der Klarheit und Eleganz machen, mit der er leitet." Er belehrt die Laienrichter vor ihrer Beratung eingehend und ist nach ihrem Spruch dann in seinem Urteil ebenso streng wie gerecht.

Mit Frühlingsbeginn besucht den schön gepflegten Garten oft der kaiserliche Statthalter Baron Schloißnigg, der als schwieriger Herr gilt und die Aufträge der Wiener Regierung mit unduldsamer Hand durchführt. Von den jüngeren Politikern ist es vor allem Tschabuschnigg gelungen, mit ihm in nähere Beziehungen zu treten und sein Vertrauen zu gewinnen. Schloißnigg schätzt den Oberlandesgerichtsrat nicht nur wegen seiner außerordentlichen juridischen Kenntnisse, sondern schenkt ihm auch in wichtigen Kärntner Fragen sowie seinen Ansichten über die Zukunft Österreichs aufmerksames Gehör. Die aufrichtige Sympathie, die sich zwischen den beiden auch kulturell verbundenen Männern entwickelt — Schloißnigg ist ein begeisterter Musikfreund, der mit Eduard Hanslick vierhändig, „wenn auch mit viel Schweiß", Klavier spielt —, wirkt sich für Tschabuschnigg, der inzwischen mit Stimmeneinhelligkeit zum Präsident-Stellvertreter der Verordnetenstelle ernannt wurde, bei seiner Tätigkeit im Landhaus besonders günstig aus. Dank der Stützung durch den Statthalter finden seine Anträge im Landesausschuß gewichtigen Nachklang.

Trotzdem wird er von dunklen Vorahnungen immer wieder gequält. Die Revolution in Österreich, Ungarn und Italien ist in einem Meer von Blut erstickt, an Stelle der Polizei regiert das Militär mit Radetzky, Windischgrätz und Jellačič, und der junge Kaiser trägt immer nur Uniform. Jedermann weiß, daß Belagerungszustand und Kriegsgerichte den Tod jeder Freiheit herbeiführen. Der weitere Weg scheint deshalb schon vorgezeichnet, aber Tschabuschnigg will die Hoffnung noch nicht ganz aufgeben und schreibt für sich selbst nieder: „Feste männliche Haltung, dem Äußeren zugekehrt, tatkräftig und entschlossen".

Auch weiterhin versucht man krampfhaft, die Augen vor dem Kommenden zu schließen. „Der Fasching war", berichtet Tschabuschnigg der Schwiegermutter „lebhaft, wenn auch die Kasinobälle nur mäßig besucht waren, aber wir haben uns doch nicht ganz schlecht unterhalten."

Ende Mai 1851 stirbt Frau v. Heufler. Tschabuschnigg hat mit ihr schwere Stunden seines jungen Lebens erleiden müssen, aber am

26. Mai schreibt er trauernd nach vielen Jahren wieder in das Tagebuch: „Schicksalsstunde! Ach wie viel verloren, — Gräber, Gräber..."

Julie schließt sich nun Adolph noch enger an. Von Eppan aus, wo sie wie immer den Sommer verbringt, dankt sie ihm warm für alle Freundlichkeiten gegenüber ihren Brüdern und Schwestern und für alle Güte und Liebe, die er ihr stets schenkt. „Wir wollen uns nun recht gemütlich einhäuseln und fein zusammen sein. Ich will gewiß trachten, die kleinen Veranlassungen zu Unannehmlichkeiten zu meiden..."

Im Herbst erfaßt ihn wieder Reiselust — diesmal stehen auf dem Programm die Niederlande und Großbritannien. Es sind seltsame Eindrücke, die er gewinnt und für die Fortsetzung seines »Buches der Reisen« niederlegt:

„Der Holländer", notiert er, „ist der europäische Chinese: tüchtig, aber langweilig, kunstfertig, aber geschmacklos, verständig, doch ohne Genie. Der Grundsatz lautet: ‚langsam, aber sicher'. Die Herren tragen ein leidenschaftsloses, kahl rasiertes Gesicht, schwarzen Frack und Hose, eine schneeweiße Weste und ebensolche Krawatte. Alles blitzt von strengster Reinlichkeit."

In Rotterdam lernt er allerdings unter dieser biederen Tünche auch reichliche Unmoralität kennen. Es sind die *„Maisons de plaisir"* und die „amüsanten Kabinette", wo „junge Damen aller Art von Ausrufern den Vorübergehenden angepriesen werden und Schaustellungen von anderwärts verpönten Dingen stattfinden." Aber er stellt nicht ungern fest: „Alle Weiber sind schön und kräftig."

London „mit seinen 70.000 Dirnen" erlebt er auf seine Art um Mitternacht. Er zahlt drei Guineas und darf die nächtliche Runde der Polizeiwache begleiten, wobei er die Spielhöllen, die Spelunken niedrigster Ordnung, öffentliche Häuser und die „Schlafstätten des Auswurfs" besichtigen kann. Den Richter Tschabuschnigg interessiert besonders die Garrikheard-Taverne, die vom besten Publikum aufgesucht wird. Hier finden juristische Produktionen von aktuellen Prozessen statt, die als Theatervorstellungen nachgespielt werden. Es ist der genaue Ablauf nach der offiziellen Praxis, die bezahlten Darsteller sind verunglückte Advokaten, die, in Perücke und Amtstracht, nach eigener gesetzlichen Auffassung den Fall aus dem Stegreif behandeln und bis zum Urteil bringen. Derselbe Stoff kommt mit neuen Darstellern, die andere Ansichten vertreten, oft zur Wiederholung, und Tschabuschnigg findet diese Darbietungen ausgezeichnet, — „oft besser wie bei wirklichen Verhandlungen". Bei der Weiterfahrt ist er Gast auf verschiedenen adeligen Landsitzen, deren reizvolle Atmosphäre ihn begeistert, Edinburgh bezeichnet er als eine der schönsten

Städte Europas, und abschließend besucht er Hollyrood, die einstige Residenz der schottischen Könige. Die Zimmer, die Maria Stuart bewohnte, sind noch im gleichen Zustand belassen, und man zeigt ihm die Stelle, wo vor ihren Augen der unglückliche Sekretär Rizzio ermordet wurde. Als er aber tags darauf nochmals durch die Räume geht, wird er heimlich belustigter Zeuge, wie die Bedienerin die Blutspuren mit roter Farbe sorgfältig nachpinselt.

Erschreckend sind die Zustände, die er in Irland vorfindet. Die Konflikte zwischen Engländern und Iren, zwischen Protestanten und Katholiken wühlen ihn zutiefst auf, so daß die Reise zuletzt für ihn seelisch mit einem grellen Mißton endet.

7

Während Tschabuschniggs Lebensbahn immer glanzvoller emporsteigt, bleibt Paul Renn verkümmert weiterhin ein Stiefkind im Schatten. Um dem schon mutlos gewordenen Jugendfreund neuen Aufschwung zu geben, veranlaßt er ihn im Sommer 1850 zur Herausgabe seiner Gedichte und vermittelt ihm auch die Drucklegung bei der Verlagsbuchhandlung Pfautsch und Voß in Wien. Ohne billige Anpreisung, um den empfindlichen Renn nicht zu verletzen, setzt er dem Band, der 77 Gedichte umfaßt, einleitend einige feinfühlende Zeilen voran:

„Es wäre ein unheimlicher Gedanke, das Beste, das man zustande brachte, gleichsam in losen Blättern dem Winde preisgegeben zu sehen. Auf den Kranz der Unsterblichkeit kommt es dabei nicht an, sondern nur auf die Zustimmung und die Freude Wohlwollender und Gleichgesinnter ... Gerade die anspruchslosen Blüten eines Lebensfrühlings, die durch ihre zarte Einfachheit wie ein Alpenblumenstrauß wirken, zu beschauen, ist für den Leser von besonderem Reiz. Man fühlt allenthalben den spezifischen Hauch kärntnerischer Landschaft, und so wirken sie als dichterischer Ausdruck heimatlicher Anschauung und Gefühlsweise ... Von manchen Seiten", schließt Tschabuschnigg, „wird behauptet, daß die gegenwärtige bewegte Zeit für Gedichte, wenn sie nicht unmittelbar in ihre Fehden eingreifen, nicht empfänglich sein könne: warum aber sollte nicht gerade nach einem Gewitter ein harmlos glänzender Schmetterling dem Auge des Beschauers willkommen sein?"

Durch diesen Freundschaftsbeweis fühlt sich Tschabuschnigg wie von einem inneren Druck befreit und selbst zu neuem dichterischen Schaffen angeregt. 1851 erscheint, ebenfalls bei Pfautsch und Voß, ein 91 Seiten starker Band »Neue Gedichte«, die aus den letzten zehn

Jahren stammen. Er hat sich von Heine vollkommen losgelöst und seinen eigenen persönlichen Ton gefunden, was von der Kritik voll anerkannt wird. In Kärnten ist es der Redakteur der „Carinthia" Vinzenz Rizzi, der schon 1850 in der „Deutschen Monatsschrift aus Kärnten" Tschabuschnigg eingehend gewürdigt hat. Zwar verweist auch er einleitend auf die anfängliche Abhängigkeit von Heine, „und seine Gedichte hatten den Erfolg, daß sie in Menzels Literaturgeschichte unter den glänzendsten Nachahmungen Heines aufgezählt werden. Wir wollen damit keinen Tadel aussprechen, nur ein Faktum konstatieren. Es war eine gefährliche Verirrung, der selbst Grün nicht entging, das Gefährlichste lag jedoch darin, daß die Ironie *à la* Heine das Herz des jungen Dichters verdarb. Tschabuschniggs erste Gedichte lassen sich von dem Vorwurf nicht freisprechen, daß ihr Spott sich an den sittlichen Mächten vergreift. Daß sich aber Tschabuschnigg in seinen späteren Arbeiten von diesem Einflusse ganz freigemacht, ist ebenso richtig als von seinem Talente zeugend.

Das gleiche gilt auch von seinen novellistischen Arbeiten; sie nehmen an innerem Gehalt immer mehr zu.

Wenn er gelegentlich sagt, daß dem Kärntner der Gegensatz von Ideal und Leben sehr geläufig sei, so läßt sich dies vollständig auf die Reihenfolge seiner Werke anwenden. Oft glaubt man eine solche Versöhnung gefunden zu haben, und der künstlerische Trieb verwandelt das Erlebte in ein Geschaffenes. Darin liegt der Vorzug der Muse Tschabuschniggs. Es ist alles mit unverkennbarer Beteiligung des Herzens geschrieben.

In keinem Lande werden verhältnismäßig so viele Verse gemacht und gedruckt wie in Kärnten. Unter allen Kärntnern ist aber Tschabuschnigg der einzige, dessen Name in weiteren Kreisen bekannt ist."

Nach dem Erscheinen der »Neuen Gedichte« setzt Rizzi im Literaturblatt II der „Carinthia" des Jahres 1851 sein hohes Werturteil über Tschabuschnigg fort:

„Die innere Empfänglichkeit für Poesie, die sich häufig als Dilettantismus offenbart, ist in unserem Heimatlande weit verbreitet; im Verhältnis zu dieser allgemeinen Empfänglichkeit ist jedoch das eigentlich produktive Talent in Kärnten selten ... Neben Tschabuschnigg können als ausgesprochene Talente wohl nur sehr wenige genannt werden, jedenfalls ist Tschabuschnigg das Bedeutendste, was Kärnten in der schönen Literatur aufzuweisen, beinahe das Einzige, was Kärnten zur deutschen Literatur beigesteuert hat."

Tatsächlich hat er mit dem neuen Gedichtband einen Höhepunkt seines poetischen Schaffens erreicht. Es sind duftige Stimmungsbilder und reizvolle Idyllen, die zum Besten der zeitgenössischen Lyrik gehören, darunter die bezaubernde

Waldeinsamkeit

*Schwüler, glühender Mittag zittert
Über der Flur, die Pflugschar ruht verlassen;
Unter dem Lindenbaum, mancher Jahrhunderte
Harmlos sinnigem Zeugen,
Liegt die müde Schar der Mäher,
Froh des kreisenden Henkelkrugs;
Selbst die Axt im Walde verstummt,
Durch welke Wipfel dringen
Goldene Sonnenstrahlen, entsandt wie
Feurige Pfeile.*

*Aber tief in des Waldes innerstem Schattenkreis,
Wo uralte Bäume, dorischen Säulen gleich,
Überwölbt zum Tempel vom Laubdach steh'n,
Wo den zyklopischen Felsen
Des Efeus Ranke umflattert
Und der blauen Glocken schwankender Blumenstrauß,
Sitzt der ewige Pan
In beschaulicher Heimlichkeit.
Zerstört sind seine Altäre längst
Und nicht mehr raucht ihm
Auf gold'ner Schale köstliches Opferblut,
Doch in Waldeinsamkeit schleicht er sich oft noch
Und erfreut sich wie einst der süßen Kühle
Auf weich schwellendem Moos des Waldes.*

*Abseits rauscht eine Quelle, die Najade
Lagert sich traut zu ihm und mahnt ihn
Froh geschwätzig an Götterfabeln
Schönen, uralt fröhlichen Inhalts.
Scheuen Gang d'rauf aus des Waldes Dickicht
Naht die Schar der Nymphen,
Furchtsam zagenden Blickes um sich spähend,
Nach des kristall'nen Wassers
Kühlendem Bade sehnsuchtsvoll.*

*Silbern zuerst umspielt den Fuß die Welle,
Die holde Einsamkeit erweckt
Bald Vertrau'n und schalkhaftes Wohlbehagen;
Glänzende Schleier sinken, und es feiert der Wald
Enthüllter Schönheit heilige Gegenwart.
Über dem Uferplan schäkert harmlose Lust,*

Jetzt in's Gebüsch entspringend, dann gehascht
Und bestraft mit Küssen;
Andre plätschern in heller Flut,
Schaukeln, wiegen sich d'rauf und tauchen unter,
Und die Wellen drängen einander lüstern,
Neidvoll um der tadellosen Glieder
Holde Berührung.

Horch, da tönt das Horn der Jagd,
Nur ein Triller, und schon zerstäubt das
Unvergleichliche Götterbild;
Wie der Sprung des Rehbocks
Bricht's durch's Dickicht,
Und über des Ufers Blumen flattern
Glänzende zarte Libellen hin.

Daneben aufgenommen sind wirkungsvolle Balladen in meist düsteren Farben, die er — vor allem in »Der Brautritt«, »Herzog Radbots Taufe«, »König und Sänger«, »Normannenerbe«, »König Koribut« und »Alauga« — meisterlich zu gestalten weiß. Aus jüngster Zeit stammen zwei politische Gedichte. »Das Märlein vom deutschen Kaiser« wendet sich ironisch an das Frankfurter Parlament, das „in seinen Retorten ein Kaiserlein fertig gebraut". Da aber ein Kaiser „ohne Kleider sich zu schnell abnützt", wird beschlossen, nach dem Gewand des alten Barbarossa, der mit seinem Narren im Kyffhäuser haust und „trauernd über das deutsche Geschick nachsinnt", durch einen in den geheimnisvollen Berg entsandten Schneider einen Festornat anfertigen zu lassen. Aber:

Ein Schneider ist selten verwegen,
Er wurde vor Schrecken blaß,
Und nahm ganz zitternd, verlegen,
Statt beim Kaiser am Narren Maß.

Dann wird Tag und Nacht am Prunkstück gearbeitet und genäht und die Kaiserkrone goldgeschmiedet,

Doch als sie's probieren täten,
Da kam's am Ende aus,
Es sah aus allen Nähten
Der arge Schalk heraus.

Dagegen von tiefstem Ernst erfüllt und dem Jahre 1848 voll schmerzlicher Erinnerung gewidmet ist das Gedicht

Freiheit

*Nicht eine Braut mit halbgelösten Spangen,
Im holden Blick der Liebe süßes Zagen,
Erschien die Freiheit in des Lenzes Tagen,
Nein, stolz wie Judith kam sie hergegangen.*

*Ihr glühte wildes Feuer auf den Wangen,
Den sie geliebt, den hat sie d'rauf erschlagen,
Das blut'ge Haupt, das ihre Hand getragen,
Es war noch warm vom Kuß' und vom Umfangen.*

*Des Märzes Veilchen wand sie in die Haare,
Ob d'ran auch Blut statt reinen Taues quoll,
Mit Sommers Rosen rot und dornenvoll*

*Hat sie geschmückt die Stirne d'rauf, die klare,
Und als der Herbst, der traurige, gekommen,
Hat Totenblumen sie zum Kranz genommen.*

Es ist eine dumpfe Ahnung, die aus diesem Schlußvers spricht, und jetzt, drei Jahre später, bringt der 31. Dezember 1851, von Tschabuschnigg längst erwartet und befürchtet, den Tod der Freiheit selbst. Das Silvesterpatent mit seinen 36 Grundsätzen setzt die gesamte bisherige Verfassung, um die so schwer gerungen wurde, außer Kraft. Wohl bleibt die Bauernbefreiung bestehen, und auch die Patrimonialherrschaft lebt nicht mehr auf, aber alle sonstigen konstitutionellen Freiheiten werden beseitigt. Das Gesetz über die Grundrechte wird widerrufen, es gibt keine freie Gemeinde mehr, die Kreise verlieren alle politische Bedeutung, die Schwurgerichte werden abgeschafft, für Zivil- und Strafsachen werden die schlichten Bezirksämter bestimmt, und selbst die Landtage sinken zu nur beratenden Ausschüssen für den Statthalter herab, der in unbegrenzter Machtfülle die Wiener Regierung im Lande vertritt. Der Hochgedanke des Neoabsolutismus, den der reaktionäre Freiherr von Kübeck dem Kaiser eingeflüstert hat, ist voll in Erfüllung gegangen. „Wir haben das Konstitutionelle über Bord geworfen und Österreich hat nur noch einen Herrn!" schreibt der übermütige Jüngling triumphierend an seine Mutter.

Das Staatsschiff mit der herabgeholten Flagge der Konstitution und ohne die kostbare Fracht der Freiheit ist nun auf Sand gelaufen und liegt im Brackwasser. Es wird erst zehn Jahre später seine Fahrt wieder aufnehmen können, wenn der Kanonendonner von Magenta und Solferino nach Wien herübergegrollt hat und ein neuer Wind seine Segel schwellt.

Vor ihrer Abreise aus Eppan im Herbst 1851 schreibt Julie an Adolph: „Die Juli soll mir Tee mit Biskotten vorbereiten."

Ein neuer Name im Hause Tschabuschnigg klingt hier zum ersten Male auf, und die Worte sind, wie es klar hervorgeht, an die Küche gerichtet. Dort wirtschaftet seit Beginn des Jahres ein 26jähriges Mädchen namens Juliana Stephaner aus dem steirischen Oberzeiring, die bereits früher in Graz als Köchin in Diensten stand. Bei ihrer neuen Herrschaft in Klagenfurt erwirbt sie sich sehr bald Vertrauen und Anerkennung, und Mariechen schließt sie gleich ins Herz.

1852 übersiedelt sie plötzlich wieder nach Graz und spricht am 15. November beim Pfarramt St. Andrä vor, um ihre am selben Tage geborene Tochter auf den Namen Aloisia Stephaner taufen zu lassen. Der Kaplan, zunächst etwas stutzig über das seltsam gemeinsame Datum von Geburt und Taufe, tut's dann wohl, aber er fügt dem Namen der Mutter die mißtrauische Anmerkung „angeblich" bei. Denn es ist, wie er weiß, nicht ganz selten, daß bei einem Mißgeschick in adeligen Häusern eine Magd die Mutterschaft des gnädigen Fräuleins auf sich nimmt, und eine später aufgekommene Vermutung, daß sich auch die Juli, einer Bitte Tschabuschniggs nachkommend, für einen ähnlichen Liebesdienst zur Verfügung gestellt hat, erscheint nicht ganz unglaubwürdig. Zwar wird die kleine Aloisia, nach der Rückkehr der angezweifelten Mutter nach Klagenfurt, in die Hausgemeinschaft nicht aufgenommen — auch von weiteren Beziehungen zwischen Juli und dem Kind ist nichts bekannt —, aber Tschabuschnigg sorgt für das Mädchen in geradezu erstaunlicher Weise. Er bringt es in sorgsamste Pflege unter, später läßt er Louise, wie sie genannt wird, in ausgezeichneten Internaten erziehen, sie spricht Französisch, Italienisch und seltsamerweise auch Ungarisch und zeigt für Literatur ein besonderes Interesse. Später tritt sie mit der bayrischen Linie der Stammfamilie Tschabuschnigg in Verbindung und heiratet 1885 in Landshut den verwitweten Kommerzienrat und Buchhändler Johann Baptist v. Zabuesnig. Im hohen Alter zeigt die immer noch schöne und feinsinnige Frau ein Taschentüchlein mit Wappen und mehrzackiger Krone, doch ihre Herkunft bleibt bis zuletzt ungelüftet. Wie beim Findelkind Mariechen ist es auch bei Louise ein Geheimnis in der Familie Tschabuschnigg.

Immer bleibt Juli das starke Bindeglied im Hause. Als Adolph im Jahre 1854 an das Oberlandesgericht in Graz versetzt wird, folgt sie als wertvollste Stütze mit und wirkt bis zuletzt als der gute Schutzgeist des Hauses. Fast in jedem Briefe, den Julie ihrem Mann zusendet, findet sich der Satz: „Juli läßt Dir die Hand küssen", und ebenso regelmäßig antwortet Tschabuschnigg: „Ich lasse die Juli schön grüßen." Ihre kleinen Ersparnisse verwaltet er fruchtbringend, und noch nach 25 Jahren schreibt er als todkranker Mann von Karlsbad aus an Mariechen: „Ich grüße die Juli bestens und danke ihr noch einmal für alles, was sie mir leistete."

NEUE AUSFAHRT

1

Die beiden letzten Jahre in Klagenfurt sind in politischer Resignation ruhig und recht leer verlaufen. Trotzdem empfindet Tschabuschnigg die Berufung nach dem ungleich beweglicheren Graz, wo er am 1. Februar 1854 eintrifft, keineswegs als eine sonderliche Vergünstigung, wenn auch das Oberlandesgericht in der steirischen Hauptstadt bedeutsamer und angesehener ist als seine bisherige Justizbehörde. Seine amtliche Stellung hat sich aber dadurch nicht verbessert, weder im Rang noch finanziell — nur mehr Arbeit wird es geben und Sitzungen über Sitzungen. Zudem fühlt er sich hier fremd und vereinsamt, er hat seinen großen Bekanntenkreis in Klagenfurt trotz all seiner zurückhaltenden Kühle doch schwer verlassen, und vor allem der Abschied von Paul Renn, der ihn unter einem Strom von Tränen umarmt hat, und von Paul v. Herbert, dem er sich in politischen Fragen eng verbunden gefühlt, ist ihm besonders schmerzlich. Zwangsläufig muß er auch seine Funktionen als Mitglied der ständischen Verordnetenstelle und des Landesausschusses zurücklegen, was ihm nicht leicht fällt, denn trotz seines eingeschränkten Einflußbereiches hat ihm das Landhaus doch immer noch ehrgeizige Anregungen für die Interessen Kärntens gegeben. So hat er — man ist es bei jeder Veränderung seiner Lebensstationen schon gewohnt — wieder Grund, unzufrieden zu sein, aber Schloißnigg dankt ihm für die „mit so regem Eifer, Umsicht und gründlicher Geschäftskenntnis unentgeltlich geleisteten ersprießlichen Dienste" in einer für den Statthalter ungewohnt herzlichen Weise.

Also wird man sich in Graz auf ein engeres häusliches Leben vorbereiten und die neue Wohnung so bequem als möglich einrichten. Sie liegt in der Annenstraße, Haus Nr. 649; von dort geht der k. k. Oberlandesgerichtsrat Ritter v. Tschabuschnigg täglich über die Murbrücke zur Innenstadt, erreicht den Hauptplatz und die Herrengasse und gelangt durch die Stempfergasse zum Mehlplatz Nr. 2, wo sich im Pöllauer-Hof die Gerichtskanzleien befinden. Man begegnet dem anerkannten Juristen wie gerühmten Dichter mit gebührender Achtung, aber er zeigt sich immer recht spröde und läßt sich nur schwer zu einem Lächeln herbei. Auch die Pflichtbesuche in den aristokratischen Kreisen, die er ebenso lustlos erledigt, führen nicht eben zu vertieften Beziehungen mit den adeligen Standesgenossen.

Was dagegen für Tschabuschnigg in Graz einen kulturellen Gewinn bedeutet, sind die Theaterabende. In diesem Jahre hat der rührige Anton Balvansky die Leitung der ständischen Bühne übernommen und mit großem Geschick ein Programm mit glücklich ausgewählten Darstellern zusammengestellt. Das prominenteste Mitglied in der Spielzeit 1854/55 ist Adolf Sonnenthal, den Tschabuschnigg als Mortimer, Ferdinand, Romeo, als Prinz Heinz in Shakespeares »Heinrich IV.«, als Laertes im »Hamlet«, als Cassio im »Othello«, als Tempelherr im »Nathan« und als Prinz von Guastalla in »Emilia Galotti« sieht und bewundert. Als Gäste kommen der berühmte Emil Devrient, die Burgschauspieler Ludwig Löwe, Karl Fichtner, Carl La Roche, August Förster, Bernhardt Baumeister, Josef Lewinsky und die Tragödin Julie Rettich sowie die Komiker Johann Nestroy und Wenzel Scholz. Den Höhepunkt bildet die österreichische Erstaufführung von Richard Wagners »Tannhäuser«, die neben vielen anderen Theaterbesuchern auch Tschabuschnigg zwiespältig berührt, während in den nachfolgenden Jahren Verdis »Trovatore«, »Macbeth« und »La Traviata« in ihrer strahlenden Melodik in ihm schönste Erinnerungen an seine Triester Zeit wachrufen.

Im Theater lernt man sich allmählich auch gesellschaftlich näher kennen. Es erfolgen die ersten Einladungen, wie in Klagenfurt wird ein *jour fixe* eingeführt, und die Herren treffen sich gegenseitig an den Spieltischen, über denen zum Schrecken der Hausfrau, die nur bei der Servierung des Tees anwesend ist, nach wie vor „der Zigarrenrauch dampft, dessen *parfum* lange nicht aus den Zimmern vertrieben werden kann."

2

Dies alles sind aber nur flüchtige Begegnungen, von denen ihn keine tiefer berührt. Die einzige Bekanntschaft, die sein wirkliches Interesse erweckt, findet er im Gerichtsgebäude selbst. Es ist der Staatsanwalt-Substitut Alexander Julius Schindler, der schriftstellerisch unter dem Pseudonym Julius von der Traun bereits einen geachteten Namen hat. Das erste Treffen der beiden Männer geht schon auf das Jahr 1844 zurück, als Tschabuschnigg sich bei einer ministeriellen Vorsprache in Wien aufhält. Nach dem Theater wird er in einem Gasthausgarten der Josefstadt zu einer kleinen Tafelrunde eingeladen, zu der neben Johann Nepomuk Vogl, Johann Gabriel Seidl, Heinrich Levitschnigg, Ferdinand Sauter und einigen anderen literarischen Neulingen auch Schindler gehört. Auf den um zehn Jahre jüngeren Medizinstudenten macht der Landesgerichtsrat aus Klagenfurt einen unvergeßlichen Eindruck.

„Als Tschabuschnigg", erinnert sich Schindler in seinem Nachruf auf den verstorbenen Dichter, „in unseren Kreis eintrat, mit den leichten Manieren eines sicheren Weltmannes mit mir zu verkehren begann, ein uns alle anmutender Gesprächsstoff sich immer reicher spann und verwebte, da zählten wir nicht mehr die Stunden der vorrückenden Sommernacht, deren Sterne durch das im lauen Wind lauschende Lindenlaub herunterfunkelten. Tschabuschniggs vornehme Gestalt und lebhafte Mitteilungsweise, die uns damals so sehr einnahm, erhielt sich bis in seine späten Jahre."

Doch die Wege trennen sich schon am nächsten Tag, Schindler wendet sich den chemischen Fächern zu und tritt in eine neugegründete Kattunfabrik in Steyr ein. Aber er fühlt sich unbefriedigt, studiert anschließend Jus und ist zunächst beim Steyrer Magistrat, dann beim Salinenamt in Gmunden tätig und wird schließlich Justitiar bei seinem Freunde, dem freisinnigen Fürsten Gustav Lamberg in Steyr. Die Ereignisse des Jahres 1848 reißen auch ihn mit. Er beteiligt sich rege an der Tagespolitik und redigiert in der liberalen Hochburg von Steyr die „Zwanglosen Blätter für Oberösterreich" und das „Politische Volksblatt". 1850 sucht er um die Übernahme in den Staatsdienst an und wirkt bei der Staatsanwaltschaft in Leoben und dann in Graz.

Tschabuschnigg kennt und anerkennt bereits einige seiner literarischen Arbeiten, vor allem sein Skizzenbuch „Oberösterreich" mit den reizvollen vormärzlichen Schilderungen von Land und Leuten, die „Rosenegger Romanzen", mit denen er sich nach der Revolution in die Vergangenheit flüchtet, den Novellenband „Südfrüchte" und die „Geschichte vom Scharfrichter Rosenfeld und seinem Paten", die er als „eine der feinsten Blüten österreichischer Romantik" bezeichnet. Was aber Tschabuschnigg an Schindler besonders fasziniert, ist dessen funkelnder Witz und geistvolle Schlagfertigkeit. Während er sich selbst für jede Rede Wort an Wort am Schreibtisch sorgsam vorbereitet, trifft der junge Staatsanwalt in blendender Improvisation haarsicher sein Ziel. Es sind Blitze geschliffenen Humors, die virtuos aus ihm aufleuchten.

Die Hoffnung, eine noch engere gegenseitige Bindung zu finden, erfüllt sich aber nicht. Plötzlich entsinnt man sich in Wien an Schindlers seinerzeitige politische Tätigkeit, und er wird Ende 1854 fristlos aus dem Staatsdienst entlassen. Seine Bemühungen um die Erlangung einer Advokatur oder eines Notariates gehen fehl, er muß sich kümmerlich mit Tagesschriftstellerei durchschlagen, bis er, wohl auch durch Tschabuschniggs Vermittlung, die Stelle eines Domänenverwalters beim Grafen Henckel-Donnersmarck in Wolfsberg in Kärnten erlangt. Später wird er Rechtsanwalt der Staatsbahn-Gesellschaft in

Ungarn und schließlich deren Generalsekretär in Wien. Dort werden sich die beiden Männer auf politischer Ebene wieder treffen und in ständigem Verkehr bleiben.

3

In Tschabuschniggs Gepäck nach Graz befindet sich auch das Manuskript eines neuen Romans mit dem Titel »Die Industriellen«, den er schon in Klagenfurt beendet hat und der — nach einigen Auszügen in der „Carinthia" — nun im Verlage der Gebrüder Thost in Zwickau erscheint.

Wie Tschabuschnigg selbst in der Vorrede bemerkt, will er hier „dieselbe Weltauffassung, die er im »Modernen Eulenspiegel« an Künstlern und Frauen dargelegt hat, nun in der Arbeiterfrage zur Anschauung bringen." Was ihm vor Augen schwebt, ist, wie Heinrich Kurz in seiner zeitgenössischen »Geschichte der deutschen Literatur« schreibt, „die Absicht, den Gegensatz der reichen Fabrikanten zum verarmten Adel und zum Proletariat darzustellen und die Abhängigkeit der Arbeiter von den Arbeitgebern in schonungslosen Farben zu schildern. Es ist ein Aufschrei gegen die verbrecherischen Zustände, in welchen nur der Reichtum, nur das Laster Recht hat, der Arme aber um so mehr unterdrückt wird, je mehr das Recht auf seiner Seite ist." Im deutschen Sprachraum ist es zum ersten Male, daß ein so packendes Gemälde über die Nöte der Arbeiterschaft aufgerollt wird, und es wirkt ebenso einmalig, daß ein hoher österreichischer Richter in den fünfziger Jahren, in der Zeit der schlimmsten Reaktion, einen sozialdemokratischen Roman schreibt und seinen vollen adeligen Namen auf das Titelblatt drucken läßt.

Auch hier wandelt der alte Spötter Dr. Till mit seinem Famulus Lanzelot-Melampus räsonierend durch die Handlung. Sie befinden sich auf einer industriellen Besichtigungsfahrt zu drei Spinnereiunternehmungen, die von drei sehr verschieden gearteten Vettern — Absolon, Korwinus und Christoph — gesondert betrieben werden. Die von ihnen geschaffenen Einrichtungen werden von allen Seiten her scharf erschaut geschildert und lassen die Verhältnisse des modernen Fabrikslebens in ihrer ganzen Brisanz erkennen.

Bei Absolon herrscht, wie Till bald feststellt, in brutalster Form die Ausnützung der Menschenkraft, er läßt in kahlgetünchten kalten Räumen die Arbeiter durch einen ehemaligen Sklavenwächter aus den amerikanischen Plantagen mit einem Bambusrohr erbarmungslos beaufsichtigen, und sein Ideal erblickt er in einer Fabrik, in der „mit gänzlicher Beseitigung des Menschenpackes mit seiner Ausdünstung und seinen matten, geistlosen und boshaften Gesichtern nur Naturkräfte tätig wären und Schraubengänge, Ventile, Metallhaken und Pendel die einzelnen Handgriffe ausführen könnten."

Auch für Korwinus ist der Arbeiter nur ein armseliges Werkzeug, aber er umschleiert seinen hartherzigen Zugriff mit dem gleißenden Schein der Humanitätsphrase. Er läßt die Hallen täglich mit Spezereien räuchern, die Wände sind mit Säulen architektonisch ausgemalt, „um die Leute an schöne Formen zu gewöhnen", die Stunden werden von einer Flötenuhr angekündigt und ein Turnmeister erteilt ihnen wöchentlich Unterricht, „damit ihnen das Bewußtsein ihrer Gleichstellung mit anderen Menschen gegeben wird". Im Sinne seiner bis zum Überdruß wiederholten Versicherung „Ich fördere gern alles Schöne und Große", wozu auch die Gründung eines Tierschutzvereines, einer Kinderbewahranstalt und einer Erbauungsschule — die freilich nur aus Abzügen von den kargen Arbeiterlöhnen betrieben werden — gehören, hat er vor allem seiner verstorbenen Gattin Alba Rosa in einem abgelegenen Hain ein pompöses Grabmal setzen lassen, vor dem er den Besuchern komödiantische Sentimentalität vorspielt.

Aber wie im rücksichtslos geführten Betriebe des Absolon in der Arbeiterschaft Groll und Trotz nicht zu übersehen sind, so entgehen Till auch in der versüßlichten Fabrik des Korwinus unter der Maske heuchlerischer Geschmeidigkeit die herrschende Verdrossenheit und lauernde Tücke nicht. „In der Bilanz der Liebe ihrer Leute stehen sich offenbar die beiden Vettern gleich."

Das ideale Gegenbild zu ihnen verkörpert Christoph, der Älteste der Familie. Schon äußerlich bietet sein Fabriksgebäude nicht den Anblick eines Industriewerkes, sondern atmet die Behaglichkeit eines schlichten Edelhofes. Mit seinen Arbeitern bildet er eine Familie, er ist für sie der geistige Leiter, Freund und Berater und steht mit ihnen gleichsam in einem Gesellschaftsvertrag, indem er ihnen, neben einem höheren als dem üblichen Wochenlohn, auch eine Zuwendung aus dem jährlichen Reingewinn gewährt.

Auf die naseweise Frage des Famulus Lanzelot, wie man unter solchen Verhältnissen gute Arbeiter heranbilden kann, antwortet Christoph kühl: „Indem ich ihnen gestatte, Menschen zu sein. Ich gestalte sie nicht zu einer von mir verschiedenen Kaste um, ich anerkenne vielmehr, daß sie Empfindungen, Ansichten und Wünsche haben wie ich, und es ist mir angenehm, an diesen Anteil zu nehmen. Andere Arbeitsmethoden sind naturwidrig und unsittlich."

Er läßt seine Leute nur so lange arbeiten, daß sie aus Menschen nicht nur Arbeiter werden — „der Mensch als Ebenbild Gottes muß auch Zeit haben, sein überirdisch Teil zu bestellen." Bei ihm gibt es keine gemeinschaftlichen Wohnstätten oder andere gemeinsame Anstalten, „denn der Mensch will sein abgesondertes Eigentum, seine getrennte Wirtschaft. So wie er sein eigenes Weib, seine eigenen Kinder verlangt, so wünscht er auch sein eigenes Feld, seine eigene Haushaltung." Durch die gute Entlohnung ermöglicht er ihnen, selbst Schulen mit eigenen Lehrern einzurichten und Bruderladen für Krankheits-, Geburts- und Sterbefälle zu gründen, zu welchem Zweck er ihre Ersparnisse in seinem Betrieb fruchtbringend einlegt. Bei der Besichtigung hört Till zu seinem Erstaunen die Arbeiter singen, sie tragen keinen gleichförmigen Fabrikskittel und sehen in ihrer Kleidung wie gesunde Landbewohner aus.

Wie diese Fabrikstypen werden auch zwei Arbeiter in ihrer charakterlichen Gegensätzlichkeit einander gegenübergestellt. Der bei Korwinus in Diensten stehende „Spatz", mit allen Wassern gewaschen, hat sich durch Liebdienerei und mit der sich ewig wiederholenden Redensart „alles nur legitim und manierlich" eine Sonderstellung zu erschleichen verstanden, die er bei jeder Gelegenheit böswillig ausnützt. Ihm gegenüber ist die Idealgestalt eines Arbeiters der junge Siegfried, der dem schutzlosen Mädchen Marianne, das von Absolon um das Erbe betrogen wurde, helfend zur Seite steht. Aus Rache wird er vom Fabriksherrn angeklagt und schuldlos eingekerkert, aber auch nach seiner Entlassung erfreut er sich als „Bruderherz" unter seinen früheren Kameraden allgemeiner Beliebtheit. In der Unzufriedenheit und Erbitterung, die sich in den Betrieben immer mehr ausweitet, ist er stets der maßvolle Mahner vor unbedachten Ausschreitungen. Als aber Absolon in das Unternehmen eine neue „Fabriksschraube" einbauen läßt, die Arbeiterentlassungen zur Folge hat, bricht „als Empörung der Arbeit gegen das Kapital" ein gewalttätiger Aufstand los, der bedrohliche Formen annimmt und erst durch den Einsatz von Landjägern niedergeschlagen werden kann. Siegfried, der bis zuletzt auf seine Freunde beschwichtigend einzuwirken versucht, fällt unter einer Gewehrsalve als tragisches Opfer.

Mit der Brechung des Aufruhrs hat Absolon freie Hand zur vollständigen Unterdrückung seiner Leute, und Korwinus, der vor der Heirat mit einer alten Gräfin steht, um dadurch selbst den Adelsbrief zu erlangen, läßt zur Erweiterung seines Unternehmens Hain und Grabmal seiner verstorbenen Frau vernichten, um Platz für die neue Fabrik zu gewinnen. Aus dem gerodeten Boden werden zu Tage kommende Gebeine gesammelt, die zur Phosphorerzeugung verwendet werden. Eben als Korwinus hinzutritt, wird ein Frauenschädel mit noch langen braunen Haaren ausgeschaufelt. Mit einem grausamen Gelächter beendet Tschabuschnigg den Roman: Es ist der Totenkopf der einst vergötterten schönen Alba Rosa, der nun in die Knochenmühle geliefert und eingestampft wird, „um dann als Phosphor auf Tausenden von Reibzündhölzchen noch einmal aufzuleuchten ..."

Im Gegensatz dazu sind die Worte, die Tschabuschnigg den menschenfreundlichen Christoph sprechen läßt, sein eigenes soziales Bekenntnis. „Der Kampf zwischen Besitz und Armut, Kapital und Arbeit ist so alt wie die Welt. Das Werk der Versöhnung kann nur mit der Anerkennung der gemeinschaftlichen Menschenwürde beginnen, — dieser angeborene unveräußerliche Wert muß alles andere überragen. Hebet die Schmach von der Arbeit!" ruft er aus, „aber nicht nur der Reiche und Vornehme soll den Armen, auch dieser muß sich selbst achten und ehren. Wer sich aufgibt und erniedrigt, der erschwert die fremde Achtung am meisten.

Ein jeder genieße fröhlich und bescheiden, was ihm an irdischem Glück beschieden, jeder aber entbehre auch unverzagt und fröhlich, was ihm daran versagt wurde. Schätzt den Luxus nicht zu hoch, — und ihr werdet ihn genießen können ohne Hoffahrt, entbehren ohne Kummer. Legt an die Dinge den wahren Maßstab, und ihr werdet den bisherigen Preis törichter Überbewertung bei vielem umändern müssen. Erkennt die wahren Güter des Lebens, und ihr werdet den Schein nicht mehr überschätzen.

Allerdings", schränkt Tschabuschnigg ein, „genügt diese innere Umbildung allein noch nicht. Eine gewisse Menge irdischen Besitzes soll jedem Menschen zuteil werden, — auch dazu liegt das Mittel nahe. Erhebt den Wert der Arbeit, beschränkt den des Kapitalismus! Drückt nicht den Preis der Menschenwürde herunter, um den des Geldes noch zu erhöhen! Der Streit zwischen Kapital und Arbeit ist erst dann als gelöst anzusehen, wenn jeder Arbeitende ohne Aufopferung seines Menschentums für sich und seine Familie das Nötigste erwerben kann. Nicht Almosen gebt ihm, sondern Erwerb, — er will nicht betteln, er will verdienen. Keine Armentaxe, sondern gerechten Lohn! Keinen Krieg, sondern schönen Frieden! Wer weiß, ob im Kampfe die Reichen oder die Armen siegen werden. Eines aber unterliegt dabei jedenfalls: die Menschheit."

Aber Tschabuschnigg weiß, daß seine Worte nur geringen Widerhall finden werden, und deshalb fügt er resignierend bei: „Der größere Teil dieser Aufgabe liegt freilich noch vor uns. Wir haben selbst noch in unserer Auffassung, in unseren Begriffen bedeutende Änderungen auszuführen und auch unsere Gesinnung und Angewöhnung muß Zugeständnisse machen."

Tschabuschnigg selbst hält die »Industriellen« für seine beste dichterische Leistung und stellt sie auch über seine späteren Romane. Zur sozialen Anklage, die er hier erhebt, bekennt er sich auch nach seiner Ministerschaft und als Mitglied des Herrenhauses in vollem Umfange: in der zweiten Auflage des Werkes, das 1872 beim Verlag Scheiner in Würzburg erscheint, gibt er ihm den neuen, geradezu kämpferischen Titel »Fabrikanten und Arbeiter«.

Gewiß ist — und der Vater hätte ihn deshalb davon abgeraten —, daß er damit Freunde nicht gewonnen, aber sich neue Feinde geschaffen hat. Besonders getroffen fühlt sich die Wollspinnerei Matrei in Tirol, von der die Familie Heufler Aktienanteile besitzt, deren Erträgnisse Tschabuschnigg genau überprüft und dabei Gelegenheit hat, den gesamten Fabriksbetrieb näher kennenzulernen. Keine Frage — es ist wieder und in verschärftem Maße ein Tendenzroman, um den es sich hier handelt und den er vielleicht ursprünglich gar nicht schreiben wollte, aber der Stoff führt ihn unwillkürlich zur schonungslosesten Polemik gegen das Kapital. Alles Licht fällt auf die Arbeiter, aller Schatten auf die reichen Fabriksherren.

Die Kritik, die sich hier einem ungewöhnlichen, ja peinlichen Thema gegenübergestellt sieht, ist völlig ratlos. „Es erweckt", schreibt sie, „die Überzeugung, daß den dargestellten Verhältnissen ein Ende gemacht werden muß. Die Mittel, die der Verfasser dafür angibt, sind sicherlich ganz vortrefflich, aber es ist leider nicht so, daß sie bei der Masse der Fabrikanten Anklang finden wird" — wovon Tschabuschnigg selbst ingrimmig überzeugt ist. Also wird anderes beiläufig erwähnt: „So düster das Gemälde ist, wird es doch durch den Humor erheitert, mit welchem der Bettelstolz des armen Adels geschildert wird sowie durch die Ironie, mit welcher Till das Verhältnis der Arbeiter zu ihren Herren schildert."

Erst Jahre danach — die Zeiten haben sich inzwischen geändert — findet der Roman in der „Neuen Freien Presse" entsprechende Würdigung durch den Kritiker Karl v. Thaler. „Die Lektüre", setzt er mit geschliffener Klinge ein, „ist der Finanzaristokratie dringend zu empfehlen. Sie blickt hier in einen Spiegel, der Herzen von Stein rühren, eherne Stirnen erröten lassen kann. In erbarmungslosem Hohn greift der Dichter, seiner Zeit weit vorauseilend, die soziale Frage auf, die damals in Deutschland kaum Erörterung fand, und gibt ein ergreifendes Nachtstück, gegen dessen Bitterkeit die Worte unserer Sozialdemokratie reines Zuckerwasser sind." Wie er weiter ausführt, „wären die »Industriellen« ein gefährliches Buch, wenn es in volkstümlichem Tone gehalten und für Arbeiterkreise berechnet wäre. Wie es ist, hat es seinen Weg über den literarischen Zirkel hinaus kaum finden können und ist wohl niemals von einer schwieligen Hand berührt worden. In dem ganzen Roman kommt keine einzige sozialdemokratische Phrase vor, um so stärker ist aber die Wirkung. Die duftig zarte Poesie und tiefe Schwermut, die einzelne

Teile des sonst so realistisch harten Romans erfüllt, ist voll strahlendster und rührendster Schönheit, — eine wahre Meisterleistung!"

Tschabuschnigg liest's als alter Mann und wiederholt das Wort seines Lebens: „Alles erreicht, aber alles zu spät."

4

Jetzt klingen die Stimmen freilich noch anders. Schon im liberalen Klagenfurt haben die Leser der „Carinthia" die Vordrucke aus den »Industriellen« zwar mit Interesse, aber gleichzeitig mit kritischer Zurückhaltung aufgenommen und sich von der arbeiterfreundlichen Tendenz des aristokratischen Autors vorsichtig distanziert. Weit schlimmer noch steht es im streng konservativen Graz, wo selbst Tschabuschniggs Vorgesetzte den Roman kaum gelesen oder zumindest den Sinn nicht erfaßt haben. Sein unsichtbarer literarischer Gegenpol ist hier, wie schon einst, Anastasius Grün, der Graf Anton Alexander von Auersperg, der seinen hochadeligen Namen in die Waagschale zu werfen vermag. Ihm gegenüber bleibt Tschabuschnigg als Dichter ein Fremdling und unerkannt. So unternimmt er bald Schritte, um diese ungeliebte Stadt verlassen zu können.

Im Mai 1855 fährt er nach Wien, doch seine erste Eisenbahnreise über den Semmering erfüllt nicht ganz seine Erwartungen: sie ist „immerhin interessant, aber nicht in dem Grade, als ich dachte." Er besucht wegen einer neuen Beförderung Graf Eduard Taaffe, besonders einflußreich als Franz Josephs Jugendgespiele, der sich zwar „artig, aber gleichgültig zeigte", und spricht neben Schmerling in seiner Angelegenheit noch bei einem Dutzend von Hofräten vor. Er kann sich dabei überzeugen, daß er „sehr gut angeschrieben ist und zuverlässig auf Befürwortung rechnen darf" — ein Zeitpunkt kann ihm freilich bei den österreichischen Uhren, die immer besonders langsam gehen, nicht zugesichert werden.

In Wien sieht er die Kaiserin Elisabeth und bekennt bewundernd, „daß sie wirklich sehr schön ist". Im Carl-Theater gefällt ihm weder der »Theatralische Unsinn« von Moritz Morländer mit Nestroy und Scholz in den Hauptrollen noch der Ballettabend der gefeierten spanischen Tänzerin Pepita, dagegen findet der Zirkus Renz mit seinen attraktiven Darbietungen seinen Beifall. Die Abende verbringt er mit dem Freunde Frankl bei geistreich verlaufenden *soupers*, aber leider „drücken die engen Lederstiefel furchtbar und versüßen den Aufenthalt nicht." An Julie ergeht die Bitte: „Strenge dich nicht zu sehr an und arbeite nicht zu viel im Hause. Die Juli grüße ich." Tags darauf wird Mariedl zu mehr Eifer ermahnt: „Deine Briefe könnten etwas besser geschrieben sein" und als Abschluß wieder: „Gruß an Juli!" Den Sommer 1855 verbringt er im südsteirischen Kurbad Neuhaus und trifft mit Franz Grillparzer zusammen, was ihm, wie er am 2. August an Frankl schreibt, „sehr angenehm ist".

Der Aufenthalt in Graz gibt ihm auch Zeit und Muße für sein weiteres dichterisches Schaffen, und so kann er 1856 im Berliner Verlag Heinrich Schindler wieder einen Poesieband erscheinen lassen: das Romanzenbuch »Aus dem Zauberwald«. Es bringt neben schon bekannten Gedichten eine große Zahl neuer Balladen, die nach dem Urteil der „Carinthia" „am Wärme des Gefühls nichts verloren, an Tiefe und an Schärfe des Ausdrucks gewonnen haben." Besonders hervorgehoben werden »Sieglinde«, »Der Großvezir und sein Esel« und »Bertrand de Born«. Paul Renn, der seine Kritik in der „Laibacher Zeitung" vom 13. Dezember 1856 veröffentlicht, hebt ergänzend vor allem »Waldmärchen«, »Waldgespräch«, »Das Fräulein von Stauffenberg«, »Eine Gebirgssage« sowie »Ein Mondscheinmärchen« hervor und führt aus: „Schon nach der Durchlesung einiger Seiten weht es wohltuend warm, so märchenhaft süß und feenzart an. Die Sprache ist natürlich, der Reim ungesucht und rein, so daß man an die edelsten Muster deutscher Dichterkunst erinnert wird." Es ist, fügt er bei, „kein aus einem Weihrauchfasse einem Freunde ins Angesicht gewirbeltes Lob, — aber um sich einem gewünschten Vergessen der Alltäglichkeit des Lebens, einem süßen Sommernachtstraume hingeben zu können, wird man das Buch zur Hand nehmen müssen." Nur die Vignette auf dem Einband mit einer goldenen Harfe findet er „ordinär".

Die Jahre vergehen ruhig. Tschabuschnigg beginnt an einem neuen Roman zu schreiben, der — wieder ein gefährliches Thema — die Adelszustände der Zeit mit allen ihren Standesvorurteilen kritisch beleuchten und darstellen soll. Das Eulenspiegelpaar Dr. Till und Lanzelot werden die Handlung wieder begleiten.

Julie und Mariechen fahren in jedem Mai nach Gleichenberg zur Kur. Wieder mahnt er: „Spare nicht! Kleide dich elegant, sei nicht ‚schoffel' — nur keine Schmutzereien!" und schreibt anschließend: „Deine treue Anhänglichkeit, deine Liebe und Nachsicht wirkt auf mich wohltuender, als du vielleicht selbst glaubst bei meiner heftigen Handlungsweise und vielseitigen Zerstreutheit." Zu Juliens Geburtstag klingt sein Wunsch in den Worten aus: „Möge der Himmel uns einander noch lange erhalten und wir dann in Liebe und Frieden miteinander dieses Leben in klarer Zufriedenheit verlassen. Wenn

Dein Glück so nachhaltig ist wie meine dankbare Liebe, so wirst Du Dich darüber nicht zu beklagen haben."

Auch Mariechen erhält von ihm Briefe: „Deine Schrift ist herzlich schlecht, aber wenn du sonst brav bist, mag es hingehen." Kopfzerbrechen verursacht dem Mädchen die Frage: „Wie viele Einwohner und Quadratmeilen hat die Provinz Steiermark?" Gleichzeitig freut er sich aber, „daß du dir für die Reize der Natur ein offenes Auge behältst, — sie bleibt bis zu unserem letzten Atemzuge unsere treueste edelste Freundin."

Da sich aus der Residenzstadt nichts rührt, bringt er sich im Mai 1858 bei den Wiener Herren wieder in Erinnerung. Er „macht Besuche in großem Stil und kommt den ganzen Tag nicht aus dem Frack." Er sieht günstige Erfolge und erhält die Berufung in die Kommission zur Ausarbeitung des Entwurfes einer „Allgemeinen Zivil-Prozeßordnung für das Kaisertum Österreich" — „aber es bedarf Kraft dazu, diese Visitenanstrengungen zu ertragen". Abends erholt er sich bei Theaterbesuchen leichten Genres und sieht sich die letzten Neuheiten an: »Eine Partie Piquet« von Wilhelm Friedrich, »Ein alter Musikant« von Charlotte Birch-Pfeiffer, »Cato von Eisen« von Heinrich Laube, »Eine Natur-Grille« von Bittner und Morländer und Nestroys „Tannhäuser"-Parodie, die ihn wegen des Vergleiches mit der Originaloper, die er in Graz gesehen, besonders interessiert.

Anschließend fährt er zur Familie nach Eppan, wo er sich diesmal wohler fühlt als je. Nach seiner Rückkehr am 23. August schreibt er an Julie: „Ich befinde mich jetzt ungefähr in der Situation wie eine Kuh, die von der Alm in die Stallfütterung getrieben wurde."

Ende des Jahres besucht ihn Paul Renn. Tschabuschnigg verbirgt seine Erschütterung — kaum vermag er seinen einstigen „Mozart" wiederzuerkennen. Nicht nur sein Äußeres wirkt erschreckend verfallen, auch sein früher so strahlender Geist ist erschlafft, und in ihren Gesprächen sind seine Worte, die sich bisweilen schwer von der Zunge lösen, oft seltsam umdunkelt und verwirrt. Die furchtbare Ahnung einer nahenden Umnachtung steigt in Adolph auf, und als sie sich trennen, weiß er, daß sie sich nicht mehr wiedersehen werden. Ein Jahr später läßt er den einzigen wirklichen Freund, den er je besessen, in der Familiengruft der Tschabuschnigg auf dem Friedhof St. Ruprecht bei Klagenfurt bestatten. Auf den schlichten Gedenkstein unter der Trauerweide setzt er die Widmung:

ZUM ANDENKEN AN DEN HEIMATLICHEN DICHTER
PAUL RENN
27. NOVEMBER 1806 — 15. NOVEMBER 1860

und fügt aus dessen Gedicht »An Laura« die Verse bei:

*Unsere Liebe weiht der Tod ein, und die
Trauerweide, auf unser Grab sich neigend,
Übersilbert das Mondlicht, daß sie glänzt wie
Blühende Myrten.*

Nun steht Tschabuschnigg im fünfzigsten Lebensjahr und blickt zurück. Am 20. Oktober 1858 schlägt er wieder das Tagebuch auf: „Hochsommer des Lebens, du gehst bereits in Herbst über. Dafür aber zog Ruhe in mein Herz, die unendlich wohltätig ist. Ich bin zufrieden, nicht resignierend zufrieden, sondern froh zufrieden. Ich liebe und achte Julie, ich liebe Mariechen, ich bin ausgeglichen mit allem, was mir versagt ward. Mich quält auch nicht unbefriedigte Ambition. Ich wünsche mir nichts als die Erhaltung dessen, was ich besitze, und dereinst einen klaren freudigen Tod." Er geht häufig in die Kirche und zur Messe.

Am 8. Mai 1859 erfolgt seine Ernennung zum k. k. Hofrat des Obersten Gerichtshofes in Wien. Damit hat er eine der höchsten Richterstellen in Österreich erlangt und den Gipfelpunkt seiner Beamtenlaufbahn erreicht.

AUF HOHER SEE

1

Im gleichen Jahre, da Tschabuschnigg nach Wien übersiedelt, fallen schwere Schatten über Österreich. Es stirbt der alte Metternich, der insgeheim immer noch die Geschicke des Staates gelenkt hat, die Generäle blasen zum Angriff gegen Frankreich und Sardinien, der junge Franz Joseph, der nach militärischen Lorbeeren dürstet, erleidet am 24. Juni 1859 die bittere Niederlage von Solferino, und im Frieden von Villafranca gehen die italienischen Provinzen Modena, die Lombardei und die Toskana verloren. Der besiegte Kaiser erkennt nun: das absolutistische System, das nach der oktroyierten Märzverfassung von 1849 und dem Silvesterpatent von 1851 uneingeschränkt geherrscht hat, läßt sich nicht weiter aufrechterhalten, und für Tschabuschnigg liegt es mit politisch geschultem Blick vollkommen klar: jetzt muß, nach den nichterfüllten Zusagen des Jahres 1848, die längst fällige konstitutionelle Verfassung endgültig gewährt werden.

Bereits am 15. Juli 1859 wendet sich der Monarch von Laxenburg aus mit einem Manifest „an seine Völker" und verspricht zeitgemäße Verbesserungen in Gesetzgebung und Verwaltung, doch geht die Verwirklichung nur langsam vor sich. Erst 1860 erfolgt das Oktoberdiplom, das eine vorsichtige Rückkehr zu verfassungsmäßigen Zuständen enthält und einen Reichsrat vorsieht, der sich aus einem Herren- und einem Abgeordnetenhaus zusammensetzt. Dieser vorwiegend föderalistische Verfassungsentwurf erscheint aber Tschabuschnigg, der sich als absoluter Zentralist bekennt, bedenklich, und nach den Schwierigkeiten, die sich bald ergeben, ergeht abändernd das Februarpatent von 1861: es ist eine Verschmelzung des Zentralismus, dem die Macht gegeben ist, mit dem Föderalismus, dem nur Form und Schein zugestanden wird.

Zunächst wird die Einberufung der Landtage angeordnet. Bisher nach ständischem Prinzip aufgebaut, werden sie nun nach Kurien zusammengesetzt: Großgrundbesitz, Städte, Handelskammern und Landgemeinden. Wieder stellt Tschabuschnigg kritisch fest: von einem demokratischen Wahlrecht kann damit keine Rede sein, da der größte Teil der Bevölkerung vom aktiven politischen Leben ausgeschlossen ist.

Am 6. April 1861 tritt der Kärntner Landtag nach zwölf Jahren wieder zum ersten Mal zusammen, unter dessen 37 Mitgliedern auch Adolph Ritter von Tschabuschnigg als Vertreter des Großgrundbesitzes aufscheint. In derselben Eigenschaft wird er gleichzeitig in das Abgeordnetenhaus des Reichsrates entsendet. So tritt er nach zwei Seiten hin, in Kärnten und in Wien, als Politiker in Erscheinung.

Es ist eine erstaunliche Aktivität, die nun aus Tschabuschnigg geradezu eruptiv hervorbricht. Im Landtag wird er Obmann des Finanz- und Verfassungsausschusses, des Komitees für eine neue Bauordnung, für den Bau der Kronprinz-Rudolfs-Bahn, für die Regalwälder in Kärnten und eines Unterstützungsvereines für Studierende an der philosophischen Fakultät der Universität Wien, „wodurch — abgesehen von der materiellen Hilfe — der Humanität und der Achtung für die Wissenschaft Rechnung getragen werden soll." Außerdem fungiert er als Komiteemitglied zur Gründung einer Landesbrandschaden-Versicherungsanstalt sowie für die Regierungsvorlage zu einer Grundbuchordnung und einer Servitutenablöse. Alle rechtlichen Angelegenheiten gehen durch seine Hände — er ist der Kronjurist.

Seine Schriftstücke sind klar formuliert und stilistisch ausgefeilt, er legt Wert auf Sprachreinheit, und bei Gesetzesvorlagen verbessert er persönlich meritorische Definitionen, „da es sonst in der Praxis zu Irrtümern und falschen Entscheidungen führen kann." Bei seinen Anträgen beharrt er auf seinem Standpunkt — „meine Überzeugung zwingt mich dazu" —, und in seinen Gegenreden kann er oft ironisch und selbst ausfällig werden. „Auch ich habe", erwidert er im Hohen Hause auf die Ausführungen des Landespräsidenten Dr. Johann Ritter v. Burger, „den Gegenstand mit der Laterne beleuchtet, zwar nicht mit der Laterne des Scharfsinns, der meinem ehrenwerten Herrn Vorredner zu Gebote steht" — was nach dem stenographischen Protokoll „Heiterkeit" hervorruft —, „sondern nur mit der Laterne meiner eigenen Einsicht." Bei einem weitläufigen und unklaren Gesetzentwurf sieht er sarkastisch gleichsam „eine wegweisende Hand, die in einen Urwald führt: Man kann darin eine beliebige Promenade vornehmen, nur muß man sein eigener Pfadfinder sein."

Er appelliert an die Abgeordneten: „Es gab eine Zeit, wo hinter jeder Ordonnanz, hinter jeder Maßregel der Regierung die goldlackierende Phrase hinterdrein gelaufen ist. Heutzutage wird es vorgezogen, sich gewisser beliebter Stichwörter zu bemächtigen und darin Geschäfte zu machen. Der Hohe Landtag muß deshalb immer das wirklich Notwendige und Nützliche von der Phrase unterscheiden." Wiederholt „muß er sich verwahren, daß manches unerledigt bleibt, denn nicht alles, was man vergißt, sind alte Scharteken", und bei anderer Gelegenheit stellt er aufbrausend fest, „daß es unerhört ist, jemanden in irgendeinem Fache in eigener Sache mitentscheiden zu lassen." Mit aller Schärfe erhebt er seine Stimme auch dem Landtagspräsidenten gegenüber, der die Auffassung vertritt, daß man in der Debatte das Wort nur ergreifen darf, wenn vorher ein Antrag gestellt wurde. „Bei jeder Debatte", protestiert Tschabuschnigg, „muß man berechtigt sein, auch ohne Antrag zu sprechen", und er erklärt, an der Verhandlung nicht weiter teilzunehmen, wozu das stenographische Protokoll „große Unruhe" verzeichnet. Es ist nicht die erste Drohung solcher Art, die von ihm ausgeht. Bald darauf verlangt er mit Recht, daß bei der Beratung jedes Paragraphen gefragt werden muß, ob ein Antrag gestellt oder eine Bemerkung gemacht wird. „Sonst erkläre ich meinerseits, daß ich die Sitzung verlasse." Man respektiert ihn zwar und hütet sich, ihn zu reizen, doch man liebt ihn nicht. Er selbst verzichtet auch nach wie vor darauf, und sein einziger Freund bleibt Paul v. Herbert, der sich selbst als seinen „getreuen Waffenträger" bezeichnet.

Seine besondere Aufmerksamkeit wendet Tschabuschnigg dem Bildungswesen und Kulturleben in Kärnten zu, wobei das Theater im Mittelpunkt seines Interesses steht. Als 1863 im Landtag die prinzipielle Frage aufgeworfen wird, „ob das Theater nur ein Lokalinteresse und allein den Bedürfnissen der Stadt Klagenfurt zu entsprechen habe oder ob in dem Fortbestande eines Theaters in Klagenfurt auch Landesinteressen verwoben seien", hält er am 23. Jänner ein glänzendes Plädoyer für die ständische Bühne:

„Ich will dem Theater nicht jenen hohen Standpunkt und Beruf zuerkennen, welchen ihm die Aufschrift auf dem Hause »Zur Hebung der Sitten und Erheiterung des Geistes« anweist und gleichsam unter die Lehrmittel zählt. Wohl aber glaube ich, daß nach den gegenwärtigen Zuständen des Lebens und der Gesellschaft das Theater unter den öffentlichen Vergnügungen immerhin einen der ersten Plätze einnimmt und daß es nicht ohne Einfluß auf die Bildung und den Geschmack der Bewohner des Landes ist."

Nach einem Lobe auf die Theatervorstellungen, „welche so gut sind, wie sie in Klagenfurt wohl nur selten gesehen werden", führt er weiter aus:

„Ich halte den Antrag, daß für das Theater ein Landesinteresse besteht, für einen nach der Sachlage notwendigen, gerechten und billigen. Er ist notwendig, denn von dem Augenblicke an, als das Land für das Theater gar nichts mehr tun würde, ist kaum zu zweifeln, daß es herabkommen würde, wie es niemand von uns wünschen kann. Es ist aber auch gerecht, daß von Seite des Landes für das Theater etwas geschehe, denn es ist ein Eigentum des Landes, welches auch die alten Stände unterstützt haben, und nach juridischen Begriffen soll man ohne genügenden Grund den *status quo* nicht ändern. Ich halte es aber auch für billig, daß von Seite des Landes etwas für das Theater geschieht. Es ist nicht zu übersehen, daß der anständige Zustand der Hauptstadt von größtem Einfluß auf das Land selbst ist. Denn der Maßstab der Bildung eines Landes wird vorzugsweise in der Hauptstadt gefunden, dessen Theater ein Moment der Kultur nicht abgesprochen werden kann. Ich glaube deshalb nicht zu viel zu sagen, wenn ich behaupte, daß ein Land, welches seine Hauptstadt aufgibt, über sich selbst den Stab bricht."

Auf diesen Appell hin wird der Antrag angenommen, aber fünf Jahre später, am 10. September 1868, als nach langen Verhandlungen vom Landtag ein Vertrag zur Überlassung des Theaters an die Landeshauptstadt Klagenfurt abgeschlossen werden soll, meldet sich vor der Genehmigung wieder Tschabuschnigg zu Wort und weist in seinen Ausführungen darauf hin, „daß Kompromisse und Vergleiche für uns in Österreich dermalen ein notwendiges Übel sind, weil es sich darum handelt, aus veralteten Zuständen den Übergang in ganz neue zu finden und widersprechende Interessen zu versöhnen und befriedigen." In diesem Sinne bezeichnet er auch die vorgelegte Vereinbarung als „einen verständnisvollen Ausgleich, der innerhalb der Grenzen der Heimat sowohl für das Land Kärnten wie für die Landeshauptstadt von großer Wichtigkeit ist, weil damit ein Überrest aus vergangener feudaler Zeit hinweggeräumt wird und wir nun das Land und die Stadt in jenes Verhältnis völliger Eintracht bringen, welches notwendig ist, wenn beide vereint zum gegenseitigen Besten wirken sollen." Damit entscheidet Tschabuschnigg über eine neue Ära des Theaters in Klagenfurt.

In den Jahren 1862 bis 1867 ist die Zahl der im Landtag entworfenen Gesetze und gefaßten Beschlüsse groß, und an ihnen allen hat Tschabuschnigg bedeutsamen Anteil. 1863 erscheint eine grundsätzliche Regelung für die Errichtung von Gemeindeschulbauten, von Kirchen- und Pfründenbauten sowie eine neue Dienstbotenordnung, 1864 folgen nach ein Gesetz über die Herstellung und Erhaltung von Landes-, Bezirks- und Gemeindestraßen mit der dazugehörigen Straßenordnung, eine Abänderung des Gesetzes über die Einquartierung des Heeres und ausführliche Bestimmungen über die Verwaltung des Krankenhauses in Klagenfurt, die Krankenpflege und die Höhe der Verpflegskosten, die über Tschabuschniggs Antrag „für die dem Lande angehörigen zahlungsunfähigen Kranken aus dem Landesfonds zu bestreiten sind". 1865 bringt ein Gesetz zur Errichtung von öffentlichen Krankenhäusern in einzelnen Stadtgemeinden, die nach Tschabuschniggs sozialempfundenem Wort ebenfalls „dem Grundsatz der Gerechtigkeit, der Billigkeit und Humanität entsprechen müssen". Ein Gesetzeswerk von grundlegender Bedeutung, dem Tschabuschnigg souveräne juristische Diktion gegeben hat, ist die 1866 erlassene „Bauordnung für das Herzogtum Kärnten", die über hundert Jahre in Geltung stehen wird; im gleichen Jahre verabschiedet der Landtag ein Gesetz über die „Gemeindeordnung und Gemeindewahlordnung" und das „Wasserrechtsgesetz über die Benützung, Leitung und Abwehr der Gewässer", wobei Tschabuschnigg in der Debatte in politischer Liberalität die Forderung erhebt, daß „das Privateigentum gegen das allgemeine Beste nicht unverhältnismäßig in Schutz genommen werden darf".

Als der Landtag eine Besserstellung der Konzeptsbeamten im Landesausschuß und eine Erhöhung ihrer Stellenzahl ablehnen will, tritt Tschabuschnigg mit besonderer Wärme für sie ein und weist in seinen Darlegungen darauf hin, „daß ihre Arbeit nicht nur nach der Zahl der Einläufe, sondern auch nach dem Inhalt, nach dem Umfang der Vorstudien und nach der Wichtigkeit des Zweckes, den sie zu erreichen hat, beurteilt werden muß. Der Gehalt der Arbeiten verpflichtet das Land zur dankbaren Anerkennung der Leistungen. Derjenige handelt nicht klug für sich, der gute Arbeit durch schlechte Bezahlung erreichen will. Der Landesausschuß ist unverhältnismäßig gering bezahlt, und ihn mit Arbeiten aller Art überbürden zu wollen, wäre geradezu ungehörig. Eine genügende Honorierung könnte nur mit dem drei- oder vierfachen Betrage des gegenwärtigen Gehaltes erreicht werden. Die Geschäfte sind bereits zu einer solchen Höhe angewachsen, daß unmöglich vier Männer allein sie bewältigen können, und zudem mit einer Bezahlung, die so gering ist, daß es sich von selbst versteht, wenn sie sich nicht allein und ausschließlich dem Amte des Landesausschusses widmen wollen."

Als Vorsitzender des Finanzausschusses legt er auf die strengste Einhaltung der Landesgebarung besonderes Gewicht: „Das Budget muß bis ins Detail festgesetzt sein und es müssen dann die einzelnen Ansätze auch genauestens eingehalten werden. Die Ansicht, daß man innerhalb einer Abteilung durch Ersparungen einen Betrag anderweitig verwenden kann, ist mit der geregelten Einhaltung eines Landesvoranschlages nicht vereinbarlich. Wenn in einer Rubrik des Budgets etwas erspart wird, so muß die Summe wieder in den Landesfonds zurückfließen. Etwas gegen die Bewilligung des Budgets zu ersparen und diesen Betrag auf einer anderen Seite auszugeben, kann nicht zugelassen werden."

Auch für die wirtschaftliche Entwicklung im gesamtösterreichischen Sinne sieht Tschabuschnigg weitplanend vor. Am 19. Jänner 1866 ergeht eine von ihm verfaßte Adresse an den Kaiser zum Bau der Kronprinz-Rudolfs-Bahn „zwecks Hebung der materiellen Wohlfahrt Kärntens", in der die Hauptgründe für deren Notwendigkeit eingehend erläutert werden. Gleichzeitig wird er als Vertreter des Landes nach Wien entsendet, und am 12. Dezember spricht ihm der Landtag „für seine umsichtig, ausdauernd und erfolgreich angewendete patriotische Tätigkeit" den besonderen Dank aus. Wie das stenographische Protokoll wieder festhält, „erheben sich als Zeichen der Zustimmung die Versammelten von ihren Sitzen".

2

Eine für Kärnten besonders wichtige Rede hält Tschabuschnigg am 19. Dezember 1866 in der Debatte über das Verlangen windischer Gemeinden um die Einführung der deutschen Unterrichtssprache in der Schule. Wie der Antrag des Kärntnerischen Landtages an die Landesbehörde feststellt, geht dieser Wunsch an den inspizierenden Schulrat bis auf das Jahr 1859 zurück. „Der Wende in Kärnten wünscht", wird ausgeführt, „daß sein Sohn ein seinen Fähigkeiten entsprechendes Fortkommen findet, aber das kann er häufig nur dann, wenn er sich die deutsche Sprache aneignet, denn auf dem eigenen, eng abgegrenzten Boden gibt es für ihn nur wenig Spielraum. So ist er vollständig im Recht, wenn er verlangt, daß seine Kinder in dieser Sprache unterrichtet werden, — vorausgesetzt, daß es dem eigentlichen Zwecke der Schule nicht abträglich ist."

Wie überzeugend dargelegt wird, „erscheint dieser Zweck in den slowenischen Schulen keineswegs gefährdet, wenn der deutsche Sprachunterricht unter den gehörigen Rücksichten erfolgt. Wenn dem Kinde der Religionsunterricht in windischer Sprache erteilt wird, also mit der Macht der Muttersprache auf dessen Verstand und Herz wirkt, und die Pflege der windischen Sprache selbst nicht vernachlässigt, wohl aber dessen Unterricht gleichzeitig mit der deutschen Sprache betrieben wird, so ist kein Grund ersichtlich, aus welchem bei dieser Methode eine Schwierigkeit entstehen könnte. Mit Ausnahme der Religionslehre, welche durch alle Klassen in der Muttersprache vorzutragen ist, soll bei der Behandlung der übrigen Gegenstände für jene Kinder, deren Eltern dies ausdrücklich wünschen, die deutsche Sprache als obligater Lehrgegenstand aufgenommen werden." Da sowohl das fürstbischöfliche Ordinariat wie das Ministerium für Kultus und Unterricht sich in dieser Hinsicht zustimmend ausgesprochen haben, bittet der Landtag, daß diese Grundsätze und Anordnungen durch das Landesgesetzblatt und durch das Gurker Diözesanblatt „zur genauen Beobachtung" kundgemacht werden.

Seine großangelegte Stellungnahme, die von Geist, kritischem Scharfblick und gelegentlicher Ironie durchfunkelt ist, leitet Tschabuschnigg mit dem Hinweis ein, daß die einzelnen Sprachen noch nicht die Bildung selbst, sondern nur Mittel der Bildung sind. „Je vorzüglicher die Sprache ist, in welcher der Unterricht erteilt wird, desto sicherer, schneller und umfassender wird auch das Ziel der Bildung erreicht. Der Theorie nach wäre also jene Sprache die beste Unterrichtssprache, die technisch am meisten durchgebildet und überhaupt die vorzüglichste ist." Aber er wendet selbst ein, daß der praktischen Ausführung sehr gewichtige Gründe entgegenstehen, nämlich „die Berechtigung jedes Staatsgenossen, in der Sprache seiner Nationalität, im Zweifel in der Sprache seiner Wahl, den Unterricht zu empfangen."

Den unter dem Ministerium von Graf Thun aufgestellten Grundsatz, jedes Schulkind solle den Elementarunterricht in seiner Muttersprache erhalten, findet Tschabuschnigg „mindestens unrichtig formuliert", und er fragt: „Was ist die Muttersprache? Wenn Vater und Mutter verschiedener Nationalität sind, ist die Sprache des Vaters oder die der Mutter die Muttersprache? Ist die Muttersprache die Sprache jener Nationalität, welcher die Familie, deren Kind unterrichtet werden soll, der Abstammung nach angehört, oder ist es die Sprache, welche die einzelne Familie für ihren häuslichen Verkehr gewählt hat? Der Staat, das Land und die Schule sind gar nicht berechtigt, in einem Lande mit zwei Nationalitäten im Zweifel dem Schulkinde, seinen Eltern oder dem Vormund den Unterricht in einer der Landessprachen aufzunötigen, wenn sie dies in der anderen Landessprache vorziehen. Ein solches Aufdringen widerspricht dem Recht der freien Selbstbestimmung."

Aber er zögert nicht einzugestehen, daß der Grundsatz, jedes Kind in der Elementarschule in jener Landessprache zu unterrichten, wie es selbst oder seine Erziehungsberechtigten es wünschen, praktisch sich nicht durchführen läßt. „Denn nicht jede Gemeinde ist in der Lage, Parallelklassen in den verschiedenen Landessprachen zu errichten. Es erhebt sich deshalb die Frage, welche Sprache in einem solchen Falle die Unterrichtssprache sein soll.

Es kann", argumentiert Tschabuschnigg, „keinem Zweifel unterliegen, daß das entscheidende Wort der Gemeinde gebührt", und er gibt dafür eine überzeugende Begründung:

„So wie jeder einzelne berechtigt ist, sein Kind in Paris oder Petersburg erziehen zu lassen oder in seinem Hause einen englischen, französischen oder einen Lehrer irgend einer anderen Sprache auszuwählen, so gewiß ist auch jede Gemeinde berechtigt, in ihrem, der Gemeinde Hause, die Unterrichtssprache zu bestimmen. Es ist möglich, daß dadurch den Wünschen einer Minorität nicht Rechnung getragen wird, aber überall und vorzüglich im öffentlichen Leben müssen sich die Minderheiten dem Ausspruche der Mehrheiten fügen lernen."

Schärfer — und er wiederholt sein gern gebrauchtes Wort: „es gibt mir den Mut!" — wird seine Stellungnahme, wenn er den Standpunkt des fürstbischöflichen Ordinariates in der Schulsprachenfrage näher beleuchtet. Der im Gurker Diözesanblatt veröffentlichte Erlaß Nr. 237 vom Jahre 1860 wurde auf Grund eines Hinweises des Kaiserlichen Schulrates und Volksschulinspektors Dr. Pavissich veranlaßt. „Nebenbei", bemerkt hiezu Tschabuschnigg mit ironischer Verwunderung, „ist es seltsam, daß wir in Kärnten immer Schulräte haben, deren Namen darauf hindeuten, daß sie nicht der deutschen Zunge angehören. Ich glaube, im Sinne der Gleichberechtigung würde Kärnten das Recht haben, abwechselnd einmal auch einen Schulrat zu besitzen, dessen Name seine deutsche Abstammung kennzeichnet. Ich meine, daß das slawische Element im Lande jedenfalls nicht als der alleinige Träger der Bildung angesehen werden kann."

Er findet aber noch weitere Bedenken, wenn im Ordinariatserlaß bestimmt wird, „daß als unabänderlicher Grundsatz die Sprache der religiösen Vorträge auch die Unterrichtssprache für ihre Schule ist" und stellt fest:

„Wer entscheidet, in welcher Sprache die religiösen Vorträge gehalten werden sollen? Wenn dies das hochwürdige Ordinariat allein bestimmt, so würden meine Bedenken wegfallen, sie müßten aber noch bestehen, wenn dies nur auf Grundlage der Berichte der einzelnen Lokalgeistlichen erfolgt. Wenn aber die Anordnung diesen geistlichen Herren ganz oder doch mindestens zum größten Teil überlassen bleibt, ja wenn ihnen auch nur der überwiegende Einfluß auf die Bestimmung dieser Sprache zukommt, dann finde ich allerdings die Frage, welche Sprache die der Schulsprache sein soll, nicht in einer das Land befriedigenden Weise entschieden."

Es ist eine weitausholende Rede, denn nun wendet sich Tschabuschnigg „in aller Bescheidenheit und mit unvorgreiflicher Meinung" dem „Klerus im Predigeramte" zu. Er räumt ein, daß kein Geistlicher, sei er noch so fromm, es lieben wird, wenn seine religiösen Vorträge einer Kritik unterzogen werden, falls er mit der deutschen Sprache Schwierigkeiten hat. Dieselben Gläubigen, die seinen Predigten einen strengen Maßstab anlegen, werden dann fernbleiben, wenn der Geistliche slawisch spricht. „Es kann also sein, daß ein Mitglied des Klerus, verleitet durch die Rücksicht auf sich selbst, lieber in der slawischen Sprache predigt als in der deutschen. Es würde sich dann ergeben, daß deswegen auch die Unterrichtssprache in der Schule slo-

wenisch sein müßte, weil sie die Sprache des religiösen Vortrages ist."
Dies findet Tschabuschnigg „für unrichtig".

Seine Betrachtungen, seine Einwände führt er mit unerbittlicher Konsequenz zu Ende. Nach dem Ordinariatserlaß soll schließlich in allen Zweifelsfällen in der Frage des Sprachunterrichts in den Schulen die Schulvorstehung und die Schuldistriksbehörde entscheiden. Der Jurist Tschabuschnigg vermißt zunächst eine dritte Instanz — „die mein vollstes Vertrauen besäße" — und weist — wieder ironisch: „wenn ich nicht irre" — darauf hin, daß für die Schulvorstehung der Lokalgeistliche und für die Distriktsaufsicht der Dechant zuständig ist. „Wir sehen also, daß alle Sprachenfrage auf dem Lande eigentlich in die Hände des Ortsgeistlichen gelegt ist."

Er endet: „Dies alles finde ich bedenklich, weil ich glaube, daß Religionsunterricht und Elementarunterricht nicht gleichbedeutend sind. Dies sei" — er verneigt sich höflich — „mit aller Hochachtung vor dem Klerus ausgesprochen."

Kann es einen noch überzeugenderen Abschluß in dieser Frage geben? — doch dem Juristen schließt sich außerdem der Dichter Tschabuschnigg mit einer kennzeichnenden „Illustration" an, die geradezu den Stoff für eine seiner bösen „Humoristischen Novellen" abgeben könnte:

„In der Nähe einer deutschen Stadt befindet sich, wie mir berichtet wurde, eine Gemeinde, in der die religiösen Vorträge in slawischer Sprache abgehalten werden. In dieser Gemeinde liegt ein deutscher Herrensitz. Die Dame des Hauses schenkt einem Kind das Leben und der Geistliche des Ortes wird zur Taufe eingeladen. Die Familienmitglieder, die Dienstboten und Hausgenossen versammeln sich in dem Zimmer, wo die Zeremonie vor sich gehen soll. Der geistliche Herr fängt an, — slowenisch zu taufen. Es wird ihm bemerkt, daß niemand der Anwesenden die slowenische Sprache versteht, und er erwidert: In dieser Gemeinde kann ich nur entweder in slowenischer oder lateinischer Sprache taufen."

Zwar findet Tschabuschnigg starken Beifall „im Hause und im Zuschauerraum", aber das Problem über die Abhaltung von Gottesdienst und Predigt in deutscher oder slowenischer Sprache in den gemischtsprachigen Gemeinden Kärntens bleibt über ein Jahrhundert noch ungelöst.

3

Gleichzeitig mit Tschabuschniggs landespolitischen Arbeiten in Klagenfurt verläuft seine parlamentarische Funktion im Abgeordnetenhaus vor dem Schottentor in Wien.

Dort trifft er nach sieben Jahren Alexander Schindler wieder, den einstigen aus Graz vertriebenen Staatsanwalt-Substituten und Dichterkollegen Julius von der Traun, der durch seinen blendenden Plauderton in den Debatten auch die Herren des Hohen Hauses „nicht nur zu amüsieren, sondern auch zu bezaubern und hinzureißen" vermag. Tschabuschnigg bewundert wie schon seinerzeit seine „funkelnde Beredsamkeit, die, echt altwienerisch, wie eine aus einem Lannerschen Walzer in rhetorische Kunst hinübergegeigte Grazie wirkt". Schindlers geistreiche Wortspiele lösen, wie das stenographische Protokoll feststellt, immer wieder „langanhaltende Heiterkeit" aus. Oft scheint's, als triebe er mit den ernsthaften Dingen, die hier behandelt werden, nur Scherz zu eigenem Vergnügen.

Ernst wie immer nimmt dagegen Tschabuschnigg seine Aufgaben wahr. Unter Schmerling tritt er der Partei der Unionisten bei, verfaßt deren Programm und führt darin aus: „Es bedarf nur einer flüchtigen Überlegung, daß Österreich, wenn im Inneren geteilt, nach außen gelähmt und ein Gegenstand der Zersetzung sein wird. Wir verpflichten uns zur Abwehr föderalistischer Bestrebungen!" Er gehört zu einem der tätigsten Abgeordneten, wird in die wichtigsten Ausschüsse entsendet und leitet vor allem als Obmann die schwierigen Beratungen über das Strafgesetz und die Strafprozeßordnung.

Bereits am 11. Mai 1861 beteiligt er sich an der ersten Adreßdebatte und spricht sich in überzeugenden Worten als Verfechter und Mahner für die Integrität Österreichs aus:

„In einer Zeit, wie die gegenwärtige, tut es vor allem not, daß die Fahne, der wir folgen, hoch getragen und entrollt wird. Ich meinerseits halte fest an der von Sr. Majestät gegebenen Gesamtverfassung und glaube, daß die gesetzliche Freiheit und die Reichseinheit die Grundpfeiler sind, auf welchen sie fortgebaut werden muß. Die Reichseinheit auf Grundlage der Gleichberechtigung und einer zweckmäßigen und vernünftigen Selbständigkeit der einzelnen Teile ist eine unerläßliche Bedingung der Macht und Stärke Österreichs, ohne sie würden die einzelnen Teile nur lose aneinanderliegen, es würde ihnen der organische Zusammenhang fehlen, und der nächste Sturm schon könnte sie zerstreuen.

Wenn der Dualismus oder gar der Pluralismus in Österreich einmal gesetzlich und tatsächlich zur Geltung gebracht wird, dann würden die einzelnen Teile auseinander wachsen und sich entfremden, es würde Selbstsucht, Nebenbuhlerschaft und Zwietracht zwischen ihnen immer mehr in Aufnahme kommen und von einem einträchtigen und mächtigen Österreich könnte kaum mehr die Rede sein. Es kann deshalb nicht genügen, daß zwischen den Ministerien versöhnliche Schriftstücke gewechselt und Ausgleichungen versucht werden, — die Brüdervölker selbst müssen einander die warme Hand reichen und, nachhaltig und aufrichtig, um die gegenseitige Liebe werben."

In Justizfragen meldet er sich immer wieder zu Wort, dem man als erfahrenen Experten respektvoll Gehör schenkt. Am 5. September 1861 spricht er über die geplante neue Gerichtsorganisation und stellt mit aller Deutlichkeit fest, „daß die Trennung der Justiz von der Administration eine unabweisliche und unaufschiebbare Maßregel darstellt". Ebenso dringend verlangt er, „daß die Rechtssprechung in allen Teilen nur von Richtern, mit Ausschluß anderer Behörden, ausgehen darf und daß der Richter unabhängig gestellt wird".

In diesem Zusammenhang fordert er auch eine bessere Besoldung für die Gerichtsbeamten und weist darauf hin, daß „die Rechtssicherheit als der vorzüglichste Staatszweck zunächst durch sie vermittelt wird. Schlechte Bezahlung bringt in der Regel auch keine gute Arbeit. Ein Mann, der seine ganze Jugend dazu aufgewendet hat, sich für einen Beruf zu bilden, muß doch die Aussicht haben, dadurch in seinem Mannesalter das notwendige Auskommen zu finden." Als Überprüfer von zwanzig Bezirksgerichten in Kärnten durch mehr als zehn Jahre fügte er würdigend bei, „daß die Gerichtsbeamten sieben bis acht Stunden im Tage arbeiten und ungeachtet der Bedrängnisse ihrer äußeren Lage mit Berufstreue, mit Aufopferung und Gewissenhaftigkeit ihr Richteramt ausüben. Ein solcher Zustand ist jedoch nicht lange haltbar und muß endlich zur Entmutigung und letzten Endes sogar zur Bestechung führen. Ist aber das Gerichtswesen in einem Staate einmal korrumpiert, so ist dessen Wiederverbesserung höchst schwierig und langwierig. Die Bemessung und Zuteilung des Gehaltes für die Richter kann deshalb keine Finanzfrage bilden."

Bei der Frage, ob die Schwurgerichte, die nach dem Silvesterpatent von 1851 in Kärnten am 11. Jänner 1852 aufgehoben wurden, wieder eingeführt werden sollen, spricht sich Tschabuschnigg durchaus positiv aus. „Ich hatte die Ehre", weist er hin, „in Klagenfurt von 1850 bis 1852 die Sessionen als Vorsitzender zu leiten, und habe dabei die Überzeugung gewonnen, daß die Geschworenen für ihre Aufgabe vollkommen geeignet waren. Sie erschienen auf jede Vorladung bereitwillig und pünktlich, folgten dem Gange der Verhandlung mit Aufmerksamkeit und Eifer und gaben ihren Wahrspruch mit Gewissenhaftigkeit und Verständnis. Vom Standpunkt meiner eigenen Erfahrung ausgehend, stehe ich keinen Augenblick an, mich für die Schwurgerichte bejahend auszusprechen."

Ein besonderes Kapitel stellt der Schutz des Briefgeheimnisses dar. Gegen die Erlassung eines eigenen Gesetzes wendet sich Tschabuschnigg in den Sitzungen des Abgeordnetenhauses vom 18. und

20. November desselben Jahres entschieden mit der Begründung, daß bezügliche Bestimmungen nur als eine Novelle zum Strafgesetz und zur Strafprozeßordnung gehören. „Das Briefgeheimnis muß, so wie die Sicherheit der Person, das Eigentum und die Ehre, vom Richter geschützt werden. Wer es bricht, verletzt ein allgemeines Recht der Staatsgenossen. Deshalb muß diese Rechtsverletzung in das allgemeine Strafgesetz aufgenommen und dort bestraft werden."

Als am 18. Februar 1862 ein Gesetzentwurf über das Strafverfahren in Presseangelegenheiten mit dem Antrage zur Debatte steht, daß darüber als Ausnahmezustand Schwurgerichte urteilen sollen, hält Tschabuschnigg dies ebenfalls „weder für notwendig, noch für ersprießlich und zweckmäßig. Für die Presse gilt dasselbe Strafgesetz wie für andere Gesetzesübertretungen. Wir können überzeugt sein, daß von geprüften Richtern absichtlich ein unrechtes Urteil gegen die Presse nicht gesprochen wird. Die Presse aber in die Möglichkeit zu versetzen, durch ein besonderes Verfahren auch dann straflos zu bleiben, wenn sie wirklich ein Gesetz verletzt hat, dies wünschen wir und die Freunde der Ordnung gewiß nicht. Wir verlangen, daß die Presse frei sei, aber wir wollen sie nicht vom Strafgesetz entbinden." Abschließend gibt er zu bedenken, „daß, wenn nur ausnahmsweise im Preßprozeß Geschworene eingeführt werden, diese Institution weder gedeihen noch mit Zuverlässigkeit ihre Wahrsprüche ablegen könnte, da Laienrichtern die so notwendige Übung gerade für die schwierige Aufgabe der Presseprozesse mangeln würde."

In seinen Reden vom 12., 14. und 17. Mai entrollt Tschabuschnigg als Berichterstatter über das Justizbudget eine Reihe wertvoller statistischer Daten über die Gerichtszustände aller Kulturstaaten im Vergleich zu den österreichischen Verhältnissen und setzt eine Resolution durch, die den Justizbeamten endlich eine finanzielle Besserstellung bringt. Den Einwand des Justizministers Dr. Hein, der die Auffassung vertritt, daß der Aushilfsfonds in dieser Richtung vollständig hinreicht, lehnt er schroff ab: „Bezahlung seiner Arbeit verlangt der Beamte, aber nicht eine Prämie seiner Not. Die organisierte Unterstützung aus dem Aushilfsfonds würde den ganzen Stand demoralisieren", und er schließt: „Plato sagt, daß etwas Göttliches in den Zahlen liegt, und der Logik der Zahlen können sich auch Minister nicht entziehen."

Ebenfalls in Budgetsachen plädiert er am 2. Oktober 1862 für den Grundsatz, daß, wenn sich über eine finanzielle Ausgabe die beiden Häuser des Reichsrates nicht zu einigen vermögen, nur die niedrigere Ziffer als bewilligt angesehen werden könne, weil diese auch von dem freigeberischen Hause als *implicite* bewilligt anzusehen sei.

Mißtrauisch über die gesamte Finanzgebarung spricht sich Tschabuschnigg am 17. Juli 1863 für die Errichtung einer Staatsschulden-Kontrollkommission aus. In besonders harter Anklage wendet er sich zwei Jahre später, am 29. April 1865, gegen die verschwenderischen Bewilligungen aus dem Dispositionsfonds, wobei es sich um geheimgehaltene Beträge handelt, die vom Ministerium ausgegeben werden, ohne dem Parlament den Verwendungszweck bekanntzugeben. „Solange das Ministerium", führt er aus, „dem Hohen Hause gegenüber eine Stellung festhält, die man in konstitutionellen Staaten als eine normale nicht bezeichnen kann, solange sind wir nicht in der Lage, dem Ministerium ein Vertrauensvotum in Ziffern zu erteilen", und kritisiert weiterhin die geringen Erfolge und Wirkungen, die bisher durch den Dispositionsfonds erzielt wurden. „Was haben alle die offiziösen Journale, Korrespondenzen und Artikel im Interesse unseres Vaterlandes bisher geleistet? Offenbar sehr wenig! — es erweckt den Anschein, als sollten alle die kostspieligen Notizen nicht so sehr im allgemeinen Interesse, als in dem einzelner Persönlichkeiten tätig sein. Alle die schönen wechselseitigen Lobpreisungen, welche die subventionierten Zeitungen bringen, sind am beliebtesten bei ihren eigenen Verfassern und bei deren Gönnern und Kanzleiverwandten und bringen noch die Gefahr mit sich, daß sich durch das häufige Lesen derselben in jenen Kreisen der Glaube an die eigene Vortrefflichkeit und an die allgemeine Befriedigung festsetzt. Damit wird aber die Selbsterkenntnis, der Beginn der Weisheit, nicht gefördert. Und da sollen wir eine halbe Million Gulden für ministerielle Luxusartikel bewilligen?"

In allen finanziellen Fragen bleibt er auch weiterhin unerbittlich, und bei der Budgetdebatte des Jahres 1865 wirft er den empörten Generälen geradezu den Fehdehandschuh hin, was wohl auch ein Stirnrunzeln des Kaisers hervorgerufen haben dürfte. Gegen die überhöhten Zuwendungen für das Militär erhebt er schwerste Bedenken. „Man hat behauptet", legt er in seiner Rede dar, aus der sich sein hohes vaterländisches Verantwortungsbewußtsein überzeugend ausspricht, „daß eine Bloßstellung der finanziellen Bedrängnis Österreichs nicht patriotisch wäre, — sie ist aber sehr patriotisch, denn es würden zugleich die höheren Mittel der Abhilfe gegeben: Sparsamkeit und Wiedererstarkung der Quellen des Volkswohlstandes. Es mag sein", räumt er ein, „daß, vom rein militärischen Standpunkt aus betrachtet, es wünschenswert wäre, um und durch Österreich eine Festungsbarriere zu ziehen, die Bewaffnung der Armee nach jeder neuen Erfindung wieder völlig umzugestalten und selbst den gegenwärtigen Stand der Armee noch um ein bedeutendes zu erhöhen. Allein die Grenze der Möglichkeit muß für vernünftige Männer jederzeit auch die Grenze der Wirklichkeit sein. Wir können nun einmal die Fonds für ein so hoch gestelltes Militärbudget nicht mehr aufbringen. Die Opfer, die wir hiefür in einer Reihe von Jahren brachten, haben zum großen Teile den hohen Stand unserer Staatsschuld verursacht. Wir bezahlen in deren Verzinsung und Amortisation noch heute die Armeen der Vergangenheit."

Es ist staatsmännische Überlegenheit, wenn er weiterspricht: „Man muß zum richtigen Grundsatz zurückkehren, daß, wie das Beamtentum, auch die Armee nicht Selbstzweck, sondern nur Mittel zum Zwecke ist. So wie der einzelne nicht nötig hat, immer mit gespanntem Revolver in Bereitschaft zu stehen, so ist auch die Permanenz der vollen und halben Kriegsbereitschaft für die Staaten keine Notwendigkeit. Die Großmachtstellung eines Staates beruht nicht allein auf der Schlagfertigkeit seiner Armee und Flotte. Die Großmachtstellung eines Staates ist, abgesehen von dem Fundament an Land und Leuten, bedingt durch den Wohlstand und die Zufriedenheit der Staatsangehörigen, sie ist bedingt durch den blühenden Zustand seiner Landwirtschaft, seiner Industrie und seines Handels, durch den Grad der Kultur und durch geregelte Finanzen; sie ist bedingt durch die Vortrefflichkeit seiner Justiz, seiner Verwaltung und seiner übrigen Staatseinrichtungen und durch das gehörige Maß seiner gesetzlichen Freiheit, die allen Staatsangehörigen gewährleistet ist."

Der scharfe Säbelhieb folgt nach: „Endlich muß das Militärbudget bedeutend reduziert werden, damit die Armee schlagkräftig ist — zu rechter Zeit. Der bewaffnete Friede ist eine chronische Krankheit, an der die Völker noch sicherer dahinsiechen als an der akuten des Krieges. Der bewaffnete Friede demoralisiert die Armee. Möge mit der Entwaffnung der Klügste beginnen oder der es am meisten bedarf. Gleichviel, wer es tut, — er wird als der größte Sieger des Jahrhunderts verherrlicht werden."

Dies ist vorläufig seine letzte Rede im Abgeordnetenhaus. Denn zur Erleichterung von Ausgleichsverhandlungen mit Ungarn und Kroatien wird am 20. September 1865 von der Regierung das Oktoberdiplom des Jahres 1860 „sistiert", was einen neuen juristischen Begriff darstellt. Damit ist das Staatsgrundgesetz zwar nicht aufgehoben, aber es gelangt vorübergehend nur nicht zur Anwendung, — der Reichsrat wird also nicht einberufen, und es kann von neuem absolutistisch regiert werden. Wie die anderen Landtage protestiert auch Kärnten gegen diese Maßnahme und übersendet am 7. Dezember eine Adresse an den Kaiser, die wieder von Tschabuschnigg verfaßt ist.

Einleitend bringt er „in Erinnerung, daß mit dem Allerhöchsten Diplom vom 20. Oktober 1860 Eure Majestät ein beständiges und unwiderrufliches Staatsgrundgesetz zu beschließen geruht habe, und daß für die Zukunft das Recht, Gesetze zu geben, abzuändern und aufzuheben, nur unter Mitwirkung der Landtage und des Reichsrates ausgeübt werden soll.

Daß nun", legt er weiter dar, „zu einer befriedigenden Lösung der staatsrechtlichen Fragen mit Ungarn die Wirksamkeit des Grundgesetzes über die Reichsvertretung sistiert werden mußte, erfüllt Kärnten mit schmerzlicher Besorgnis. Denn nach der Auffassung ‚des treugehorsamsten Landtages' waren schon in der Verfassung die Wege gegeben, die zu dem Ziele der gewünschten Verständigung mit den Ländern der ungarischen Krone zu führen ermöglichten. Deshalb war diese Sistierung nicht nur kein notwendiger und unabweislich gebotener Schritt, sondern nicht einmal förderlich, doch vielmehr erschwerend." Wie Tschabuschnigg mit aller Klarheit ergänzt, „muß der Befürchtung Ausdruck gegeben werden, daß diese Verfügung der Regierung für die Machtstellung des Reiches schädlich, für die finanzielle und volkswirtschaftliche Entwicklung aber hinderlich und Nachteile bringend sein werde. Deswegen", schreibt Tschabuschnigg weiter, „muß der Landtag in Erfüllung der ihm gegen das Gesamtreich wie gegen Kärnten obliegenden und durch die Treue gegen Eure Majestät gebotenen, wenngleich schmerzlichen Pflicht es in ehrerbietigster Weise aussprechen, daß er sich durch die mit der Verfassung in Widerspruch stehenden Sistierung in seinen wohlerworbenen und verfassungsgemäß begründeten Rechten gekränkt erachtet. Er muß überdies besorgen, daß die dadurch geöffnete freie Bahn nicht zur Verständigung führen wird, sondern im Gegenteil durch das Aufeinanderprallen nationaler Gegensätze die Einheit und Machtstellung des Reiches gefährden und unter Umständen selbst zum Zerfall der Monarchie beitragen kann. Damit wird die Zuversicht in die Sicherheit der verfassungsmäßigen Rechte und in die Konsolidierung des Reiches beeinträchtigt und durch die Ungewißheit über die künftige Gestaltung des Staates ein Gefühl der Entmutigung und des Mißtrauens in den weitesten Kreisen verbreitet."

Abschließend wird „im festen Vertrauen auf Eurer Majestät weise Einsicht und kaiserliches Wort" die Bitte gestellt, „die verfügte Sistierung des Grundgesetzes über die Reichsvertretung wieder aufzuheben und den Reichsrat baldigst in seine verfassungsmäßige Wirksamkeit treten zu lassen."

Wien schweigt, nur das Geschützfeuer von Custozza und Königgrätz wird hörbar. Die letzten italienischen Provinzen gehen verloren, Österreich verläßt den Deutschen Bund.

Tschabuschnigg fühlt unter sich den Boden schwanken: *Finis Austriae?*

4

Während dieser rastlosen politischen Tätigkeit, die Tschabuschnigg fast atemlos in Anspruch nimmt, muß sein dichterisches Schaffen wieder stocken. Dennoch erscheint 1862 im Verlag Adolf Böchling in Nordhausen ein neuer Roman unter dem Titel »Grafenpfalz«, den er — unmittelbar nach den »Industriellen« begonnen — schon in Graz abgeschlossen hat.

Die Kritik anerkennt ihn als sein bestes Werk. „Er zeugt", wie Heinrich Kurz in seiner Literaturgeschichte ausführt, „von wesentlichem Fortschritt in der künstlerischen Behandlung wie in der Sprache, die musterhaft genannt werden kann. Die Tendenz tritt weit mehr zurück als in den früheren Romanen, das epische Element ist weit kräftiger behandelt. Auch ist Till, in Begleitung von Lanzelot-Melampus, zum Teil das bewegende Prinzip, und die politischen Verhältnisse werden durch ironische Behandlung in ihr wahres Licht gestellt."

Graf Faramond, der Letzte seines Geschlechts, wird von der leidenschaftlich geliebten Försterstochter Florette heimlich getrennt, da seine adelsstolze Mutter eine unebenbürtige Ehe nicht zugeben will. Sie teilt dem Sohn trotz aller Bitten nicht mit, wohin sie das Mädchen entführen ließ, und hat ihre Maßregeln durch ihren treu ergebenen Kammerdiener so gut getroffen, daß Faramond auch nach ihrem Tod vergeblich nach dem Aufenthalt der Geliebten sucht. Erst nach Jahren erhält er die Sicherheit, daß sie nach der Geburt eines Kindes gestorben ist, kann aber auch dessen Spur nicht finden. Da sein Glück den hergebrachten Vorurteilen geopfert wurde, stellt er neben den Sarg der Mutter einen zweiten leeren Sarg mit der Inschrift: „Verlorenes Leben!" Er zieht sich auf sein Schloß zurück, wo er seinen Umgang auf wenige Verwandte und Freunde beschränkt.

Florettes Kind, ein Mädchen, das als Tochter eines Schulmeisters erzogen wurde, kommt später — schon erwachsen — mit ihrem Pflegevater in die Nähe des Schlosses, und besondere Umstände bringen Faramond zur vollen Überzeugung, daß Philomene sein lang gesuchtes Kind ist. Er will sie anerkennen und zu seinem Rang erheben, allein sie fühlt sich zum einfachen Bergmann Aurel hingezogen. Der Graf wendet alle Mittel an, um die Verbindung zu verhindern, aber in einer Nacht, die er bei den Ruinen des alten Forsthauses, der Stätte seiner großen Liebe, verbringt, wird ihm klar, daß er eben im Begriffe ist, dieselbe Schuld gegen seine Tochter auf sich zu laden, die man gegen ihn begangen hat. Er verschweigt Philomene, daß er ihr Vater ist, verzichtet auf seinen Wunsch und ermöglicht selbst das Glück der beiden Liebenden.

Gleichzeitig entwickelt sich eine ähnliche Begebenheit. Prinzessin Ginevra liebt den geist- und gemütvollen Naturforscher Alberich. Da sie weiß, daß der Fürst einer Mißheirat nie zustimmen würde, stellt sie sich krank und sterbend, statt ihrer wird eine künstliche Nachbildung begraben, und sie flieht in die Schweiz, wo sie sich unter anderem Namen mit dem Geliebten vermählt.

„Die Handlung", schließt Heinrich Kurz seine Kritik ab, „hat eine künstlerische Einheit, die Episoden sind glücklich eingeflochten und die zahlreichen und geistreichen Reflexionen über Staat, Verfassung und soziale Frage in organische Verbindung gebracht. Ausgezeichnet ist die Charakterisierung der einzelnen Personen in ihrer psychologischen Schärfe: die unnachgiebige Mutter, der alte Kammerdiener Gerstenberg in seiner köstlichen Kauzigkeit und vor allem Faramond selbst, der, durch bittere Lebenserfahrungen zu großer Reife des Urteils und der Weltansicht geadelt, den Menschen volle Geltung gestattet. Die Ironie des Dichters tritt namentlich hervor in der Person des Reichsgrafen Zimbelin mit seiner aus Wachsfiguren gebildeten Familie, — er wie der bösartige und zugleich einfältige Baron Greifenklau und der adelige Herr Schnaberl von Löwenmaul sind die bitterste Verspottung der Aristokratie mit ihren alten und verwitterten Ansprüchen."

Die ganze erbärmliche Überheblichkeit der adeligen Klasse prangert Tschabuschnigg durch die Worte an, die er zwei Feudalherren in den Mund legt. Der eine deklamiert hochmütig: „Die Menschenrechte hat sich der Pöbel seit 1789 erobert, meinethalber mag er sich auch die sozialen erringen; aber die soziellen, die gesellschaftlichen, verweigern wir ihm in Ewigkeit." Der andere näselt: „Wohlgeboren genügt, wozu noch wohlerzogen?" Daß dieser schonungslose Zeitkritiker durch solch eine Charakterisierung seiner eigenen Kaste von ihr nicht viele begeisterte Leser gewinnen kann, darf nicht wundernehmen. Tschabuschnigg weiß es und er verzichtet auf sie bewußt.

Zwei Jahre später, 1864, erscheint — lang ersehnt und endlich erreicht — im Leipziger Verlag F. A. Brockhaus in dritter erweiterter Auflage eine Sammlung seiner »Gedichte«. Es ist der bisher stärkste Band von 459 Seiten, der mit 180 Titeln eine Auswahl aller seiner bisherigen Poesien umfaßt, angefangen von den Versuchen des Lyzealschülers (»An die Heimatberge«) über die Wiener Studentenzeit in der Heinrich-Heine-Manier — auch die Verse an das Freudenmädchen Laura sind nicht ausgelassen — bis zu den schmerzlichen und anklagenden Strophen im Kampf um seine Liebe gegen die Familie Heufler, ungeachtet dessen, daß diese Erinnerungen bei Julie alte Wunden aufreißen müssen. Zwar ist es „eine reiche lyrische Ernte", wie die Rezension anerkennt, doch wird gleichzeitig nicht mit Unrecht „Mangel an Selbstkritik" vermerkt und für weitere Auflagen eine „strengere Sichtung" empfohlen.

Im Gesamteindruck findet aber Tschabuschniggs dichterische Melodie volle Würdigung. „Sie hat etwas Beschauliches, Sinniges", urteilt die „Triester Zeitung" ausführlich, „und manche Perle ist darunter, die aus der Tiefe einer wahrhaft künstlerischen Phantasie, eines wahrhaft dichterischen Gemütes geholt ist und sich auch dort nicht verleugnet, wo die Grundrichtung der dichterischen Individualität eine gedankenschwere ist." Besonders hervorgehoben werden einige Balladen, „vielleicht das Stimmungsvollste, was er geschrieben", sowie die „am meisten Achtung einflößenden Hymnen in freien Rhythmen, die im Vergleich zu Hölderlin, Goethe und Heine dem breiteren, reicher gegliederten und voller klingenden Versgefüge der pindarischen Strophe näher stehen."

Höhepunkte poetischer Kraft empfindet man vor allem aus zwei autobiographischen Dichtungen. »Eine Sage aus Morgenland« spricht eigenes Erleben tiefsinnig, bilderreich und dunkel in orientalisches Gewand gekleidet. Ohne verschleiernde Hülle dagegen, mit einer rührenden Offenheit, gibt Tschabuschnigg seinem persönlichen Schicksal, dem Verlauf und Sinn seines Lebens ergreifenden Ausdruck in der Vision »An meinen Dämon«.

Schon der Zweiundzwanzigjährige in Wien hat diesen Geist, der ihn bedrängt, in sein Tagebuch eingetragen. Hier beschwört er nun die geheimnisvoll erregende Szene, da er mit Kameraden „den höchsten Berg der Heimat", die Zirbitze, besteigt, aber er erreicht — zuletzt von allen Gefährten verlassen — allein den Gipfel und vermeint dort aus dem Nebel ein Hohnlachen über seine Zukunft zu hören.

Nicht wußt' ich's damals: doch es war mein Dämon!
Ein Gleichnis wies er spottend meines Lebens
Und rollte künft'ger Tage Bild mir auf:
Erringen sollt' ich meines Willens Ziele,
Mein ward zuletzt, wonach die Sehnsucht griff,
Die Freude des Gelingens nahm er nur,
Nur der Genuß blieb aus, die Frucht blieb Asche.

Die Erinnerung geht zurück zu Julie:

Ich liebte mit der Jugend vollem Feuer,
Der Erde Schlacken flossen zischend ab
Und reines Gold gerann in meinem Herzen,
Genug, ein Leben reich damit zu schmücken.
Auf goldnem Grund erschien die Königin, —
Gewinnen wollt' ich sie, mein sollt' sie werden
Und stürmte gegen mich die Welt zum Kampf.

Er denkt an den unvergeßlichen Franz in jener seltsamen Triester Nacht:

Es klang um mich wie Harmonie der Sphären.
Lang floh der Schlummer noch mein Auge, durch
Das offne Fenster sah ich den Orion.
Da schlug es dreimal an die Wand
Gewaltig, wie wenn Angst um Einlaß bäte,

Fast schien's mit Geisterhänden, doch so klar,
Daß keine Täuschung galt. Ich horchte auf,
Absetzend hielt es zwischen jedem Schlage:
Zu jener Stunde starb mein holder Bruder
Fern in der Heimat . . .

Es erfüllt sich seine große Liebe zu Julie:

Ein Jahr darauf trat ich zum Traualtar.
Ich hatte sie errungen, trotz dem Schicksal,
Und dennoch lag's wie Ernst in unsern Zügen.
Des Kirchleins Pforte war mit Laub geschmückt
Und golden rann der Wein im Hochzeitskelche —
Des Segens Sinnbild ist die volle Traube —
Doch schäumte d'rin nicht mehr der Duft der Jugend
Und in den Kränzen gab's manch welkes Blatt.

Es kommt der lange Abschied von den Eltern:

Eh' nach dem Fest der zwölfte Tag entschwunden,
Lag meine Mutter tot in meinen Armen —
Das war die Hochzeitsgabe des Geschicks.
Als ich darauf den Vater auch begrub,
Da war mein Elternhaus ein Kirchhofwinkel,
Der letzte Sproß' bin ich zurückgeblieben
Zum Totengräberdienst . . .

Mit trübem Blick sieht er noch einmal das Aufleuchten der Freiheit:

Groß war die Zeit, die damals schritt auf Erden,
Zerschmettert brach die Schranke der Geschichte,
Und aus der Gruft vermoderter Geschlechter
Schien sich das Schönste, Höchste loszuringen,
Als gält' es einmal noch die junge Menschheit
Im Siegerzug aufs Capitol zu führen.
Gar viele hat des Frühlings Duft berauscht,
Der Traum, zu schön, um ihn nicht mitzuträumen;
Der Giebelpunkt des Lebens schien erreicht.

Groß war die Zeit, jedoch die Menschen klein,
Und wie beim Turm zu Babel kam Verwirrung,
Fremdzungig, mißverstanden klang das Wort.
Drum mußte bald das Schwert auch blutig klingen
Im Bruderkrieg, der drauf das Märchen löste.
Zur Phrase ward die heil'ge Losung, Wort
Und Treue stand in vollen Ballen feil.

Der Frieden kam, doch blieb sein Segen aus,
Und jeder griff nach seiner Selbstsucht Lohn.
Wer gestern noch der Freiheit Fahne trug,
Befriedigt wiegt er sich im Stuhl der Macht:
Dort war sein Ziel, nicht der Altar der Göttin.

Resignierend steht er im Herbst des Lebens und erkennt:

Noch einmal ist der Weg zum Berg zu wandeln;
Im Nebel steht, wer treu nach oben steigt,
Und wie Hohnlachen klingt es aus dem Nebel.

Klaren Auges zieht er unbeirrt den Schlußstrich:

Du hast gesiegt, ich weiß es wohl, mein Dämon,
Am Sterbebett magst du mich wieder äffen
Als Nebelfleck, wie auf dem Berg der Jugend.
Verloren ist die Wette um das Leben,
Doch juble nicht, — die Hand voll Totenbeine
Werf' ich hohnlachend dir ins Angesicht.
Leb' wohl, auf Wiedersehen bei Philippi!

NACHEN DES CHARON

1

Nach diesem tiefberührenden Gedicht, in dem Tschabuschnigg eine Confessio seines eigenen Ichs niederlegt, fühlt er am 10. Dezember 1864 „wieder das Bedürfnis, Tagebuchblätter zu schreiben. Es kommt jene Zeit des Lebens heran, da ich mich nochmals auf mich selbst zurückziehe. Die Träume der Jugend wohnen allerdings nicht mehr in mir, aber reiche Erinnerungen.

Doch wie niemand in der Lage ist, die Geschichte der Gegenwart zu schreiben, und auch nur dasjenige, was er selbst miterlebte, treu wiederzugeben, so kann auch niemand seine eigene Biographie wahrhaft und erschöpfend niederschreiben. Es gibt zu viel Rücksichten für Zeitgenossen und für sich selber. Man schmeichelt nicht nur Fürsten, sondern auch sich selbst. Und um sich dieser Lobhudelei nicht teilhaft zu machen, muß man vieles verschweigen, um nicht zu beschönigen. Aber auch um den Zynismus in den Selbsterkenntnissen zu vermeiden, darf von vielem der Schleier nicht weggezogen werden.

Das allgemeine Moralgesetz ist der breitgetretene Weg für die Massen. Der begabte Einzelne darf im Leben auch sein eigener Pfadfinder sein. Aber das Experiment des persönlichen Weges ist jederzeit ein gewagtes. Man wird leicht schlecht oder unglücklich, oder macht andere unglücklich.

Ich ging häufig meinen persönlichen Weg."

2

Sein Leberleiden macht ihm wieder zu schaffen, und so entschließt er sich im August 1865 zu einer neuerlichen Kur in Marienbad, wo er sich bereits im Vorjahr zusammen mit Julie aufgehalten hat. Er steigt im „Hotel Brüssel" ab, bewegt sich „in sehr eleganter Gesellschaft mit hübschesten Damen" und hat auch Gelegenheit, die immer noch reizvolle Fanny Elßler zu bewundern. Er speist im Kursalon, wo er vom schon bekannten Zahlkellner Josef „sehr protegiert" wird, aber er „soupiert" nicht, sondern hält strenge Diät und trinkt Wiesenquelle, Waldquelle und Kreuzbrunnen, was ihm „sehr gut anschlägt". Wie er Julie berichtet, die den Sommer mit Mariechen und der Schwester Maria in Hall verbringt, ist „mein Badewaschlein wieder die Rosi", aber „die Brunnenmädchen sind gar häßlich."

Als gute Wiener Bekannte trifft er die Reichsrat-Abgeordneten Dr. Giskra, Dr. Hasner, Dr. Herbst und Dr. Groß sowie den Ministerialrat Blumenfeld, mit denen er politische Gespräche führt und am Abend Whist spielt. Mit dem berühmten Heidelberger Universitätsprofessor und Rechtslehrer Dr. Zöpfl, dem er begegnet, unterhält er sich eingehend über juristische Fragen.

In Hall liest Mariechen die »Grafenpfalz«, die ihr „besonders gefällt". Den Vater freut's, „aber ich ziehe fast die »Industriellen« vor." Trotz ihrer liebevollen Worte werden aber die Schreibfehler ernsthaft getadelt.

In einem seiner nächsten Briefe eröffnet sich wieder sein ganzes Herz: „Wenn man allein ist, so kehrt man reflektierend in sich selbst mehr als gewöhnlich. Ich habe deshalb während des einsamen Hierseins mein vergangenes und gegenwärtiges Leben Revue passieren lassen und wiederholt gefunden, daß es mir so gut geht, daß ich nur die Erhaltung dessen, was ich habe, wünschen kann, und daß Ihr beide, meine Geliebten, recht glücklich sein, respektive werden möchtet. Ich danke Euch für Eure Liebe und verzeiht mir meine rauhen Launen. Wir müssen uns auch weniger um dasjenige kümmern, was andere Leute, als wir drei, tun, fremden Taten weniger Aufmerksamkeit schenken und weniger darüber reden." Und er mahnt sie wieder: „Freut euch des Lebens!"

Nach Beendigung der Kur fährt er über Regensburg und Landshut nach Hall, wo er mit seiner Familie zusammentrifft. Eine anschließend geplante gemeinsame Reise nach Rom kommt zunächst wegen einer Choleraepidemie in Italien nicht zustande, später stehen neue Landtagssitzungen in Klagenfurt im Wege.

Das Jahr 1866 verläuft ruhig. Im Sommer ist das Ehepaar wieder getrennt, da sich Julie zur Kur in Bad Rohitsch befindet. Am 16. Juni schreibt sie ihrem Mann: „Ich danke Dir für Deine beglückende Liebe, die Nachsicht für meine Fehler und die bewährte Großmut gegenüber meinen Geschwistern." Fast scheint's, als wollte sie vorausahnend noch einmal ihre ganze Hingabe zu Adolph bezeugen.

3

Herbst 1866 feiern sie ihr 25jähriges Ehejubiläum und verbringen diese Tage in ihrer schönen repräsentativen Wohnung im Landhaus von Klagenfurt, die aus neun Räumen, darunter zwei großen eleganten Salons, besteht und den ansehnlichen Jahresmietzins von 1500 Gulden erfordert. In dankbarer Erinnerung widmet Tschabuschnigg zum Fest Julie ein huldigendes Sonett:

Was wir im Morgenglanze uns ersonnen,
Nicht alles hat erfüllt sich, ist gekommen,
Dem Kranze ward viel Farbenspiel genommen,
In Abendrot ist mancher Traum zerronnen.

Doch deiner Huld und Treue klarer Bronnen,
Springt himmelwärts, wie einst, noch ungebrochen,
Mit Wucher hielt dein Herz, was es versprochen,
Den Preis der Liebe hast du voll gewonnen.

Und ständen wir nach manch verlebtem Jahre
Heut so wie damals in der Schloßkapelle,
Ich böte rasch die Hand dir am Altare

Zum ernsten Gang bis an des Daseins Schwelle.
Wie einst die Krone junger Myrtentriebe
Schmückt dich noch heut die Glorie der Liebe.

Nun treten sie die vom Vorjahre verschobene Reise nach Italien an.

Am 28. Jänner 1867 kehren sie wieder nach Wien zurück. „Julie", vermerkt das Tagebuch, „ist so wohl und gesund als jemals in ihrem Leben."

Vom 16. bis 25. Februar hält sich Tschabuschnigg allein in Klagenfurt auf und nimmt an den Landtagssitzungen teil. Noch am Abend der Rückkehr besucht er mit Julie den großen Studentenball in Wien. Am 29. April findet der letzte Tanzabend im Hause Tschabuschnigg statt, am 25. Mai das letzte größere Diner.

Vorher schon, in der ersten Maiwoche, beginnt Julie über ein leichtes Frösteln zu klagen, doch sind Appetit und Schlaf gut. Bei den Glückwünschen zu ihrem Namenstag am 22. Mai lächelt sie, daß sie „gerne noch einige Jahre an der Seite ihres Adolph leben möchte". In der gleichen Nacht schläft Tschabuschnigg unruhig, glaubt aufwachend einen Leichengeruch zu verspüren und träumt von einem ausgebrochenen Zahn — schlimme abergläubische Vorzeichen.

Zwar werden noch Landpartien unternommen, aber am Christhimmelfahrtstag, am 30. Mai 1867, fühlt sich Julie mehr als gewöhnlich ermüdet. Von diesem Tage an verstärkt sich ihr Unwohlsein, und sie geht schon langsam über die Stiege. Am 5. Juni wohnt sie noch einer Sitzung des Abgeordnetenhauses bei und hört von der Galerie eine Rede des amüsanten Alexander Schindler in der Adreßdebatte, drei Tage später, am 8. Juni, besucht sie zum letzten Male das Burgtheater und sieht das „Familiengemälde" von Alexandre Dumas fils »Vater und Sohn«. Aber sie steht bereits in der ärztlichen Behandlung von Dr. Theodor Jurić und dessen Sohn Gustav.

In der ersten Hälfte Juni entdeckt Julie eine kleine Geschwulst an der unteren Magengegend. Während Vater Jurić „nichts Ernstes" davon ableitet, erklärt sein Sohn dem Gatten, daß es sich um eine Neubildung handelt, „deren Katastrophe sich wohl verzögern, aber eine Heilung nicht erhoffen lasse". Als Beweis für diese Diagnose folgen Abmagerung, Schwäche und Schlafsucht nach.

„Wir fuhren", erinnert sich Tschabuschnigg in seinen Eintragungen, „in der zweiten Hälfte Juni noch einige Male aus, zuletzt nach Tivoli, dann machten wir noch einige kleine Promenaden im Kindergarten, setzten uns auf die Bänke und machten wieder wenige Schritte." Der letzte Ausgang ist Ende Juni mit Mariechen am Wien-Ufer nächst der Milchwirtschaft, wo Julie Vögel füttert.

Da sich der Zustand ständig verschlechtert, entschließt sich Tschabuschnigg, Julie mit Mariechen nach Tirol zu bringen mit der Hoffnung, daß sich die Ortsveränderung und die heimatliche Gebirgsluft auf das Fieber günstig auswirken werde. Zum Aufenthalt gewählt wird das Schloß Weiherburg auf dem nördlichen Gelände über Innsbruck. Er bittet die Schwägerinnen Maria und Toni, mit ihren Familien dort einen Monat bei Julie zuzubringen, um sie zu pflegen.

Die Abreise von Wien erfolgt am 4. Juli 1867. In den letzten Wochen hat Julie bereits alle Arbeit beiseite gelegt, auch beim Einpacken sieht sie nur zu.

„Abends um 9 Uhr fuhren wir zum Bahnhof. Als ich ein paar Augenblicke, bevor wir die Wohnung verließen, in das Schlafzimmer trat, kniete Julie schon im Reisekleide mit dem runden braunen Strohhut auf dem Kopfe zu Füßen ihres Bettes und betete mit gefalteten Händen. Als ich nach Hause kam, kniete und betete ich an derselben Stelle wie Julie und segnete sie. In der Nacht wurde ich wach und hatte zweimal die Gesichtstäuschung, daß eine Fledermaus von ihrem Bette auffliege."

Am 6. Juli vormittags kommt Julie in Innsbruck an und fährt nachmittags auf die Weiherburg. Die Hoffnung auf eine Besserung sinkt aber, und nach einer ärztlichen Visite am 13. Juli schreibt Professor Dr. Mayerhofer an Tschabuschnigg „in grausamem Zynismus, daß Julie an Magenkrebs leide und entweder an Schwäche oder später unter heftigen Schmerzen sterben werde". Ende Juli läßt der Arzt ihm „in seiner leichtsinnigen Brutalität" sagen, „rasch zu Julie zu kommen, wenn er sie noch lebend antreffen wolle". Aber der freundschaftlich verbundene Dr. Jurić versichert, daß diese Ankündigung unwahr sei. So fährt er, die ganze Zeit durch zahlreiche Sitzungen im Abgeordnetenhaus zurückgehalten, erst am 2. August zu Julie, und erschrickt über ihren inzwischen eingetretenen Verfall.

Da er bei sich selbst „einen Nervenschlag" befürchtet, begibt er sich mit Mariechen vom 2. bis 4. September in das nahe Brennerbad zu einer kurzen Erholung. Nach seiner Rückkehr betet er mit Julie die täglichen Andachten und bis zum vorletzten Abend die „Lauretanische Litanei" mit der Anrufung: „Du Heil der Kranken!" Sie wird aber immer schwächer, das Essen muß ihr zum Mund geführt werden. „Die Tätigkeit des Geistes und des Herzens stumpfte sich etwas", trägt Tschabuschnigg ein, „die Sprache wurde mühsamer, die Augen schlossen sich häufig, der Anteil der Liebe zog sich in etwas zurück." Er bringt ihr Rosen und liest ihr zuletzt aus seinen Gedichten jene vor, die sich auf sie bezogen. Am 15. September findet noch ein größeres Familiendiner im Garten statt.

Ende des Monats erfährt Julie, daß der k. k. Oberleutnant Joseph Salvator Ritter v. Thavonat zu Thavon aus landständischer Südtiroler Familie förmlich um Mariechens Hand angehalten hat. Sie billigt das Zustandekommen der Ehe, „da sie von ihm nichts Übles weiß".

Die Absicht, Julie wieder nach Wien zurückzubringen, läßt sich nicht durchführen. Zwar wird ein eigener direkter Waggon mit Bett in Innsbruck bereitgestellt, doch ist ein Transport nicht mehr möglich, da Schneefall eingetreten ist.

Am 5. Oktober ruft Julie Mariechen zu sich ans Bett: „Verlaß den Papa nicht!" Tschabuschnigg wird darüber unwillig, denn er befürchtet, daß diese Worte auf das junge Mädchen einen falschen, gegen die Heirat gerichteten Eindruck machen könnten. Doch er überwindet sich und schweigt.

Die Schatten des Todes fallen immer stärker über Julie. Er bringt ihr aus dem Garten einen Schneeball und vier Rosen mit innen unerschlossenen Knospen. Sie sieht sie an: „Mehr schön als duftend." Am 6. Oktober bekennt sie: „Der Tag ist mir heute der schlechteste." Er gibt ihr drei Küsse — „sie erwiderte sie nur schwach lächelnd".

Aus dem „Buch des Erlebten":

„Am 7. Oktober nahm Julie kaum etwas zu sich, ihr Auge fing zu brechen an und um 10 Uhr war nicht zu verkennen, daß sie den Tag nicht überleben würde." Ergreifend setzt er fort: „Ihre schönen Augen, die meine Jugend entflammt hatten und das Glück meines Lebens waren, hoben sich in dieser letzten Stunde so verklärt gegen Himmel, daß sie mich an Sodomas heilige Katharina in der Kirche zu Siena erinnerten. Nur waren die Juliens viel menschlicher und wahrhafter."

Nachmittags scheint nach vier Tagen wieder die Sonne. Tschabuschnigg öffnet die Jalousien, Julie wendet den Kopf und blickt unverwandt in ihr Licht. Kurz nach vier Uhr entschläft sie sanft. Über das Sterbebett werden die letzten Rosen aus dem Garten gestreut und ringsum Lichter angezündet. „Wenn Heilige so schwer sterben, wie soll dann der Tod der Sünder sein...?"

Im Dunkel der Nacht geht Tschabuschnigg — „wie ein armer Bankrotteur" — zusammen mit Mariechen von der Weiherburg nach Innsbruck, um wegen des Todesfalles letzte schmerzliche Verpflichtungen zu erfüllen. „Ich kaufte auch den Metallsarg für Julie und legte mich in ihn, auf der Stelle, auf der meine Geliebte den ewigen Schlaf schlafen soll."

Am 9. Oktober 1867 früh, nach einem neuerlichen Abschied von der toten Julie, fährt er mit Mariechen nach Wien. Um 10 Uhr des gleichen Tages wird die Leiche auf der Weiherburg eingesegnet, der Schwager Neugebauer bettet sie in den Sarg und versperrt ihn. Die Überführung nach Klagenfurt, die in einer Kutsche erfolgt, macht in Welsberg, Nikolsdorf und Villach halt, die Beisetzung findet am 14. Oktober um 10 Uhr morgens auf dem Friedhofe St. Ruprecht in der Begräbnisstätte der Familie Tschabuschnigg statt.

„Dort liegt jetzt schon mein Herz begraben", trägt er in das Tagebuch ein, und auf den Grabstein setzt er die Worte:

„Ein Herz voll Liebe und Güte, tugendhaft, hold und geliebt! Das war ein langer Abschied nach einer langen Liebe!"

Wie knapp vor einem Jahre zum beglückten Hochzeitstag schreibt er nun voll Trauer für Julie das letzte Sonett:

...: Nur wen'ge Wochen
Liegst du im Grab', mir sind es hundert Jahre,
Mein Haar ist schnell gebleicht an deiner Bahre,
Mit deinem Sterben war mein Mut gebrochen.

Und daß mein Herz in altgewohntem Pochen
Das holde Bild sich ungestört bewahre,
Versank in Nacht die Gegenwart, die klare,
Fremd klang das Wort, das Freundes Mund gesprochen.

Ich hab' gehofft, dir sei die Pflicht geblieben,
Mein Aug' im Tode sanft mir zu verschließen,
Doch anders kam's, mir ward es zugewiesen:

Ein langer Abschied war's nach langem Lieben,
Nun wohl! — so magst, wenn ich dann komme, drüben
In alter Huld du mich zuerst begrüßen.

AM STEUERRAD

1

Dieses für Tschabuschnigg persönlich so leidvolle Jahr 1867 hat für Österreich eine neue politische Szenerie gebracht, in die auch er miteinbezogen wird. Wie nach Solferino hat 1866 auch die Tragödie von Königgrätz die verfassungsrechtlichen Verhältnisse wieder hergestellt: die am 20. September 1865 von der Regierung verfügte Sistierung des Oktoberdiploms des Jahres 1860 wird aufgehoben und am 4. Februar 1867 die Einberufung des Kärntnerischen Landtages bekanntgegeben. In seiner Sitzung vom 23. Februar entsendet er Tschabuschnigg, zusammen mit Paul v. Herbert, Gabriel v. Jessernigg, Josef Lax und Hermann Mertlitsch in das Abgeordnetenhaus des Reichsrates, der am 22. Mai feierlich eröffnet wird.

Nur mit geteiltem Herzen, die kranke Julie zur Seite, vermag Tschabuschnigg die parlamentarische Tätigkeit wieder aufzunehmen. Er bleibt noch stumm und zunächst zweifelnd, denn wenn auch das verfassungsrechtliche Leben wieder in Gang kommt, so übersieht er doch nicht, daß es keine Reichsverfassung mehr ist. Auf die Thronrede des Kaisers meldet er sich zum Adreßentwurf des Abgeordnetenhauses am 3. Juni zu Wort und weist einleitend darauf hin, daß es sich nun „um eine Neugestaltung der staatlichen Verhältnisse handelt, bei der nicht nur dem Bedürfnisse nach freiheitlicher Entwicklung des Staatslebens Rechnung getragen, sondern auch das Verhältnis zwischen den zwei großen Teilen des Reiches — Österreich und Ungarn — auf endgiltige und befriedigende Weise festgestellt werden muß." Mit eindringlichen Worten legt er dar, „daß die Prinzipe des Staatsrechtes der österreichischen Vergangenheit ausgelebt und verbraucht sind, aber", fährt er fort, „nun gilt ein anderes Prinzip — es ist das historische und lebendige Recht der Gegenwart, wie es sich durch den Lauf der Geschichte und der Kultur herausgebildet hat, und das vorzüglichste Recht ist das auf politische und persönliche Freiheit." Er unterstreicht, daß in der Thronrede dieses Recht ausdrücklich anerkannt wurde, „wenn auch nicht mit volltönenden Worten, so doch durch die Ankündigung bestimmter Gesetze", und er „hegt das volle Vertrauen, daß zum Mute des Gedankens sich auch der Mut der Tat gesellen wird".

Im zweiten Teil dieser politisch hochbedeutsamen Rede wendet er sich dem Ausgleich mit Ungarn zu. Er steht den Verhandlungen skeptisch, ja ablehnend gegenüber, wenn er auch „den Wert einer solchen Vereinbarung nicht unterschätzt". Aber gleichzeitig betont er, „daß im Interesse Österreichs nicht dringend irgendein Ausgleich ohne Zögerung zustande kommen muß, sondern daß er beide Teile befriedigt. Man darf nicht Verhältnisse schaffen, die man dann nicht durchführen kann." Mit allem Nachdruck erklärt er, „daß wir zum Werk des Ausgleiches den besten Willen mitbringen wollen, auch wollen wir so weit nachgeben als wir können und dürfen, aber es gibt eine Grenze, wo unser politisches Gewissen das ‚*Non possumus*' rufen muß. Keinem Punkte des Ausgleiches kann beigestimmt werden, der die Durchführung des konstitutionellen Staatsrechtes in irgend einer Richtung in Frage stellen und beeinträchtigen würde, ebenso müßte jeder Punkt abgelehnt werden, der uns in finanzieller oder volkswirtschaftlicher Beziehung preisgeben würde. Dies", schließt Tschabuschnigg, „sind die zwei Grenzmarken, über die unsere Bereitwilligkeit nicht hinausgehen darf", er hofft aber — mit leichtem Zögern in den Worten —, „daß beide Teile endlich im Interesse der Freiheit und des gleichmäßigen Wohlergehens einander gerecht werden mögen." Schließlich stimmt er dem Adreßentwurf zu, doch er sieht mit Sorge in die Zukunft.

Bald darauf, am 16. Juli 1867, findet im Rahmen der Beratungen über das Strafgesetz im Abgeordnetenhaus eine große Debatte für und gegen die Todesstrafe statt, bei der Tschabuschnigg als Obmann des Justizausschusses und Berichterstatter „in Hinblick auf die Gründe, die sich mir während meiner 33jährigen Ausübung des Richteramtes ergeben haben", die gänzliche Beseitigung der Todesstrafe beantragt.

Mit dieser Frage hat sich Tschabuschnigg schon als junger Auskultant befaßt, und auf Grund eines tragischen Justizirrtums, der sich während des französischen Julikönigtums in Orléans ereignete und in der „Gazette des Tribunaux" weites Aufsehen erregte, schrieb er eine Novelle »Das Haupt des Guillotinierten«, die 1839 in der Laibacher „Carniola" erschien. Ein junger Generalprokurator glaubt bei einem Raubmord durch eine übereifrige Tätigkeit den Beweis erbringen zu können, daß er würdig sei, bei seinem weiteren Aufstieg im Amte einem anderen Mitbewerber vorgezogen zu werden. Er leitet die Untersuchung mit ausgezeichnetem Scharfblick, hält ein glänzendes Plädoyer, und der angeklagte Savoyarde wird vom Schwurgericht für schuldig erkannt und hingerichtet. Wenige Monate später ergibt es sich aber, daß der Knabe unschuldig war, den Generalprokurator verfolgt ununterbrochen das blutige Haupt und er verfällt dem Wahnsinn.

Es ist eine leidenschaftliche Rede, die Tschabuschnigg in Erinnerung an seine einstige kriminalistische Amtszeit gegen die Beibehaltung der Todesstrafe hält und sich hiebei vor allem mit den Motiven und der Unsicherheit bei den Begnadigungsanträgen befaßt. „Die Begnadigung ist ein Ausfluß der Majestät", führt er aus, „aber da der Staatschef die einzelnen Strafprozesse nicht selbst studieren kann, muß er sich bei seinen Begnadigungen auf Darstellungen und Anträge der dazu berufenen Personen und Behörden verlassen können."

Hiebei weist er darauf hin, daß früher die allgemeine Übung bestand, eine vom Obersten Gerichtshof — dessen Mitglied auch Tschabuschnigg ist — beantragte Begnadigung eines zum Tode Verurteilten auch tatsächlich zu berücksichtigen und die Strafe nicht vollstrecken zu lassen. „Nur in den allerletzten Jahren", fügt er anklagend bei, „haben sich hievon einige Ausnahmen ergeben", und er stellt die Frage:

„Welche tatsächlichen Merkmale berechtigen den Herrn Justizminister oder den für ihn arbeitenden Beamten, einen bestimmten Verbrecher von der Allerhöchsten Gnade durch seinen Antrag auszuschließen zu wollen? Auf ein bestimmtes Gesetz kann er sich diesfalls nicht berufen. Die tatsächlichen Umstände der einzelnen Verbrechen, die Motive derselben sind aber oft so verwirrt, daß der Begnadigungsantrag, — verzeihen Sie mir das einigermaßen frivole Wort, — zur Geschmacksache wird."

Die Versammlung wird, wie das Protokoll verzeichnet, unruhig. „Aber", setzt Tschabuschnigg fort, „Sie werden vielleicht eine größere Beruhigung darin finden, daß die Begnadigungsanträge der Gerichtshöfe und insbesondere des Obersten Gerichtshofes hierbei gewiß von recht beachtlicher Bedeutung sind."

Trotzdem hält er aber davon nur wenig und gibt zu bedenken: „Bei der Verschiedenheit der menschlichen Naturen ist es unvermeidbar, daß ungeachtet der reinsten Gerechtigkeitsliebe einzelne Personen sich doch mehr zur Strenge, andere mehr zur Milde hinneigen. Die zufällige Zusammensetzung eines Senates, in welchem ein Begnadigungsantrag zum Vortrag kommt, ist daher von entscheidendem Einfluß für das Schicksal dieses Antrages. Die Auffassung des Referenten, seine Darstellung und die jeweiligen Stimmungen sind zunächst maßgebend."

Er beschwört die Abgeordneten: „Meine Herren! Ich war wiederholt Votant in einem Senate, in welchem mehr als ein Todesurteil von denselben Stimmgebern beraten wurde, und ich habe öfter als einmal gesehen, daß ein Teil der Votanten den ersten Verbrecher der Allerhöchsten Gnade empfohlen haben, aber sie den zweiten davon ausschlossen, während von den anderen Votanten jener erste Verbrecher der Allerhöchsten Gnade unwürdig, der zweite aber für würdig gehalten wurde. Die Tatsache also, daß die Anträge auf Begnadigung von Persönlichkeiten, von Stimmungen und Auffassungen abhängen, ist ein sehr gewichtiger Grund für die Abschaffung der Todesstrafe."

Er erhält „lebhafte Bravo-Rufe", aber es melden sich auch kritische Gegenstimmen, die er mit schneidender Überlegenheit widerlegt. Aber letztlich wird der Antrag doch mit der nichtssagenden Begründung abgelehnt, „daß die Zeit dazu noch nicht reif ist". Tschabuschnigg verschränkt die Arme: es ist ein persönlicher Mißerfolg, aber in der Sache selbst weiß er, daß die Glocke, die er angeschlagen hat, forttönen und die Stunde für seinen Antrag unweigerlich kommen muß, — wenn er freilich auch nicht ahnt, daß dies über fünfzig Jahre bis zum Zusammenbruch der Monarchie dauern wird.

Noch vor Ende der Session bittet er um Urlaub und fährt zur sterbenden Julie auf die Weiherburg. Nach der Rückkehr von ihrem Grab meldet er sich im Hohen Hause nur mehr selten zu Wort: als Berichterstatter des Justizausschusses hält er am 31. März 1868 eine große Rede über die Konkursordnung, und am 20. Mai spricht er über die Disziplinarbehandlung der richterlichen Beamten. Nachdem er in verschiedenen Fragen einen von der Mehrzahl der deutschen Abgeordneten nicht geteilten Standpunkt vertritt, zieht er sich von der parlamentarischen Arbeit immer mehr zurück und läßt sich seit 1869 in keinen Ausschuß mehr wählen. Er ist ein stiller Mann geworden, steht politisch im Hintergrund und nimmt einen der letzten Plätze „auf der Linken" ein. Den später eintretenden Abgeordneten bleibt er fremd.

2

Kurz nach Ablauf des Trauerjahres, am 14. November 1868, heiratet Mariechen. Der Bräutigam Joseph v. Thavonat hat als junger Offizier im Franz Joseph-Tiroler-Jägerregiment die Feldzüge von 1859 und 1866 in Italien mitgemacht, jetzt versieht „Beppo", wie er gerufen wird, seinen Dienst in der Divisionsschule in Wien als Fechtlehrer. Zweifellos wirkt er mehr durch seine elegante männliche Haltung als durch besondere Geistesausstrahlung — aber es ist eine echte Liebesverbindung, die Tschabuschnigg glücklich berührt. Man wohnt gemeinsam in der noblen Bel-Etage des Hauses Reisnerstraße Nr. 5, das junge Paar genießt in vollen Zügen die Freuden der Kaiserstadt, die ihm des Vaters hochgestellte Persönlichkeit und reiche Finanzkraft bietet, man besucht Theater, Konzerte und Bälle, wird zu allen glänzenden Empfängen eingeladen und führt ein gastfreies Haus. Tschabuschnigg fühlt in sich neue Lebensfreude, er übergeht die politischen

Differenzen und entschließt sich im Sommer 1869 in wiedererwachter Reiselust zu einer Fahrt in die nordischen Länder.

In Kopenhagen, der Heimatstadt Thorwaldsens, besucht er das Museum des berühmten Bildhauers und findet hier bewundernd „die ganze Kunstschönheit des Südens. In ihrer Großartigkeit", vermerkt er, „steht diese Schau mit ihren über 650 Skulpturen weitaus höher als die Glyptothek in München."

In dem „von überschäumendem Leben erfüllten" Stockholm ist er erstaunt, „ein so lautes genußsüchtiges Treiben zu sehen, das an Frohsinn und Liederlichkeit das der südlichen Hauptstädte überbietet. Ich muß meine Meinung von dem Ernst des Nordens ablegen und bekenne, daß in Stockholm mehr rückhaltlose Laune zur Schau gestellt wird als in Italien. Nicht nur sind ganz große Hotels mit lockenden Schildern lediglich für Rendezvous mit der eleganten Halbwelt angelegt, sondern ich traf in öffentlichen Lokalen Damen der guten Gesellschaft, die Abenteuern nicht aus dem Wege zu gehen schienen, sich dort einzeln oder zu zweien restaurierten und ohne Bedenken je eine Flasche schwedischen Punsches leerten."

Auf der weiteren Norwegenfahrt geht es über Christiania durch herrliche Fjorde zum neu eröffneten Dalands-Kanal, der sein besonderes Interesse erweckt. Der Dampfer, den er benützt, heißt „Lexan" und ist „ein Schiff von mäßiger Länge". Es belustigt ihn, daß bei der Ankunft „der Kapitän, der doch die Manöver seines Schiffes leiten soll, es als erster verläßt, sein Fahrrad nimmt und am Rande des Kanals vergnügt davonfährt." Auch die Wirtschaft auf der „Lexan" findet er absonderlich. „Die Verpflegung der Passagiere hatten zwei ältere Freudenmädchen aus Göteborg gepachtet. Ich kann nicht sagen, daß unsere Lage in dieser Beziehung eine vorzügliche genannt zu werden verdiente, aber amüsant war sie jedenfalls."

3

Über Lübeck und Hamburg kehrt er trotz einiger Beschwernisse, die ihm die Reise diesmal bereitet hat, gestärkt nach Wien zurück. Hier vermeint er bald die Vollendung des Glücks der jungen Ehe in der Geburt eines Knaben zu sehen, der nach ihm auf den Namen Adolph getauft wird. Doch allzurasch folgt die Trauer nach, denn schon nach 36 Stunden stirbt das Kind zum Schmerz der Eltern an einem organischen Herzfehler. Verzweifelt hält Tschabuschnigg den toten Enkel in den Armen und versucht, während er durch die Wohnung irrt, die kleine Leiche wieder zum Leben zu erwecken. Er verliert allen Glauben an die Welt. „Ich kann nicht mehr beten", klagt er, „die letzte Liebe für die Mitmenschen ist mir entschwunden und die Zuversicht auf Unsterblichkeit und ein Wiedersehen völlig abhanden gekommen."

Wieder verfällt er in Einsamkeit, die ihn seit dem Tode Juliens nicht verlassen hat. Was bleibt ihm noch? Mit trüben Augen und voll Sorge verfolgt er die politische Situation in Österreich. Im Reichstag, den er meidet, ist eine weitere Verschärfung in der Nationalitätenfrage eingetreten, die schon im Bürgerministerium von Carlos Auersperg zu einer Krise hinsteuerte und im Kabinett Hasner ihren Höhepunkt erreicht. Ein Heil sieht Tschabuschnigg nur in einer Abänderung des Wahlrechtes, deshalb trennt er sich von der „Linken" des Abgeordnetenhauses und erklärt sich als unabhängig, wie er es im Grunde immer war, schon als er selbst gegen Schmerling Stellung bezog.

Trotz aller Resignation fühlt er sich zu einem neuen politischen Eintreten verpflichtet: er muß, wenn Österreichs konstitutionelle Sicherheit gewahrt bleiben soll, über eine Wahlrechtsreform sprechen. Gewiß aber nicht in Wien. Er fährt nach Kärnten.

Hier weiß er sich auf sicherem, auf verständnisbereitem Boden. Obwohl kaum 60 Jahre, ist er in diesem Land schon der große alte Mann geworden, dessen Wort immer besondere Beachtung findet. Am 12. Oktober 1869 steht er vor dem Kärntnerischen Landtag.

4

„Die Staatsform", leitet er seine große Rede ein, „die in der Gegenwart für Mitteleuropa die angezeigte erscheint, ist die konstitutionelle Monarchie, in der allen berechtigten Staatsangehörigen das ihnen gebührende Recht an der Gesetzgebung verfassungsmäßig zugewiesen und gesichert wird. Es wäre nun wohl das Naturgemäßeste, daß jeder Staatsgenosse dieses Recht von Fall zu Fall persönlich ausüben würde, aber bei der Größe unseres Staates ist dies nicht möglich und man muß sich damit begnügen, dieses Recht durch gewählte Vertreter zur Geltung zu bringen.

Das beste Wahlgesetz", führt er weiter aus, „ist gewiß jenes, welches möglichst viele Mitbürger zur Wahl zuläßt und nebstdem auch Garantien bietet, daß die Wahlen gut und ersprießlich sind. In dieser Richtung müssen direkte Wahlen ins Auge gefaßt werden, selbst auf die Gefahr hin, daß das Resultat derselben manchmal ein zweifelhaftes sein kann.

In dieser Hinsicht ist vorzugsweise das Abgeordnetenhaus, die zweite Kammer des Reichsrates, berufen, in Österreich die Vertretung des Volkes zum Ausdruck zu bringen. Der bisherige Wahlmodus, Vertreter der Interessengruppen zu entsenden, ist kaum länger haltbar. Derzeit mangelt dem Abgeordnetenhaus die Wurzel im Volke, die Solidarität mit dem Volke, ihm mangelt das Bewußtsein, daß es wirklich von denjenigen gewählt ist, welche es vertreten soll, ihm mangelt daher die Freudigkeit der Arbeit. Und weil das Abgeordnetenhaus nicht aus Volkswahlen hervorging, steht es auch nicht im Schutz des Volkes.

Aber auch der Regierung gegenüber", stellt Tschabuschnigg fest, „vermag das Abgeordnetenhaus nicht jene Stellung zu behaupten, welche einer Volksvertretung unumgänglich notwendig ist. Die Regierung schätzt das Votum des Abgeordnetenhauses nur als die Ansicht so und so vieler einzelner Personen und weiß, daß das Abgeordnetenhaus die Meinung des Volkes nicht in jener Unmittelbarkeit, wie es geschehen sollte, zum Ausdruck bringen kann. Daraus entsteht die weitere Folge, daß auch das Abgeordnetenhaus mit seinen spontanen Überzeugungen sich nicht so unabhängig und frei von jedem Einflusse erhalten kann wie bei einem aus unmittelbaren Wahlen hervorgegangenen Volkshause. Um diesem Übelstande abzuhelfen und der berechtigten Mission der Volksvertretung Rechnung zu tragen, müssen diese Wahlen nach der Volkszahl durchgeführt werden."

Er lotet tiefer:

„Neben den Abgeordneten besteht aber die österreichische Zentralvertretung auch aus dem Herrenhaus als der ersten Kammer. Auch sie muß in einer anderen Weise zusammengesetzt werden als gegenwärtig, wo sie nichts anderes ist als ein Senat von Vertrauensmännern, welchen die Regierung familien- und personenweise beruft und in Zeiten, wo sie gewisse Voten durch das Herrenhaus durchsetzen will, nach Belieben zu vermehren in der Lage ist. So wie das in ein Volkshaus umgewandelte Abgeordnetenhaus muß das Herrenhaus in eine Ländervertretung umgestaltet werden, wodurch eine Fühlung zwischen den einzelnen Landtagen und der Reichsvertretung stattfindet. Damit soll nicht ausgeschlossen sein, daß vorübergehend auch Virilstimmen darin Platz finden, darunter Mitglieder ‚unseres erlauchten Herrscherhauses' und Vertreter gewisser großer Interessen der einzelnen Länder", wobei er die Besitzer von bedeutenden Latifundien anführt.

Kritischen Einwendungen nimmt er vorweg den Wind aus den Segeln:

„Lediglich aus Veränderungssucht, aus Rücksicht für liberale Phrasen oder aus persönlichen Interessen soll weder an der Verfassung noch an dem Wahlgesetze eine Abänderung vorgenommen werden. Allein etwas anderes ist es, wenn man unhaltbare Zustände mit berechtigten und ersprießlichen vertauscht. Deshalb muß eine Änderung bald und in vollem Umfange eintreten, um endlich zu dauernden Zuständen zu gelangen. Die fieberhafte Hast im Volke entsteht gerade dadurch, daß seine berechtigten Wünsche nicht erfüllt werden, daß man dem Gebote der Notwendigkeit nur stückweise von Zeit zu Zeit nachzugeben bereit ist. Nur aus der Befriedigung entsteht Friede, nur aus der Beruhigung Ruhe."

Er faßt zusammen und kommt zum Kernpunkt seiner Ausführungen: zur Nationalitätenfrage.

„Dieser Weg ist allein und am sichersten geeignet, Österreich zu beruhigen, auch gegenüber den nationalen Parteien. Durch unsere Bestrebungen werden alle jene befriedigt werden, denen es um dauernde freiheitliche Verhältnisse zu tun ist. Auch unter den Nationalen gibt es solche, welche diese Zustände vor allem im Auge haben, und sie werden geneigt sein, die nationalen Interessen den freiheitlichen unterzuordnen, sobald sie sich überzeugt haben, daß ihre Rechte gesichert sind. Auch jene, welche zuerst die Nationalität vor sich sehen, werden mit den geänderten Zuständen sich leichter versöhnen, denn gegenwärtig besteht eine ihrer Hauptklagen darin, daß in der Wahlordnung für die Wahlen durch künstliche Gruppierungen eine willkürliche Majorität geschaffen wurde, die sie selbst in ungerechtfertigter Weise in die Minorität versetzte. Wenn nun die Wahlen nach der Volkszahl vorgenommen werden, wird die nationale Partei, wo sie wirklich in der Mehrzahl ist, auch die Männer ihrer Wahl durchbringen können und sich nicht länger wegen einer Verkürzung zu beklagen haben."

Die Rede hinterläßt über Kärnten hinaus stärksten Eindruck. Sie findet auch in Wien unerwarteten Widerhall und stellt Tschabuschnigg — ihm noch unbewußt — in den Mittelpunkt einer neuen politischen Kombination.

5

Der Kaiser, von den Festen zur Eröffnung des Suez-Kanals aus Ägypten zurückgekehrt, unterzeichnet nach seiner Landung in Triest das Patent vom 3. Dezember 1869, das den Reichsrat für den 11. Dezember zu seiner fünften Session einberuft.

Österreich steht im Zeichen einer neuerlich verschärften Krise. Unter dem Ministerium des Grafen Eduard Taaffe haben sich die politischen Meinungen und Ansichten immer mehr zerklüftet, die gegenseitige Erbitterung der Parteien ist gestiegen, und schließlich sind 54 Mitglieder — Tschechen, Polen, Rumänen, Krainer und klerikale Tiroler — aus dem Abgeordnetenhaus ausgetreten, so daß es sich nur mit Mühe auf der beschlußfähigen Zahl erhalten kann. Die zentralistische Majorität des Kabinetts hofft eine Gesundung der Verhältnisse durch die Loslösung des Reichsrates von den Landtagen zu erreichen, die föderalistische Minderheit erstrebt einen Kompromiß aller Länder und Stämme des Reiches. Der Aufruf des Monarchen, zu einer Einigung zu gelangen, schlägt fehl, Taaffe demissioniert und Dr. Leopold Hasner Ritter v. Artha als Führer der zentralistischen Mehrheit wird am 1. Februar 1870 zum neuen Ministerpräsidenten bestellt. Diese Entscheidung der Krone aber bietet nun allen Gegnern der Verfassung willkommenen Anlaß, nur noch schärfer ihre Forderungen geltend zu machen.

Im Rumpfparlament, in dem die oppositionellen Elemente nicht vertreten sind, hat der deutsche Liberalismus augenblicklich zwar unbeschränkten Raum, aber auch Hasner, gestützt durch seine Ministerkollegen Dr. Eduard Herbst und Dr. Karl Giskra, vermag nicht, der Schwierigkeiten Herr zu werden. Tschabuschnigg verhält sich abwartend und erkennt klar die zwei einzigen Wege: entweder muß die bisherige Majorität des Reichsrates und die Regierung mit unerbittlicher Konsequenz und Einseitigkeit die Zügel weiterhalten oder es muß der Weg der Verständigung, der Versöhnung der Parteien eingeschlagen werden. „In einem aus verschiedenen mächtigen Parteien und Nationalitäten zusammengesetzten Staat", erklärt er, „kann keine von ihnen ohne Vergewaltigung der anderen die Hegemonie führen, deshalb dürfen für ein neues Ministerium nicht Männer aus einer einzigen Partei entnommen werden, sondern müssen vielmehr alle Parteien in maßvoller Weise vertreten sein. Die Rettung kann nur ein Koalitionsministerium bringen."

In der Verfassungspartei dauern aber Streit und Hader fort, und nach nur zweimonatiger Regierungszeit kann sich auch Hasner nicht mehr halten. Ein neues staatsrechtliches Experiment steht in Sicht, und bald bleibt kein Zweifel mehr, daß nach dem Kampf zwischen der zentralistischen Mehrheit des Parlaments und der föderalistischen Minderheit nun diese zum Zug kommen wird. Bald sickert durch, daß Graf Alfred Potocki, der bereits den Ministerien Carlos Auersperg und Taaffe angehört hat, vom Kaiser mit der Bildung eines neuen Kabinetts betraut werden soll. Der polnische Aristokrat, bekannt durch seine vornehme Denkungsart und peinlich korrekte Politik, zögert zunächst und denkt, ganz im Sinne Tschabuschniggs, an ein neutrales Ministerium; von der Notwendigkeit einer weniger schroffen Haltung gegen die nichtdeutschen Nationen Österreichs sowie eines geringeren Zentralismus ist er überzeugt. Franz Joseph stimmt seiner Ansicht zu und appelliert zur Annahme der Berufung an seinen Patriotismus. So erscheint in der Karwoche 1870, am 11. April, ein kaiserliches Handschreiben, mit dem die Ernennung des Grafen Potocki zum Ministerpräsidenten und Leiter des Ackerbauministeriums sowie des Grafen Taaffe zum Minister des Innern und Leiter des Ministeriums für Landesverteidigung ausgesprochen wird.

Aber die Kabinettsliste liegt noch nicht vollständig vor.

6

Am Vormittag des gleichen 11. April arbeitet Tschabuschnigg im Schlafrock daheim an Prozeßakten, als sein Bedienter eintritt und ihm die Visitkarten von zwei Herren übergibt, die ihn zu sprechen wünschen. Er liest die Namen Potocki und Taaffe und ist sich sofort im klaren, was ihr Kommen bedeutet, obwohl er vorher nie daran dachte, jemals in ein Ministerium berufen zu werden.

Tatsächlich stellt ihm Alfred Graf Potocki, elegant und von vollendeter polnischer Liebenswürdigkeit, diesen Antrag und bezieht sich hiebei auf die Rede, die Tschabuschnigg am 12. Oktober im Kärntner Landtag über die direkten Wahlen in das Abgeordnetenhaus gehalten hat. Direkte Wahlen, betont er, bilden auch ein Hauptanliegen seines Programmes, dessen erster Punkt die Versöhnung der Parteien ist, weiters das Zustandekommen des möglichst vollzähligen Reichsrates und der gemeinsamen Delegationen des österreichischen und des ungarischen Parlamentes sowie schließlich ein Ausgleich mit den Parteien auf Grundlage der Verfassung und mit verfassungsmäßigen Mitteln.

Tschabuschnigg erwidert zunächst ausweichend: er besitze für den Eintritt in ein Ministerium weder Neigung noch Ambition, im Abgeordnetenhaus stehe er ohne Partei vereinzelt da, und er betont vor allem, „daß ich nach meiner Überzeugung und Gesinnung unverrückt zur deutschen liberalen Partei gehöre und zu einem Bruch der Verfassung in keiner Richtung hin mitwirken kann." Außerdem weist er darauf hin, daß er kein guter Redner ist.

Im Laufe des Gespräches versichert Potocki, daß auch er in keiner Weise an einer Verletzung der Verfassung teilnehmen würde, und daß es ihm insbesondere daran gelegen sei, reine, unantastbare Charaktere für sein Ministerium zu gewinnen. Sehr verbindlich, aber mit bedeutsamer Betonung fügt Graf Taaffe bei: der Kaiser läßt ihn bitten, ihm diesen großen Dienst zu erweisen und das Justizministerium zu übernehmen.

Tschabuschnigg überlegt: als Hofrat mit 37 Dienstjahren, als Teilnehmer am politischen Leben seit 1848 und als Mitglied des Abgeordnetenhauses seit 1861 kann er wohl den Antrag nicht sofort brüsk ablehnen. Anderseits weiß er, daß er sich bei einer Annahme in Gegensatz zu seiner Partei setzt. So erbittet er sich eine Überlegungsfrist und verspricht für den nächsten Tag eine Denkschrift mit den Voraussetzungen für einen eventuellen Eintritt in das Ministerium zu übersenden. Damit verabschieden sich die beiden Herren.

Als er das Anerbieten Mariechen mitteilt, fängt sie zu weinen an und klagt, daß nun das schöne Familienleben zerrissen wird. Tschabuschnigg denkt an Julie: „Der Ausspruch ihres klaren reinen Verstandes würde mich leiten."

Er setzt sich wieder an den Schreibtisch und entwirft einige flüchtige Programmpunkte, auf die er bestehen muß: Wahlreform und Änderung der Verfassung nur im Wege durch Krone und Reichsrat, direkte Wahlen für das Abgeordnetenhaus, Ergänzung des Herrenhauses durch Delegierte der Landtage, besonders betont wird die Beibehaltung der Zentralvertretung, eine nicht zu weitgehende Autonomie und — vor allem — „keine Bedrückung des deutschen Stammes". Weiters fordert er einen freiheitlichen Fortschritt in der konfessionellen Gesetzgebung und Praxis, eine Beschränkung des Militäraufwandes und schließlich ein baldiges Inkrafttreten des bereits beschlossenen Strafgesetz- und Strafprozeßordnung-Entwurfes sowie die Aufhebung der Todesstrafe.

Am Abend spielt er bei der Gräfin Wilhelmine Esterhazy und besucht anschließend Potocki in seiner Privatwohnung, wobei er hofft, ihn zu einem Abgehen von seiner Einladung bewegen zu können. Auf dessen entschiedene Verneinung übersendet er ihm tags darauf das zugesagte Programm.

Während der Sitzung des Obersten Gerichtshofes am 12. April erhält Tschabuschnigg einen Brief Potockis, in dem er erklärt, daß er „im ganzen mit den aufgestellten Punkten einverstanden ist", aber in einem nachfolgenden Gespräch fühlt er sich „in Verlegenheit" über die Worte „keine Bedrückung des deutschen Stammes" — davon kann keine Rede sein. Auch der Ausdruck „nicht zu weitgehende Autonomie" erscheint ihm unklar. Tschabuschnigg wird deutlicher und erklärt: „Wenn man eine meiner Punktationen mißbilligt oder wenn eine davon dem Kaiser nicht genehm erscheint, ist auf mich in keinem Falle zu reflektieren." Wenn man aber damit einverstanden ist, möge ihm das Programm, mit Potockis Unterschrift versehen, zurückgestellt werden, „damit ich für die Eventualität, daß das Ministerium andere Wege wandeln sollte, mich auf meine Bedingungen berufen und in ehrlicher Weise austreten kann."

Bereits am Nachmittag erhält er einen Brief des Hofrates Artus im Ministerpräsidium, in dem er ihn zur Berufung ins Ministerium beglückwünscht: der Kaiser hat seine Vorschläge angenommen. Abends erhält er im Kreise seiner Familie das Allerhöchste Handschreiben mit Datum vom 12. April, das ihn zum Justizminister ernennt und mit der Leitung des Ministeriums für Kultus und Unterricht betraut. Gleichzeitig wird er für den folgenden Tag, den 13. April um halb zwölf Uhr mittags, zum Kaiser zur Eidesleistung vorgeladen.

Unmittelbar darauf wird er in Privataudienz empfangen. Da stehen sich nun die beiden Männer gegenüber: der vierzigjährige Franz Joseph und der um zwanzig Jahre ältere Tschabuschnigg. Schon dieser Altersunterschied allein erschwert einen engeren Kontakt trotz aller inneren Verständigungsbereitschaft. Für Tschabuschnigg hat der Monarch wiederholt die Verfassung verletzt, und mit offenem Freimut verhehlt er ihm nicht, „daß ich mit großem Widerstreben und mit geringem Vertrauen in das Ministerium eintrete". Auch der Kaiser blickt diesen rebellischen Ritter aus Kärnten, der ihm, dem Obersten Kriegsherrn, im Abgeordnetenhaus das Militärbudget zu kürzen versucht, forschend an — aber er zeigt sich höflich und verspricht, „mit all seiner Macht hinter dem Kabinett zu stehen".

Vom abtretenden Ministerium verabschiedet sich Tschabuschnigg bei den ihm näherstehenden Hasner, Giskra und Herbst, mit denen er in Marienbad Brunnenwasser getrunken und Whist gespielt hat. Sie alle sind entrüstet, da er zu ihrer Enthebung beigetragen hat, und prophezeien den Bemühungen Potockis um eine Aktivierung des Reichsrates einen Mißerfolg. Der bisherige Justizminister Herbst ist bei der Aussprache mit seinem Nachfolger noch in Tränen aufgelöst und erwidert gar nicht dessen Besuch.

Als er seine Berufung Alexander Schindler mitteilt, lautet sofort die Frage: „Du hast doch nicht angenommen?" — aber nach längerer Unterredung billigt er die Zusage. Gleichzeitig stellt er in seiner sanguinischen Art die Forderung: „Nun mußt du mir ein Kommandeurkreuz verschaffen! Ein reicher Mann bin ich schon, jetzt will ich Baron werden."

Verschiedene Tschabuschnigg freundlich gesinnte Persönlichkeiten äußern über seinen Schritt Bedenken. Dazu gehört vor allem der ehemalige Landeschef der Bukowina Graf Rudolf Amadei, der darüber „nicht erbaut" ist und die leitenden Männer des neuen Kabinetts „lebhaft beargwöhnt". Auch der Landeshauptmann der Steiermark Moritz Edler von Kaiserfeld und der steirische Landtagsabgeordnete Dr. Karl Rechbauer sprechen ihre „Verwunderung" aus, daß er „mit einem Taaffe" eintritt, fügen aber bei, solange er im Ministerium bleibt, „darin eine Bürgschaft zu erblicken, daß die Verfassung, die deutsche Partei und die Freiheit nicht gefährdet wird".

Schlimmer ist freilich das Echo, das aus Kärnten zu ihm herübertönt. Dort vermag man seine Entscheidung überhaupt nicht zu fassen und er steht in Gefahr, Charakterfestigkeit und Ruf seiner Person wenn nicht zu verlieren, so doch in Frage zu stellen. Vor allem Paul Herbert, der ihm politisch schon so lange nah zur Seite steht, ist über die Nachricht zutiefst bestürzt und zieht sich verstimmt von ihm zurück — „es scheint mir eine Verleugnung seiner Prinzipien, eine Untreue gegen seine Partei zu sein". Tschabuschnigg fühlt sich verwundet, er selbst bricht das Stillschweigen und schreibt Herbert, wie sehr es ihn kränkt, „daß er ihm bei dieser ernsten Lebensphase kein Zeichen gibt und er den Mut verlieren muß, wenn seine Freunde ihn verlassen". Herbert antwortet, „daß nicht wir ihn, sondern er uns verlassen hat. Wir hätten gejubelt, ihn in einem parlamentarischen Ministerium zu finden, aber es berührt schmerzlich, ihn als Kollegen der Föderalisten Potocki und Taaffe zu wissen." Tschabuschniggs Versuch, ihm seine Gründe auseinanderzusetzen, klingt gereizt, was Herbert mit den Worten erwidert: „Es scheint, daß Du in Deiner neuen Würde Wahrheit und Offenheit nicht mehr vertragen kannst", und auch er sagt ihm voraus, „daß er sich täuscht, wenn er glaubt, daß Potocki seine gemachten Versprechungen erfüllen wird".

Tschabuschnigg nimmt dies alles nicht unvorbereitet hin. Was ihn dagegen überrascht, ist der überaus scharfe Widerhall in der Presse.

7

Als erste Zeitung meldet sich das „Neue Wiener Tagblatt" am 13. April zu Wort und leitet ironisch ein: „In der Passionswoche hat Potocki sein Ministerium zusammengesetzt und ein Passions-Ministerium dürfte es auch werden." Aber unmittelbar darauf wird sehr ernsthaft die Frage gestellt: „Wieso kommt Tschabuschnigg als Mitglied der Linken des Abgeordnetenhauses in dieses Kabinett? Er hat sich, schon unter Schmerling, als unabhängig erwiesen, in der Wahlreformfrage trennt er sich von der Linken und spricht sich für direkte Wahlen nach der Kopfzahl für das Volkshaus sowie an Stelle des Herrenhauses für eine Länderkammer aus, die aus Abgeordneten der Landtage bestehen soll.

Dies bildet zwar auch einen Punkt des Potocki-Programmes", heißt es weiter, „und daraus erklärt es sich, warum Tschabuschnigg ins Amt berufen wurde, aber noch immer nicht, warum er angenommen hat. Die Acquisition dieses Mannes ist für Potocki unzweifelhaft von Wert. Tschabuschniggs Name soll den Verdacht fernhalten, als könnte das neue Ministerium irgend etwas gegen das konstitutionelle Prinzip im Schilde führen, als wäre eine Gefahr vorhanden, daß es illiberale Pläne verfolgen und die mühsam errungenen konstitutionellen Gesetze in der Praxis unwirksam machen könnte. Zudem ist Tschabuschnigg Präsident der juristischen Kommission der Abgeordnetenkammer und hat bekannten Ruf als Fachmann, und zwar der liberalen Schule.

Potocki hat also allen Grund, Tschabuschnigg zu wählen, aber", wird nochmals hochnotpeinlich gefragt, „warum nahm er an? Das Programm mußte ihm zwar zusagen, aber das ist noch immer kein hinreichendes Motiv, für dasselbe als Minister, noch dazu mit Taaffe, einzutreten. Er muß mit schwersten Vorwürfen rechnen, wenn er auch entgegnen kann, daß er sich gewissermaßen als Wächter des konstitutionellen Prinzips und der liberalen Praxis im Ministerium betrachtet und daß er ein öffentliches, ja auch ein Parteiinteresse wahrt, indem er an diesem Kabinett teilnimmt.

Trotzdem wird er argwöhnisch betrachtet und unnachsichtlich gerichtet werden, wenn er zögern würde, sein Portefeuille abzugeben und seine Entlassung in Fällen zu verlangen, in denen es einem prononcierten Liberalen und Deutschen auch nur zweifelhaft erscheint, ob er noch mittun kann, ohne seine Prinzipien oder die Interessen seiner Nationalität zu kompromittieren."

Deutlicher noch äußert sich die „Neue Freie Presse" vom 15. April. „Das neueste Fabrikat, auf welches das neue Ministerium eine frisch angestrichene autonomistische Etikette geklebt hat, heißt Tschabuschnigg", und man erinnert die Leser an den Verlauf seiner parlamentarischen Tätigkeit, wobei er sich immer als Anhänger der zentralistischen Partei erwiesen hat. „In allen seinen Reden spricht das Glaubensbekenntnis eines Großösterreichers und man wird nicht mit der Lupe hier eine autonomistische Regung zu entdecken vermögen."

Man zitiert aus seiner Rede für die Kompetenz des Reichstages: „‚Einem Grundsatze der Verfassung gegenüber darf man nicht Liebhaberei treiben, auf Kosten eines Grundsatzes kann man auch unmöglich Konzessionen machen.' Dies klingt so korrekt und verfassungstreu, daß Herr v. Tschabuschnigg sich nur seine eigenen Worte wiederholen darf, um sich vor jeder Versuchung im Potockischen Kabinette zu schützen, wenn er nicht etwa schon durch seinen Eintritt in dieses Ministerium dieser Versuchung erlegen sein sollte. Der Herr Justizminister darf keine Liebhaberei gegenüber einem Verfassungsgrundsatz treiben, der die Gemeinsamkeit der Gesetzgebung der im

Reichsrate vertretenen Länder sichert, natürlich, wenn er sich selber treu bleiben will.

Es ist", schließt der Artikel, „nach alledem vorerst ein Rätsel, wie der Abgeordnete Tschabuschnigg in die Kombination Potocki geraten sein mag, in die Politik einer Regierung, deren ausgesprochene Tendenz es doch zu sein scheint, die gemeinsame österreichische Gesetzgebung zu zerreißen und den Ländern noch einige Fetzen des dürftigen Mantels hinzuwerfen, mit welchem das Reich noch seine Blößen bedeckt. Der Minister Tschabuschnigg soll dem Ausgleichskabinett offenbar dazu helfen, einen Januskopf zeigen zu können. Er soll das der Verfassungspartei zugewendete Gesicht des Ministeriums sein, während Graf Taaffe sein Antlitz an die Nationalen richtet. Wir fürchten, Herr v. Tschabuschnigg ist da in eine falsche Position geraten. Entweder bleibt er, der er war, dann paßt er nicht in das Kabinett Potocki und hilft ihm nur über wenige Wochen der Täuschung hinweg. Oder er bleibt sich nicht treu, dann ist er von der Verfassungspartei abgefallen und täuscht seinerseits unwillkürlich auch den Ministerpräsidenten mit seiner parlamentarischen Stellung, die er in dem Augenblicke verloren, wo er sich unter dieser Voraussetzung in das neue Ministerium aufnehmen ließ."

Die Ernennung Tschabuschniggs zum Justizminister ist aber, nach einem weiteren Artikel der „Neuen Freien Presse", für Österreich noch ein zweites „sehr merkwürdiges Ereignis". Wie der dem Dichter wohlgesinnte Mitarbeiter und Kritiker Karl v. Thaler schreibt, „hat bisher keiner unserer Schriftsteller ein Portefeuille erhalten. Allerdings hat man auch diesmal nicht den Autor Tschabuschnigg in das Ministerium berufen, sondern den Hofrat des Obersten Gerichtshofes. Doch diese Lebensstellung, obwohl sie ihr Angenehmes hat, ist sehr nebensächlich. Ein Hofratstitel ist ein sehr gewöhnlich Ding, ein Schriftstellername gilt etwas. Man wird nach Jahren nicht sagen: Der Hofrat und nachmalige Minister Tschabuschnigg hat auch Bücher geschrieben, sondern es wird heißen: Der Dichter Tschabuschnigg war Hofrat und ward Minister.

Diese Aussicht mag ihn trösten, wenn er jetzt harte Urteile über sich in den Blättern liest. Wundern kann er sich nicht, wenn die Verfassungspartei ihn angreift. Wie kommt er, der Zentralist, der Gegner des Ausgleiches von 1867, der liberale Deutsche, an dem außer dem Namen keine Faser slawisch ist, wie kommt er in ein Ministerium Potocki-Taaffe? Seine Freunde selbst haben keine Antwort auf diese Frage. Wenn man ihn bitter tadelt, kann er nicht sagen, daß ihm Unrecht geschieht.

Wohl aber haben dem Dichter Tschabuschnigg viele Leute Unrecht getan, indem sie ihn unterschätzten. Natürlich, er gehörte zu keiner Clique, keiner Camaraderie, er war nie Mitglied der wechselseitigen Ruhmes-Assecuranz, deren geheime Statuten einen Paragraph haben, der etwa lautet: Wenn A von B gelobt wird, so erwächst daraus für A die Verpflichtung, B noch mehr zu loben. In diesen Statuten scheint noch ein anderer Paragraph vorzukommen. Das Zunftsystem ist bei den Gewerben längst gefallen, aber unter der Schriftstellerei dauert es fort. Wer nicht Autor ‹von Beruf› ist, also wer nicht Bücher macht, um leben zu können, sondern Vermögen, Stellung, Rang besitzt und zu seinem Vergnügen schreibt, wird von der Zunft als Eindringling, als ‹Dilettant› behandelt. Man erkennt seine literarischen Verdienste nur widerwillig an, man tadelt ihn mit besonderer Strenge, man schweigt ihn auch, wenn das irgend angeht, gerne tot.

Herr v. Tschabuschnigg weiß etwas davon zu erzählen. Die offizielle Literaturgeschichte tut ihn mit zwölf oder zwanzig Zeilen ab, während sie Schriftstellern von viel geringerer Bedeutung ganze Seiten widmet. Zu stolz, selbst für Reklame zu sorgen, zu anständig, um nach der in der letzten Zeit beliebt gewordenen Methode die Kritiken über seine Bücher eigenhändig zu schreiben oder guten Freunden zu diktieren, mußte er es erleben, daß seine Werke oft nur kühle Aufnahme fanden. Freilich war die Grundstimmung Tschabuschniggs nicht gerade zeitgemäß, er wandelte noch im ‹Zauberwalde der Romantik›, und wenn er sich in das Getriebe des Tages herauswagte, schwang er unsanft die Geißel über allerlei Modetorheiten und Schwächen der Zeit. An Mut hat es dem jetzigen Justizminister schon vor dreißig Jahren nicht gefehlt.

Vor allem hat er ihn in seinen späteren Romanen bewiesen. Der »Moderne Eulenspiegel«, die »Industriellen« und »Grafenpfalz« bilden durch einen gemeinsamen Gedanken eine förmliche Trilogie, geistreich, spannend und anregend. Wer diese Bücher nicht kennt und nun aus Neugierde, die Romane eines Justizministers zu durchblättern, in die Hand nimmt, der wird sie sicher zu Ende lesen und für den Hinweis auf eine interessante Lektüre dankbar sein. Ob aber Graf Taaffe weiß, was sein neuer Kollege für bedenkliche Werke geschrieben?"

Karl v. Thaler schließt mit der Erinnerung an Tschabuschniggs verklärte Lebensskizze »An meinen Dämon«. Er zitiert „Im Nebel steht, wer treu nach oben steigt" und wünscht, „daß der Nebel ihn jetzt, wo er so hoch gestiegen, nicht allzusehr an freier Aussicht hindert." Seine Worte sind schmerzlich besorgt: „Es ist schlimm genug, daß die letzten Verse des Gedichtes so pünktlich in Erfüllung gingen:

‚Du hast gesiegt, ich weiß es wohl, mein Dämon!'

Die ahnungsvolle Prophezeiung des Dichters ist eingetroffen", endet er. „Er hat seinen Dämon an dem Tage wiedergesehen, an welchem er, der Einladung des Grafen Potocki folgend, das Portefeuille des Justizministers annahm."

Am gleichen Tage wie Karl v. Thaler veröffentlicht auch sein spöttischer Redaktionskollege Sigmund Schlesinger in der „Neuen Freien Presse" vom 17. April 1870 ein hintergründiges Feuilleton mit der Überschrift „Aus den Liedern der Justizministers". Es beginnt als launige Causerie, „daß Herr v. Tschabuschnigg einer von den doppelt Auserkorenen ist, denen die Muse die goldene Feder der Dichter in die eine Hand gegeben, während ihm die Staatskunst ein oder eigentlich gleich drei Portefeuilles in die andere Hand drückt. Er ist

,Poet und Ju-
stiz-, Kultus- und Unterrichtsminister dazu'

und zwar nicht ein Poet des Tages und der Stunde bloß, sondern ein wahrhaftiger wirklicher Dichter, dem ein besserer staatsmännischer Ruhm zu wünschen ist, als daß er das Portefeuille so lange und so glücklich in Händen behalte, wie er die Dichterfeder geführt." Dann aber mischt sich ein maliziöser Unterton mit ein, „daß es ihm gegönnt sein möge, nach des Tages politischen Mühen die Blätter, die er mit schwungvollen und leichtbeschwingten Versen gefüllt, ruhig durch die Finger gleiten und ebenso ruhig seine Blicke darüber hinschweifen zu lassen, ohne auf eine Strophe zu stoßen, die er heute zu verleugnen hätte oder die ihm jetzt störend im Wege stünde. Einen seiner poetischen Sprüche sollte er wohl an die Tür des Ministerzimmers schreiben:

*»Fest sei der Mann in sich, er handle nach ewigen Regeln,
Inkonsequenz ist fürwahr größer als jegliche Schuld.«"*

Der Pfeil ist scharf gezielt, dessen Gift bis tief ins Mark dringt. Weniger Wert legt Schlesinger auf einen anderen Vers, dessen der Herr „Kultus"-Minister — der Titel wird besonders betont — nicht allzu eingedenk zu sein braucht:

*»Tolerant sein ist leicht gegen jeden, doch tolerant sein
Gegen die Intoleranz, nenne ich erst tolerant.«*

„Ich fürchte", folgt der zynische Nachsatz, „dieses Distichon und die strenge Einhaltung desselben könnte Herrn v. Tschabuschnigg höchstens in Tirol zu besonderer Empfehlung dienen."

Zuletzt wird mit unschuldigster Miene in die aktuelle Politik vorgestoßen und die Nationalitätenfrage aufgeworfen. „Da es nicht Zweck dieser Zeilen ist, den Herrn Justizminister bei den Slawen in besondere Gunst zu bringen, und da dieses Ministerium doch überhaupt mit dem Ausgleich nichts zu tun hat" — der Hohn ist unüberhörbar — „und Herr v. Tschabuschnigg also bei den Tschechen nichts gewinnen und nichts verlieren kann, so darf ich mir wohl ungescheut das Vergnügen gönnen, die hübsche Romanze vom »Gehörnten Siegfried« abzudrucken, die im Ganzen nur vier kurze, aber charmante Strophen und eine sehr pikante Pointe hat:

Held Siegfried erschlug den Drachen
Und wusch sich in seinem Blut,
Drob war die Haut ihm gehörnet
Und fest gegen Schwertes Wut.

Und zwischen seinen Schultern
Da hing ein Lindenblatt,
Die Stelle blieb verwundbar
Und offen für bösen Verrat.

Und als er gebückt am Quelle
Einst klares Wasser trank,
Traf Hagen grad diese Stelle,
Daß er zu Tode sank.

Das Blatt auf seinem Rücken
Verdarb den deutschen Mann,
Das hat von der slawischen Linde
Ein einziges Blatt getan.

Deutsche Ausgleichspolitiker", glossiert Sigmund Schlesinger zum Abschluß ironisch, „können daraus allenfalls die Moral ziehen, wie wenig es geraten ist, slawische Blätter und slawische Dinge überhaupt im Rücken zu haben."

8

Die ihn angreifenden Worte, sei es von früheren Parteifreunden, sei's von Zeitungsleuten, treffen den empfindsamen Mann, dem der Ministerposten von Anfang an eine Last bedeutet, mit besonderer Härte. Er weiß allzu genau, daß das Koalitionsministerium Potocki in seiner Zusammensetzung schon nach der Natur der Sache keine Partei völlig befriedigen kann, weil keine von ihnen zur ausschließlichen Herrschaft gelangt. Der Empfang aber, der dem neuen Kabinett bei seinem Eintritt zuteil wird, überschreitet an Mißgunst alle berechtigten Grenzen: er ist geradezu feindselig. Am feindseligsten gebärdet sich dabei die deutsche Linke, deren Tonangeber die abgetretenen Minister sind, die bald wieder die Portefeuille-Erbschaft anzutreten hoffen: neben Hasner, Griska und Herbst vor allem noch Sturm, Glaser, Unger, Schmerling und Auersperg. Der größte Haß entlädt sich gegen Tschabuschnigg, weil ohne dessen Eintritt das Ministerium Potocki kaum möglich gewesen wäre, „aber ich kann ehrlich und gewissenhaft sagen", schreibt er in seinen Erinnerungen, „daß ich in meiner Ministerschaft für Verfassung und freiheitlichen Fortschritt mehr geleistet und erreicht habe als alle Tröpfe der deutschen Partei in derselben Zeit."

In den ersten Wochen verbringt er „manche Nacht schlaflos in der Sorge, allmählich auf schiefer Ebene gegen meinen Willen und Vorsatz in eine Verfassungsänderung hineingetrieben zu werden". Er umschreibt sich „jeden Morgen von neuem den Kreis, über den ich um keinen Preis hinaustreten will". Als erste persönliche Aufgabe stellt er sich „zu verhüten, daß bei einem Ausgleich der freiheitliche Inhalt, die Verfassung und die deutsche Partei zu Schaden kommt".

Bis Anfang Mai liest er überhaupt keine Zeitungen mehr, um durch die vielen Angriffe in seinen Anschauungen und Handlungen nicht befangen und irre zu werden. Dann läßt er sich durch seinen Sekretär in den im Justizministerium gehaltenen Zeitungen die lesenswerten Stellen rot, die das Ministerium und seine Person betreffenden Artikel blau anzeichnen. Als er demissioniert, nimmt er ein großes Paket beleidigender Aufsätze, die der Oberstaatsanwalt für ihn gesammelt hat, mit nach Hause. „Ein Souvenir meiner Ministerschaft", bemerkt er fast heiter zum Kaiser bei der Abschiedsaudienz.

Das Justizministerium übernimmt er am 14. April und kann nicht übersehen, daß er dort nicht willkommen ist. Doch nach und nach gewinnt er die Neigung der Beamten — so macht er es sich zur Regel, selbst zu den Sektionschefs zu gehen, wenn er amtlich mit ihnen zu verkehren hat —, und die zahlreichen Beförderungen, die er den ihm zugeteilten Herren verschafft, erhöhen seine Beliebtheit. Dabei vermeidet er streng jede Protektion, sogar für seinen Vetter Gustav läßt er vor dessen Ernennung zum Ratssekretär in Triest die Stelle in einem Konkurs nochmals neu ausschreiben. Auch dem Kaiser gegenüber, der einmal anstatt der von Tschabuschnigg vorgeschlagenen Personen andere Bewerber ernannt haben will, bleibt er fest und erklärt, „daß er nicht in der Lage ist, die Protegés Sr. Majestät gegenzuzeichnen". Der Monarch versucht es noch ein zweites Mal, und da sich Tschabuschnigg nicht erweichen läßt, gibt er nach und sagt in liebenswürdigster Weise: „Nun, — *salvavi animam meam.*"

Schon am 18. April übergibt er Potocki ein Promemoria über die nächsten Aktionen des Ministeriums und beantragt darin vor allem die Auflösung des Abgeordnetenhauses — jedoch nicht auch der Landtage —, weiters die schnellste Einberufung des Reichsrates zur Abwicklung der unerledigt gebliebenen Geschäfte sowie die Vorlage der Abänderungen des Wahlgesetzes für das Abgeordnetenhaus und an der Zusammensetzung des Herrenhauses. Gleichzeitig erachtet er es als dringend notwendig, mit den hervorragendsten Männern der verschiedenen Nationalitäten das Werk der Verständigung zu betreiben und, sobald es reif wird, zur verfassungsmäßigen Behandlung dem Parlamente vorzulegen. Er hebt hiebei auch die Wahrscheinlichkeit hervor, daß die Auflösung des Abgeordnetenhauses allein genügen wird, die bisherigen Parteien zu zersetzen und lebenskräftige Bildungen zu ermöglichen.

Doch seine Staatsschrift findet weder beim Kaiser noch beim Kabinett besonderen Anklang, und in einer unter dem Vorsitz des Monarchen abgehaltenen Konferenz werden mit dem Patent vom 21. Mai 1870 das Abgeordnetenhaus sowie auch alle Landtage, mit Ausnahme des böhmischen, aufgelöst. Tschabuschnigg atmet auf, daß mindestens an der tschechischen Frage nicht gerührt wurde, und er findet darin eine gewisse Beruhigung über die politische Situation sowie über die innere Gesinnung Potockis und Taaffes. Er macht aber den Kaiser sehr freimütig darauf aufmerksam, daß in einigen Kronländern, darunter Kärnten, die Wahlen demokratisch radikal ausfallen werden. „Das muß man eben hinnehmen", meint die Majestät, „dafür werden andere Kronländer umso konservativer wählen." Aber nun beginnen alle deutschen Abgeordneten sich vom Ministerium Potocki abzuwenden — es sind die ersten Ansätze zu einer neuen Krise.

Deshalb drängt Tschabuschnigg immer wieder auf die Ergänzung des Ministeriums durch bewährte Männer der deutschen Partei und erhält von Potocki die Versicherung, daß er ihm mit Zustimmung des Kaisers drei Portefeuilles zur Verfügung stellt, die er nach Gutdünken besetzen kann. Da ihm vor allem daran liegt, das Ministerium für Kultus und Unterricht, das er gleichzeitig leitet, abzugeben, setzt er sich mit Karl Ritter v. Stremayr in Verbindung, der schon im vorangegangenen Kabinett diesen Posten bekleidet hat. Doch ehe es zu einer bindenden Vereinbarung kommt, fällt Tschabuschnigg auf diesem Gebiete noch eine schwerwiegende Aufgabe zu: die Regelung der Sprachenfrage in den Ländern der böhmischen Krone. Mit Erlaß vom 12. Oktober 1868 hat das Kabinett Auersperg die obligatorische Erlernung der zweiten — deutschen — Landessprache an den

Gymnasien angeordnet. Die Regierung Potocki versucht nun den Tschechen durch administrative Konzessionen ihr Entgegenkommen zu bezeugen. In dieser Absicht hebt Tschabuschnigg den verhaßten Erlaß auf und verfügt: „Die bisherige Verpflichtung zur Erlernung der zweiten Landessprache, die weder die Unterrichtssprache des Gymnasiums noch die Muttersprache der betreffenden Schüler ist, hat nur für diejenigen Schüler fortzubestehen, deren Eltern oder Vormünder sich dafür aussprechen." Doch bleibt dieser Versuch für eine Annäherung und Besserung der Verhältnisse fruchtlos.

Ende April 1870 ist Tschabuschnigg zu einem großen Diner beim Kaiser in Schönbrunn eingeladen. Dort teilt ihm Taaffe mit, nun sei ein trefflicher Minister gefunden: Alexander Baron Petrinò. Tschabuschnigg verfärbt sich und erklärt, daß diese Ernennung seine Demission aus dem Kabinett veranlassen würde. Man fragt ihn nach der Ursache. „Weil Petrinò durch seinen Austritt aus dem Abgeordnetenhaus die Verfassung zu untergraben sucht und weil er ein schmutziger Charakter ist." Man bittet um Beweise für diese Behauptung. „Nein, die habe ich nicht, aber es genügt einem Minister gegenüber schon das Gerücht."

Am 30. Juni wird das Kabinett Potocki umgebildet. Tschabuschnigg wird von der provisorischen Leitung des Ministeriums für Kultus und Unterricht „in Gnaden" entbunden und an seiner Stelle Stremayr eingesetzt, weiters Petrinò zum Ackerbauminister und der Reichstagsabgeordnete Baron Ludwig Holzgethan zum Finanzminister ernannt. Durch diese Neuordnung gerät das Ministerium, von allen deutschen Abgeordneten nun restlos verlassen, in eine fast hoffnungslose Lage.

Unmittelbar nach der Übernahme des Kultusministeriums durch Stremayr bespricht sich Tschabuschnigg mit ihm über die Aufhebung des Konkordates und weist darauf hin, daß die Publizierung des Unfehlbarkeitsdogmas durch Papst Pius IX. die beste Veranlassung dazu gibt, da der Vertragspartner nun ein ganz anderer geworden ist und in die Lage versetzt wird, im Wege des Konkordates, soweit es sich auf geistliche Dinge bezieht, unfehlbare Änderungen vorzunehmen. Stremayr teilt diese Ansicht, trägt die Angelegenheit dem Kaiser vor, der dafür nicht abgeneigt ist, und auch Potocki erklärt sich damit einverstanden.

Als aber bald darauf der ausgearbeitete Gesetzentwurf vorliegt, weigert sich zu Tschabuschniggs Erstaunen Potocki plötzlich, ihn gegenzuzeichnen, obwohl er es für eine notwendige und unvermeidliche Maßregel hält. Aber es widerspricht, wie er erklärt, den strengkatholischen Traditionen seiner Familie, — er kann es nicht tun und würde eher um seine Entlassung bitten.

Einigermaßen konsterniert fragt Tschabuschnigg Graf Taaffe, was nun geschehen soll, und der praktisch gewandte Politiker antwortet: „Warten Sie nur, es wird sich schon ein passender Ausweg finden." Tatsächlich wird er auch bald gefunden: in einer Konferenz, die der Kaiser persönlich präsidiert, wird das Konkordat als Vertrag angesichts der päpstlichen Unfehlbarkeit als hinfällig und aufgehoben erklärt und von Graf Friedrich Ferdinand Beust als Reichskanzler und Außenminister gegengezeichnet.

Unter den Punkten, die Potocki in sein Programm aufgenommen hat, gehört auch die Vorbereitung für die unmittelbare Wahl in das Abgeordnetenhaus, und Tschabuschnigg betreibt die von ihm selbst ausgegangene Anregung immer wieder, um den Reichsrat so bald als möglich unabhängig von den Landtagen zu stellen. Doch zuerst wird ihm eingewendet, daß die Angelegenheit nicht sosehr drängt, dann wird auf die Schwierigkeit der Durchführung hingewiesen, und schließlich hat Potocki, obwohl er sich im Prinzip nach wie vor dazu bekennt, nicht die geringste Lust, die Sache in Angriff zu nehmen. Selbst Stremayr und vor allem der unentwegte Föderalist Petrinò versagen ihre Unterstützung. So steht Tschabuschnigg wieder vereinzelt in seiner Anschauung.

Eine um so größere Überraschung löst bei ihm die Auflösung des böhmischen Landtages aus, wogegen er sich immer entschieden ausgesprochen hat. Doch hat dieser Schritt einen staatspolitisch gewichtigen Hintergrund: die Zeitungen sprechen offen von einem Verfall Österreichs, Vereine, Korporationen und öffentliche Versammlungen predigen laut von dessen Aufgehen in Preußen, besonders demonstrativ gebärden sich die deutschen Studenten in Prag, und es ist zu befürchten, daß auch das Abgeordnetenhaus sich ähnlich manifestieren kann. Deshalb wird am 28. Juli 1870, wieder unter dem Vorsitz des Kaisers, in einer außerordentlichen Konferenz in Hinblick auf die Unterwühlung in Deutsch-Böhmen als vorbeugendes Mittel zur Erhaltung des österreichischen Gedankens über Antrag Taaffes der Beschluß gefaßt, den böhmischen Landtag aufzulösen, dem alle Minister außer Tschabuschnigg und Stremayr zustimmen. Er macht Potocki heftige Vorwürfe, völlig überrumpelt worden zu sein, und beabsichtigt seinen Abschied zu nehmen. Aber am nächsten Tage, als das bezügliche Patent erscheinen soll, verführt ihn ein verhängnisvoller Augenblick — ist's wieder sein Dämon? —, auch seinen Namen unter das Dokument zu setzen. Dieser Akt stürzt das Ministerium Potocki, aber auch Tschabuschnigg persönlich ins Verderben.

Die Entrüstung im deutschen Lager flammt mit aller Stärke aufs neue auf. Der unsicher gewordene Justizminister versucht, sich vor sich selbst zu rechtfertigen, und stellt als Begründung für die Auflösung fest, daß „dadurch in dieser Stunde nationaler Gefahr sich Wahlen im österreichischen Sinne erwarten lassen und eine stärkere Neigung zur Versöhnung bei allen Parteien nachfolgen wird". Auf die Frage des Kaisers, ob in diesem Vorgehen etwas Inkonstitutionelles vorliegt, muß er bestätigen, daß es der Verfassung nicht im geringsten widerspricht. Aber seine feste Haltung im Ministerrat — er fühlt es — ist geschwunden, und mit Besorgnis sieht er nach Kärnten hin, wie sein Schritt aufgenommen wird.

Mittlerweile ist der deutsch-französische Krieg ausgebrochen, und die meisten österreichischen Zeitungen zeigen die wärmsten deutschen Sympathien, manche deuten geradezu als Endziel ein Verschmelzen Österreichs mit Preußen, und viele wünschen ein bewaffnetes Einschreiten zugunsten des Gegners von Königgrätz. Franz Joseph, der lieber an ein Zusammengehen mit den Franzosen gegen die Deutschen denkt, ist darüber empört. Man denkt an große Rüstungen, zunächst an eine bewaffnete Neutralität, der Kriegsminister rasselt mit dem Säbel, er will einberufen, befestigen, Geld ausgeben, mobil machen und ehestens Krieg führen. An Tschabuschnigg stellt er den Antrag, beim Kaiser eine Generalamnestie für alle Verurteilten, die reserve- oder landwehrpflichtig sind, zu erwirken, damit er sie einziehen lassen kann. Tschabuschniggs Antwort ist „derb und abweisend". Schließlich wird durch das Kabinett für diesen Krieg eine strenge unbewaffnete Neutralität durchgesetzt.

Bei den Verhandlungen über diese Frage spielen sich auch drastische Szenen ab. Der Kaiser fordert Tschabuschnigg auf, seine deutschen Sympathien beiseite zu setzen, und erhält zur Antwort: „Ich hege solche, soweit es Preußen betrifft, nicht und wünsche vielmehr, daß sie tüchtige Schläge bekommen. Die Preußen haben an Österreich schlecht gehandelt, aber die spätere Gaunerei Frankreichs" — er spielt damit auf das schmähliche Verhalten gegen den unglücklichen Maximilian von Mexiko, des Kaisers ungeliebten Bruder, an — „ist in frischerem Angedenken."

Als später Tschabuschnigg wieder gegen den Militäraufwand spricht, meint der Kaiser: „Wenn man nicht genug Militär besitzt, ist es fast besser, gar keine Armee zu haben." Die Erwiderung ist von geradezu erschreckender Offenheit: „Ich glaube tatsächlich, es wäre für Österreich, auch in den letzten Jahren, das Beste gewesen, wenn es nicht mehr Militär besessen hätte, als es für den Dienst im Inneren bedurfte. Denn dann wäre es in keinen Krieg verwickelt worden und ohne Krieg hätte es nicht Provinzen verloren."

Fast gleichzeitig werden die Wahlen für die verschiedenen Landtage durchgeführt, aber diesmal ist man in Kärnten Tschabuschnigg gegenüber von allem Anfang an nicht mehr so wohlgesinnt wie früher. Zwar macht ihn der Großgrundbesitz für seine Gruppe wieder namhaft, doch wird gegen ihn intrigiert und der Grundbesitzer Ernst Edelmann ihm entgegengestellt. Da Tschabuschnigg als Mitglied der Regierung besonderen Wert darauf legt, neuerlich in den Landtag berufen und damit auch in den Reichsrat entsendet zu werden, wendet er sich, ganz gegen seine bisherige Art, an drei Mitglieder der Gegenpartei und ersucht Josef Götz, Alexander Ebner und Dr. Josef Luggin um Intervention zu seinen Gunsten. Zwar werden rein persönlich gegen ihn wenig Bedenken erhoben, aber die Herren bemerken, daß seine Nominierung als ein Vertrauensvotum für das Potocki-Ministerium aufgefaßt würde, das die Auflösung des böhmischen Landtages zuungunsten der deutschen Partei herbeigeführt hat. Bei seiner Rückreise nach Wien ist Tschabuschnigg schon überzeugt, daß er durchfallen wird, umsomehr er durch seine Abwesenheit den angezettelten Kabalen nicht entgegentreten kann. Tatsächlich erhält er nur 15 Stimmen, während auf den Gegenkandidaten 18 entfallen. „Ich gestehe", schreibt er, „daß es mich kränkte, von meiner Heimat zurückgewiesen zu werden, da ich das Bewußtsein hatte, ihr stets redlich und gewissenhaft gedient zu haben. Aber es hat meine Menschenkenntnis vermehrt."

Da er nun aus dem Abgeordnetenhaus ausscheiden muß, beruft ihn der Kaiser mit Handschreiben vom 13. September 1870 als Mitglied auf Lebenszeit in das Herrenhaus des Reichsrates. Diese Ernennung bedeutet wohl einen ehrenden Ersatz für die von Kärnten erfahrene Zurücksetzung, doch fühlt er damit im Grunde auch eine Belastung, da er sich bald vom politischen Schauplatz gänzlich zurückzuziehen beabsichtigt.

Zwei Monate später, am 28. November 1870, kann er als Höhepunkt seiner ministeriellen Tätigkeit dem Kaiser den fertiggestellten Entwurf für das Strafgesetz und die Strafprozeßordnung überreichen, an dem er als Obmann beider Komitees in rund 300 Sitzungen mitwirkte, wobei er auch den Vorsitz geführt hat. „Der Kaiser zog — eine von ihm geliebte Pantomime — die Spitzen seines Schnurrbartes hinaus und sah nach denselben, während er eine zweideutige Zustimmung gab." Es ist der karge Dank für eine wahre Sisyphusarbeit.

9

Nun überstürzen sich die Ereignisse.

Tschabuschnigg fühlt, daß das Ministerium den Tod im Herzen trägt. Der Gegensatz zwischen ihm und Petrinò wird immer schroffer, und er kann sich nicht enthalten, wiederholt „spießig" zu werden.

Die Zusammenarbeit mit diesem wortgewandten und geschmeidigen Föderalisten — dem es an scharfem Verstand nicht fehlt und dessen ganzes Bestreben, wenn auch teilweise verdeckt, dahin geht, eine antideutschnationale Majorität im Abgeordnetenhaus zu schaffen — wird mitunter kaum erträglich, und Tschabuschnigg sieht ein, daß es in dieser Weise auf die Länge nicht weitergehen kann. Schon im Hochsommer 1870 wendet er sich an Potocki und Taaffe mit dem Verlangen, Petrinò aus dem Kabinett zu entlassen, „da wir mit ihm als Kollegen im Reichsrat gewiß die Majorität gegen uns haben werden". Man stellt ihm dies auch in Aussicht, erklärt aber stets den Augenblick als ungünstig, „weil Petrinò doch einige dreißig Abgeordnete hinter sich hat, wir von unseren deutschen Landsleuten aber fast keinen". Tschabuschnigg wird schließlich seines Drängens müde und läßt seinen Vorschlag fallen.

Aber mit seinem klaren Blick verhehlt er es sich nicht, daß das Staatsschiff ein Leck hat und untergehen muß. Bei dem Widerwillen, den die deutsche Partei gerade gegen Petrinò, der den Reichsrat und damit das Ministerium Hasner, Giskra und Herbst gesprengt hat, zu wütendem Ausdruck bringt, muß man die Hoffnung aufgeben, sich gemeinsam mit ihm halten zu können. Doch Potocki, den Tschabuschnigg nochmals warnt, glaubt bei der großen Zuneigung, die der Kaiser ihm zeigt, die gefährliche Situation überleben zu können.

In der Herrenhausdebatte vom 17. November 1870 erhebt sich jedoch mit ungewöhnlicher Heftigkeit ein Sturm gegen die Regierung, der vorgeworfen wird, daß sie durch ihre Ausgleichsversuche — vor allem durch die Auflösung des böhmischen Landtages — den Boden der Verfassung unterwühlt, unsicher gemacht und Anarchie im Reiche verbreitet hat. Den Vorwurf der Anarchie, der vor allem gegen den Justizminister gerichtet ist, weist Tschabuschnigg als „leichtsinnig in die Welt geschleudert" mit aller Entschiedenheit zurück, „weil eine solche Behauptung geeignet ist, im Inneren des Staates Beunruhigung hervorzurufen und die äußeren Feinde in ihren Plänen gegen Österreich zu bestärken". Anarchie, stellt er fest, beginnt erst, wenn bei Auflehnungen gegen das Gesetz von Seite der Regierung und von Seite der Gerichte nicht eingeschritten wird. „Ein solcher Zustand besteht in Österreich nicht. Wo Ausschreitungen stattfanden, gegen die der Regierung Zwangsmittel zu Gebote standen, ist sie auch entsprechend vorgegangen, es wurden Vereine aufgelöst, Versammlungen untersagt, Beschlüsse autonomer Körperschaften sistiert und überall, wo ein strafbarer Tatbestand zu Tage trat, griffen der Staatsanwalt und die Gerichte ein."

Sarkastisch fügt er bei, „daß eine einzige Gattung von Delikten von der Verfolgung ausgeschlossen wurde, das waren die Schmähungen, welche gegen die Person der Minister vorgebracht wurden. Im Justizministerium ist ein mächtiger Faszikel zu finden, der nichts als solche Beleidigungen enthält, und ich empfehle unseren Nachfolgern im Amte, diese Blumenlese sogleich zur Hand zu nehmen, damit sie frühzeitig genug ihre Nerven stählen und stärken." Nachdem sich die Heiterkeit im Hause gelegt hat, wiederholt er mit allem Ernst: „Anarchie ist ein sehr böses Wort und ohne bestimmte tatsächliche Beweise soll man es nicht gebrauchen." Er sieht dem Berichterstatter Anton Auersperg voll ins Auge. Es ist derselbe, der schon in Jugendtagen als Anastasius Grün sein literarischer Konkurrent war und nun sein politischer Gegner — mehr noch: sein persönlicher Feind geworden ist.

Der Graf springt auf und schleudert die haßerfüllten Worte von sich: „Es muß Überraschung erregen, einen Herrn unter die Mitglieder des Herrenhauses aufgenommen zu sehen, der in seinem eigenen Heimatlande nicht jenes Vertrauen gewinnen konnte, daß es ihm einen Sitz im Abgeordnetenhause gestattet hätte." Tschabuschnigg erbleicht und will entgegnen, daß auch Auersperg vom Kronland Krain weder in den Landtag gewählt noch in das Abgeordnetenhaus mehr entsendet wurde. Aber um das Ansehen des Reichsrates zu wahren, beherrscht er sich und schweigt, läßt jedoch später durch eine Reihe beiderseitiger Bekannten Auersperg sagen, „daß die gegen mich gerichtete Rede weder des Herrenhauses würdig noch von mir verdient ist, da ich mindestens als Charakter ebenso ehrenwert bin als irgendein Mitglied des Herrenhauses." Fortan herrscht zwischen den beiden Männern bis zu deren baldigen Gräbern unversöhnliches Schweigen.

Da sich in der Abstimmung das Herrenhaus entschieden gegen das Kabinett Potocki ausspricht, dringt Tschabuschnigg auf die sofortige Gesamtdemission. Doch Taaffe meint, dies wäre feig: man müsse doch erst auch das Abgeordnetenhaus hören. Dies geschieht in der Debatte vom 19. November, in der sich Herbst ganz besonders gegen Tschabuschnigg wendet und ihn als „gewesenen wahren Zentralisten unter den Zentralisten" bezeichnet, „der jetzt Gegner seiner ehemaligen Parlamentsgenossen geworden ist". Auch hier ergeht mit 90 zu 62 Stimmen ein Mißtrauensvotum gegen die Regierung.

Nun muß Potocki das Spiel aufgeben, und er trägt für sich und alle seine Mitglieder die Demission dem Kaiser mündlich vor, der davon nichts hören will — er läßt ihn gar nicht ausreden. In Wahrheit trägt der Monarch, der in Pesth bei den zusammengetretenen Delegationen weilt, die neue Kabinettsliste schon völlig fertig bei sich. Dorthin überbringt ihm Potocki nun schriftlich die Rücktrittserklärung seines Ministeriums, die am 4. Februar 1871 angenommen wird.

Tschabuschnigg beginnt seine Abschiedsbesuche und meldet sich bei den Eltern des Kaisers, dem Vater Karl Franz und der Mutter Sophie an. Beim Cercle kommt die Erzherzogin „ganz *à propos*" auch auf den Katholizismus zu sprechen, für den — Tschabuschnigg war ja bei der Aufhebung des Konkordats nicht unbeteiligt — „mehr geschehen muß". Der gute Karl Franz, von seiner Gattin zugunsten ihres Sohnes als Kaiser zurückgeschoben, beteuert lang und treuherzig, „es tue ihm leid, daß das jetzige Ministerium austrete, denn die Herren hatten ihm alle gefallen, auch Petrinò. Zwar hat er in einer Zeitung gelesen er habe sich bestechen lassen, aber er hat das Blatt sogleich in den Kamin geworfen." Weiter meint er, nach Tschabuschniggs Rücktritt „wäre doch der Posten des Präsidenten des Obersten Gerichtshofes für ihn das Schönste", aber eilends fügt er hinzu — befürchtend etwa einen Fußfall für eine Fürsprache —, „er wolle damit nichts gesagt haben". Der arme Stremayr, der in der Konkordatsfrage in erster Linie stand, wird auf sein Ansuchen zu einer Audienz vom erzherzoglichen Paar überhaupt keiner Antwort gewürdigt.

Es geht zu Ende. Am 7. Februar um 2 Uhr nachmittags verabschiedet er sich vom Kaiser in seinem Arbeitskabinett, der ihm freundlich entgegentritt und ihn mit den Worten begrüßt: „Ich danke Ihnen für das Opfer, das Sie mir gebracht haben." Da er es im Laufe des Gespräches noch einmal ausspricht, bringt Tschabuschnigg sein Bedauern zum Ausdruck, daß es dem Ministerium nicht gelang, mehr zu erreichen, doch der Kaiser erwidert: „Nein, Sie haben nicht wenig erreicht, Sie haben mir den Reichstag und die Delegationen zusammengebracht und früher schon einen böhmischen Landtag." Er drückt und schüttelt ihm die Hand. Dieses Ministerium ist das erste, das ohne Groll und Trauer von ihm scheidet.

Im Vorzimmer bleibt Tschabuschnigg in Rückerinnerung noch kurz stehen — wie oft ist er in den letzten Monaten hier durchgeschritten, denn alle Minister waren ermächtigt, jederzeit nach Anmeldung durch die Adjutantur zu einem Vortrag vorzusprechen. „Bei allen diesen Audienzen war der Kaiser höchst liebenswürdig, der Verkehr mit ihm war ein ungezwungener, in keiner Weise ein lästiger, von Hochmut oder Kaprizen keine Spur." Tschabuschnigg spricht mit ihm „wie mit einem lang Bekannten" und kann „frisch von der Leber weg reden". Er muß anerkennen: „Er ist sehr fleißig, sehr über Details unterrichtet und von gutem Willen erfüllt. Was ihm mangelt, ist eine allgemein menschliche Grundbildung, das klare selbständige Urteil und daher der andauernde konsequente Wille."

Am gleichen Tage richtet Potocki an ihn ein sehr liebenswürdiges Abschiedsschreiben, in dem er ihm „seinen wärmsten Dank für die ihm stets freundschaftlichst und in erfolgreichster Weise dienstliche

Unterstützung" ausspricht. Er versichert, „daß der Rückblick auf unsere gegenseitigen Beziehungen ihm immer zu den schönsten Erinnerungen gehören wird", und drückt „nach dem gemeinsamen Streben und Wirken im Allerhöchsten Dienst die Gefühle aufrichtigster Hochachtung und Wertschätzung mit dem aus, daß es ihm zur hohen Befriedigung gereichen wird, wenn er sich der Fortdauer der freundschaftlichen Gesinnungen zu erfreuen haben würde, von welchen er während seiner Amtswirksamkeit so viele und so wertvolle Beweise zu erhalten Gelegenheit hatte." Das Schreiben scheint Tschabuschnigg mit einer „gewissen individuellen Verve" geschrieben zu sein, aber es überkommen ihn doch leicht *soupçons:* er bittet Stremayr, ihm seinen Abschiedsbrief lesen zu lassen, und er ist mit dem seinen Wort für Wort gleichlautend. „Vielleicht", lächelt Tschabuschnigg wieder ironisch, „sind sie einem Schimmel nachgeritten, den seinerzeit schon Schmerling oder Hasner für andere produzierte." Aber er bewahrt Potocki das Andenken als eine „noble Natur, immer nur Gutes wollend, jeden Verfassungsbruch verabscheuend, nur zu wenig energisch." Mit Bezug auf seinen Wappenspruch „Scutum opponebat scutis" schreibt er ihm auf die Tauschphotographie:

Blank der Schild und rein der Degen,
Jeder Zoll breit Edelmann;
Noch kein Schild hob sich entgegen,
Dem man Gleiches rühmen kann.

Dann geht Tschabuschnigg zu Taaffe, der ihm schon bei der Kabinettbildung sagte, „es werde ihm unangenehm sein, mit ihm zugleich Minister zu sein", und beifügte, „er habe den Kaiser von Anfang an gebeten, ihn als *persona ingrata* aus der Kombination zu lassen." Bereits damals erklärte Tschabuschnigg, daß er kein Bedenken hege, mit ihm am Ministertisch zu sitzen, und er hatte auch keine Veranlassung, ihn später als Ministerkollegen abzulehnen. „Er ist ein sehr gescheiter Mann von liebenswürdigen Formen, in großen Fragen hat er bisweilen unrichtige Auffassungen, dagegen ist er reich in kleinen Mitteln und findet in den Details häufig gute Auswege. Daß er ein besonderer Freund des freiheitlichen Fortschrittes ist, läßt sich wohl nicht behaupten, aber er hat nie eine Verletzung der Verfassung, sei es in Wort oder Tat, vorgeschlagen." Auf das gewechselte Lichtbild setzt er die Widmung:

Heiter auch in ernster Zeit,
Klugen Rats zu allen Zeiten,
Liebenswürdig selbst im Streiten,
Doch wo's gilt, auch kampfbereit.

An diesem Tage nimmt er auch Abschied im Justizministerium und fühlt sich von einer Last befreit. Der Sektionschef Baron Georg Mitis hatte vorher eine Wette angetragen, „daß ich der erste Justizminister sein werde, der frohgemut ausscheidet. Er hätte sie gewonnen, wenn sie jemand angenommen hätte."

Vom getreuen Stremayr, der ihm „mit seinem edlen Herzen" besonders nahesteht und gleichzeitig das Unterrichtsministerium verläßt, trennt er sich mit den tiefverbundenen Versen:

Zersprungen und verklungen,
Die Lichter löschen aus,
Ob's glückte, ob's mißlungen,
Wir gehen müd' nach Haus.

War edel stets das Streben,
Ob's auch mißlang zuletzt,
So ist verspielt das Leben,
Doch ehrlich eingesetzt.

DAS EHRENDECK

1

Bei der Rückkehr vom Justizministerium beauftragt er seinen Bedienten scherzhaft, Besuchern, die „Seine Exzellenz" sprechen wollen, die Auskunft zu geben, „daß eine solche in diesem Hause nicht mehr wohnt". Mit seinem Austritt aus dem Kabinett hat er diese Anrede verloren, und Tschabuschnigg ist der letzte, der sie inoffiziell weiterzuführen gedenkt. Er ist nur noch ein Hofrat des Obersten Gerichtshofes, und auch dies bereits im Ruhestand, den er sich gleichzeitig erbeten hat. Am 17. Februar 1871 teilt ihm der neue Ministerpräsident Karl Graf Hohenwart mit, daß der Kaiser ihm als Pension den vollen Aktivitätsgehalt von jährlich 8400 Gulden — anstatt normalmäßig 7350 Gulden — bewilligt hat. Es sind trotzdem um 3000 Gulden weniger an Gebühren aus früheren Verwaltungsratstellen, die er bei seinem Ministerantritt zurücklegen mußte. Dennoch vermerkt er aber befriedigt: „So kann mir zumindest niemand nachsagen, daß ich mehr erhalte, als ich verdiene; ich selbst füge aufrichtig bei: auch nicht weniger, als ich anstrebe."

Von der Verleihung eines Ordens, bei dem Ausscheiden aus dem Kabinett sonst eine Selbstverständlichkeit, fällt kein Wort. „Ich hatte", schreibt er in seinen Erinnerungen, „in heiterer Runde oft gemeint, daß ich erfreut sein werde, selbst ohne das silberne Verdienstkreuz ohne Krone aus dem Ministerium zu scheiden: mein Wunsch ist erfüllt. Ich dürfte in Österreich ein Unikum sein, daß ein höherer Justizbeamter mit fast 40jähriger Dienstzeit, der noch dazu Minister gegen seinen Willen war und als solcher auf eigenes Verlangen ‚huldvollst' enthoben wurde, ohne die geringste Auszeichnung für immer scheidet." Er lächelt bitter. „Damit ist zugleich der Beweis geführt, daß man bei uns in Österreich ohne eigenes Gepappel von den wie Sand am Meer zahlreichen Ehrenzeichen keine erlangt."

Vorbei! Was noch bleibt, ist die lebenslängliche Mitgliedschaft im Herrenhaus — der unwillkommene Sitz auf dem Ehrendeck des Staatsschiffes.

2

Nach den erregenden Konferenzen in den Sälen der Ministerien, nach den intrigenreichen Sitzungen im Parlament drängt es ihn, um frische Luft zu atmen, wieder hinaus in die Welt. Diesmal reist er nach Ungarn und Polen, Länder, die er noch nicht kennt und die durch ihr seltsames Kolorit seine Phantasie entflammen. Dann fährt er nach Prag zurück, steigt von dort zum Riesengebirge empor und erlebt auf der Schneekoppe „überwältigende" Natureindrücke. Bei der Rückkehr besucht er in München die Zabuesnigs und wohnt auf der Weiterfahrt nach Salzburg in Oberammergau einer Aufführung der Passionsspiele bei, die von 8 Uhr früh bis 5 Uhr nachmittags dauert. Er findet sie „recht gut gegeben, doch erhebt es sich nirgends zu einem Kunstwerk" und „zweimal möchte ich es umsonst nicht sehen!" In Gastein unterbricht er die Reise und unterzieht sich dort über den ganzen Juli einer durchgreifenden Kur.

Gekräftigt kehrt er zurück, nachdem er sich noch kurz in Kärnten aufgehalten hat. Schon vor Jahresfrist hat er den Plan gefaßt, sich in Pörtschach, wo Mariechen mit ihrem Gatten bereits zwei Sommer verbracht und an dem idyllischen Badeort am Wörther See Gefallen gefunden hat, ein Tuskulum für sein Alter erbauen zu lassen. Es gelingt ihm auch, einen weitläufigen Grund mit Wäldchen und Uferstück zu erwerben, der seinen Wünschen entspricht, und der befreundete kärntnerische Landtagsabgeordnete und Landesgerichtsrat Josef v. Hueber — Ehegatte einer Komtesse Herbert und selbst erfahrener Gutsherr — gibt ihm für die Ausgestaltung des Besitzes nicht nur wertvolle Ratschläge, sondern sagt ihm auch zu, während Tschabuschniggs Abwesenheit die Arbeiten persönlich zu überwachen.

3

Beruhigt kann er nun endlich in Wien ein ungestörtes Privatleben aufnehmen. Unterstützt wird er vom Schwiegersohn Beppo, der den Militärdienst quittiert hat und vor allem die finanziellen Angelegenheiten des sehr wohlhabenden Hauses besorgt. Tschabuschnigg bereitet zunächst eine neue Herausgabe seiner Gedichte vor, die 1872 in vierter Auflage wieder bei Brockhaus erscheint. Der stattliche Band, der 497 Seiten umfaßt, ist um eine Reihe neuer Balladen vermehrt, die durch ihre oft düstere Dramatik starke Wirkung auslösen: »Sir Walter Raleigh«, »Der Herzog von Urbino«, »Nach Roslin Castle«, »Kavaliersparole«, »Der Glockengießer«, »Ulrich von Hutten«, »Rolands Horn« und — ironisch angeleuchtet — »Deutscher Brauch«. Die Lyrik ist nur mit einem einzigen stillen Altersspruch vertreten:

Leben

*Vierfach ist der Blick in's Leben:
Der allein versteht es ganz,
Der nach holder Kindheit Glanz,
Nach der Jugend Drang und Streben
Auch zuletzt als Mann und Greis
Schließt den wunderbaren Kreis.*

Nun kann er sich auch in erweitertem Maße den Freunden zuwenden, die er in der letzten Zeit vernachlässigt hat: den geliebten Büchern. Neben Homers »Ilias« und »Odyssee«, den Tragödien des Sophokles und Dantes »Divina Commedia« — „dieses Gedicht, das mich in meiner Jugend so mächtig ergriff, hat seine Wirkung auf mich noch nicht verloren" — sind es vor allem Werke aus historischer Schau, die ihn interessieren, darunter Mommsens »Römische Geschichte«, Friedländers »Sittengeschichte Roms«, Gregorovius' »Geschichte der Stadt Rom im Mittelalter«, Raumers »Geschichte der Hohenstaufen«, Rankes »Geschichte Wallensteins«, Bulwers »Geschichtliche Charaktere« und aus neuester Zeit die Memoiren von Guizot, weiters in kunstgeschichtlicher Sicht Grimms »Leben Michelangelos« und Kuglers »Geschichte der Malerei«.

Bereits Historie sind ihm auch des Kaisers Max von Mexiko »Erinnerungen«. Franz Josephs romantischer Bruder beschreibt hier „den Urwald ganz vortrefflich, die Gedichte und Aphorismen sind freilich nur mittelmäßig. Aber aus diesem Werke sieht man, daß Max nicht aus Ehrgeiz, sondern aus Lust nach Abenteuern, aus Palmensehnsucht und aus Idealismus, der eine hohe Kulturaufgabe als sehr verlockend darstellte und die tatsächlichen Grundlagen sowie seine Kraft nicht richtig bemessen ließ, die Krone annahm."

Besonders kritisch bewertet er Werke über Kärnten. Vollends der Stab gebrochen wird über die »Geschichte des Herzogtums Kärnten« von Heinrich Hermann: „So liederlich in Forschung und in Stilistik zu schleudern ist kein Autor berechtigt. Obgleich er teilweise als Augenzeuge erzählt, ist er doch ungenau", wobei Tschabuschnigg vieles richtigstellt. „Viel besser als Hermann" bezeichnet er des Freiherrn Gottlieb v. Ankershofen »Handbuch der Geschichte des Herzogtums Kärnten« und die »Geschichte Kärntens« von Karlmann Tangl: „Tüchtig und jedenfalls deutsch, was man von Hermann nicht sagen kann."

Von der modernen Literatur beurteilt er günstig — aber schon das Wort „nicht übel" hat einiges Gewicht, während er sonst nur die Bezeichnung „wertlos" übrig hat — vor allem Karl Gutzkows »Durch Nacht zum Licht« und »Hohenschwangau« („ein reich aufgerolltes

Gemälde"), Victor Scheffels »Frau Aventiure« („ganz vortrefflich") und Friedrich Gerstäckers »Die Missionare« („ein korrekt gezeichnetes Sittenbild") sowie dessen gut gezeichnete Novellen »Geheimnisse« und »Der Schmuck des Inka«. Victor Hugos »Die Arbeiter vom Meere« bezeichnet er als „höchst prätentiös", Friedrich Hackländers Roman »Europäisches Sklavenleben« wirkt „recht interessant", während seine Erzählungen „ganz wertlos" sind, »La Pucelle« von Karl Franzos ist trotz vielem Widersprüchlichen ebenfalls „nicht uninteressant", aber Friedrich Spielhagens »Hammer und Amboß« erscheint ihm ungeachtet einzelner Werte doch „zu willkürlich und doktrinär. Das Leben kann willkürlich sein, die Kunst hat kein Recht dazu." An Johannes Scherers »Michel, Geschichte eines Deutschen unserer Zeit« werden vor allem die Reflexionen, die er selbst bevorzugt, rühmend hervorgehoben, auch Levin Schückings »Deutsche Kämpfe« nimmt er an, dagegen läßt ihn Gustav Freytags »Aus neuer Zeit« kalt. Am schlechtesten weg kommt der fruchtbare Karl von Holtei mit dem Roman »Haus Traunstein«, „der zwar dem billigen Publikumsgeschmack schmeichelt", um so mehr aber Tschabuschniggs antiaristokratischen Zorn hervorruft. „Diese Adoration des Autors für den alten Adel ist ekelhaft, ebenso seine schleimige Komplimentierung gewisser Persönlichkeiten", womit besonders auf den gefeierten Orientalisten Prokesch-Osten hingezielt wird.

Aus der neueren Lyrik findet er vor allem die Gedichte von Moritz Graf Strachwitz „schwungvoll und poetisch", für Emanuel Geibel, den er überhaupt nicht liebt, fällt nur ein karges „nicht übel" ab und Ferdinand Freiligrath gefällt ihm „weniger als je". In der Dramatik stellt er Ferdinand v. Saar mit dem Schauspiel »Kaiser Heinrich IV.« an die Spitze: „eine Dichtung von großer Anlage, — ein Kunstwerk!" Aber auch beim Kärntner Fercher von Steinwand lobt er an dessen Tragödie »Dankmar« den „mitunter sehr schönen Dialog".

Aus seiner Lektüre faßt Tschabuschnigg die wertvollsten Stellen in einem „Repertorium des Gelesenen" zusammen, in dem sich, wie in einem Brevier, dichterische Leitsätze für das Dies- und Jenseits in seiner eigenen Weltanschauung widerspiegeln. Es sind Betrachtungen über Mensch, Leben und Tod, Liebe und Glück, Schmerz und Entsagung, Wahrheit und Zeitgeist, Politik und Staatserfahrung sowie Aussprüche tiefer Altersweisheit.

Doch nicht nur Erkenntnisse des Alters trägt er in sein Tagebuch ein, sondern vermerkt auch Kunde von neuem Leben im Hause. Es ist die glückliche Ankunft eines kleinen Mädchens, das nach dem Namen seiner Frau auf Julie getauft und Julchen gerufen wird.

4

Neben dem Glück heranwachsender Jugend im Hause erfaßt ihn wieder Todesahnung. Am 24. März 1872 unterfertigt er sein Testament, mit dem er „meine Tochter Marie Julie, verehelichte von Thavonat, als Universalerbin meiner Verlassenschaft" einsetzt — „für den Fall, daß sie vor mir sterben sollte, ihre mich überlebenden Kinder."

Er bemerkt, daß er ihr nach ihrer Verehelichung, sobald sie großjährig wurde, an verschiedenen Wertpapieren so viel geschenkt hat, daß die Interessen zur Bestreitung ihres und ihrer Familie Lebensunterhaltes genügen. „Ich habe ihr die bezüglichen Wertpapiere auch übergeben; sollten sie zur Zeit meines Todes sich in unserer gemeinschaftlichen Wertheim'schen Kasse Z. 14877 befinden, so hat sie dieselben sofort auszusondern. Sie sind natürlich nicht in meinen Verlaß einzubeziehen, da sie längst ihr Eigentum sind."

„Ebenso", stellt er fest, „ist ihre Wohnungseinrichtung, dann das Streicher'sche Fortepiano und das in der Chatouille befindliche Silberzeug ihr Eigentum, da ich dies alles, insofern sie es nicht selbst kaufte, ihr zu verschiedenen Zeiten geschenkt und in das Eigentum übergeben habe." Nein, der gewiegte Jurist Tschabuschnigg denkt nicht daran, dem Fiskus bei seinem Ableben eine Erbschaftssteuer zu schenken.

Im § 3 des Testamentes gedenkt er gleichfalls der treubesorgten Juli: „In unserer Wertheim'schen Kasse befindet sich auch ein schwarzes Kahier, in welchem die Ersparnisse meiner Haushälterin Juliana Stephaner aufbewahrt sind. Sie besitzt dazu den Schlüssel und es ist ihr, da es bei mir nur deponiert war, nach meinem Tode sogleich auszufolgen."

Abschließend bestimmt er: „Ich will einfach begraben und in meinem Familienbegräbnisse zu St. Ruprecht bei Klagenfurt beigesetzt werden, und zwar im mittleren Grabe."

5

Aber das Leben ist damit noch nicht abgeschlossen, und der politische Anruf, der neuerlich an ihn ergeht, wird ihm, wenn auch nicht gerne gehört, doch zu persönlicher Verpflichtung. Im Herrenhaus steht am 5. März 1872 die Frage über die unmittelbaren Wahlen in das Abgeordnetenhaus wieder zur Debatte. Diese längst fällige Regelung ist für Tschabuschnigg von entscheidender Bedeutung, und er meldet sich zu Wort.

„Das Abgeordnetenhaus, als ein Teil der Reichsvertretung", leitet er ein, „darf in seinem Bestande und in seiner Tätigkeit nicht von den Landtagen abhängig sein, wenn die Verfassung nicht einer fortdauernden Gefahr ausgesetzt sein soll. Es kann nicht angehen, daß die Majorität irgend eines Landtages auch die Minorität an der Wahl verhindert, so daß das Land im Abgeordnetenhaus unvertreten bleibt. Es kann auch nicht angehen, daß die gewählten Abgeordneten durch Nichtausübung ihres Mandates oder durch Austritt zur Unzeit die Tätigkeit des Abgeordnetenhauses hemmen. Ebenso kann es nicht angehen, daß einzelne Landtage oder die gewählten Abgeordneten zu jeder Zeit in der Lage sind, das Abgeordnetenhaus beschlußunfähig zu machen und in dieser Weise die Verfassung tatsächlich zu sistieren oder den guten Willen zur Wahl und zur Ausübung des Mandates gleichsam als Pressionsmittel gegen den Reichsrat auszunützen.

Die sicherste Abhilfe gegen diese Übelstände", führt er ins Treffen, „ist die Einführung allgemeiner unmittelbarer Wahlen in das Abgeordnetenhaus, weil dann jedenfalls die Minorität der einzelnen Wahlkörper in der Lage sein wird, wenn auch die Majorität in das Abgeordnetenhaus nicht wählen will, ihre Abgeordneten dahin zu entsenden, und weil, wenn unmittelbare Wahlen stattfinden, die Lücken, welche durch den Ausfall eines oder des anderen Abgeordneten entstehen, zu jeder Zeit in Kürze ohne Einberufung eines Landtages durch die Ergänzungswahlen wieder ausgefüllt werden können."

Er erinnert daran, daß „das Ministerium Potocki die allgemeinen unmittelbaren Reichsratswahlen bereits in sein Programm aufgenommen und beabsichtigt hat, die Regierungsvorlage sogleich im Hohen Hause einzubringen, allein die Hindernisse, welche dagegen noch gegenwärtig bestehen, vermehrten sich umsomehr, weil auch hervorragende Mitglieder der linken Seite des Abgeordnetenhauses damals die Ansicht aussprachen, daß die Abänderung des Wahlgesetzes für das Abgeordnetenhaus in erster Reihe in die Kompetenz der Landtage falle.

Ich habe diese Ansicht weder damals geteilt, noch teile ich sie heute.

Die Kompetenz der Landtage", betont er, „wird in den Staatsgrundgesetzen nicht ausdrücklich festgestellt, sie kann deshalb daraus auch nicht gefolgert werden, denn nach den obersten Grundsätzen des konstitutionellen Lebens muß die Gesetzgebung über die Wahlgesetze für die Reichsvertretung in die Kompetenz ihrer eigenen Legislative, aber nicht unter die der Landtage fallen. Selbst wenn die Kompetenzfrage hierüber einigermaßen zweifelhaft wäre, so würde die

Staatsnotwendigkeit dafür sprechen, sie zugunsten der Reichsgesetzgebung zu entscheiden, um die Verfassung aufrecht zu erhalten.

Die gegenwärtige Regierung", endet Tschabuschnigg, „hat sich ebenfalls für die allgemeinen unmittelbaren Wahlen in das Abgeordnetenhaus ausgesprochen, hält jedoch den Zeitpunkt für die bezügliche Regierungsvorlage gegenwärtig für noch nicht gekommen. Ich glaube zwar, daß ihr die nötige Zweidrittelmajorität zu diesem Gesetz schon jetzt zu Gebote steht, und ich glaube auch, daß, wenn eine Regierung den Antrag auf direkte Wahlen nicht augenblicklich durchsetzt, sie dies als eine Niederlage nicht ansehen kann. Denn dem Prinzip der direkten Wahlen gehört jedenfalls der endliche Sieg und die Zukunft." Er wird, wenn auch spät, recht behalten.

Im nachfolgenden Jahr, am 18., 19. und 20. Februar 1873, erlebt Tschabuschnigg als Berichterstatter im Herrenhaus die Genugtuung, daß die Strafprozeßordnung, an der er als Obmann der Kommission durch lange Zeit in allen Stadien der Vorbereitung entscheidend mitgewirkt und den Entwurf dem Kaiser noch als Justizminister überreicht hat, endlich zum Beschluß kommt.

In Ergänzung hiezu, als am 18. April ein weiteres Gesetz über eine zeitweilige Einstellung der Wirksamkeit der Geschworenengerichte zur Debatte steht und hiebei die Meinung vertreten wird, daß „die Regierung der Mittel und Wege genug hat, um ihren Willen durchzusetzen", widerspricht er mit aller juristischen Überzeugungskraft:

„Ich glaube, daß die Regierung ihre Wünsche nur auf Basis der Gesetze durchführen soll, insbesondere aber, wenn es sich um die Rechtsprechung handelt. Ich meine", schärft er ein, „daß die Regierung, wenn wirklich Fälle eintreten könnten, in welchen eine Suspendierung der Geschworenengerichte notwendig ist, sie diese nicht durch andere Mittel erreichen soll, sondern nur auf der Basis eines Gesetzes, und dies ist der Hauptgrund, warum dieses Gesetz gegeben wird. Politische Gründe", ruft er in den Saal, „dürfen dabei niemals eine Rolle spielen. Entscheidend ist nur die Rechtsprechung, welches das Endziel aller Justizgesetze sein soll."

Seine letzte Herrenhausrede hält er am 10. April 1874, die zu seinem politischen Schwanengesang wird. Es ist das Glaubensbekenntnis eines liberalen und zugleich in der Religion tiefverwurzelten Mannes, der sich hier mit der in Österreich brennend notwendigen „Regelung der äußeren Rechtsverhältnisse der katholischen Kirche dem Staate gegenüber" weitausgreifend auseinandersetzt.

In treffend formuliertem Aufbau entwickelt er, „daß Staat und Kirche zwei Institutionen sind, welche die menschliche Gesellschaft organisiert und ihren Fortschritt ermöglicht haben. Nach der Verschiedenheit ihrer inneren Wesenheit sind dem Staate und der Kirche auch verschiedene Wirkungskreise angewiesen. In den Wirkungskreis der Kirche fällt das Dogma, die Frömmigkeit und das Gewissen; in den Wirkungskreis des Staates die Gesetze über die äußeren Rechtsverhältnisse und Handlungen, die Entscheidungen nach den Gesetzen und nötigenfalls die zwangsweise Durchführung dieser Entscheidungen.

Es ist nie wohlgetan", stellt er fest, „wenn Staat oder Kirche sich Übergriffe in die gegenseitigen Lebensgebiete erlauben.

So wie die Frömmigkeit und Religion sich nicht nach gewissen staatsrechtlichen Kategorien teilen in eine republikanische oder monarchische Frömmigkeit oder nach Nationalitäten in eine spezifisch ungarische, österreichische oder preußische Religion, ebenso soll auch der Staat seinerseits sich zu keiner Konfession bekennen, er soll konfessionslos und so beschaffen sein, daß innerhalb seines Gebietes alle von ihm anerkannten Religionsgenossenschaften gleichmäßig nebeneinander bestehen können. Der Staat schafft gleichsam den äußeren Rahmen, innerhalb dessen alle Staatsangehörigen, jeder Konfession auch immer, leben können, diese Verpflichtung hat aber auch jede Religionsgenossenschaft im Sinne des Staatsgrundgesetzes über die allgemeinen Rechte der Staatsbürger.

Der Staat hat das Recht und die Pflicht", fordert Tschabuschnigg, „alle Angriffe irgend einer Kirche zurückzuweisen, sobald sie gegen seine materielle Wohlfahrt oder gegen den geistigen Fortschritt gerichtet sind", und stellt in seinen weiteren Ausführungen „die Demarkationslinie zwischen Staat und Kirche" klar:

„Jedem Staate muß daran gelegen sein, seine Bevölkerungszahl zu erhalten sowie daß Familien gegründet und die Kinder gut erzogen werden. Eine notwendige Folge dieses Staatsinteresses ist sein Recht, die Vorbedingungen, nach welchen eine gültige Ehe geschlossen wird, die Art und Weise ihres Abschlusses und die Rechte und Pflichten festzusetzen, welche aus einer nach den Staatsgesetzen gültigen Ehe sich ergeben. Es kann keiner Kirche gestattet sein, die bezügliche Gesetzgebung des Staates zu beirren oder eine nach seinen Gesetzen gültige Ehe als Konkubinat zu brandmarken.

Andererseits hat aber auch der Staat der katholischen Kirche gegenüber keineswegs das Recht, ihre Priester zu verhalten, in einzelnen Fällen das Sakrament der Ehe zu spenden. Hier liegt der Markstein zwischen Staat und Kirche. Das Sakrament fällt ganz in das Gebiet der katholischen Kirche, die gültige Schließung der Ehe in den Wirkungskreis des Staates."

In unerschrockener Freimütigkeit greift er noch die Konkordatsfrage auf und erinnert daran, daß Staat und Kirche zu verschiedenen

Zeiten miteinander Bündnisse zur gegenseitigen Hilfeleistung und Unterstützung abgeschlossen haben. Aber er schürft tiefer:

„Wenn man der Quelle dieser Bündnisse vorurteilslos nachforscht, so kommt man zu der Erkenntnis, daß mitunter nicht die Sorge für die Wohlfahrt der Staatsbürger und auch nicht die Sorge für Frömmigkeit und Religion hiefür den Grund gelegt haben, sondern die Absicht dahin ging, die beiderseitigen Angehörigen gleichsam zwischen die doppelte Schraube des Staates und der Kirche zu legen, um sie desto gefügiger zu machen und sie desto ergiebiger und nachhaltiger auspressen zu können."

Tschabuschnigg hebt hervor, daß man nun versucht, die äußeren Rechtsverhältnisse zwischen Staat und Kirche im Wege der Legislative zu ordnen, „aber es ist kaum zu wundern, daß das vorliegende Gesetz aus den beiden Lagern gleichmäßig angefochten wird. Die einen behaupten, daß hier den Rechten des Staates nicht in genügendem Maße Rechnung getragen wird, während die anderen sagen, daß die Bestimmungen die Rechte der Kirche beeinträchtigen." Dazu muß Tschabuschnigg „gestehen, daß ich selbst nach den geistreichen Reden, welche ich heute angehört habe, nicht zur Erkenntnis kam, daß das Gesetz in irgend einer Weise den Rechten der Katholiken zu nahe tritt."

Dagegen widerspricht er lebhaft dem erhobenen Einwand, daß „ein Konkordat ohne Zustimmung Seiner Heiligkeit des Papstes nicht aufgehoben werden kann", und bringt in peinliche Erinnerung, daß „Konzilien und Päpste wiederholt erklärt haben, — zuletzt Pius VII. im Jahre 1813 —, daß kein Vertrag, kein Konkordat für die katholische Kirche bindend ist, sobald sie zur Überzeugung kommt, daß darin etwas gegen die Gesetze oder gegen das Interesse der Kirche enthalten ist. Dieser Behauptung des einen Vertragspartners gegenüber muß wohl auch dem zweiten, dem Staate, frei stehen, zu erklären, daß er sich an ein Konkordat nicht mehr für gebunden hält, wenn er darin etwas entdeckt, was für das Wohl des Staates, für die geistige Entwicklung der Staatsbürger schädlich oder gefährlich ist."

In seinen letzten Worten, die er im Herrenhaus spricht, empfiehlt Tschabuschnigg „mit voller Überzeugung" die beantragte Regelung der Rechtsverhältnisse zwischen der katholischen Kirche und dem österreichischen Staate und hebt die maßvolle Fassung des Gesetzes hervor, „die im politischen Leben so hoch zu schätzen ist." Wie vor Jahren im Abgeordnetenhaus zitiert er, ehe er das Rednerpult verläßt, nochmals mahnend das hellenistische Weisheitswort:

„Mäßigung ist Tugend!"

6

Er fühlt sich alt und lebensmüde, obwohl er erst 65 geworden. An Reisen ist nicht mehr zu denken — die letzte hat er 1872 nach Alexandrien, Athen und Konstantinopel unternommen und hiebei „einmalig" farbige Bilder des Orients empfangen, doch waren die Anstrengungen schon zu groß. Die Sommermonate verbringt er jetzt in Pörtschach am Wörther See, wo die inzwischen fertiggestellte Villa am 10. Mai 1873 feierlich eröffnet wird. Es ist, inmitten eines weiten Parks, ein stattliches Haus, 23 Meter lang und 15 Meter breit, im Parterre befinden sich vier Zimmer, zwei Kabinette und die Küche, im ersten Stock fünf Zimmer und zwei Kabinette und im Obergeschoß zwei Wohnstuben. Zur Liegenschaft gehören außerdem ein Stallgebäude, eine Wagenremise sowie eine Bad- und Schiffshütte. Zusammen mit dem Freunde Hueber, der sein Wort gehalten und die Bauarbeiten im Auge gehalten hat, fährt er in dessen Equipage hinaus. An der Schwelle empfängt ihn der Pfarrer namens der Gemeinde, bei der Schlüsselübergabe hält Bürgermeister Semmelrock die Festrede, die in einen Hochruf auf den Kaiser und auf Tschabuschnigg ausklingt, und vom nahen Nußbaumwäldchen hallen Böllerschüsse herüber. Nun hat er seinen lang ersehnten Alterssitz gefunden, wo er ausruhen kann.

Hier kann er auch daran denken, sein schriftstellerisches Schaffen fortzusetzen, ehe es zu spät wird. Fast zu Ende gebracht ist schon der Roman »Sünder und Toren«, der 1875 im Verlag der J. Küthmann'schen Buchhandlung in Bremen erscheint. Es ist das Wien der Gründerzeit, die Tschabuschnigg mit unbestechlich realistischem Blick beschreibt und mit wirklichkeitsnah gezeichneten und oft klar erkennbaren Gestalten aus politischen und klerikalen Kreisen, aus der Adels- und Finanzwelt und dem aufsteigendem Bürgertum belebt, um die er den Mantel der Dichtung nur lose umhängt.

In zwei Lebensläufen entwickelt sich die Handlung, von denen der eine Weg in absteigende, der andere in aufsteigende Richtung geht. Julian, ein geistreicher, hochgebildeter Mann, opfert unbedenklich seine Jugendliebe Marie, um durch eine Vernunftheirat zu Reichtum und Ansehen zu gelangen. Da ihm aber die sittliche Kraft abgeht, wird er zum Genußmenschen, dem jede Selbstbezähmung fehlt, durch ein geheimnisvolles Verbrechen verliert er Frieden und Glanz des Hauses, er verfällt dem Börsenspiel und endet durch Selbstmord. Diesem Emporkömmling gegenüber steht der Bruder der an Herzleid gestorbenen Marie, der schlichte Handwerker Walter, der sich durch Fleiß und ehrliches Streben aus der Menge hervorhebt, bis er die höchste Stufe seines Standes und damit gleichzeitig das häusliche

Glück mit Elisabeth, der schönen Tochter seines Lehrherrn, erreicht. Durch diese Nebeneinanderstellung gestaltet Tschabuschnigg dramatisch die Kontraste des Lebens, zwischen denen der starke, selbstbewußte Geist sich durchsetzen muß, um zum einzigen Ziel zu gelangen: zur inneren Befriedigung. Walter ist, nach des Dichters Schlußwort, der eigentliche Held des Romans: „Ein Kind des Volkes, arm und ohne fremde Gunst, der sich ‚zwischen Sündern und Toren' Bahn gebrochen und seine Lebensstellung durch Arbeit und Wissenschaft, durch redliches Wollen und tüchtiges Handeln selbst geschaffen hat."

An diese beiden roten Fäden der Erzählung knüpft sich wieder eine reiche Fülle von Zwischenbegebenheiten, welche die Zeitepoche von den verschiedensten Gesichtspunkten her beleuchten, wenn sie auch bisweilen nur in schwachem Zusammenhang mit der Haupthandlung stehen. Darunter finden sich kleine brillante Novellen und farbenreiche Situationsschilderungen, die zwar auch aus diesem Rahmen genommen werden könnten. Aber gerade diese Intermezzi werfen die breitesten Schlagschatten auf die politischen und sozialen Zustände der Zeit. Die Rüstungen für die Wahlkämpfe der Parteien, der würdelose Wechsel vom Klerikalismus zum Liberalismus, die Gegensätze zwischen Zentralismus, Föderalismus und der feudalen Oberschicht sowie die komödiantische Abdankung des Premierministers zur angeblichen Versöhnung seiner Gegner, in Wahrheit aber, um zur Bildung eines neuen Kabinetts wiederberufen zu werden — dies alles sind Rückspiegelungen, die Tschabuschnigg zeit seines Lebens zur Genüge kennengelernt hat und in diesem Roman mit überlegener Satire nachmalt. Von besonderem Reiz sind die eingewobenen Zwischenbilder: voll duftiger Poesie die Liebe des Grafen Eberhard zu Melusina, in leuchtenden Farben die dramatischen Szenen des Kunstreiters Leon gegenüber der Tänzerin Sulamith und der Prinzessin Titania. Ironischer Humor kommt zu Wort bei den Wahlwerbungen des Grafen Zimbelin, in den Schilderungen der Soupers beim Börsianer Baron Dattelbaum, sarkastischer Spott überströmt den „Bund der freien Phantasie", den Titelclub und das Ordenssyndikat. „In diesem Werk", schließt die Kritik der „Neuen Freien Presse" vom 9. Februar 1875, „waltet ein großer Gedankenreichtum und ein klarer Geist, der seiner Zeit die Hand an den Puls zu legen und nach dessen Bewegung die Symptome richtig zu deuten versteht."

Zum letzten Male fallen in diesem Roman Worte und Mahnungen von tiefer Bedeutung über politische Geschehnisse, vor allem die ihn besonders berührenden Vorgänge bei Wahlen, die der Staatsmann Tschabuschnigg durch den Meister Gottwald aussprechen läßt:

„Wie verkehrt unsere Zustände sind, zeigt sich am besten an der vollständigen Verwechslung der Rollen, welche Wähler und zu Wählende naturgemäß einzunehmen hätten. Die Stellung eines Abgeordneten ist eine mühselige, mit schwerer Arbeit und Verantwortung verbundene Stelle, zu der nur wenige die Eignung besitzen. Die Wähler sollten also, wenn sie den rechten Mann gefunden haben, zur aufrichtigen Bitte sich gedrungen fühlen, daß er die Wahl annehmen möge. Aber in der Wirklichkeit ist es umgekehrt. Der Abgeordnete hält nur seine Rechte, nicht seine Pflichten im Auge, nicht das allgemeine Wohl, sondern der eigene Vorteil ist sein Leitstern. Sich selbst, nicht seinen Mitbürgern will er nützen, und der erträglichste ist noch der, den seine Eitelkeit zur Kandidatur treibt. Daher geschieht es, daß er, um gewählt zu werden, bitten, schön reden und intrigieren muß, und daß schließlich die Wähler nicht die bittenden, sondern die gnädigen Herren sind, die ihn mit der Wahl begnadigen."

Es ist zum Abschied, tiefenttäuscht, ein politischer Schuldspruch ohne Gnade, den Tschabuschnigg hier verkündet.

7

Gleichzeitig führt er mit dem Verlag J. Küthmann, der die »Sünder und Toren« übernommen hat, Verhandlungen zur Herausgabe seiner »Gesammelten Werke«, die in den Jahren 1876 und 1877 erscheinen. Sie umfassen eine Auswahl der Novellen, das erweiterte »Buch der Reisen« sowie »Die Industriellen« unter dem neuen Titel »Fabrikanten und Arbeiter«. Als sein letztes, 1876 vollendetes Werk wird schließlich noch der von starkem demokratischen Geist geprägte zweibändige Roman »Große Herren und kleine Leute« aufgenommen, in dem sich Tschabuschnigg, wie die Kritik in den „Dichterstimmen aus Österreich-Ungarn" hervorhebt, „seine jugendliche Frische, eine unermüdliche Schaffenslust und Schaffenskraft, die rege Phantasie und das poetisch-sinnige Gemüt, aber ebenso auch seine gesunde, männliche, offen-liberale Gesinnungsart bewahrt hat."

Im Mittelpunkt der Handlung steht die gefeierte Sängerin geheimnisvoller Herkunft Fastrada, die vom Grafen Ottilio leidenschaftlich umworben wird. Sie opfert ihm ihre Unabhängigkeit und glänzende Laufbahn und reicht dem durch seine Mißwirtschaft verarmten Edelmann die Hand, wird aber bald bitter enttäuscht. Denn als durch diese ungleiche Ehe Ottilio im Erbschaftswege ein Majorat zu entgleiten droht, trennt er sich von Fastrada und heiratet die ihm ebenbürtige, dämonisch wirkende Cousine Claudine. Indes rächt sich rasch das Geschick an dem Grafen: wie er sich von seiner ersten Frau treulos scheiden ließ, erfährt er, daß auch Claudine sich ebenso ohne Bedenken einer anderen Liebe zuwendet. In sinnloser Wut erdolcht er sie, doch der Verdacht, das Verbrechen begangen zu haben, richtet sich gegen Fastrada, da der Mord mit jener Zierklinge verübt wurde, die sich seit Kindheit in ihrem Besitz befindet. Obwohl sie die Eifersuchtsszene heimlich beobachtet hat, schweigt sie vor Gericht, um den Geliebten zu schützen, aber im Augenblick, als die Geschworenen den Schuldspruch über sie fällen wollen, stürzt Ottilio in den Saal und bekennt sich selbst als Täter.

Zugleich läuft wieder eine für Tschabuschnigg charakteristische Nebenhandlung, die Geschichte eines geistigen Diebstahls, in deren Verlauf Fastradas väterlicher Betreuer, der kleine, mißgestaltete Musikus Niklas um seine geniale Opernkomposition betrogen wird, ohne Recht finden zu können. Neben den Hauptgestalten sind auch die Episodenfiguren mit feinster psychologischer Beobachtung und in glänzender Dialogführung gezeichnet: der egoistisch-epikuräische Domherr, der sich als Fastradas heimlicher Vater verrät, der reklamesüchtige Klaviervirtuose, der des unglücklichen Niklas Werk als seine eigene Schöpfung ausgibt, und der ernste, die Phrase bekämpfende Dr. Herkules, der als Räsoneur in der Gesellschaft Tschabuschniggs tiefsinnige Altersmaximen weitergibt.

Die Kritik kommt in voller Anerkennung zum Schluß, daß sich hier „wieder ein überlegener Geist zeigt, welcher die Verhältnisse, Personen und Situationen mit vornehmer Ruhe betrachtet, aber auch mit scharfem Blick bis in die innersten Fasern des Gewebes dringt und unnachsichtlich den Schleier der Heuchelei, der Torheit und Schlechtigkeit zerreißt, über welche Kreise immer, und wären es selbst die ausschließlich privilegierten, er sich vertuschend zu legen versucht. Alle Vorzüge seiner früheren Arbeiten treten neuerlich ins hellste Licht."

Angedeutet wird lediglich, daß „der Anfang des Romans mit dem Ende nicht ganz harmoniert. Er beginnt breit in ruhiger Entwicklung und schließt allzu rasch abgerissen, wenn nicht teilweise unvermittelt: man legt deshalb das Buch aus der Hand, begierig auf die weiteren Entwicklungen in einem dritten Band."

Der Einwand ist nicht unbegründet. Aber Tschabuschnigg fühlt sich in den letzten Monaten wieder so schwer leidend, daß er den Roman noch möglichst rasch zu Ende bringen will. Die weitere Auswahl seines dichterischen Schaffens für die »Gesammelten Werke«, die ein Torso bleiben, kann er nicht mehr fortsetzen.

Fast zu gleicher Zeit erscheint 1876 im Verlag von Philipp Reclam in Leipzig noch eine kleine Sammlung seiner bisherigen Gedichte unter dem Titel »Nach der Sonnenwende«, die eine Reihe seiner Lieblingspoesien von früher Jugend bis zur letzten Reife umfaßt. An die Spitze setzt er ein einziges neues und zuletzt veröffentlichtes Gedicht, aus dem sein Abschiednehmen vom Leben spricht:

Es geht zu Ende

Zu Ende geht's, die Rechnung ist geschlossen,
Das nächste Blatt schon bleibt für immer leer,
Das Zünglein schwankt: hier liegt, was wir genossen,
Was wir gelitten, dort, — die Schalen sind gleich schwer.

War's mit Verlust, war's günstiges Gewinnen,
Es hebt sich beides auf, — was liegt daran,
Im Schwindel fiel ein Treffer unsern Sinnen,
Drauf wieder kreuzte Unglück unsre Bahn.

Zu Ende geht's, auf Nimmerwiedersehen
Wird flüchtig manche Hand zum Schluß gedrückt,
Mag nah daran noch eine Blume stehen,
Im Drang des Abschieds wird sie nicht gepflückt.

Es geht zu Ende! Selbst von Leid und Schmerzen
Reißt sich der Mensch nur zögernd los und schwer,
Sie trieben Wurzeln tief in unsre Herzen, —
Ein Nerv zerreißt, der wunde Fleck bleibt leer.

Es geht zu Ende! Leis' wie Glockenläuten
Verklang die Liebe und des Lebens Traum,
Die Farben werden blasser und entgleiten,
Des Liedes letzte Strophe hört man kaum.

8

Schon vom Tode gezeichnet unterzieht er sich im Mai 1877 nochmals einer Kur in Karlsbad, er ist im Haus „Saxonia" in der Hirschsprunggasse gut untergebracht und hält strengste Diät ein, um die stark geschwollene Leber zu schonen. Müde bewegt sich der alte Mann in der von ihm stets bevorzugten mondänen Gesellschaft und betrachtet auf der Promenade mit hungrigem Blick die Frauen und Mädchen, die mit jungen Offizieren vorüberspazieren — „darunter auch hübsche", schreibt er an Mariechen und setzt gleich bei: „Die Juli soll sich gut erholen und ausschlafen!" Das klingt wie ein letztes Adieu.

Der Arzt ist zwar zuversichtlich, aber Tschabuschnigg glaubt nicht mehr an eine Heilung: er verliert an Gewicht, die Wangen sind eingefallen, ein Darmleiden tritt hinzu. Anfang Juni kehrt er nach Wien zurück. Er fühlt sich „apathisch und völlig abgeschlagen".

Nun kann ihm nur noch die heitere Luft am Wörther See, die stille Ruhe in seiner Villa in Pörtschach helfen. Tatsächlich erholt er sich etwas und spielt mit den vier Enkelkindern um sich: nach Julchen ist 1872 ein zweiter Adolf angekommen, der den Kosenamen Aggizerl erhält, dann 1873 Alberta und 1875 Marie, denen er der zärtlichste Großvater ist. Freude bereitet ihm der Garten, er züchtet seltsame Blumen aller Art, pflegt fürsorglich die Obstbäume, und in den Gemüsebeeten zieht er Melonen und Zucchette als Erinnerung an seine Triester Zeit, da die Barken mit diesen verlockenden Früchten vor seinem Hause am Canale landeten. In einem Reisebericht über Kärnten schreibt die „Neue Freie Presse": „Tschabuschnigg sommert in Pörtschach auf eigener Hufe. Das Haus des humorgesättigten Romantikers ist ein Vereinigungspunkt der besten Gesellschaft und »Meister Eulenspiegel« treibt die »Ironie des Lebens« noch so gewandt wie vordem seine melodische Lyrik." Doch dies ist nur äußerer Schein, wenn auch mit Herbstbeginn noch ein Tanzabend im Hause stattfindet.

Ab und zu schreibt er, den müden Blick nach innen gerichtet, einige letzte Xenien, die von nahender Todesahnung durchschauert sind:

Ausgelebt das Leben, ich hab's in Genuß und in Arbeit,
Weite Länder geseh'n, mehr als den meisten gegönnt;
Frohe Stunden erfüllt und schmerzvolle, treu und verläßlich
Hab' ich vom Herzen geliebt, wurde vom Herzen geliebt.

Wehmütig denkt er zurück:

Nicht um Glück und Ruhm und nicht um die Myrten der Liebe
Möcht' ich den Lebenslauf wieder von neuem besteh'n.
Eines doch reiz'te mich und ließ' mich vergessen viel Mühsal:
Könnt' ich noch einmal als Kind spielen den Eltern um's Knie.

Fest hält er an sich:

Großes Schicksal hab' ich erlebt und kleine Geschicke.
Aber unwandelbar hielt ich im Wandel mich selbst.

Dann verklingt's wie ein Hauch:

Was mein letzter Wunsch? Eine heitere Todesstunde,
Klar wie das Leben, versöhnt Menschen und Gott und mich
selbst.

Unerwartet tritt wieder ein schwerer Rückschlag ein, und obgleich der Arzt, der ein Ableben in der Eisenbahn befürchtet, dringend davon abrät, entschließt sich Tschabuschnigg Ende Oktober zur Rückreise nach Wien. Eine Woche später, am 1. November 1877, naht das Ende — es ist der Todesmonat des Bruders und der Mutter. Er läßt vorher noch den Pfarrherrn rufen und sieht mit Ruhe dem Abschied entgegen. Bis zum letzten Augenblick ist er bei vollem Bewußtsein, er bittet noch um eine Tasse Tee und trinkt mit sicherer Hand. Dann erhebt er sich und versucht, von Mariechen und Beppo unterstützt, noch einige Schritte zu gehen. Bald bleibt er stehen, hält sich aber aufrecht. Erst als die Kinder ihn weiterführen wollen, erkennen sie, daß er seinen Lebenskreis schon ausgeschritten hat.

MEERESSTILLE

1

In der Traueranzeige, die Frau Maria von Thavonat zugleich im Namen ihres Mannes und ihrer Kinder versendet, wird bekanntgegeben, daß „der ruhig in dem Herrn entschlafene Adolf Ritter von Tschabuschnigg, k. k. Justiz-Minister in Pension, lebenslängliches Mitglied des Herrenhauses, Herr und Landstand in Kärnten, am Samstag, den 3. November, präcise 2 Uhr nachmittags, in der Pfarrkirche zu St. Rochus und Sebastian auf der Landstraße feierlich eingesegnet, sodann mittels Eisenbahn nach Klagenfurt in Kärnten überführt und dort in der eigenen Familiengruft beigesetzt werden wird."

Am 2. November, dem Jahrestag der Toten, bringt die „Neue Freie Presse" die erste kritische Würdigung des verstorbenen Dichters:

„Tschabuschnigg war ein bedeutender Schriftsteller, der sowohl als Lyriker wie als Romancier einen schönen Ruf errungen hatte, wenn ihn auch die Kritik etwas kühl behandelte. Seine Gedichte haben vier Auflagen erlebt und einzelne seiner Romane erregten großes Aufsehen. Merkwürdig war in mehreren derselben der scharfe Kampf gegen das Kapital. In seinen »Industriellen« tritt sogar ein ausgesprochen sozialistischer Zug hervor, und selten ist das Ende eines Arbeiters ergreifender und packender geschildert worden. In allen literarischen Dingen eine vornehme Natur, hatte er niemals irgend einer Clique angehört und liebte es, allein und eigene Wege zu gehen. Schwächen und Laster zu geißeln, hat er sehr wohl verstanden, und wenn seine Satire sich einen Zeitgenossen auswählte, so saßen seine Hiebe fest. Im Leben war er Idealist, und die romantische Geschichte seiner Heirat ist persönlichen Freunden gut bekannt. In einem seiner schönsten Gedichte hat er, ein gereifter Mann, schmerzlich darüber geklagt, daß er alles, war er geträumt und ersehnt, erreichte, aber alles — zu spät."

2

Unter den verschiedenen Nachrufen, die noch nachfolgen, wirkt am ergreifendsten der Nekrolog von Alexander Julius Schindler, des Dichters Julius von der Traun, in der „Neuen Freien Presse" vom 3. November, dem Tage, da Tschabuschniggs sterbliche Hülle in seiner Pfarrkirche feierlich eingesegnet wird.

„In den Friedhöfen", leitete er das Trauergedenken ein, „zündet das Fest des Todes seine Tausende und Abertausende von Lichtern an. Er, der Sieger über die Hinuntergestürzten, er kennt keinen Feiertag, er mäht Reifes und Unreifes, er durchbohrt mit seinem Pfeile Jagdbares und Unjagdbares, und der, der diesmal hinsank, war ein Dichter und mein alter Freund.

Von seinem Sarge schreitet die Erinnerung zurück in Jugendtage bis herauf. Es war eine unvergeßliche Zeit, in welcher ein schönes Gedicht, eine fein erfundene, im edlen Stil geschriebene Novelle ein Ereignis war und als solches von einer großen, auf das Schöne gerichteten Gemeinde begrüßt wurde. Ein solches Kunstwerk ist heute noch ein Ereignis, aber die Gemeinde ist klein geworden, und selbst die kleine Gemeinde grüßt es nicht mehr. In vielem ist das Gute ununterschieden untergegangen und das Handwerk hat die Kunst unter den gemeinen Haufen gestoßen, wohl gar unter die Erde gebracht.

Aber Tschabuschnigg konnte dies nichts antun, — er war eine der Naturen, die nie altern. Nicht der Lauf der Zeit, nur das Siechtum konnte sein Interesse an den Idealen der Jugend abschwächen, und vielleicht ist auch dieses noch zu viel gesagt: es fehlte ihm nicht an Geist, sondern nur das schärfere Werkzeug der jungen Leute, die nachkamen. Den Kern seiner Lebensphilosophie sprach er in den Versen aus:

»*Vergessen heißt die eine Hälfte Leben,*
Die andere Hälfte, die heißt fröhlich sein.«

Im politischen Leben war Tschabuschnigg zwar kein schlagfertiger Improvisationsredner, aber seine, wenn auch ausgearbeiteten Reden zeichneten sich durch treffende Kraft, Beherrschung des Gegenstandes und Tiefe der Gedanken wirksam aus. Als ein besonderer Freund des Reichsratsmitgliedes Dr. Herbst und der deutschböhmischen Partei beteiligte er sich mit Nachdruck an dem Kampfe gegen die Tschechen und andere Föderalisten. Es kam deshalb seiner Partei unerwartet, als er in das unter dem Präsidium Potockis gebildete Ministerium eintrat. Aber die Erfahrungen späterer Tage klären die Unverständlichkeiten früherer nicht selten auf. Nicht immer ist ein Wechsel in der Wahl der Mittel auch ein Wechsel der Überzeugungen, und das Tempo derer, die an der Spitze reiten, ist immer bedingt von der Marschfähigkeit der Truppen, die dem Führer zu folgen haben und mit denen er in Fühlung bleiben muß. Tschabuschnigg sah mit seinem welterfahrenen Auge wohl das voraus, worüber gegenwärtig niemand mehr im Zweifel ist.

Er war keine geschmeidige und keine nachgiebige Natur. Als parlamentarischer Kämpfer war er freudig und entschlossen. Wenn wir oft Arm in Arm nach heißen, nicht selten auch fruchtlosen Kämpfen das Abgeordnetenhaus verließen und das im engen Raum Geschehene mit dem in den weitesten Räumen Bestehenden und sich Vorbereitenden in Verbindung brachten, so pflegte er sich oft mit den Worten ironisch zu trösten »Abbiamo visto un bel mondo! — Eine schöne Welt haben wir gesehen!« Ihm war der Kampf auch ohne Sieg wert genug.

Mit der großen Frage des Lebens, dem Sein oder Nichtsein, hatte er sich abgeklärt: ‚Wenn einmal die Stunde kommt und ich scheiden muß', pflegte er zu sagen, ‚so glaube niemand, daß ich es mit Schmerz vollbringe oder schwer mich losreiße. Ich habe schon jetzt mit der Welt vollständig abgeschlossen und verliere im letzten Augenblicke nichts'.

Dieser letzte Augenblick ist nun vorüber und man schirrt die Rosse des Totenwagens. Wenn er dumpf vorbeirollt, die Fackeln im Kampfe mit der schwindenden Tageshelle müde flackern und eine Abendglocke herüberklingt, als hätte die Welt dem Dichter, der ihr so viel gesagt hat, noch ein letztes Wort nachzurufen, — dann versinkt der Gedanke im Gefühle und ein tiefer Seufzer, eine stille Träne sind das letzte Totenopfer, das wir zu bringen vermögen."

Mit einem Gedicht des Verstorbenen beschließt Schindler seinen Nachruf auf den Freund. „Freilich, das in diesen Strophen besungene Wesen scheint in der Blüte der Jugend dahingerafft. Aber auch im gebrochenen Körper des Greises kann eine junggebliebene Seele wohnen und auch die Seele Tschabuschniggs blieb ewig jung."

Frisch zu, du wackerer Fuhrmann,
Im lustigen Trabe daher,
Ein herrliches Erntewetter,
Der Wagen von Segen schwer.

Es flattern Bänder herunter,
So recht nach Schnitterart,
Darüber weht eine Krone —
Lilien und Rosen gepaart.

Viele Leute geh'n an der Seite
Von beiderlei Geschlecht,
Ein Lied wird auch gesungen,
Nur den Text versteht man nicht recht.

Glück auf, du fleißiger Schnitter,
Brav hast du abgemäht —
In Hoffnung und in Freude
Wird einst die Saat gesät.

Die schöne Frühlingslerche
Bezog ihr Nest darin,
Unkraut und Blumen wuchsen
Still durcheinander hin.

Aufquellende Halme wiegte
Des Frühlings kräftiger Hauch:
V i e l e   F r e u d e   z o g   d a r ü b e r
U n d   m a n c h e s   H e r z w e h   a u c h.

3

Am Sonntag, dem 4. November, langt der Sarg am Bahnhof in Klagenfurt an, anschließend erfolgt um 4 Uhr nachmittags die Beisetzung auf dem kleinen Friedhof von St. Ruprecht. Dort ruhen im Familiengrab schon Tschabuschniggs Eltern, der Bruder Franz, die geliebte Julie und der Jugendfreund Paul Renn. Über der Stätte erhebt sich in ernsten Lettern der Weihspruch, den er für die Seinen, ungeachtet aller Zweifel über ein Wiedersehen im Jenseits, aus stets bekennender Gläubigkeit entworfen hat:

„Heilig, heilig ist der HERR,
Leben und Sterben sind Seiner Herrlichkeit voll."

Wie in Wien sind die Trauergäste auch hier nicht allzu zahlreich vertreten. Das politische Kärnten verzeiht ihm seine Ministerschaft noch immer nicht und übersieht gleichzeitig auch den angesehenen Dichter.

Für die Inschrift auf seinem Grabstein hat er sich nur drei Worte gewählt: „Im Wandel unwandelbar." Von Julie, an deren Seite er nun ruht, läßt er sich aus ihrem Mund begrüßen und einmeißeln:

„Bist Du endlich da, lieber Adolph? Jetzt gehen wir nicht mehr voneinander!"

Kein Liebesvers kann inniger und ergreifender klingen.

Es wird bald still um ihn. Paul Herbert widmet ihm 1878 in der „Carinthia" ein Blatt der Freundschaft, das, bei diesem kalten und unzugänglich gewordenen Mann ungewöhnlich, in die warmherzigen Worte ausklingt: „Ob ihm als Dichter so ganz das Recht der Unsterblichkeit angesprochen werden kann, ob eine dankbare freundliche Erinnerung eine genügende Anerkennung ist, ob er nicht mehr Recht auf die Bewunderung der Nachwelt hat als manch anderer, mag die Zukunft entscheiden. Eine Nische wenigstens in einem Mausoleum deutscher Dichter wird ihm doch gebühren."

Doch nein — immer dichter wird das Dunkel um Tschabuschnigg, und fast scheint's eine absichtliche Vergessenheit zu sein, in die der gefeierte Dichter und Staatsmann hinabgestoßen wird. Im undankbaren Gedächtnis seiner Landsleute, die weder die wahren Ziele des Politikers richtig erkannten noch seine Werke in ihrer Gedankentiefe voll erfaßten, ist er rasch ein toter Mann geworden. In den kärntnerischen Haus- und Familienbibliotheken findet man nur vereinzelt einige seiner Werke, aus denen die vollendete Lauterkeit der Gesinnung, Vornehmheit der Diktion, ein gewandtes Erzählertalent und verstehende Herzensgüte sprechen und selbst dort klar hervorbrechen, wo er die Schäden und Schwächen der Zeit verurteilt. Auch sein adeliges, weltmännisches Charakterbild, dessen hervorragendste Eigenschaft edelste Menschlichkeit war, hat sich bei seinen Mitmenschen ganz verschattet. Man spricht von ihm wie von einem Fremden, den man kaum noch kennt oder nicht mehr kennen will — es erfüllt sich an ihm wie so oft das tragische Schicksal eines großen Heimatsohnes, dem das eigene Land die ihm gebührende Ehre versagt.

Fünf Jahre später, im Sommer 1882, macht Ludwig August Frankl in den „Dioskuren" und in der „Neuen Freien Presse" den Versuch, das Andenken an Tschabuschnigg wieder wachzurufen, und regt an, ihm „als den ersten und hervorragendsten deutschen Dichter in Kärnten" ein Denkmal zu errichten.

Der Aufruf wird von Fürst Rosenberg, Graf Goëss, den Freiherren v. Herbert und v. Kübeck sowie von Ritter v. Moro, Ritter v. Jessernigg und Ritter v. Hye unterzeichnet, doch erheben Tschabuschniggs Gegner von einst entschiedenen Widerspruch und verweigern jede Beteiligung an einer Spendensammlung. Innerhalb von drei Jahren laufen nur 300 Gulden ein, so daß der Plan aufgelassen werden muß. Der Platz vor der Villa in Pörtschach, den Frankl für die Aufstellung der Büste vorgesehen hat, bleibt leer.

5

Im Park spielen vergnügt sechs hübsche Kinder — ein kleines Mädchen Aloisia und ein Knabe Josef sind noch nachgekommen —, das einstige Findelkind Mariechen liegt träumerisch in der Hängematte zwischen zwei Nußbäumen und Herr v. Thavonat kommt vom Morgenritt zurück. Nachmittags fährt man mit dem Wagen nach Velden oder läßt sich nach Maria Wörth hinüberrudern. Man ist eine reiche Familie, die Erbschaft mit den von Vater Tschabuschnigg klug erworbenen Eisenbahnaktien und sonstigen Staatsobligationen stellt ein beträchtliches Vermögen dar, und das Leben läßt sich so herrlich genießen. Im Winter bietet die Kaiserstadt Vergnügungen aller Art, die freilich kostspielig sind, aber das Geld ist ja vorhanden — bis man eines Tages bemerkt, daß es allzurasch durch die Finger geronnen ist. Die Erziehung der Kinder, das Studium der Söhne und die Ausstattungen für die Mädchen, dies alles muß nun sorgsam abgewogen werden, und man versucht, etwas sparsamer zu leben. Doch in Wien mit seinen Verlockungen und im Verkehr mit der vornehmen Gesellschaft fällt dies schwer, und so beschließt man, die Stadt zu verlassen und sich in das stillere bescheidene Pörtschach zurückzuziehen. Aber auch dort muß man sich einschränken und genügsam haushalten.

Trotzdem geht es aber immer weiter abwärts, so daß das Ehepaar Thavonat sich im März 1901 gezwungen sieht, ein Majestätsgesuch „zu den Stufen des Allerhöchsten Thrones" zu unterbreiten. Die Bitte geht um die Freistellung eines Betrages aus der Heiratskaution, die für die älteste Tochter Julie anläßlich ihrer Verehelichung mit dem Hauptmann des Geniestabes Carl Förster hinterlegt worden war. Weitere Kautionen werden notwendig für die jüngeren Schwestern Maria und Alberta, die sich ebenfalls Gatten aus dem Offiziersstand erwählen, sowie für den Sohn Adolf, der als Oberleutnant im Infanterie-Regiment Nr. 7 den Dienst versieht.

Für die zwei jüngsten Kinder Aloisia und Josef zu sorgen ist den Eltern „wegen der gänzlichen Belastung ihres Realbesitzes vollkommen ausgeschlossen", sie selbst sind „in einen Lebensabschnitt gelangt, dessen Entbehrungen immer schwieriger werden" und „unser vorgerücktes Leben bei eigener erschütterter Existenz erfüllt uns mit großer Sorge." Es ist der ergreifende Niedergang einer jahrhundertealten berühmten Familie.

6

Im Jahre 1932 erfährt ein Herr Kalmar Langsner aus Wien, der öfters nach Kärnten kommt und sich für alte Schriften und Dokumente interessiert, daß in Pörtschach die Enkelkinder des einstigen Ministers und schon fast vergessenen Dichters Adolph Ritter von Tschabuschnigg in sehr ärmlichen Verhältnissen leben. Er sucht sie in der früher so schönen Villa auf, die nun einen traurigen Anblick bietet: alles Kostbare ist längst verkauft, die alten Ölgemälde mit dem Brustbild der Großeltern verpfändet und verschollen, der große Park parzelliert und verbaut. Viel ist hier nicht mehr zu finden, aber um den Nachkommen des einst gefeierten Mannes zu helfen, erwirbt er die in ihrem Besitz noch befindlichen, aus dem Nachlaß Tschabuschniggs stammenden Bücher und Manuskripte. Dazu gehört auch eine Visitkartenphotographie.

Es ist das Bildnis des 50jährigen Hofrates, der soeben an den Obersten Gerichtshof berufen wurde und nun auf dem Höhepunkt seiner richterlichen Laufbahn steht. Es blickt den Beschauer ruhig und gelassen an: ein Herr von betonter Schlichtheit, weltmännischer Überlegenheit und vornehmer Zurückgezogenheit, der sich die wenigen Freunde sorgsam auszuwählen weiß. Das Auge prüft kühl und kritisch, die gestrafften Gesichtszüge drücken Energie und Unbeugsamkeit aus, und hinter der schon hoch gewordenen Stirne kreisen kluge und ironische Reflexionen über Gesellschaft und Welt, reifen strenge Urteile nach Gesetz und Recht. Nur die Lippen sind voll und warm, die sich auch zu einem Lächeln formen können, wenn die Schönheiten des Lebens sich ihm eröffnen und ihn beglücken. Aber sie können sich auch schmal verschließen und verschweigen, was ihn bedrückt, verbittert und ihm an Hoffnungen entgleitet. Dieser Mund hat selbst bekannt, daß ihm das Leben — wenn auch zu spät — zwar alles gab, „wonach die Sehnsucht griff", daß aber der Genuß schmerzlich ausblieb, weil „die Frucht nur Asche" war und nichts als einen schalen Nachgeschmack zurückließ.

Welch ein seltsamer Mensch! Dieses kleine Visitkartenbildchen — es zeigt in Wahrheit das Porträt einer problematischen Persönlichkeit.

ANHANG

Das dichterische Werk

Lyrik

In Sammelbänden:

Gedichte (1. Auflage, Dresden 1833 bei Arnold)
 (2. vermehrte Auflage, Wien 1841 bei Pfautsch & Co.)
Neue Gedichte (Wien 1851 bei Pfautsch und Voß)
Aus dem Zauberwalde (Berlin 1856 bei Heinrich Schindler)
Gedichte (3. vermehrte Auflage, Leipzig 1864 bei Brockhaus)
Gedichte (4. vermehrte Auflage, Leipzig 1871 bei Brockhaus)
Nach der Sonnenwende (Leipzig 1877 bei Ph. Reclam)

Gedichte erschienen: in der „Carinthia", in den Wiener Taschenbüchern „Thalia", „Aurora", „Cyanen", „Freund des schönen Geschlechts", „Nareja", „Das Veilchen", „Orpheus", „Libanon", „Siona", Castellis „Huldigung der Frauen" und Joh. Nep. Vogls „Frauenlob", weiters in Schickhs „Zeitschrift für Kunst, Literatur, Theater und Mode", in Dr. Hocks „Jugendfreund", in Bäuerles „Theaterzeitung", in Portenschlags „Der Sammler", Mausbergers „Winterlektüre", in der Witthauerschen „Wiener Zeitschrift", in C. Spindlers „Allgemeinen Damenzeitung", im Gräfferschen „Wiener Conversationsblatt", in der „Wiener Sonntagszeitung" und im Album „Viribus Unitis", außerhalb Wiens vor allem im Grazer Informationsblatt „Der Aufmerksame", in den Taschenbüchern und Almanachen „Mnemosyne" (Lemberg), „Flora", „Rosen" und „Figaro" (München), Kinds „Zum gefälligen Vergnügen" und Pfautschs „Gedenke mein" (Leipzig) sowie „Penelope" (Dresden) des dem Dichter besonders gewogenen Theodor Hell (Hofrat Winkler).

Erzählungen und Novellen

In Buchform:

1832: *Das Haus der Grafen Owinski* (Leipzig bei Arnold)
1835: *Novellen* (Wien bei Haas)
 1. Band: Erste Liebe — Der Hochzeitstag — Der Tag in der Weinlese — Die beiden Hagestolzen — Die Christnacht.
 2. Band: Bruderherz — Der Bücherwurm — Bürgerleben — Des Herzens Sünde — Aus den Papieren eines Irrenarztes.

1841: *Humoristische Novellen* (Wien bei Haas)
Metamorphosen — Die Kinder der Sonne — Der sechste Akt — Die Weltverbesserer.

1841: *Ironie des Lebens* (Wien bei Rohrmann, 2. Auflage 1842)

1842: *Buch der Reisen* (Wien bei Pfautsch & Co.)

In Taschenbüchern, Almanachen und Zeitschriften:

1828: *Das Brautkleid* (Car. Nr. 44/45) — *Die letzte Gräfin Salamanca* (Kärntnerische Zs.)

1829: *Ephemeriden* (Car. Nr. 8)

1831: *Nachtstück* (Car. Nr. 40—43) — *Die Amatigeige* (Abendzeitung Dresden)

1833: *Die Schule der Liebe* (Tb. „Gedenke mein") — *Mitteilung aus einem Wanderbuche* (Car. Nr. 28/29)

1834: *Das Familiengeschenk der Grafen von Juray* („Der Jugendfreund") — *Die tote Braut* (Zs. für Kunst, Theater, Literatur und Mode)

1836: *Treue bis zum Tode* (Tb. „Gedenke mein") — *Spätfrühling des Herzens* (Tb. „Gedenke mein")

1837: *Clara Dönhoff* (Tb. „Gedenke mein") — *Das Forsthaus* (Tb. „Immergrün)

1838: *Das Haupt des Guillotinierten* (Laibacher „Carniola") — *Die Pforte der Glückseligkeit* (Tb. „Gedenke mein") — *Die Liebe im Monde* (Tb. „Frauenlob")

1839: *Zweite Liebe* (Pesther Tagblatt) — *Ein venezianischer Mummenschanz* (Tb. „Gedenke mein")

1840: *Harmonie der Sphären* (Tb. „Orpheus") — *Traum des Glücks* (Laibacher „Carniola") — *Zu dumm zu einem dummen Streich* (Tb. „Gedenke mein")

1841: *Jenseits der Gräber* (Laibacher „Carniola") — *Eine Geschichte in drei Weltteilen* (Tb. „Gedenke mein") — *Olymp und Folterkammer* (Tb. „Cyanen")

1842: *Onkel Tobias* (Tb. „Gedenke mein")

1843: *Der gefesselte Prometheus* (Tb. „Gedenke mein")

1844: *Stille Welt* („Österreichischer Novellen-Almanach")

1845: *Holländische Gespenster* (Tb. „Gedenke mein")

1851: *Eine Siesta* (Tb. „Gedenke mein")

1853: *Der Bauernbreughel* (Tb. „Gedenke mein") — *Traumleben* („Wiener Österreichische Zeitung") — *Rockenstubengeschichten* („Wiener Österreichische Zeitung")

1854: *Schloß Mirelemont* (Laibacher Zeitschrift „Faust") — *Des Teufels Erdenfahrt* (Car. Nr. 41—51)

Novellen mit Datum ohne Erscheinungsort:

1824: *Die gerettete Unschuld* — 1826: *Die Braut aus dem 18. Jahrhundert* — 1827: *Die Heimkehr* — *Rosensehnsucht* — 1828: *Der Sankt Katharinenschacht* — *Sühnung* — 1834: *Der Unbekannte* — 1835: *Erdenmacht*

Novellen ohne Datum und Erscheinungsort:

Die Linde der Liebe — *Die Schenkin im Wienerwalde* — *Graf Florestan* — *Kapitän Vitry* — *Die Kunst des Vergessens* — *Ein dunkles Blatt*

Romane

Der moderne Eulenspiegel (Pest 1846 bei Heckenast)
Die Industriellen (Zwickau 1854 bei Thost; 1876 Wiederauflage unter dem Titel *Fabrikanten und Arbeiter* bei Scheiner in Würzburg)
Grafenpfalz (Nordhausen 1862 bei Buchting)
Sünder und Toren (Bremen 1875 bei Küthmann & Co.)
Große Herren und kleine Leute (Bremen 1877 bei Küthmann & Co.)

Verschiedenes

In Ludwig August Frankls „Sonntagsblättern" erschien:

1843: *Kritik über Kritik*

1845: *Boccaccio und sein Decamerone* — *Niccolo Machiavelli und seine Schriften*

1846: *Der Dichter Francesco Dall'Ongaro*

1848: *Zur Frage der Nationalitäten*

Veröffentlichungen im „Lloyd"

1848 28. März: *Konstitution in Österreich* — 27. Juni: *Pensionen und Gehälter der Beamten* — 1. Dezember: *Vom Reichstag*

1849   4. Februar: Zentralisation und Föderalismus — 19. Februar: Zur italienischen Frage — 25. April: Die Landtagsausschüsse — 29. April: Die Ereignisse in Ungarn — 11. August: Aus Wälschtirol — 5. November: Die Politik Palmerstons

1850   27. Juni: Preußische Politik

1851   22. März: Der Egoismus in der Politik — 14. April: Deutsche Diplomatie — 25. Mai: Bahnwesen in Kärnten

    A b k ü r z u n g e n : Car. = Zeitschrift Carinthia (bis 1890); Car. I. = Zeitschrift Carinthia I (ab 1891); ds. = derselbe, dieselbe, dasselbe; Jg. = Jahrgang; Tb. = Taschenbuch; Zs. = Zeitschrift.

Die Quellen

Kärntner Landesarchiv:

Nachlaß Tschabuschnigg, Faszikel I—IX: Familiengeschichte, Personaldokumente, Wappen und Bildnisse, Stammbuchblätter, die Tagebücher, der gesamte Briefwechsel, die Originalmanuskripte der Gedichte, Novellen und Romane, Konzepte zu verschiedenen politischen Artikeln, Reden und Gesetzesvorlagen, Promemorien für den Landtag und den Reichsrat, grundsätzliche Erwägungen zum Konkordat (1856), Entwürfe zur Neuordnung des Justizwesens (1857), Pläne und Vorschläge zur Reform der Zivilprozeßordnung (1861) und der Strafprozeßordnung (1868), Anregungen zur Entwicklung der Kärntner Wirtschaft (1868), Gedanken zur österreichischen Politik (1875), historische Studienübersichten, Lektüre-Verzeichnisse mit kritischen Anmerkungen, Materialien über die italienische Literatur, Theaterprogramme, Erinnerungen und Reflexionen.

Stenographische Protokolle des Kärntner Landtages:

29. Jänner 1863 (S. 267/268), Fortbestand des Ständischen Theaters in Klagenfurt;
20. Februar 1863 (S. 468/472), Servituten-Ablösung;
7. März 1863 (S. 700), Gemeindegesetz: Vornahme der neuen Wahlordnung;
10. März 1863 (S. 721 ff.), Wiedereinführung von Schwurgerichten;
20. März 1863 (S. 878), Personalstand und Besoldung der landschaftlichen Beamten;
23. März 1863 (S. 957), Straßenwesen im Lavanttal;
10. März 1864 (S. 103/104), Entsumpfung des Waidmannsdorfer Mooses;
18. April 1864 (S. 419/420), Verpflegskosten für zahlungsunfähige Kranke;
25. April 1864 (S. 579), Die Arbeiten im Landtag;
7. Dezember 1865 (S. 99 ff.), Adresse an den Kaiser, die verfügte Sistierung des Grundgesetzes über die Reichsvertretung wieder aufzuheben und den Reichsrat baldigst in die verfassungsmäßige Tätigkeit treten zu lassen;
10. Februar 1866 (S. 761), Regelung der Wasserrechtsverhältnisse in Kärnten;
14. Dezember 1866 (S. 148), Bedenken gegen den Ausgleich mit Ungarn, Antrag auf die Einberufung des Reichsrates;
19. Dezember 1866 (S. 224 ff.), Wunsch windischer Gemeinden zur Einführung der deutschen Sprache in der Schule;
10. September 1868 (S. 118/119), Übertragung des Ständischen Theaters in das Eigentum der Landeshauptstadt Klagenfurt;
12. Oktober 1869 (S. 167), Antrag auf direkte Wahlen für das Abgeordnetenhaus;
26. Oktober 1869 (S. 367), Antrag auf Abänderung der Landtagswahlordnung.

Parlamentsbibliothek Wien:

Stenographische Protokolle des Abgeordnetenhauses:

11. Mai 1861 (S. 54 ff.), Adreßentwurf 1861;
5. September 1861 (S. 100/103), Justizorganisation;
18. November 1861 (S. 1730 ff.), Schutz des Briefgeheimnisses;
18. Februar 1862 (S. 2219), Geschworenengerichte in Preßsachen;
25. Juni 1863 (S. 24/25), Adreßentwurf 1863;
3. Juni 1867 (S. 33/34), Adreßentwurf 1867;
16. Juni 1867 (S. 401 ff.), Antrag auf Abschaffung der Todesstrafe.

Stenographische Protokolle des Herrenhauses:

17. November 1870 (S. 57 ff.), Adreßentwurf 1870;
5. März 1872 (S. 75/76), Unmittelbare Wahlen in das Abgeordnetenhaus;
18. April 1873 (S. 522 ff.), Bericht über die Strafprozeßordnung;
10. April 1874 (S. 156 ff.), Regelung der äußeren Rechtsverhältnisse der katholischen Kirche dem Staate gegenüber.

Geschichtsverein für Kärnten:

Jahrgänge 1828 bis 1940 der Zeitschrift „Carinthia". 1828: Nr. 44, 45 — 1829: Nr. 8 — 1831: Nr. 1, 2, 40, 41, 43 — 1833: Nr. 28, 29 — 1835: Nr. 18 — 1838: Nr. 52 — 1841: Nr. 12, 13, 37 — 1842: Nr. 34 — 1843: Nr. 26 — 1851: Seite 305, 309 — 1853: S. 345, 349, 357, 361, 365, 369, 373, 377, 381, 385, 388, 393, 397, 401, 405, 409, 413, 417 — 1854: S. 5, 9, 13 — 1856: S. 155 — 1861: S. 414 — 1875: S. 30 — 1878: S. 51 — 1914: S. 92 — 1933: S. 158 — 1940: S. 30, 35, 37, 46.

Die wichtigste eingesehene und benützte Literatur

Aelschker, Edmund, Geschichte Kärntens (2. Bd. Klagenfurt 1885)

Brümmer, Franz, Deutsches Dichterlexikon (Eichstätt, Stuttgart 1876)

Burger, Norbert, Die Gewerkenfamilie Ritter v. Tschabuschnigg (in „Die Kärntner Landmannschaft" Klagenfurt, Jg. 1971)

Carinthia Jg. 1843, Nr. 26: Besprechung von Tschabuschniggs „Buch der Reisen"
Jg. 1856, S. 155: Besprechung von Tschabuschniggs Romanzenbuch „Aus dem Zauberwalde"

Castle, Eduard, Deutsch-Österreichische Literaturgeschichte, herausgegeben nach dem Tode von Johann Willibald Nagl und Jakob Zeidler (2. und 3. Band, Wien 1914/1930)

Constitutionelle Bozener Zeitung, Jg. 1870, Nr. 86: Der neue Justizminister

Constitutionelle Wiener Vorstadt-Zeitung, Jg. 1870, Nr. 112: „Sonntagsplaudereien" von Hesperius.

Czedik, Alois Frh. v., Zur Geschichte der k. k. Ministerien 1861—1916 (1. Band, Teschen 1917)

Dichterstimmen aus Österreich-Ungarn: Besprechung von Tschabuschniggs Roman „Große Herren, kleine Leute" (Wien 1877, S. 15)

Dux, Adolf, Besprechung von Tschabuschniggs Roman „Der moderne Eulenspiegel" (L. A. Frankls „Sonntagsblätter", 1846, Nr. 28)

Glossy, Karl, Literarische Geheimberichte aus dem Vormärz (Jahrbuch der Grillparzer-Gesellschaft Wien 1912)

Goedeke, Karl, Grundriß zur Geschichte der deutschen Dichtung (Dresden 1884)

Gottschall, Rudolf v., Die deutsche Nationalliteratur des 19. Jahrhunderts (Breslau 1901/02)

Groß, Dr. Otto, „Ein Toter ...?" (Klagenfurter Zeitung vom 1. November 1895)

Gubitz, N., Der Gesellschafter (Literarische Blätter): Besprechung von Tschabuschniggs „Humoristische Novellen" und der 2. Aufl. der „Gedichte" (Wien 1841, Nr. 27)

Hann, Franz G., Adolph R. v. Tschabuschnigg — Erinnerung zum 100. Geburtstag (Car. 1909, S. 223)
Kärntens Dichtkunst am Anfange des 19. Jahrhunderts (Car. 1910, S. 174)

Hantsch, Hugo, Die Geschichte Österreichs (2. Band, Graz, Wien, Köln 1959/1962)

Hell, Theodor, Literaturblatt der „Abendzeitung": Besprechung von Tschabuschniggs „Buch der Reisen" (Dresden 1842, S. 693)
Besprechung von Tschabuschniggs Novelle „Ironie des Lebens" (Dresden 1842, S. 717)

Herbert, Paul Frh. v., Besprechung von Tschabuschniggs Romanzenbuch „Aus dem Zauberwalde" (Car. 1856, S. 155)
Besprechung von Tschabuschniggs Roman „Grafenpfalz" (Car. 1861, S. 126)
Adolph R. v. Tschabuschnigg — Biographische Skizze (Car. 1878, S. 51)

Hermann, Heinrich, Handbuch der Geschichte des Herzogtums Kärnten (3. Band, Klagenfurt 1860)

Hirth, Friedrich, Ausgewählte Werke von Adolph R. v. Tschabuschnigg (Wien 1912, Deutsch-Österreichische Klassiker Bibliothek, Band 34)
Adolph R. v. Tschabuschnigg — Gedenkblatt zum 100. Geburtstag (Klagenfurter Zeitung vom 18. Juli 1909 / Wiener Abendpost vom 20. Juli 1909)

Horn, Uffo, Österreichischer Parnaß (Hamburg 1839)

Hussarek, Max, Die Krise und die Lösung des Konkordates vom 18. August 1855 (Wien 1932, Archiv für Österreichische Geschichte)

Kärntner Blatt, Jg. 1870, Nr. 33: Der neue Justizminister

Klagenfurter Zeitung vom 5. Februar 1875: Besprechung von Tschabuschniggs Roman „Sünder und Toren"
vom 11., 12., 13. und 16. Jänner 1878: „Reminiszenzen aus dem Jugendleben eines heimgegangenen vaterländischen Schriftstellers und Sängers"
vom 20. Juli 1888: „Tschabuschniggs letzte Dichtungen"

Klein, Anton Adalbert, Geschichte und Kulturleben Österreichs (nach der „Geschichte Österreichs" von Franz Martin Meyer, Raimund Friedrich Kaindl und Hans Pirchegger) (Wien-Stuttgart 1965)

Kolmer, Gustav, Parlament und Verfassung in Österreich, Band 1, 1848—1869 (Wien 1902)

Kurz, Heinrich, Geschichte der deutschen Literatur, 4. Band (Leipzig 1872)

Liliencron, R. Frh. v., Allgemeine Deutsche Biographie, Band 38 (Leipzig 1875)

Lorm, Hieronymus, Besprechung von Tschabuschniggs Roman „Grafenpfalz" (Wiener Zeitung, Jg. 1861, Nr. 192)
Dichter sind Propheten („Neue Freie Presse Wien" vom 18. Oktober 1870)

Löwenthal, J., Besprechung von Tschabuschniggs Novelle „Ironie des Lebens" (Car. 1841, Nr. 12)

Menzel, Wolfgang, Deutsche Dichtung (Stuttgart 1858)
Literaturblatt vom 30. August 1841, Nr. 88: Besprechung von Tschabuschniggs Novelle „Ironie des Lebens"
Literaturblatt vom 14. März 1842, Nr. 28: Besprechung von Tschabuschniggs „Humoristische Novellen"

Neue Freie Presse (Wien) vom 15. April 1870: Leitartikel zum Kabinett Potocki
(Abendblatt) vom 15. April 1870: Der neue Justizminister
vom 1. Mai 1870: Leitartikel zum Kabinett Potocki
vom 9. Februar 1875: Besprechung von Tschabuschniggs Roman „Sünder und Toren"
vom 2. November 1877: Adolph R. v. Tschabuschnigg †

Neues Wiener Tagblatt vom 13. April 1870: Leitartikel „Das Passions-Ministerium"
vom 14. April 1870: Leitartikel „Die Alten und die Neuen"

Nußbaumer, Erich, Geistiges Kärnten. Literatur und Geistesgeschichte des Landes (Klagenfurt 1956)
Vinzenz Rizzi — Sein Leben und Wirken (Klagenfurt 1967, Kärntner Museumsschriften XLVI)

Pipitz, Franz Ernst, Album österreichischer Dichter (Wien 1849/50)

Renn, Paul, Besprechung von Tschabuschniggs „Novellen" (Car. 1835, Nr. 18)
Besprechung von Tschabuschniggs Novelle „Ironie des Lebens" (Car. 1841, Nr. 13)
Besprechung von Tschabuschniggs Roman „Die Industriellen" (Car. 1854, S. 381)
Besprechung von Tschabuschniggs Romanzenbuch „Aus dem Zauberwalde" (Laibacher Zeitung vom 13. Dezember 1856)

Rizzi, Vinzenz, Deutsche Monatsschrift aus Kärnten Nr. 6 (Spittal a. d. Drau 1850)
Literaturbriefe (Car. 1851, S. 305, 309)

Rosen (Literaturblatt, München 1842, Nr. 7) Besprechung von Tschabuschniggs „Humoristische Novellen"

Rudan, Helmar und Othmar, Das Stadttheater in Klagenfurt — Vorgeschichte und Entwicklung (Klagenfurt 1960)

Rudan, Othmar, Das Alte Stadttheater in Klagenfurt 1868—1910 (Klagenfurt 1968)
Das Ständische Theater in Klagenfurt 1810—1868 (Klagenfurt 1975)

Scherr, Johannes, Allgemeine Geschichte der Literatur (Stuttgart 1881)

Schlesinger, Sigmund, Aus den Liedern des Justizministers (Neue Freie Presse Wien vom 17. April 1870)

Schröer, Karl Julius, Die deutsche Dichtung des 19. Jahrhunderts (Leipzig 1875)

Schwarz, Leopold, Adolph R. v. Tschabuschnigg — Gedenkblatt zum 100. Geburtstag (Fremdenblatt Wien vom 22. Juli 1909)

Seidlitz, Julius, Die Poesie und die Poeten in Österreich (Wien 1836)

Skudnigg, Eduard, Die Landeshauptleute von Kärnten (Kärntner Tageszeitung Klagenfurt vom 24. Juni 1967, Nr. 140)

Thaler, Karl v., Der neue Justizminister als Poet (Neue Freie Presse Wien vom 17. April 1870)

Traun, Julius von der, Adolph R. v. Tschabuschnigg — Ein Nachruf (Neue Freie Presse Wien vom 3. November 1877)

Triester Zeitung vom 20. Jänner 1872: Besprechung von Tschabuschniggs „Gedichte" (4. Auflage 1871)

Tschabuschnigg, Adolph R. v., Erinnerungen als Justizminister im Kabinett Potocki (Herausgegeben von S. Frankfurter, Wien 1932, Archivalien zur neuen Geschichte Österreichs)

Strutz, Herbert, Adolph R. v. Tschabuschnigg (Klagenfurt 1950, Zeitschrift „Kärnten", 1. Jahrgang, Heft 5)

Weiß, Ida, Kärntner Lebensbilder. 2. Band (Klagenfurt 1972)

Wiener Morgenblatt (Jg. 1836, Nr. 116): Besprechung von Tschabuschniggs „Novellen"

Wiener Zeitung vom 8. Jänner 1843: Besprechung von Tschabuschniggs „Buch der Reisen"
(Jg. 1861, Nr. 192) Besprechung von Tschabuschniggs Roman „Grafenpfalz"

Witthauer, Friedrich, Besprechung von Tschabuschniggs „Novellen" (Wiener Zeitschrift, Jg. 1835, S. 127)
Besprechung von Tschabuschniggs „Gedichte", 3. Aufl. 1864 (Wiener Zeitschrift, Jg. 1864, S. 833)

Wurzbach, Constantin v., Adolph R. v. Tschabuschnigg (Biographisches Lexikon des Kaisertumes Österreich, Wien 1883, Band 48, S. 3—21)
Ludwig R. v. Heufler zu Rasen und Perdonegg (Biographisches Lexikon des Kaisertumes Österreich, Wien 1862, Band 8, S. 450—456)

Wutte Martin, Besprechung von „Adolph Tschabuschniggs Erinnerungen als Justizminister" (Car. I. 1833, S. 158)
Der gesamtdeutsche Gedanke in Kärnten (Car. I. 1940, S. 3 ff.)

Zeitung für die elegante Welt: Besprechung von Tschabuschniggs „Novellen" (Wien, Jg. 1835, Nr. 105)

Zöllner, Erich, Geschichte Österreichs. Von den Anfängen bis zur Gegenwart (Wien 1970)

Register der Personennamen

Abkürzungen: AppR = Appellationsrat, HH = Mitglied des Herrenhauses, HR = Hofrat, KLH = Landeshauptmann von Kärnten, KLA = Kärntner Landtagsabgeordneter, LR = Landrat, RRA = Reichsratabgeordneter.

Bei Namen, die häufig vorkommen, ist nur die erste Seite angegeben mit dem Beisatz u. o. = und oft. Die übrigen Abkürzungen sind leicht verständlich.

A

Abelli, LR   133, 142
Achazel, Matthias, Prof.   21
Achbauer, Major v.   42
Adalbert, Prinz von Preußen   133
Aichelburg, Theodor Frh. v.   74
Aicholt, Christoph Graf, KLH   14
—, Norbert Siegismund Graf   14
Alexis, Willibald   131
Amadei, Rudolf Graf, HR   305
Amann, P. Meinrad, Prof.   21
Ancement, Solotänzerin   124
Ankershofen, Gottlieb Frh. v.   325
Anschütz, Heinrich   40, 51
Anselm, P., Prof.   21
Ariosto, Lodovico   191
Armeria, Sängerin   126
Arnold (Buchhandlung, Dresden)   101
Artus, Anton, HR   305
Auersperg, Anton Alexander Graf (Anastasius Grün)   43, 319
Auersperg, Carlos Fürst   299, 302, 312

B

Bacher, Franz   80
Balvansky, Anton, Theater-Dir.   257
Bäuerle, Adolf   42, 59
Bauernfeld, Eduard v.   43
Baumann, Alexander   43
Baumeister, Bernhart   257
Bayer, Franz Rudolph v.   42, 46
Beaufort, Frh. v.   131
Beck, Karl Isidor   222
Beethoven, Ludwig van   51
Bellini, Vincenzo   124, 174
Beust, Friedrich Ferdinand Graf   315
Birch-Pfeiffer, Charlotte   266
Birnbacher, Dr. Adam   121, 164, 229
Bittner, Anton   266
Boccolari, AppR   219
Böckmann, Familie v.   155

Braun Ritter von Braunthal, Karl Johann   40, 53, 102
Brentano (Handelshaus, Triest)   125
Brockhaus, F. A. (Verlag, Leipzig)   223, 284, 324
Bulwer, Edward George Lord Lytton   204, 325
Bürger, Gottfried August   22
Burger, Johann Ritter v., KLA   219
Butterroth, Frh. v.   128
Buzzi, Andreas Ritter v., Gerichtspräsident   215, 219, 231, 246
—, Dr., Arzt   107
Buzzolla, Antonio   124
Byron, George Gordon Noel Lord   22, 122, 140, 204

C

Canaval, Prof.   43
Cartesius (Decartes, René)   161
Castelli, Iganz Franz   43, 53, 62
Ceretti, Tenor   126
Chateaubriand, François René Vicomte de   106
Chissi, Visconte   155
Christalnigg, Carl Theodor Graf   106, 218
Colloredo, Fürst   40
Cordelli, Carlo, LR   122, 128
Cotta (Verlag, Stuttgart)   147, 148, 223
Courtois (Handelsfirma, Triest)   18
Cremona, LR   128, 129
Cressini, AppR   219
Cressoni, Conte   118
Curioni, LR   117

D

Dall'Organo, Francesco   204
Dante Alighieri   154, 166, 191, 204, 246, 325

Daru, Pierre Antonine Bruno Comte
   de 204
Daym, Albert Graf 113
Deinhardstein, Johann Ludwig v. 59
Depont HR 144
Devrient, Emil 259
Dickens, Charles 204
Dickmann-Secherau, Eugen Frh. v.
   219, 233
Dingelstedt, Franz Frh. v. 130, 131,
   149
Donizetti, Gaëtano 124
Dumas fils, Alexandre 291

E

Ebner, Alexander, KLA 317
Edelmann, Ernst, KLA 317
Egger, Ferdinand Graf 126, 148
—, Gustav Frh. v. 74
—, Prof. 38, 43, 52, 218, 244
Elisabeth, Kaiserin 264
Elßler, Fanny 288
Emilie, Jugendfreundin 56, 70
Enk von der Burg, Michael 41, 209
Esslaer, Ferdinand 59
Esterhazy v. Galanthea, Wilhelmine
   Gräfin 304
Eva, Straßenmädchen in Wien 84

F

Fanny, Geliebte in Triest 148
Fercher von Steinwand, Johannes
   326
Ferdinand I., Kaiser 230, 242
Ferkles, Dr. Arzt 164
Ferrari, AppR 219
Fichtner, Karl 247, 257
Flotow, Friedrich v. 220
Forgatsch, Baron Eugen 124 u. o.
Förster, August 257
—, Carl 344
Frankl, Ludwig August 221 u. o.
Frankowitz (Flamingo),
   Jugendfreund 55, 56
Franz I., Kaiser 20, 62
Franz Carl, Erzherzog 320
Franz Joseph I., Kaiser 242, 264,
   286, 303, 305, 316
Franzos, Karl Emil 326
Friedrich, Wilhelm 366
Freiligrath, Ferdinand 326
Freytag, Gustav 326
Friedländer, Ludwig 325

G

Gallo, Bassist 124
Gebhardt, Frau v. 164
Geibel, Emanuel 326
Gerstäcker, Friedrich 326
Gerwinus, Georg Gottfried 204
Giskra, Dr. Karl, RRA 289, 302,
   305, 312, 318
Gismondi, N. 204
Goëss, Peter Karl Graf 51, 218, 343
Goethe, Johann Wolfgang v. 40,
   98, 174, 193, 204, 285
Gogola, Medizinstudent 36, 56, 155
Goldberg, Sängerin 172
Görres, Joseph v. 204
Göschen, Frau v. 120, 126
Götz, Josef, KLA 317
Glaßbrenner, Adolf 132
Glaser, Dr. Julius, RRA 312
Gräfling, Dr., Arzt 107
Gregorovius, Ferdinand 325
Grillparzer, Franz 43, 59, 265
Grimm, Hermann 325
Grisi, Giulia, Sängerin 124
Groß, Dr. Franz, RRA 289
Grottenegg, Franz Carl Graf 17
Grün, Anastasius 43, 102, 222, 250,
   264
Grüner, LR 58, 64
Grüninger, P. Xaver, Prof. 21
Guizot, François Pierre
   Guillaume 325
Gummern, LR 126
Gutzkow, Karl 148, 221, 224, 325

H

Haas (Verlagsbuchhandlung,
   Wien) 42, 109, 130
Habsburg, Rudolf v. 15
Hackländer, Friedrich 326
Halevy, Fromental 220
Halm, Friedrich 41, 43
Hammerlitz, Antonia Felizitas 19
Hanslick, Eduard 247
Hartmayer, Johann, Kaplan 11, 12
Hasner, Dr. Leopold, Ritter v. Artha,
   RRA 289, 299, 302, 305, 312,
   318
Haug, Ämilian 20
Hebel, Johann Peter 22
Heckenast, Gustav (Verlag,
   Pest) 223
Hein, Franz, RRA und Minister 179

359

Heine, Heinrich 29 u. o.
Heitmann, Norbert 20
Hell, Theodor (Karl Winkler, HR) 42, 294
Henckel-Donnersmarck, Graf 258
Herberstein, Graf 74
Herbert, Albin Frh. v. 92, 105
—, Franz de Paula Frh. v. 24
—, Franziska Freiin v. 17
—, Malwine Freiin v. 92
—, Minna Freiin v. 89, 93, 112
—, Nanny Freiin v. 47, 55, 56, 65, 70, 71
—, Paul Frh. v. 219, 232, 247, 256, 270, 306, 340, 343
Hermann, Heinrich 325
Heufler zu Rasen und Perdonegg, Edmund Ignaz R. v. 91, 184
—, Gusti 203
—, Joseph David Ritter v. 91, 107 u. o.
—, Julie (Maria Julia) 91 u. o.
—, Karl Joseph R. v. 91, 101, 114, 120, 184, 211, 232
—, Ludwig Joseph R. v. 91, 182, 240
—, Maria Josepha geb. Freiin von und zu Achenrain 91, 107 u. o.
—, Marie (Maria Augusta) 91, 93, 94, 99, 133, 173, 203, 289, 291
—, Nanette (Maria Anna) 91
—, Resi (Maria Theresia) 91, 203
—, Toni (Antonia Josepha) 91, 291
Herbst, Dr. Eduard, RRA 289, 302, 305, 312, 318, 319
Hindrichs (Buchhandlung Leipzig) 95
Hippokrates 14
Hock, Dr. L. F. 42, 103, 190, 191
Hofer, Prof. 43
Hohenwart, Karl Siegmund Graf 323
Hölderlin, Friedrich 285
Holenia, Gewerke 135, 219
Holtei, Karl v. 326
Hölthy, Ludwig Christoph Heinrich 22, 102
Holzgethan, Ludwig Frh. v., Finanz-Min., RRA 314
Homer 105, 175, 325
Hormayr, Joseph Frh. v. 42
Huber, Auskultant 169, 219
Huber, Christian Wilhelm 43

Huber, P. Gregor 21
Hubmerhofer v. Sonnenberg, Joseph Joachim 19
Hueber, Joseph v. KLA 324, 332
Hugo, Victor 326
Hussa, Dr. Alois, Arzt 107
Hye, Dr. Anton Frh. v., Univ.-Prof. 343

I

Immermann, Karl Leberecht 204
Inhofen, Frh. v. 42

J

Jabornegg-Altenfels, Michael Franz v. 219
Jacomini, Franz Ritter v. 235, 241
Jakob, Bedienter bei Tschabuschnigg 109
Jellačić de Bužim, Franz Frh. v. 247
Jessernigg, Gabriel Ritter v. 294, 343
Johann, Erzherzog 133
Josch, Eduard Ritter v., Senatspräsident 246
Josef, Zahlkellner in Karlsbad 288
Joseph II., Kaiser 242
Jurić, Dr. Gustav, Arzt 291
Jurić, Dr. Theodor, Arzt 291
Jurin, Studienkollege 83

K

Kaiserfeld, Moritz Edler v. 305
Kaltenbäck, Paul 43
Karl, Erzherzog 133
Karl VI., Kaiser 17, 115
Karl zu Österreich, Erzherzog 16
Karoline, Straßenmädchen in Wien 84
Kathi (s. Wolf, Katharina)
Kauffmann, Angelika 138
Kerschbaumer, Prof. 38, 43
Khevenhüller, Hanns Graf 16
Knapitsch, Dr. Franz v. 231
Kollitsch, Matthias 19
Kolowrat-Liebsteinsky, Maria Rosa Gräfin 58
Königshausen 128
Kotzebue, August v. 22
Krampelfeld, Dem. v. 149

Kübeck, Karl Friedrich Frh. v. 243, 253, 343
Kügler, Franz 325
Kumpf, Dr. Gottfried 121, 164, 205, 230
Kunst, Karl 80
Kurz, Heinrich 259, 283, 284
Kutschera, Baronin 42
Kützmann J. (Verlag, Bremen) 332, 334

L

Lamberg, Gustav Fürst 258
Lambert, Wenzel 125, 132, 146
Langsner, Kalmar 344
La Roche, Karl 257
Latour, Theodor Graf Baillet de 240
Laube, Heinrich 204, 224, 266
Lax, Joseph 294
Lenau, Nikolaus 43, 204, 222
Lenette (Lina), Jugendfreundin 112, 114, 119, 120
Leuchtenberg, Herzog von 133
Levitschnigg, Heinrich 43, 257
Lewinsky, Joseph 257
Lichtenstern, Prof. 43
Lidmansky, Adalbert, Fürstbischof 232, 234
Litzelhofen, Handelsfirma 18
Litzelhofen, Joseph v., Bauzahlmeister 98
Locke, John 161
Lodron, Notburga Komtesse 92
Longo-Liebenstein, Felix Frh. v. 81, 219, 234
Lori (Laura), Straßenmädchen 82, 123, 284
Louis Philippe, König 230
Löwenthal, G. 131, 237
Löwe, Ludwig 257
Luggin, Dr. Joseph, KLA 317
Luschan, Otto v., Ldger.-Rat 219

M

Macchiavelli, Niccolò 204
Malwine, Jugendfreundin 56
Mangiarli, Familie 155
Manhart, Baptist 20
Manracordatos, Fürst 155
Manzoni, Alessandro 106
Marenigh, Johann 130
Marianne, Erzherzogin 11

Marie, Jugendfreundin 47
Matthison, Friedrich v. 22
Mausberger, AppR 42
Max, Bräutigam von Lenette 113
Maximilian, Kaiser von Mexiko 325
Max, Josef (Verlagshaus, Breslau) 223
Mayerhofer, Prof. Dr. 291
Meißner, Alfred 224
Menzel, Dr. Wolfgang 132, 191, 250
Mertlitsch, Hermann 294
Metternich, Clemens Lothar Wenzel Fürst 133, 230, 268
Meynert, Hermann 43
Micheuz, Georg 80
Minna, Wiener Lebedame 83
Missolunghi, Graf (König Otto von Griechenland) 133
Mitis, Georg Baron 322
Mommsen, Theodor 204
Moore, Konsul 155
Morländer, Moritz 264, 266
Moro, Anton Ritter v. 24, 92, 135, 143, 148, 218
—, Bertha v. 158, 165
—, Cölestine v. 158, 170, 196
—, Emma v. 135, 144, 155, 156, 170, 196
—, Franz Ritter v. 24, 218
—, Max Ritter v. 343
—, Pauline v. 92
Mühlbacher, Gewerke 219
Münch-Bellinghausen, Eligius Reichsfreiherr v. 41
Mundt, Theodor 131, 224
Mussak, Dem. v. 149

N

Nestroy, Johann Nep. 257, 264, 266
Neuer, Kaffeehaus 43
Neugebauer, Karl Eduard Frh. v. 92 u. o.
Nimpf, Graf 65
Norbert, Ludwig 221, 222
Novalis, Friedrich 204

P

Paganini, Niccolò 60, 145
Palladio, Andrea 123
Palmerston, Henry John Temple, Viscount 244
Paul, Jean 134, 149

Paulitsch, J. P., Fürstbischof 196
Pavissich, Dr. 175
Pepita, Tänzerin 264
Petrarca, Francesco 123, 191
Petrinò, Baron Alexander, Ackerbau-Min. RRA 314, 315, 317, 318, 320
Pfautsch & Co, Verlagsbuchhandlung, Wien 42, 145, 159, 161, 192, 206, 249
Pilgram, Johann Bapt. Frh. v., Staatsrat 144, 165
Pipitz, F. E. 191
Pitreich, Maria Vinzenz Paul v., KLA 42
Pius VII, Papst 331
Pius IX., Papst 314
Platz, Maria Hieronymus Graf, KLH 52, 78
—, d. J., Studienkollege 74
—, Maria Komtesse 92
Portenschlag-Ledermayr, Joseph v. 42
Potocki, Alfred Graf, Min.-Präs. RRA 302—321, 328, 340
Prechtler, Otto 43
Přemysl, Ottokar 15
Prokesch von Osten, Anton Graf 326

R

Radda, Prof. 43
Radetzky de Radetz, Johann Joseph Wenzel Graf 232, 247
Raht, M. v. 21
Raimund, Ferdinand 43, 59
Rainer von und zu Harbach, Johann Ritter, Gewerke 135
Ranke, Leopold v. 204, 325
Rath, Prof. 78
Raumer, Friedrich v. 325
Rechbauer, Dr. Karl, RRA 305
Reclam, Philipp (Verlag Leipzig) 335
Regatschnig, Elisabeth v. 17
Renn, Paul 20 u. o.
Renz, Zirkus 264
Rettich, Julie 257
Rizzi, Vinzenz 250
Rohrmann, Peter, Hofbuchhändler 189
Rosenberg, Fürst 218, 343

Rosenschön, Helene 78
Rosi, „Badewaschlein" in Karlsbad 289
Roßbach, General Ritter v. 232
Rossini, Gioacchino 59
Rousseau, Jean-Jacques 140

S

Saar, Ferdinand v. 326
Salem, Frh. v. 128, 155
Salis-Seewis, Johann Gaudenz Frh. v. 22
Salm-Reifferscheidt-Krautheim, Franz Xaver Altgraf, Kardinal 13, 20
Salvotti, Frh. v., HR 173
Sand, George 204
Saphir, Moritz Gottlieb 130, 145, 146, 159, 163
Sartorius, Schauspielerin 148
Satz, Heinrich 12
Sauer, AppR 58
Sauter, Ferdinand 257, 258
Scott, Sir Walter Baronet 40
Scribe, Eugène 125
Sedlnitzky v. Choltitz, Joseph Graf 146, 148
Seenuß, Joseph Frh. v. I 18
—, Joseph Frh. v. II 244
Seidl, Johann Gabriel 43, 62, 73, 125, 131, 257
Semmelrock, Franz 332
Sepper, Christoph 21
Shakespeare, William 181
Socrates 13
Sonnenberg, Anna v. 19, 108
Sonnenthal, Adolf 257
Sontag, Henriette 145
Sophie, Erzherzogin 320
Sophokles 325
Sperrer, Dr., Arzt 221
Spiegelfeld, Johann Frh. v. 219, 232, 240
Spielhagen, Friedrich 326
Spinette, Karl Frh. v. 219
Springer, Prof. 43, 53

Sch

Schaffgotsch, Franz Graf 40
Scheffel, Viktor v. 326
Scheiner (Verlag, Würzburg) 263
Schenk, Eduard v. 59

Scherautz, AppR 98
Scherautz, Jugendfreund 36, 39, 46, 78
Scherer, Johannes 326
Schiansky, Mad., Schauspielerin 78
Schickh, Johann 40, 53, 62, 73
Schiller, Friedrich 20, 22, 31, 304
Schindler, Alexander Julius, RRA 130, 257, 277, 290, 305
Schindler, Heinrich (Verlag, Berlin) 265
Schlegel, August Wilhelm v. 22
Schlegel, Friedrich v. 205
Schlesinger, Sigmund 310
Schloißnigg, Johann Frh. v., Statthalter 244, 247, 256
Schlosser, Friedrich Christoph 204
Schluga, Franz Frh. v. 219
Schmerling, Dr. Anton Ritter v. 246, 264, 277, 299, 306, 312
Schneeberger, Franz Julius 224
Scholz, Wenzel 257, 264
Schönwetter, Studienkollege 82
Schreiber, Alois 22
Schücking, Levin 326
Schütz-Odolsi, Primadonna 124
Schwab, Gustav 22
Schwarz, Gustav 65

St

Stadion-Warthausen, Franz Seraph Graf 115, 203, 230
Staël, Anne Louise Germaine Baronne de 140
Stähl, Univ.-Prof. 220
Stephaner, Aloisia 254
Stephaner, Juliane 254, 367
Sterneck, Hermann Frh. v. 74, 78, 86, 114, 128
Sterneck zu Ehrenstein, Joseph Frh. v. Daublebsky, KLH 12 u. o.
Stifter, Adalbert 222
Stöckl, Jakob Ritter v., Lds.-Gerichtspräsident 246
Strachwitz, Moritz Graf 326
Strauß, Johann (Vater) 60
Stremayr, Dr. Karl Anton Franz v., Unterrichts-Min., RRA 313, 314, 315, 320, 322
Strepponi, Giuseppina 124
Strohlendorf, Cilly v. 40
—, Vinzenz v. 40, 47, 58

Stuart, Maria 249
Sturm, Dr. Eduard, RRA 312

T

Taaffe, Eduard Graf, Min. d. Inn., RRA 264, 301—321
Tangel, Prof. 227
Tangl, Dr. Karlmann 325
Tasso, Torquato 128, 175, 191
Taurer, Johann Nep. Ritter v. Gallenstein 21
Thaler, Karl v. 263, 308
Thavonat zu Thavon, Adolph v. I 298
—, Adolph (Aggizerl) v. II 337, 344
—, Alberta v. 337, 344
—, Aloisia v. 344
—, Joseph, Ritter v. 344
—, Joseph Salvator Ritter v. 292, 297, 344
—, Julchen v. 326, 344
—, Marie v. 337, 344
Thorwaldsen, Bertel 298
Thost, Gebrüder (Verlag, Zwickau) 259
Thun, Leo Graf 274
Thurn, Graf 18
Tieck, Ludwig 204
Torresani Frh. v. Lanzenfeld und Camponero, Carl Julius 139
Traun, Julius von der (s. Schindler, Alexander Julius)
Treville, Baron v. 46
Tromlitz, A. v. 131
Tschabuschnigg, Adolf Ignaz Ritter v., KLA, HR, RRA, Justiz-Min., HH 12 u. o.
—, Alois Maximilian Ritter v. (Onkel) 18, 116, 144, 197
—, Andreas 16
—, Franz Johann 16, 17
—, Franz Karl Ritter v. (Bruder) 19
—, Franz Xaver Ritter v. (Onkel) 36, 38, 44, 114, 178
—, Georg Wolfgang 16, 17
—, Gustav Ritter v. (Cousin) 37, 57, 312
—, Heinrich Ritter v. (Cousin) 36
—, Henriette v., Freiin v. Kranz (Tante) 38
—, Johann Adam 16, 17

—, Johann Baptist 16, 17
—, Karl Leopold Emanuel Ritter v. (Vater) 18 u. o.
—, Katharina v. (Tante) 116, 144
—, Leopold Edmund Ritter v. (Großvater) 17 u. o.
—, Ludovica (Louise) v. (Cousine) 38
—, Maria Aloisia Susanna v., geb. Hubmerhofer v. Sonnenberg (Mutter) 19 u. o.
—, Mariechen (Mariedl, Mareille) v. (Adoptivtochter), verehel. v. Thavonat 229 u. o.
—, Paul 16
—, Paul Christoph 16, 17
—, Paul Matthias 17
—, Paul Matthias jun. 17
—, Sigismund Anton 16, 17

U

Ullepitsch Edler v. Krainfels, Carl 246
Umfahrer, Thomas, Kaplan 196
Unger, Dr., Josef RRA 312
Unger, Sängerin 162
Ursula (Urschel), Hausgehilfin 203, 211

V

Verdi, Giuseppe 124
Vergilius Maro, Publius 175
Vogel, Johann Nepomuk 43, 257
Voltaire, François-Marie Arouet 140

W

Wagner, Richard 257
Waldstein, v. 162
Wanner, Josef, Kaplan 227
Weber, P. Beda 195
Welvich, Dr. Lorenz, Propst 26, 28
Widmann-Ortenburg, Johann Martin Graf 16
—, Johann Paul Graf 16
Wigand, Georg (Druckerei, Leipzig) 223
Windischgrätz, Alfred Fürst 242, 247
Winiwarter, Prof. 72
Winkler, Hofrat Karl (Theodor Hell) 62
Witthauer, Friedrich 43, 149
Wolf, Dem. Gabriele 149
Wolf, Katharina 47 u. o.
Wolfram-Prantner, Ferdinand Leo 224
Wolzer, Baron 67
Wurzbach, Constantin v. 43

Z

Zabuesnig 16
—, Johann Bapt. 254
Zabusch, Milot 15
Zabuschnig 16
Zedlitz, Joseph Christian 222
Zoff, Familie v. 218
—, Maria v. 229
Zöpfl, Univ.-Prof. Dr. 289

ABBILDUNGEN

Wappen der Ritter v. Tschabuschnigg
Verleihung durch Kaiser Karl VI. am 19. März 1728

Die Mutter
Aloisia v. Tschabuschnigg geb. Hubmerhofer v. Sonnenberg
Landesmuseum für Kärnten

Der Vater
Karl Leopold Emanuel Ritter v. Tschabuschnigg
Landesmuseum für Kärnten

Adolph Ritter v. Tschabuschnigg im Alter von 24 Jahren
(Caroline von Moro pinx.)
Landesmuseum für Kärnten

Julie von Heufler zu Rasen und Perdonegg im Alter von 23 Jahren
Kärntner Landesarchiv, Tschabuschnigg-Nachlaß

Adolph Ritter v. Tschabuschnigg im Alter von 33 Jahren
(M. Stohl del., C. Kotterba sc.)
Kärntner Landesarchiv, Tschabuschnigg-Nachlaß

A. v. Tschabuschnigg ca. 45 Jahre
(Holzschnitt aus H. Kurz' „Literaturgeschichte")

Tschabuschnigg ca. 50 Jahre
(Stahlstich nach einer Zeichnung von Josef Kassin)

Julie v. Tschabuschnigg
Kärntner Landesarchiv, Tschabuschnigg-Nachlaß

Lieber Ritter von Schmerling!

Ich ernenne Sie zu Meinem Justizminister und beauftrage Sie mit Leitung des Ministeriums des Kultus und Unterricht.

Wien, 12. April 1870.

Franz Joseph

Potocki

Kaiserliches Handschreiben: Berufung zum Justizminister und Betrauung mit dem Unterrichtsressort

Tschabuschnigg
Karikatur aus der satirischen Zeitschrift „Floh" vom 24. April 1870, Nr. 17

Kaiserliches Handschreiben: Ernennung zum Mitglied des Herrenhauses

Tschabuschnigg
Altersbild
(Photo-Atelier Mitteregger, Klagenfurt)

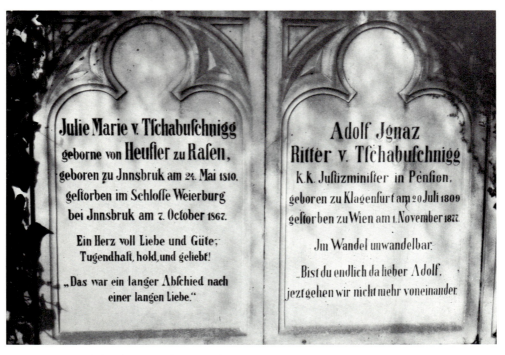

Tschabuschnigg-Grabstätte auf dem Friedhof St. Ruprecht zu Klagenfurt
Photo: Othmar Kaiser